INTO THE
PHILOSOPHY

走 进 哲 学 丛 书

教育部哲学社会科学研究
后期资助

知识社会维度与
当代社会认识论研究

尤 洋 著

北京师范大学出版集团
BEIJING NORMAL UNIVERSITY PUBLISHING GROUP
北京师范大学出版社

代　序

　　尤洋的新书《知识社会维度与当代社会认识论研究》就要出版了，我很高兴。他是我最早指导的一批硕士、博士生之一，更是我的第一批获得博士学位的学生。犹记 2004 年，他初跟我研读哲学，我就发现不是哲学科班出身的他，反而于常识之外有"另类思维"。初为人师的我遂刻意点拨，用力颇多。他成长很快，我也很有感悟。哲学之为"爱智慧之学"，所谓"事无不知谓之智，智周万物谓之慧"，研习哲学是需要有"慧根"的，哲学之深、之奥、之难、之用，全在其间。尤洋启发了我指导学生学习哲学的一些认识，他开了个好头。

　　尤洋还很勤奋刻苦，懂得珍惜机会。他是步入社会工作几年后又考研继续学业，知道求知不易，我安排布置的文献阅读、论文撰写等科研学习任务，他总是能让我很满意地完成。时至今日，我依然记得他读硕士一年级时的那个大年初一上午，我们是伴随着浓浓的年味和热闹的鞭炮声，在电话里讨论他写的一篇论文中度过的！近二十年过去了，他已由学生成长为山西大学的一名教授，自己也指导博士生、硕士生；还担任了哲学社会学学院院长，担当了很多事务管理的重任。而今，他又邀请我为他的这部学术专著作序。今夕何夕，感慨颇多，更感欣慰！

尤洋的这部专著，主要研究内容是我指导他读硕士、博士时定下的。彼时我刚结束在英国剑桥半年的访学归来，开始涉足"社会科学哲学"领域，"社会认识论"是这一大框架中的重要部分。现在看来，无论"社会科学哲学"还是"社会认识论"方面的研究，都是很富有学术意义的领域。社会科学哲学是对社会科学的逻辑、方法和说明模式进行研究的学科，并以社会科学实践的理性重建为基本旨趣。社会认识论表现为一种对知识的社会性的研究，随着这种研究逐渐成为认识论领域的一种成建制学科，特别是随着这种思想在社会科学各个领域中的渗透与扩张，其影响也逐渐从认识论领域扩大至整个科学哲学中，并成为其中一种重要的发展方向和趋势。基于这样的认识，我很迫切需要开展这方面的工作，并颇具"冒险性地"把社会认识论选题交给尤洋。出乎我意料的是，他很快就进入了状态，能够全身心投入到该领域一直至今，并发表了不少探索性的成果，而这部专著可算是他近二十年来持续钻研社会认识论问题的总结吧！

认识论，是哲学研究史上的经典主题。传统认识论始终将知识界定为一种个体获得辩护的真信念，试图在知识与信念、知识与辩护、知识与真之间寻求一种确定的三元论证关系。但随着经验主义与理性主义的辩护逐渐失效，特别是基础主义、融贯主义等解决方案陷入解释困境，围绕个体信念辩护逐渐走入末路。伴随着当代科学知识的快速扩张，停滞多年的认识论研究产生了一系列重要变革，认识论开始突破知识主体的个体维度扩张至知识的社会维度，对知识社会属性的探讨愈加丰富。也正是在此一时期，社会认识论这一研究主题就从图书馆学扩张到了哲学领域，并迅速在英美科学哲学传统中发展起来。围绕知识产生、传递、社会互动等过程所具备的社会因素研究，开始成为当代认识论研究的核心内容。促成这一变化的根源就在于肇始于个体知识的认识论在当代科学条件下的局限，难以再对大规模知识生产结构下的合法性进行合理辩护，因此就需要代之以一种新的知识观，对知识生成的社会性、知识主体的集体性、知识辩护的规范性给出更为深入的解读。

也正是在这一过程中，社会认识论的研究在社会科学哲学领域凸显出来，形成了独特的研究域面、差异化的研究内容、富有冲击力的哲学思考。当然要把握到所有这些，就需要对传统认识论的桎梏以及当代知识论的特征进行细致洞察与深刻理解。要做到这一点事实上并不容易。令人欣喜的是，尤洋在这部专著中对此论述得很细致，结构也很清晰，所有的重要内容都可以在书中找到很好的分析解读。

学术研究是件难事，需要定力和耐心，也是件趣事，需要欢喜和心境，可谓"拨云寻古道，倚石听流泉"。这部专著打磨了十多年时间终于面世，希望该书的出版有益于丰富国内社会认识论方面的研究，也祝愿尤洋未来学术发展"根本既深实，柯叶自滋繁"。

殷　杰

2022 年 9 月 12 日

目　录

导　论

认识论（Epistemology）是哲学史上的一个古老命题，它探讨人类认识的起源、本质、界限、认识经验与认识对象的关系等一系列与人类认识密切相关的最基础的理论问题。认识论与形而上学一起构成了古代哲学理论的核心和基础。《西方哲学英汉对照辞典》将认识论解释为："源自希腊文 episteme（知识）和 logos（理论），认识论通常开始于试图驳斥怀疑论，证明知识是可能的，然后进一步阐明知识的性质和范围。对知识的标准分析认为它是被证明为真的信念。由于这种定义，哲学家们始终在努力分析知识与信念、知识与真理、知识与辩护之间的关系。在某种意义上，认识论特别关注得到证实的信念问题，而不是知识本身。"①尽管认识论问题很早就进入哲学的研究视野，但认识论研究的真正发展还要归功于近代以来的哲学发展。在哲学史上，近代哲学发生了一次重大的"理论转向"——"认识论转向"，即哲学研究的中心课题由存在论等本体论问题转向了知识获得等认识论问题。此时的认识论更多地关注于知识的起源，即评价感觉和理性在知识获得中的作用。在这个问题上，哲学家们被分为理性主义者和经验主义者。

以笛卡尔、莱布尼兹为代表的理性主义把理性看成是知识的来源，而以洛克、休谟为代表的经验主义则认为经验是知识的来源。康德试图调和二者，认为知识只有通过结合先天直觉与知性概念和表象概念才是可能的。进入 20 世纪之后，随着时代的发展认识论的研究也发生了转变。随着心理学的确立和哲学中实证主义思潮的兴起，特别是随着现代逻辑对传统逻辑的扬弃以及语言转向的兴起，哲学认识论研究也发生了重大变化。一些传统问题逐渐淡出，逻辑和语言问题显现出来，知识论（theory of knowledge）逐渐成为认识论（epistemology）研究的代名词②，从而使现代认识论研究呈现出许多新的、不同的特点。

所谓现代认识论，是指传统认识论之后的认识论的发展阶段。一方

---

① ［英］尼古拉斯·布宁、余纪元：《西方哲学英汉对照辞典》，人民出版社 2001 年版，第 314—315 页。

② 陈嘉明先生在《知识与确证：当代认识论引论》（上海人民出版社 2003 年版，第 1 页）中将英文 Epistemology（认识论）翻译为 Theory of Knowledge（知识论）。同时，尼古拉斯·布宁在他的《西方哲学英汉对照辞典》中也写道：epistemology 来源于希腊文 episteme 和 logos，在字面上是指知识论。"epistemic"（认识的）是它的形容词，即对知识的获得。"gnoseology"（认知学）有时也用于认识论的同义词，或用于指探究知识的科学方法。

面，它继承了传统认识论的研究成果；另一方面，随着人类认识水平的不断提高和人类知识的不断丰富完善，它也远远突破了传统认识论的视野，不断呈现出新的面貌。实际上，在康德哲学之后，认识论研究就开始发生根本性的变化。特别是心理学在 19 世纪末 20 世纪初成为实证科学从哲学中分离出去之后，传统认识论的许多课题就不复存在了。这样一来，认识论研究就由对认识起源、认识过程的关注，转向了重视对作为认识成果的知识的研究。在相当程度上，可以说，现代认识论就等同于知识论。相对于传统认识论强调经验、理性的作用来说，现代认识论更偏重于对知识的本质、意义等问题的研究。本书将以现代认识论研究作为基础，更多地关注以知识论为代表的认识论发展，因此在简要地回顾了哲学史上的认识论发展道路之后，我们即将开启现代认识论的认识旅程。

一、知识与辩护

狭隘地讲，认识论就是知识和获得辩护的信念的研究。作为知识的研究，认识论关注诸如此类的问题：什么是知识的充分必要条件？什么是知识的来源？它的结构和限制又在哪里？作为对辩护信念的研究，认识论的意义就在于回答"如何理解辩护的概念？什么使得辩护信念得到辩护？"之类的问题。基于以上这些对认识论的理解，我们需要对认识论的两个重要概念知识和辩护做出明确的分析，其目的不仅在于对认识论特别是传统认识论的研究主题做出澄清和明晰，更为重要的是借此引入当代认识论的发展态势，构建全新的认识论研究框架，以此来理解和透视认识论的当代呈现。

知识，这样一个术语我们都耳熟能详，我们可以从学校、从书本上学到各门学科的知识，从他人那里学会个人技能知识如学会骑自行车，通过某人了解他人甚至通过上网查找资料了解某地、某民族的风俗习惯等，这些都是知识。如果我们想要对知识赋予一个形而上学的定义的话，大致我们可以认为，"认识论就是对知识及其性质、可能性、种类和范围的系统探究。知识根据不同的基础一直被分为各种不同的类型，诸如命题知识、非命题知识、亲知的知识、摹状的知识、先天与后天的知识等。所有这些知识的共同定义源于柏拉图的《泰阿泰德篇》，即知识由三种必要条件构成：信念、真和辩护。"①由此可见知识就是获得辩护的真信念。在 20 世纪的西方哲学中，许多从事认识论研究的学者花费大量精力对这样简单的一句话进行了符号化处理，他们将知识分析公式化为"S 知道 P(S knows that P)"，在此处让 S 代表一个人，P 代表一个命题，这样知识分析就转变为对 S 知道 P 的充分必要条件的研究。

上述的公式非常简单，但是对它的充分且必要条件的研究却并不容易。首先，需要在命题充分的意义上满足知识的定义和理解。如艾耶尔就认为"S 知道 P，当且仅当：(1)P 为真，(2)S 确信 P 为真，(3)S 有资格认为 P 为真"。齐硕姆认为，S 知道 P，当且仅当：(1)P 为真，(2)S 接受 P，(3)S 有 P 的充分证据。这些分析一致认为错误的命题是不可能

① ［英］尼古拉斯·布宁、余纪元：《西方哲学英汉对照辞典》，人民出版社 2001 年版，第 537—538 页。

被知道的，而真是知识的必要条件即知识需要真。其次，认识主体需要对 P 具有合适的精神状态，比如相信、确信、接受等。如果一个命题不能被认识主体 S 相信的话，它就不可能成为一个 S 真正知道的命题。最后，我们需要一个因素来表明这样的一种知道并不只是偶然的运气，传统上将之称为辩护或确证(justify)(本书将使用辩护的用法)，即 S 在相信 P 上是受到辩护的或有保证的条件。如果以上这三个条件都得到了满足，那么我们就可以认为 S 知道了 P，P 就可以被认为是受到辩护的真信念，这种分析现在通常被称为受到辩护的真信念分析(JTB 原则)。

辩护是哲学的一个重要概念，源于对知识的证明。当我们讨论辩护的本质时，我们必须区分两个不同的问题：其一，当我们使用辩护一词时，我们指的是什么？其二，是什么使得信念得到辩护？对第一个问题的回答直接影响到第二个，不同的概念导致不同的回答。因此，我们有必要对此做出一个准确的定义。《西方哲学英汉对照辞典》认为："辩护就是用来作为基础以证明或捍卫某人的主张或行为的东西。如果一个原理或一种立场是从相关的前提推演出来的，那么就可以说它是有充分的理由得到推论的。寻求对陈述或行为的辩护，是理性存在物的基本特征，尽管对什么可以作为可靠的辩护还是一个引起争论的问题。认识论和科学特别需要辩护，以迎接怀疑论的挑战。认识论的辩护有两种意义：一种被称作客观的辩护，它关心的是我们应该相信所得到的东西事实上为真，因而这就被等同于真理。另一种是主观的意义，它要确定的是我们是否应该相信我们实际上所相信的东西，无论它在客观上是否正确。后者就是这个词的通常意义。它要求我们阐明我们可以持有信念的那些准则。要确定相信什么，这是认识论的基本问题，而辩护则是知识的必要条件。长时间以来，哲学家们认为，知识就是得到辩护的真信念。但这种分析已经受到'盖蒂尔问题'的挑战。"①

埃德蒙·盖蒂尔认为，尽管 JTB 分析的三个条件中的每一个对知识来说都是必要的，但它们结合起来却并不充分，这三个条件实际上并没有解释知识是什么。因为我们可以持有一个得到辩护的真信念，但我相信这个信念为真只是凭借运气。这种信念是不能作为知识的。② 自此，原本已经达成共识的认识论研究开始走向巨大的争论旋涡中，哲学家关注于是否需要修正最初的条件，是否需要引入其他条件。对此，"知识的因果理论"认为，知识应该被分析成真的信念，因为在这个信念与它所表达的状态或事物之间存在一种因果联系。"可靠主义"认为，知识应该被分析为某种可靠的方法或步骤所需要的真信念，认为区分知识与非知识的条件必须适用于主体。这个立场被称为"内在论"，而不同意这种认识立场的则被称为"外在论"。基于本书并非是对这一问题的详尽阐述，由此我们也并不需要将注意力集中在认识论的辩护上，因此尽管盖蒂尔问题确实是对认识论定义的一个重要挑战，但是它并未影响到对知识的基本理解，我们依旧选择继续在三重知识分析的框架下来考虑问题。因此，我们可以认为"根据大多数人的观点，辩护的目的在于提供其他的东西：合理的或得到辩护的信念"③。

---

① ［英］尼古拉斯·布宁、余纪元：《西方哲学英汉对照辞典》，人民出版社 2001 年版，第 532 页。

② E. Gettier, "Is Justified True Belief Knowledge?", *Analysis*, Vol. 23, 1963, pp. 121-123.

③ R. Nozick, *Philosophical Explanation*, Cambridge, MA: Harvard University Press, 1981, p. 240.

仔细分析了认识论的一些基本情况之后，我们所要做的就是讨论知识或辩护的结构问题。"因为不论辩护是否为知识的必要条件，几乎所有的认识论专家都认为受到辩护的信念是认识论的核心问题。因此，什么时候一个信念是受到辩护的，什么时候不是？当然，辩护概念是一个规范性的概念，辩护信念的判断就是评估或评价信念在观念上的正当性、合法性或恰当性。在辩护问题的理论探讨中，认识论学者并非是用一些规范性的认识术语为辩护寻求一个定义标准，而是探究某些事实性条件或描述性条件，依据这些条件，被辩护为正当这种状态得以产生。"①而当我们检查这一领域时，我们发现在当前的讨论中，有关辩护的结构问题主要集中在经验和证据的关系上。基于对基本概念和辩护问题澄清的必要性，我们将简短地对证据给予认识论以及词源学上的探讨，并将重点讨论经验与证据的关系，以便更好地阐述知识与辩护的认识论主张。

证据一词，"来自拉丁文 e（明显的）和 videre（看），原意'明显的'或'显而易见的'，现已演变为'对……的证据'。通常来讲，证据就是某种东西或某种考虑，它被用以支持或反对某种主张，用以对一个命题和判断增加或减少概率"②。证据一词使用较为宽泛，既可以出现在法律上，也可以用于人类学、历史学、哲学乃至科学上，比如，"现场遗留的物件（一把刀或一滴血）和法庭的证言"就形成了法官和律师进行判断和辩护的证据；"考古挖掘与发现"就形成了人类学家的考古证据；"新的史

---

① 欧阳康：《当代英美哲学地图》，人民出版社 2005 年版，第 199 页。

② ［英］尼古拉斯·布宁、余纪元：《西方哲学英汉对照辞典》，人民出版社 2001 年版，第 339 页。

料"就成为历史学家的断代证据；"物理实验的结果"就构成了科学家假设成立的科学证据；而在哲学中特别是在认识论中，证据更多地意指用以为其他信念或命题辩护的信念或命题。本书主要探讨的是认识论中的证据使用，将证据一词紧密地与认识论相联系，即，证据就是一种断言性命题，强证据就为真命题断言提供了足够支持，而弱证据则不能排除掉其他相反可能。

在认识论中，无论是传统的 JTB 三元论证，还是基于运气的获取知识的盖蒂尔问题研究，"证据"都是其中必不可少的因素，也因此证据常常与辩护息息相关，而后者反过来又构成了当下认识论研究的核心问题：信念的辩护是否可以在认知上直接把握还是要与外部世界相联系，信念辩护的标准是否仅是内在状态还是至少要部分依靠外部考虑。事实上，在当代认识论的研究中，特别是在内在主义和外在主义的辩论中，证据一词频繁出现，它不仅仅是内在主义辩护阵营的固有术语，如齐硕姆指出，"我们所知道的事情对于我们来说之所以是可以辩护的就在于如下的意义上：在任何情况下，我们能知道它是什么就构成了思考我们知道的基础或原因或证据"①；同样屡屡出现在外在主义者的辩护文献中。比如，阿尔斯通在《认识论中的内在主义和外在主义》一文中提及"通常将信念的辩护思考为来源于它与一些事物状态的关系而不是它自身，当一个信念是可辩护的，是因为它具有充分的证据或原因，或者是因为它来源于一个特定的感觉经验"②。菲尔德曼指出："任何人对任何

---

① Roderick Chisholm, *Theory of Knowledge*, New Jersey: Prentice-Hall, 1977, p. 252.

② William Alston, Internalism and Externalism and Externalism In Epistemology, *Philosophical Topics*, 1986, vol. 14, No. 1, p. 183.

命题的信念态度的认识论辩护都强烈地随附于这个人在当下时间内他所拥有的证据上。"①

从人类智慧与理性发展的长河来看,证据概念对我们理解知识发挥了重要的作用。在哲学讨论中,证据通常就被视为一个人所拥有的与命题相关的全部信息。据此一个人具有知识,当且仅当(1)他具有一个真信念,(2)该真信念具有极强的证据基础可以为之辩护。也因此,是否满足条件(2)就成为区分理性信念和非理性信念的重要标准,理性信念就是建立在充分证据基础上的信念,反之亦然。因此对我们绝大多数信念来说,辩护最终将追溯至证据。当然,正如上文所说,证据也存在强弱之分,"一个人所具有的证据对于一个信念来说可以是决定性的或非决定性的。决定性的证据是如此之强,以至于可以排除掉所有的错误的可能性。怀疑主义的讨论表明我们缺乏决定性的证据用于我们对外部世界、对过去、对他人心灵,和对任何其他主题的信念"②。通常来说源于个体的感觉经验往往是证据的直接出处,比如"我被火烫到皮肤很疼痛"就为命题"人们要避免用手直接接触火"提供了证据和直接辩护,这样的辩护建立在个人的感官经验上,具有很强的说服力。但是,随着近年来对证据决定性的深入研究,哲学家发现个体的感觉经验也不再是对外部世界信念的决定性证据,甚至感官经验也可以是欺骗性的或是幻觉性的。也因此,如何理解证据与辩护对于当下的认识论研究来说就显得

---

① Conee Earl, Richard Feldman, *Evidentialism: Essays in Epistemology*, Oxford: Clarendon Press, 2004, p. 101.

② Robert Audi, *The Cambridge Dictionary of Philosophy*, New York: Cambridge University Press, 1999, p. 293.

更为重要。

证据之所以对辩护重要很大程度上就在于证据赋予了辩护的某类理由。比如，金在权提出："在任何事情中，证据的概念与辩护是不可分割的。当我们在认识论意义上谈论证据的时候，我们实际上谈论的是辩护：一件事情对于另一件是证据仅仅在于前者能够提高后者的合理性或辩护。"①理查德·弗利指出："对信念来说，将证据和认识理由携起手来加以思考是自然而然的事情，对命题的真来说拥有证据就意味着你拥有相信它的认识论的理由，也就是说具有一个真实准确的信念的理由，相反缺乏证据你就没有理由去相信它。"②因此，本书在这里给证据下一个简单的定义："证据，就是能够在不同命题间进行辩护的东西，拥有证据就意味着你有好的理由去辩护性地相信某个或某些命题。"比如，"我有理由相信玛丽在撒谎"和"我有玛丽撒谎的证据"这样两个命题或多或少是同义的，其区别更多的是前者可能缺乏了"证据"所拥有的经验上的内涵。

由此可见，证据之所以能够赋予辩护的认识理由，就在于证据中存在或充斥着经验的成分，正是源自经验的支持，证据能够对辩护起到支撑作用。尽管证据对于辩护的意义得到了哲学家的认同，但是对于经验在证据中发挥作用的程度，人们的认识并不一致。是否经验在其中发挥着独特的作用，还是如威廉姆森所说证据就是由命题所构成，无需经

---

① Jaegwon Kim, What is Naturalized Epistemology?, *Philosophical Perspectives*, 1988, vol. 2. pp. 390-391.

② Richard Foly, Evidence and Reasons For Belief, *Analysis*, 1991, vol. 51, No. 2, p. 98.

验的参与呢？威廉姆森认为盖蒂尔问题的难以解决事实上说明了人们无法藉由命题的辩护去解释知识，根据信念去辩护、说明、定义知识的道路是行不通的，相反我们应该反过来根据知识去解释信念，用知识去辩护、说明和定义信念。按照这一观点，证据就是知识，用公式表达为 E＝K，即证据就是知识。"对 E＝K 的一种图式论证是：

> 所有的证据都是命题的。
> 所有的命题证据都是知识。
> 所有的知识都是证据。
> ────────────────
> 所有而且只有知识是证据。"①

　　按照传统的"证据的现象概念"理论，一个人的证据就随附于他的精神状态，人们辩护性地相信某个命题的事实就随附于人们的证据事实之上。比如，我看到张三拿着带血的刀从房间走出，那么我相信张三杀了人，即使张三事实上不是凶手。这里的证据在于我的经验，而不是命题。但是威廉姆森认为情况恰恰相反，我感冒了的假设不能去解释我的嗓子的干痒，但是可以解释命题"为什么我的嗓子干痒"。证据，只是我的嗓子干痒的命题，而不是干痒的经验本身。再比如，我们不能解释一把刀，即使它是张三拿着的，即使它是带血的，我们只能解释命题"张

────────────────

① Timothy Williamson，*Knowledge and its Limits*，New York：Oxford University Press，2000，p. 193.

三手里拿着的那把刀是带血的"。这样证据解释的就只是命题而非对象客体，用证据参与感觉经验的解释是没有意义的，证据是命题性质的，它所说明的只能是命题而不是对象客体或者经验。很显然在威廉姆森这里，知识、证据和命题三者的关系中排除了经验的解释和介入。那么"是否经验应该是证据的重要成分"或者说"是否应该将经验纳入证据的链条之中呢"。如果我们主张经验与证据无关，辩护主体信念的东西就是他所相信的其他命题，那么我们会遭遇到一个辩护的循环问题；但如果我们认为经验是证据的必要组成部分，那么就会面对更为复杂的问题，不仅仅因为经验涉及个人的主观感受，还在于经验基础上的证据往往导致知觉的错误或者说"知觉之幕"。具体来看：

P1：对任一主体 S 在时刻 t 相信的命题 p 来说，如果 S 在时刻 t 就相信 p 得到了辩护，那么至少有一个其他的 S 在时刻 t 相信的命题 q，而 q 就被看作是 S 对 p 的证据。

P2：我们需要 S 对 q 的信念也得到辩护，因为如果 S 没有理由假设 q 的话，那么他就无法辩护他对于 p 的信念。

P3：如果 S 对 q 的信念必须得到辩护，那么基于相同的原因 S 必须拥有对 q 的证据，也就是 S 需要去辩护地相信新的命题 r。

……

那么由此产生的辩护链条如何进行终结？

基础主义（Foundationalism）的解决方案。基础主义的理念至少可以追溯至笛卡尔，其解释为："依据基础主义，我们的辩护信念结构就像一个建筑物一样，它们被分为基础和上层建筑，后者依赖于前者。属于基础的信念是基础的，属于上层建筑的信念是非基础的并会接受来自基础辩护信念的辩护。"①也就是说，在人们拥有的全部信念中，部分信念是"直接地"或"当即"受到辩护的，而不是由其他信念推导出来的，这些信念就是基础信念，它们构成了个人认识大厦的基石，其余信念均是由它们推导而出的。按照这样的理解，我们有理由认为 S 的辩护信念 p 是基础的当且仅当 p 信念的辩护并未源于 S 的其他信念。因此，基础主义的两个核心观点就是：（1）某些信念具有基础的正当性，是独立受到辩护的；（2）其余信念的辩护与基础信念存在着内在推理关系。这就带来了两个重要的问题：（1）究竟是什么使得基础信念得到辩护？（2）基础信念如何来辩护非基础信念？对此，我们首先思考究竟是什么使得一个基础辩护信念处于第一位。

例如，我注意到某人穿着一件红色的大衣，那么这样一种信念就源于我的视觉，它并没有包含我的其他信念，也不需要其他信念的辩护，因此这个信念就是一种基础信念。根据认识基础性观点：S 的辩护信念 p 是基础的当且仅当 S 相信 p 的辩护并不依赖于 S 相信另一个命题 q 的辩护。比如我注意到某人穿着一件红色的大衣，这样一种信念是我的一个感觉经验，它不需要我再去相信或拥有什么别的、进一步的辩护，因此这个信念就是一种基础信念。这样，我们可以得出结论，如果一个信念不需要经过还原，如果一个信念来自感官、经验等，那么它就是一个基础信念。

按照基础主义的思考，经验需要也必须被看作是证据的一个直接组

① Matthias Steup，Epistemology，2005，http：//plato. stanford. edu/entries/epistemology/notes. html#33.

成部分，信念的证据并不完全由他所相信的其他命题所构成。这样基础主义的解决方案就否定了"只有一个人相信的命题才能被算作他的证据"的思想，并借此摆脱了辩护循环问题。比如，在命题"迈克尔在时刻 t 从自行车上摔下来，他相信他的膝盖破了，因为他看到膝盖流血并且很痛"。在这里命题 p 就是"迈克尔相信他的膝盖破了"，而辩护 p 的命题 q 就是"迈克尔看到膝盖流血并且感觉很痛"。那么在这样一个简单地发生在以感觉的证据为直接基础的信念辩护中，迈克尔对于 p 的证据，不是别的而是他自己的感觉经验，也就是 q——他的膝盖破了而且很疼。这样来看，信念可以直接地以感觉经验自身作为基础，而不需要借助任何其他的我相信的命题。但是如果命题并非是以直接的感觉经验为基础，而只是与感觉经验相关的话，情况就会变得较为复杂。比如，"我在时刻 t 听到了雷声和窗外的沙沙声，闻到了潮湿的味道，虽然我没有扭头看向窗外，但是我相信窗外在下雨"。在这里命题 p 就是"我相信窗外在下雨"，而辩护 p 的命题 q 就是"我听到了雷声和窗外的沙沙声，闻到了潮湿的味道"。与上述命题不同的是，我并没有直接用眼睛看窗外是否下雨，而是将下雨的判断建立在我的听觉和嗅觉的基础上，尽管我的证据同样是作为基础的感觉经验，但是这些作为证据的经验可以用于充分的辩护吗？它们是否可以辩护我的命题 p 呢？如果恰好窗外在下雨，那么这些经验就是辩护的证据，但是如果窗外仅仅是一部电影在拍摄时的人工场景，那么我的听觉和嗅觉的经验就不足以为我的命题 p 进行辩护。很显然，使用经验来为命题进行辩护是存在问题的，上述命题中在嗅觉和听觉与我的判断之间存在着一个知觉，我的知觉做出了错误的经验证据使用。也因此，基础主义在解答"经验（特别是感觉经验）是否可以作为证据"问题上并不令人满意。

由上述论证可知，来自经验的信念并非绝对无错，或者说并不存在着绝对无错的基础主义。笛卡尔的回答显然是错误的，他认为存在着绝对无错的基础，就是说这些信念是绝对不可能为错的。然而这就会把关于物质对象的信念从基础信念中排斥出去，同时，即使经验命题是正确的，那么对于这样一个经验状态来说，它是命题状态还是非命题状态？如果是命题状态，它们就是起着赋予辩护作用的类型，因为接受辩护的信念状态本身是命题性的。但如果经验是命题性的，它们似乎是认知状态，为了传递辩护，其自身也应当是受到辩护的，它们如何首先得到辩护呢？如果它们是非命题状态，它们似乎就没有合适的资格来为信念提供辩护。也因此，从笛卡尔提出基础论到现在的很长一段时间内，哲学家们都在探讨基础主义的缺陷与不足，而当代大部分认识论者都后退至一种弱的基础主义类型，也就是说承认可错性，承认基础论不足以解释辩护的结构。

融贯主义（Coherentism）的解决方案。与基础主义主张经验可以直接构成证据不同，融贯主义更强调了融贯的辩护结构，强调了经验和信念或者说和真之间的特定关系，通过这个关系经验转变为信念的证据。融贯主义拒斥了基础信念以及基础主义所主张的基础信念辩护非基础信念的认识和看法。相反，它认为所有信念可以和谐地相处在同一个层面上并且彼此提供支持。信念系统中的每一个信念都可以被其他的信念所支持联系。信念群得到辩护并非只是由于少数的基础信念，而是由于它们共同构成了认知者的信念状态。① 戴维森认为，世界和信念之间存在的只是因果关系，世界不能为人们的信念提供为真的理由，信念的真或者说辩护需要来自该信念与信念系统内的其他信念融贯一致。也因此，按照这个解决方案，经验如果要成为证据就需要转变为对信念的因果关系，比如上述命题中的听到雷声和闻到潮湿的味道，就成为我相信外面下雨的因果链，对我的判断起到了一种重要的因果作用，而后者往往是说明性的、概率性的以及演绎性的。很显然，在戴维森的世界中，经验性的成分是不能进入到辩护之中的，也不能算作辩护的证据，经验虽然在认知过程中发挥了重要的作用，但经验不能进入辩护领域，能够在此处发挥作用的只能是与该信念融贯的其他可辩护信念，即只有一个人相信为真的命题对于他的其他信念来说可以算作证据。也因此命题 p"迈克尔相信他的膝盖破了"，能够对他进行辩护的不是经验，而是其他的一系列与之融贯的命题，比如 q1"迈克尔有两条正常的腿"、q2"迈克尔确实躺在了地上"、q3"迈克尔的膝盖上流着血"，上述这些命题 q1、q2、q3 彼此融贯，它们共同辩护了命题 p。

按照融贯主义的这一理解，"辩护没有什么非信念的来源；所有辩护都来自其他信念。这些信念通过互相'倚靠'，从其他信念那儿获得辩护的支持，就像纸牌搭成的房子那样，互相支撑。融贯主义主张所有的辩护都来自个人信念的内容之间的关系，而这些内容彼此都有逻辑的关系，有些信念内容逻辑地可以推演出或者或然性地包含有其他信念的内

---

① ［美］罗伯特·威尔逊：《MIT 认知科学百科全书》，上海外语教育出版社 2000 年版，第 426 页。

容。"①融贯主义回避了基础主义的缺陷，但是它同样遇到了自己无法回避的问题。而这些可以归纳为以下几点："其一，问题就在于这种关系自身可以形成辩护吗？如果 P 可以逻辑地推演出 Q，那么我们可以认为 S 相信 P 是受辩护的，S 相信 Q 也就是受辩护的。但是如果 P 的信念都没有证明得到辩护，又如何保证 Q 的信念呢？逻辑推演只能保证辩护从一个信念一次传递到另一个上，正是这种逻辑性和或然性保证了辩护的关系传递，但显然融贯主义否定了这样的传递。其二，信念的受辩护是由整个系统的融贯性水平决定的，他们不考虑这个信念在系统中的特殊位置。这就意味着，在一个既定的系统中，所有信念都具有相同的辩护地位：要么全部是受到辩护的，要么就全部是未受到辩护的。而这个推论与我们的直觉恰好相反，通常我们会认为即使某一个信念未受到辩护，那么也不能否认其他的信念受到了辩护，而融贯主义显然也否定了这一点。其三，融贯主义认为辩护只能是由主体的信念系统来决定，而不管这个系统与现实世界或者与主体对现实世界的经验是否对应。一个融贯的信念系统可以从现实中'孤立'或'剥离'出来，也可以与经验分开。"②但是脱离经验支持的信念是否可以有效得到辩护呢？这种说法显然在实际层面上缺乏有效的力度证明。

尽管融贯主义能够回避"知觉之幕"难题，但是融贯主义最大的问题就在于缺乏对世界的说明，特别是缺乏解释经验如何输入信念系统，导致信念系统与世界产生了一种孤立，完全没有经验的信念系统其意义何

---

① 欧阳康：《当代英美哲学地图》，人民出版社 2005 年版，第 204 页。
② 同上书，第 204—207 页。

在呢？近年来，在融贯主义体系下出现了新的研究方案——基础融贯论(foundherentism)，"在结构上，它既允许渗透于信念间的相互支持，也允许经验对辩护做出贡献；在内容上，它既不是纯粹因果的，也不是纯粹逻辑的，而是一个双面的理论"①。但如果认真分析这一研究策略，尤其是如何对"非信念的输入"和"经验"进行区分以及如何摆脱"所与神话"，可以发现其本质仍是一种基础主义的解决方案。因此，融贯主义在回答"经验(特别是感觉经验)是否可以作为证据"问题上的解释也并不令人满意。

经验主义(Experiencism)的解决方案。抛开戴维森的观点，实际上仍有许多哲学家认为经验可以算作是证据，至少是部分经验可以算作证据，这其中最具代表性的就是约翰·麦克道尔的"极小经验论(minimal empiricism)"。麦克道尔认为，经验具有概念性的甚至是命题性的内容，因此经验可以代替对信念的理性关系，而不仅仅是因果关系，经验的存在就在心灵和世界之间架起了沟通的桥梁。比如，麦克道尔指出，"因为我们的认知困境就在于我们依靠感性直觉(用康德的术语)面对着这个世界，所以我们的有关对事情究竟该如何的反思就必须以对经验世界的可回答性为开端。现在如果不能诉诸我们的思考对于经验是可回答的这个思想的话，那么我们该如何理解我们的思考对于经验的世界是可回答的呢？来自经验世界的裁定——对此经验的思考就必须是可回答的，如果它要被思考的话——如果不是通过'经验的法庭'(如蒯因所说)所裁定的话，如何能够得到传递呢。而这就是我所说的'极小经验论'：经验必

① ［英］哈克：《证据与探究》，陈波等译，中国人民大学出版社2004年版，第2页。

须构成一个法庭，协调我们的思考方式，它对于事情该如何来说是可回答的，因为它必须是可回答的，如果我们想要使思考有意义的话。"①这样来看，麦克道尔认为至少在认识辩护序列中应该给予经验一个重要位置，即便我们不能说经验构成了证据，但至少可以说经验提供了证据。事实上，无论是基础主义抑或是融贯主义，在处理经验证据的方式上都不合理，前者过分地强调了经验特别是感觉经验的决定性，后者则完全忽视了经验在认识论中所发挥的作用，片面依靠封闭的命题系统进行所谓的融贯论证。也因此，强调经验在证据中参与的合理性，对于理解证据之于辩护的独特作用而言就显得极为重要。

可靠主义（Reliabilism）的解决方案。近年来兴起的一种新的辩护理论，它认为一个信念是辩护的，如果它的产生是经过一系列可靠的心理过程。② 这样的话，信念就不再是一种外部事实而是作为内在的心理过程类型的一种功能而被认为是否得到了辩护。举例来说，如果 S 拥有对 P 的信念辩护的许多证据，然而 S 对 P 的相信并非因为他利用了这些证据，而是因为 S 对 P 拥有一种感情因素。那么我们就需要对 S 的心理活动的因果过程进行考察。"那么什么样的因果过程可以提供辩护什么不行呢？经过考察，可以认为提供或维护辩护的因果过程包括知觉、记忆和各种'合理的'推理过程，而不能提供辩护的因果过程就包括一厢情愿、情感用事以及对草率选择出来的权威的依赖等等。对二者的对比就

---

① John Mcdowell，*Mind and World*，*With A New Introduction*（*4th edition*），Cambridge Massachusetts：Harvard University Press，1998，Xii.

② ［美］罗伯特·威尔逊：《MIT 认知科学百科全书》，上海外语教育出版社 2000 年版，第 426 页。

会发现其差别就在于可靠性上，前者产生的是可靠的真信念，而后者产生的是虚假的信念。这就导致了过程可靠论的提出：一个信念得到辩护当且仅当它是由一个通常可靠的信念形成过程形成的。"①可靠主义既能够回避基础主义的信念分类问题及其引发的争论，同时又避免了融贯主义的逻辑推演问题，因此它受到了许多认识论者的支持，同样也遇到许多的挑战，其中最大的问题就在于可靠主义面临着"普遍性问题"。众所周知，"任何信念都存在复杂的心理过程，当我们进行可靠性判断时，什么样的细节在其中发挥作用呢？人们不可能提及产生信念的具体细节，谈论的往往是某种类型的过程。因此在确定可靠性时应该如何选择呢？是选择宽泛的类型还是狭窄的细节。如果选择一个非常宽泛的类型，那么在同一认识范畴中，受到辩护的与未受到辩护的信念将混为一谈，如果选择一个太过狭窄的，这中间的尺度和选择标准同样面临巨大的考验"②。因此，尽管许多可靠主义的支持者提出各种假说来解决这个问题，但是迄今为止仍然没有一个令人完全满意的回答，也因此辩护问题仍然成为了认识论乃至知识的最大考验，哲学家始终面对着怀疑论的阴影。事实上，对证据问题的理解要比人们想象的更为重要和复杂，必要的说明和解释对于信念的辩护来说是重要的。其一，人们辩护地相信某一命题就在于拥有支持该命题的证据，在这个意义上拥有证据也就是拥有了认识的理由，因此将证据纳入辩护链条就是自然且合理的事情。其二，作为经验的证据能否进入辩护序列成为辩护的基础，对该问

---

① 欧阳康：《当代英美哲学地图》，人民出版社 2005 年版，第 209 页。
② 同上书，第 211 页。

题答案的认同与否事实上就成为了区分内外在主义的先决条件。但是基于辩护问题的复杂性，特别是当下缺乏一个特别合适的能够得到所有人都满意的理论，过分地纠结于辩护问题会阻碍认识论的整体发展，毕竟辩护只是认识论的一个维度，而认识论的大发展并不会因为辩护问题的瑕疵而有所停顿下来，相反认识论的发展在这一时期获得了巨大的动力，展现出了超越过往任何时候的全新面貌。

二、社会认识论的兴起

20 世纪哲学得到了大发展，当科学哲学学科建立并开始促使一个新的哲学时代的到来时，随着逻辑经验主义的兴盛，哲学家主张将自然科学的方法应用于哲学研究中，从认识论上来看，认识论上的证明与解释需要与自然科学相伴生，用科学的方法运用于我们获得的知识的呼声就成为这一时期的主要特点。其中，呼声最高的也是对认识论影响最大的就是蒯因（Willard van Quine）的自然化的认识论。蒯因认为，"认识论应当是自然科学的一个分支，尤其是心理学的一章。认识论包含在自然科学中，而自然科学也包含在认识论中。"①蒯因相信，自然化的认识论的方法可以消除怀疑论，把认识论从反驳怀疑论的努力中解脱出来。也就是说，为了发现构成知识及其获得的基础，我们必须诉诸行为主义心理学以及对科学的历史探究。关于知识可以问及的适当问题，不是有

---

① ［美］蒯因：《自然化的认识论》，载《世界哲学》，2004 年第 5 期。

关知识主张的辩护问题，而是关于如何解释知识的形成问题。我们需要重建"证据"的概念，使它指涉那些感官刺激，正是它们导致我们具有的我们所拥有的科学信念。而认识论所问的主要问题是，人们的超越"证据"（输入）的自然理论（输出）是如何在人类主体中产生的。① 蒯因的主张为其他许多哲学家所追随。他们认为，人类及他们的认知官能是自然中的实体，并主张自然科学，尤其是生物学和经验心理学的成果对认识论是至关重要的。但是，对此反对与批判的呼声也很高。其中最主要的反对意见有两种：第一，绝对可靠的基础论并不是传统认识论的唯一选择，那么即使它的失败也不足以判断认识论系统的失败。第二，心理学没有以任何方式研究规范性的知识问题，因此蒯因的自然化认识论提出的心理学转向就抛弃了认识论所特有的规范性问题研究。尤其是第二种意见，对自然化认识论的冲击更为汹涌，甚至就连蒯因本人也澄清说，他从来都没有说过要抛弃规范性的问题，但是正如我们所知的，这个问题对于自然化认识论来说是无法解决的。其后许多哲学家试图更加彻底地完成这个任务，出现了许多自然化认识论替代命题，但无一例外都失败了。正如罗蒂所说："蒯因在论证科学和哲学之间不存在分界线之后表明了科学可取代哲学，但是我们并不清楚他要求科学去履行什么样的

---

① 蒯因在《自然化的认识论》中指明：我认为在这一点上，相反这样说可能是更有益处的，认识论依然将继续存在下去，尽管它是在一种新的背景下并以一种被澄清了的身份出现。认识论，或者某种与之类似的东西，简单地落入了作为心理学的一章，因而也是作为自然科学的一章的地位。它研究一种自然现象，即一种物理的人类主体。而推动我们研究它的理由，和总是推动认识论的理由，在某种程度上是同一种理由，这就是：为了弄清楚证据是如何与理论相关联的，并且人们的自然理论是以何种方式超现成证据的。

任务，也不清楚为什么是由自然科学而不是艺术、政治或是宗教去接管空下来的领域。因此，蒯因的科学概念只是一种工具主义的。即便蒯因借助于心理学的成果，也不可能准确地把握信息的形成过程。心理学能否发现，信息处理正好在晶状体内，或者说正好在视神经与视觉皮质的交汇处？也许不能，因为很难了解什么可被看成是信息或处理的实验标准。"①尽管哲学领域仍把自然主义看作是重要的认识论研究，但是新的研究领域正随着时间向 21 世纪的推移而发生进行着，其中一种名为社会认识论的研究领域影响日益增大，甚至成为一门独立的研究领域出现在认识论的研究当中。

社会认识论兴起于 20 世纪 80 年代，其主旨在于研究知识本身所具有的社会属性，如知识的传递、知识的社会互动以及认知劳动的分工等等。"社会因素"通常被认为是不利影响，有碍于真理的追求，有碍于客观性的实现。然而最近，主流的知识理论对社会认识论投入了相当的关注，并开始探讨社会互动对追求真理可能有的促进而不是阻挠作用。一方面，自然化认识论的不足促使哲学家反思单纯的自然科学不足以解释或确证人类的认识过程，面对复杂的人类认识机制，需要在大的社会科学哲学的框架下，积极地引入社会科学的合理成分，而不是试图抛弃或简单地否定社会科学对认识论的促进作用。另一方面，随着库恩《科学革命的结构》的出版以及引发的科学哲学的历史研究潮流的形成，社会科学哲学终于能够摆脱自然科学哲学的阴影，其结果就是"把科学信念

---

①　［美］理查德·罗蒂：《哲学和自然之镜》，李幼蒸译，商务印书馆 2003 年版，第 210 页。

中历史转换的认识（包括科学观本身的转换），以及社会过程在科学共同体产生这种转换过程中的作用，引入到了争论的核心"①。而在这一过程中，社会认识论的研究走在了社会科学哲学的前列，形成了自己独特的研究特点。甚至我们可以认为，当我们把包含有知识和辩护信念的认识论看作是在大的历史和社会背景之下时，认识论就可以看成是社会认识论的研究。但是，如何进行社会认识论的研究是有争议的，尽管社会认识论是对知识社会性的考察与研究，但是对于自然科学知识与社会科学知识来说，二者的社会性一致吗？是否有必要对社会科学和自然科学进行完全不同的分类归纳或是进行相类似的研究考察？所有这些问题事实上构成了此类研究的思考和难点。

与此同时，一部分人认为社会认识论只是传统认识论的补充、延伸以及重新定位，其目的在于纠正传统个体认识论的误差与偏见。也因此这些哲学家更多的是在哲学体系的框架下思考认识论的新发展，同时能够保持并延续认识论的传统规范性问题，他们对知识的来源重新进行了思考，提出并确证了知识的陈词进路，扩大了知识的来源与交流面，将社会语境与社会互动的观念引入了传统的个体认识论当中，从而扩大了认识论的研究范围，同时保留了传统的真理以及辩护概念，在此基础上仔细探究人类的认知劳动分工以及其他一系列提高人类认知能力的活动，因而许多的概念以及理论得到了哲学家的认同和支持，成为社会认识论的主流发展方向。

---

① Ted Benton, Iran Craib, *Philosophy of Social Science：The Philosophical Foundations of Social Thought*, New York：Palgrave Macmillan, 2001, p. 60.

　　与之相反，另一部分人认为，社会认识论的目的在于摆脱传统认识论甚至代替传统认识论，他们否定知识和辩护信念与真理的本质联系，否认认知实践的目的是获取真理，否认社会认识论所具有的客观理性的规范性，更多的是把科学活动看作一种社会建构和知识政策，而不是发现真理。当然弱的类型认为科学理论负载有社会、历史、文化的预设和偏见，而强的类型则提出了真理与实在本身就是社会建构的形而上学主张。因此，这些人更多的是在一种社会学的框架下来思考认识论，即使很多时候人们更愿意称呼他们为社会建构论者，但因为他们的研究更多地将社会因素引入，因此我们可以将他们都归纳至社会认识论的大目录下，将之看成广义的社会认识论。① 这些学者反对诸如理性和真理这样的知识理想的可能性，甚至是可理解性。他们认为科学家是在建构而不是在发现世界，科学家们的活动是政治事业，而不是朝着客观真理的方向前进。当然，在这些人中有人始终使用社会认识论这一术语，比如史蒂夫·富勒，也因此他的研究更多地被认为是一种知识政策研究。

　　正是因为社会认识论的复杂构成和研究的多样性，构成了当代社会认识论研究的特色。这样的研究结果从一方面说明了社会认识论研究的困难性，即缺少共同的研究纲领和研究核心，表现为研究内容分散、关注点零乱，同时研究方法也呈现出多样性，不仅需要广泛查阅大量的国外资料并消化吸收，同时对其内容的组织与安排亦要精心思考。例如，

_____

　　① 　在此要感谢斯坦福大学哲学系主任 Helen Longino 教授，在她学术访问山西大学科学技术哲学研究中心期间，笔者与其进行了多次深入交流，此观点也得到了她的认同，同时有幸得到了她的许多意见和观点，在此向其表示感谢。

在社会认识论的研究大旗下，部分哲学家采纳了社会学的方法和进路，考察知识的社会因素，从外部凸显知识的社会、历史与政治语境，而这些研究内容对于本书来说又不能不论述，因此对其的安排就煞费苦心，即需要对其表述清楚合理，同时又不能因其冲淡了认识论的规范特点，某种意义上笔者自己亦认同认识论的规范性。当然，这种困难还突出地或者说直接地表现在本书题目的选择与思考上，究竟选择什么样的题目才能准确地把握到这样复杂的研究内容的本质，合理凸显社会认识论的研究特征，类似这样的思考始终是一种考验和挑战。选择本书当前的题目主要基于两方面的思考：首先，社会认识论的研究本质就在于考察知识的社会维度，或者说研究知识的社会性，因此知识理解就成为一个首要问题，由于人们往往将知识与信念二者相联系，透过信念的条件和状况来界定知识的不同组成和认识，因此将信念与知识关涉起来就是合理和正确的研究方向。其次，传统认识论始终将个体知识界定为知识的唯一合法来源，他人的话语就被排除在外，集体的知识就被排除在外，但是社会认识论则强调了知识可以是一种集体性知识，集体可以作为知识主体，他人话语可以被看作是知识来源，这样就打破了延续千年的知识观和界定标准，正是在这样的意义上本书界定和考察了当代社会认识论研究，即知识不仅可以是个体的同样也可以是集体的，知识主体可以从孤独的个体拓宽至合作的集体。以上所有这些思考就构成了本书题目的相关思维背景，当下这样一个题目不仅有效地把握住社会认识论的研究本质，而且有助于构建和展现出社会认识论研究的理论核心和发展趋势。本书的目的就在于尽可能全面而广泛地廓清当代社会认识论的思维，并且对社会认识论进行多视角的实践考察，以期在这一新颖的研究领域内给出自己的求解和探索。

三、本书的思路与框架

基于以上的论述，本书的写作思路和基本框架为：

本书主要围绕三部分的内容展开。一是"社会认识论的元理论"，主要关注社会认识论的研究论域、历史溯源、内涵划界、理论定位、研究路径等元理论问题。二是"社会认识论的核心议题和理论特征"，此论题主要考察了当代知识的陈词问题、专家意见选择、集体性知识的本质三个核心议题，在此基础上阐述了代表性哲学家的相关思想。三是"社会认识论的实践考察与语境分析"，从多个视角和维度对当代社会认识论研究进行实践考察，探讨了社会认识论的实践应用，特别是将语境分析的研究方法引入到知识的社会维度中，提出了相应的解决方案。

在导论部分，主要阐述了本书写作的基本思路、主旨和提纲，澄清基本概念和观点，提供一些正文中没有涉及的背景知识、研究和写作思路等，特别是通过知识辩护的历史性考察，回答了认识论的走向和发展趋势，重点指出当代社会认识论的关注重心，提出当代认识论的研究价值，赋予认识论这一古老话题以新的研究方向。因此，导论部分既是本书的简介，也是必不可少的补充。

第一部分内容是关于社会认识论的元理论研究，由两章组成（第一、第二章）。在这两章中，笔者试图引入知识的社会维度，通过社会认识论的历史、内涵、划界、定位、域面多个方面的论述，来勾勒和描绘出一个较为系统完整的社会认识论概括性图景，以此作为社会认识论研究的理论基础。

第一章：知识社会维度的引入与分析。本章首先从现代认识论的演变出发，较为细致地阐释了实证主义知识观、解释主义知识观、批判主义知识观、实验主义知识观的发展线索和脉络，进而以一种历史的顺序对知识观的演进过程给予了背景性的交代，从而更好地引出本书的主要内容，即社会维度的知识观与认识论。其次，从现代认识论的发展出发，重点概况了认识论的社会化趋势，拓展了特定的认识思维背景。从哲学认识论的意义上来看，社会化趋势有其产生的必然要求：一方面，现代认识论的发展特别是自然化认识论的不足，促成了认识论社会化的背景，使人们意识到简单地将认识方式自然化、科学化以及符号化无法从根本上解决人类的认识之谜，因此需要以一种新的方式探索认识论的本质，从而引发新的认识论研究进路；另一方面，知识辩护的来源的重新思考，构成了认识论社会化的重要基底，客观上为认识论的社会化提供了契机。最后，本章对认识论的社会化的演变趋向进行具体分析，主要关注和分析了个体化向社会化以及自然化向社会化两条转向路径。

第二章：社会认识论的图景。本章将重点探讨社会认识论的历史渊源，这是本章的基本内容之一。对于这样一部详细的社会认识论研究的书籍来说，我们需要对其进行一种历史的哲学回顾，而非只是一种理论分析，因此从历史的角度追溯社会认识论的产生和发展过程对于当代社会认识论研究来说就是不可或缺的。也许我们所能把握到的思想在历史上更多的是一种思维的火花或者是一种思想的萌芽，毕竟社会认识论的产生是在 20 世纪 80 年代之后的事情，然而这个工作对于该研究领域的规范化和体系化来说，都是必要而且富有意义的。以"社会认识论思想渊源"为线索将那些隐藏在哲学史中的重要思想组织起来，就构成了一幅社会认识论形成与发展的历史画卷，透过这幅画卷我们就可以感受到社会认识论的生成价值和理论诉求。

本章的基本内容之二就是廓清社会认识论的内涵和划界。从社会认识论的含义来看，对"知识"的不同理解以及对"社会"的不同认识，就产生出不同的研究风格以及对社会认识论的不同理解，而这也正是当代社会认识论研究呈现多样化的直接原因。很显然给社会认识论下一个明确的、令人满意的定义是一件困难的事情，事实上也并不存在这样一个令所有人都认可的定义，特别是这涉及了知识政策、知识制度、知识属性几个不同的研究视角，因此在这里笔者采取了分类比较的方法，从各自研究的视角内界定社会认识论的内涵、列举目前社会认识论的界定方式，并试图归纳和总结出各种不同的定义，进而形成比较系统和全面的总结和评述。从社会认识论的学科划界来看，一方面有必要将社会认识论与传统认识论区分出来，使我们可以看出二者究竟在什么方面有所区别，社会认识论究竟突破了传统认识论的哪些认识层面上的桎梏。另一方面，我们需要将社会认识论与知识社会学进行区分，虽然二者都表现为对知识的社会性研究，但无论是学科性质还是研究方法，事实上二者并不一致，因此借助于这样的划解区分，我们可以明确社会认识论的研究范围和界限。

本章的基本内容之三就是论述社会认识论的理论定位、研究路径以及基本域面，并以此作为基础论述和把握社会认识论的本质。当代社会认识论的研究表现出了差异极大的研究主题和研究特征，因此在阐明这一研究主题时不能只做简单的大杂烩式的摆放，必须进行合理的归纳和思考，凝聚其研究主线，理顺其中的研究脉络。因此笔者对社会认识论的核心主线做出归纳，指出社会认识论具有延续性、替代性和平行性的三个理论定位，具有社会学式的以及哲学式的两种研究路径，关注了社会因素作用以及认知工作分配的两类基本域面。对社会认识论的理论定位、研究路径、基本域面的详细论述和合理区分就形成了当代社会认识论研究的核心主线，这样一条研究主线的建立，不仅相当程度上廓清了这一领域的研究内容，明确了这一主题的研究方向，而且为今后进一步的探索预留下合理的位置。

第二部分的内容主要阐述当代社会认识论的核心议题和理论特征，由第三章、第四章构成。通过第一部分的内容，我们可知当代社会认识论在 20 世纪得到了蓬勃的发展和繁荣，对"社会""社会性""知识的社会性"等基本概念的界定和考察彰显了当代哲学的批判性反思，做出了淋漓尽致的诠释。特别是对来自知识的内在社会因素和外在社会因素的双重考察更是凸显了当代知识的社会维度，但是摆在眼前的难点之一就在于如何从宏观的讨论范围聚焦到具体问题，如何从大而广之的理论范畴缩小至更明确的思想理论。以这样的思考为逻辑出发原点，我们试图通过第三章和第四章的解释给出具体的回答和说明。

第三章：社会认识论的核心议题。本章将主要在规范性层面构建和讨论社会认识论的三个核心问题，同时也是在规范性层面上构建理论内核的重要组成，即陈词问题、专家意见分歧与选择问题、集体性知识与集体辩护问题。究其内在，这些问题之所以能构成社会认识论的核心议题原因就在于，一方面这些问题对于社会认识论的理论建构特别是在规范论证的层面而言是必要和重要的，很大程度上在本书中需要以相当的篇幅详细交代；另一方面，通过这些具有规范性的研究内容，我们就可以准确地把握到社会认识论研究的内在推动力，特别是从知识的获得和知识来源的角度给出分析。由此类似"知识究竟在什么意义上是社会的?""知识生产实践当中社会性具体体现在什么方面?""集体作为知识生产主体与个体的差异究竟体现在哪里?"等，所有这些疑问都将从认识论的内部、从知识社会性的内部，向哲学提出实践诉求和理论求解，同时对这些问题的回答能够以一种哲学式的研究方式拓展知识社会性的来源，扩大知识社会性的辩护，丰富知识社会性的体系。正是在这样的意义上，本章就成为理解当代社会认识论研究的一把关键钥匙，成为构筑当代社会认识论研究范式的重要哲学支撑。

第四章：社会认识论的理论特征。本章三要从形成于 20 世纪末的研究潮流中选择了求真、最小化、规范、建构四种社会认识论思想进行讨论，通过凸显每一种研究类型背后的核心观点来把握当代社会认识论研究的不同理论特征。这样安排的意义在于：其一，第三章更多的是以线性的方式对社会认识论进行了核心考察，因此很大程度上会忽略和遗漏许多与之相关的研究内容。事实上，还有许多的研究点远离了这条主线，但是这些内容的论述笔者认为是必不可少的，特别是本书之目的在于尽可能地覆盖和扫描所有与社会认识论相关的研究领域，因此这样一篇完整论述相关理论的章节就是重要和必要的。

其二，当代社会认识论研究从一开始出现就是以几种不同的研究内容为支撑，特别是其中几位主要学者的阐述和观点思想的论证，形成了目前各具特色的研究体系，比如，富勒的规范社会认识论、戈德曼的求真社会认识论等。在这一领域的逐渐体系化过程中，涌现出不同的研究代表人物，如戈德曼、富勒、基彻尔、社会建构论者、女性主义认识论者，而这就构成了社会认识论块状分析的天然基础。具体来看，这一章的内容翔实丰富，既有保留传统研究方法和风格的哲学式研究，如戈德曼使用真理作为知识活动实践的目标，以阻碍或促进真理的获得来评价知识活动和知识实践，同时也有 20 世纪末期兴起的社会建构论的社会学式的研究，这些研究凸显了传统认识论所忽略的社会利益、阶级压迫，主张这些就是知识社会性的根源所在，并试图论证和辩护他们的理论诉求。除了上述两类意义之外，这一章的安排还隐晦地体现出另一个意图和目的，即这些理论思想都意识到传统认识论的缺陷，意识到传统的个体主义认识论不足以满足当代知识实践的具体要求，意识到需要代之以认识论的社会化，特别是将知识的社会性引入其中。所不同的就在于论述这种知识社会性表现方式的差异，如戈德曼认同知识的社会性，但更多地以传统的知识概念为基础。基彻尔既不认同社会认识就是由社会和文化活动形成的激进解释，同时也否定了传统的个体主义认识论主张，而主张一种最小化的社会认识论。富勒则跳出哲学与社会学研究方法的争论，试图以一种自然主义的方式重建认识论，在是否认同传统认识论的作用上避而不答，既保留了传统认识论的特殊地位，同时又开辟了新的研究领域，试图走第三条道路来解决当代知识的诸多问题。该章内容丰富，视角宽阔，是全书的重点和主体部分。

第三部分的内容主要侧重于沿着"实践考察"的历史针脚，系统审视当代社会认识论的作用方式和表现形式。随着社会认识论的理论逐步走向成熟，有关它的一系列应用也开始变得时尚起来，借助这一理论体系组织问题、解决问题变得可能，也因此形成了独特的解决形式和作用方式。同时我们所不能忽视的是，社会认识论是一种关注于知识社会维度的认识论研究，其核心是对知识的社会性的考察，因此在这个过程中基于语形、语义、语用的语境理论就可以很好地介入其中，这一部分中我们将考察语境与社会认识论的作用模式，思考可能的研究路径并对其中被忽略的问题加以强调和批判。基于此，我们将通过第五章和第六章的论述来给出合理的和具体的回答和说明。

第五章：社会认识论的实践考察。如果说前面几章是社会认识论的理论研究的话，即从历史、含义、理论特征上来研究社会认识论，那么本章就是从具体问题上对社会认识论加以透视，找到社会认识论之于科学哲学的启迪与求解。应当说，这部分的工作是本书的一大特色或者说是研究成果之一。笔者始终认为当代社会认识论的研究工作绝不能仅仅停留在理论研究层面之上，必须要返回实际的科学知识生产实践之中，在具体实践当中考察社会认识论，在实践之中理解知识的社会性。只有这样，才能准确而深刻地意识到当代社会认识论形成和发展的深刻内涵，意识到社会认识论对具体学科的巨大推动力，进而最终形成认识观念社会化的思想理念。目前国内对社会认识论的研究主要还是将注意力集中到基本理论层面之上，试图去分析和论述这一领域的部分观点或其中的部分知识点，对社会认识论研究所做的具体实践性考察工作还相对稀少，因此专门安排这样一章内容论述和分析社会认识论的实践考察就是必要的以及富有启迪性的。

同时有必要指出的是，对社会认识论进行实践考察事实上是一件非常困难的工作，一方面需要找到二者的契合之处，发现并意识到具体学科的缺陷，这就要求我们必须去广泛地查阅不同的学科资料，理解更多的非哲学类学科内容，当然这对本书来说就是一个挑战；另一方面笔者也必须深入思考究竟以什么样的方式来凸显社会认识论对具体问题的促进和推动、突破和递进，类似这样的思考应当说占据了本书中后期的大量精力，所幸的是在长期研究过程中笔者发表了多篇相应的学术论文，因而在一定程度上有所依托。

具体来看，这一章划分为四个基本内容，第一节主要以女性主义社会认识论为研究对象，阐述了社会认识论诉诸女性主义的发展和结果。第二节主要对维基百科为代表的新型知识来源做出了考察，对维基百科与科学的认识文化进行了对比分析。第三节主要关注了认知偏见这个认知科学的研究客体，详细论述了人们对认知偏见所持的三种态度，分析了认知偏见在历史上的两种认知机制并指出它们的不足，最终在认知偏见的基础上引入社会认识论的看法和解决策略。第四节是对社会认识论与信息科学之间联系的论述，由于社会认识论出身于信息科学，因此二者具有天然的内在关联。这一节主要从社会认识论的目标域、方法域和价值域入手，详尽地阐述了当代社会认识论之于信息科学的价值与贡献。应当说，这一章的论述内容比较丰富，通过对社会认识论的实践进行多视角的考察，体现出了社会认识论的横断性的研究特点，具有重要的研究价值和意义。

第六章：语境分析的社会认识论研究。就像我们在之前的绪论部分中所指出的那样，当代社会认识论研究方兴未艾，虽然存在着多种理解模式和构建方向，但是在以知识为核心的研究域上尚缺乏基础性的研究，尤其是有关语境和知识的联系性研究。我们始终认为语境是可以应用到知识的社会化研究当中，并在其中发挥着重要的作用。这一方面国外学者朗基诺做了部分工作，但是笔者认为她的观点是有缺陷的，或者说是一种较为粗糙的理论。朗基诺认为知识理论的建构、知识证据的选择以及知识内容的批判，很大程度上取决于知识主体当下所处的语境，取决于认识行动者的背景假设，但究竟语境是什么、其结构和特征又为何，这些重要问题她均缺乏深入的说明，并未深入解释语境的相关问题，也缺乏语境在建构理论、选择证据和批判理论时的具体解释，因此她的理论仍然过于简单，或者说只是触及语境问题的表层，需要对这样的解释机制做出更加全面和深刻的分析。基于以上的思考，笔者提出了一种语境分析的社会认识论研究，试图阐明语境解释的具体功能和解释结构，揭示语境解释在知识实践生产过程中的具体作用和方式。

除此之外，我们认识到语境本质上是一种横断性的科学哲学方法论的研究平台，在认识论层面上能够对知识生产过程中的语境发生及语境解释的关联机制做出清晰的论证与揭示，因此作为一种合理的方法论研究可以被纳入社会认识论的研究范围内，但是使用语境分析仍然会带来和产生一些问题，特别是语境本身容易引发主体判断标准的界定难题尤其是相对主义诘难。对此，在使用语境分析应用于知识产生环节的同时，为避免语境分析带来的边界盲目扩展，从而引发研究混乱，我们围绕着知识生成的客观性进行认识语境的研究和解读，回答相对主义与语境论的关系，指出语境论的使用可以带来知识的客观性。

结束语部分：走向社会维度的知识观与认识论。该章是本书的结语部分，并体现了本书的核心观点。首先，在结束语部分本书从知识社会维度的视角界定了认识论这一研究的未来发展趋势和演进方向。其次，从知识社会维度的视角陈述了认识论这一研究的未来价值取向和动因解析。再次，从知识社会维度的视角提出了思想的自由交换与平等交流，并引入"自由的思想交流市场"的概念并对其进行了分析。最后，笔者从知识社会维度的相关勾勒出发，对本书的工作进行了详细和必要的总结，并在此基础上提出了下一阶段的重点研究方向，即在继续关注传统规范的认识论研究的基础上，尝试以一种自然主义的方法探讨知识的产生，包括从认知科学内部以一种经验的方式、以一种自然主义的方式对知识来源、机制、模型做出讨论和建构。我们认为认识论的研究既需要定位在大的知识观的理解和考察之内，本书恰是从实证主义、解释主义、批判主义、实验主义、社会维度的宏观知识线索上不断深化了对知识本质的理解，同时也需要在知识产生的自然主义机制之上加以探索，这也将是一种有趣且十分必要的工作。对于后者，自然化提供了另一条行之有效的研究路径，为理解知识提供了一个全新的框架，这一点在文末给予了必要的展望。

第一章 ｜ 知识社会维度的引入与分析

20 世纪的认识论发展经历了两个阶段，一是发生于 20 世纪前半期的"自然化转向"，以蒯因为代表、以《自然化的认识论》一文为标志，自然化认识论者提出并使用自然科学特别是心理学来取代传统的形而上学认识论，试图解决古老的认识论问题，探讨人类的认识机制；二是发生于 20 世纪后期的"社会化趋势"，一大批学者纷纷主张知识的社会性不仅不是认识论的消极因素，而且社会互动对于认识论来说至关重要，这些人就包括：戈德曼（Alvin Goldman）、基彻尔（Philip Kitcher）、富勒（Steve Fuller）、施密特（Frederick Schmitt）、科迪（C. A. J. Coady）、巴恩斯、柯林斯、朗其诺等。他们从不同的角度对传统认识论关注之外的知识社会性加以考证，从内外两个视域进行了社会化的研究工作，提出了许多新的概念和组织工作，丰富和完善了社会认识论的研究，同时在这一过程中凸显了知识的社会化意义。认识论社会化趋势所引发的最重要后果就是看待知识的方式的改变，即知识的产生、接受和传递不再局限于个体认识论的框架之中，因此在这样的认识基础上突破并形成了新的认识论发展方向。

透视认识论领域所发生的这场研究转向，我们可以很清楚地看出它的时代背景。一方面，它是认识论社会化趋势的内在必然结果。随着时代的发展，单纯地从感觉、知觉和记忆而来的传统认识论不再是哲学发展的重点，唯理论与经验论之争遭到了学者的抛弃，现代科技的大发展、分工的再细化使得知识不只是某个人就可以完成的，以团体作为研究主体的科研活动已成为主流，因此个体认识论已经无力解决人类认识现象，回答知识的产生、接受和传递过程，某种程度上就决定了新的认识论发展潮流的出现与兴起需要以认识论的社会化研究进路为趋势。另一方面，科学知识社会学的发展对认识论的社会化也起到了间接的推动作用。从知识外部来理解和解释知识，改变人们对知识的固有认识，从发现的语境走向辩护的语境，这样的观点虽不免偏激，但对于人们重新思考知识所具有的社会因素的合理性来说，无疑具有积极的作用。在这一系列思想的碰撞下，20世纪末期社会认识论作为一种学说思潮正式形成，并很快占据了当代认识论的中心舞台。因此，有关其形成的学术背景、社会背景以及社会化趋势的特征与意义，都将成为本章所要探讨和分析的内容。

第一节　现代知识观的演变

当代知识论中的一个核心问题就是探讨科学知识的合法性，因此其中的一个重要任务就是为自然科学知识与社会科学知识的科学性与合法性做辩护，17 世纪的经验论者为自然科学的产生探索出了实证的道路，如培根所推崇的归纳法，笛卡尔确立的演绎推理。19 世纪的社会学家在探究社会科学时，在方法论上引入了自然科学的方法，由此整个知识领域都进入了以实证主义为主导的价值观，科学研究也在实证主义的整体框架下得以开展。与此同时在该框架内不断有质疑的声音提出，尤其是对于实证主义的一元论建构的知识观是否合理的问题展开了广泛的讨论，这些讨论主要集中于以下问题，如知识的科学性是否能够通过实证方法达到，能否在社会科学中运用自然科学的方法，以及理论和实验或实践的关系为何，科学知识的目的是什么，等等。围绕着这些问题，特别是围绕着知识本身的界定和产生问题，知识观的演化大致经历了实证主义、解释主义、批判主义、实验主义的道路，在接下来的部分将对这些不同的知识观一一进行概述。

一、实证主义的知识观

"实证主义"（Positivism）起源于 19 世纪的社会学家孔德

（A. Comte），他在实证主义的体系与框架下建构起了现代意义上作为一门社会科学学科的"社会学"，其后的穆勒与斯宾塞等人共同奠定了实证主义的内核基础。实证主义作为第一种强调感觉经验、排斥形而上学的哲学思潮和路径在 19 世纪一经诞生便不断地产生巨大影响力。从 19 世纪以孔德、斯宾塞为代表的带有浓厚达尔文色彩的单向的、直线性的、包含有层级的古典实证主义到进入 20 世纪以后的新实证主义（Neo-Positivism）和后实证主义（Post-Positivism）的产生①，实证主义不断地充实和建构起理论基础，逐渐使其内核愈加丰富。

究其根本，实证主义的核心是"实证原则"。实证原则的基本内涵是一切科学（无论是自然科学还是社会科学）的研究对象都应当是可观察、可检验的经验事实，科学的任务就是对现象之间的关系进行考察，并能够总结为定律并做出合理预测。于是实证主义者一般持有以下信念：(1)知识建立在科学之上，是客观的；(2)作为知识来源的科学建立在观察之上，而不是靠主观猜测和主观推理；(3)科学研究应当保持"价值中立"；(4)理论知识应当能够经得起经验的检验，并且有严密的逻辑体系。于是实证主义知识观在这样的信念下体现出了如下特点：

1. 经验和逻辑

实证主义知识观围绕着经验与逻辑两个核心，经验是知识的来源，经验和逻辑二者共同构成了知识的检验途径。孔德明确指出："从科学的观点来看，一切孤立的唯经验的观察都是无用的和不确定的：科学必

---

① 新实证主义主要是指以维也纳学派为代表的逻辑实证主义或逻辑经验主义，主要人物有石里克、卡尔纳普；后实证主义是一种批判和修正实证主义的元理论立场，主要包含逻辑实证主义之后的卡尔·波普尔、托马斯·库恩等。

须将观察同一个规律(至少是假设的规律)联系起来。这种联系是区分学者式观察和普通人观察的一个准则。"①又说："对于所有的现象，即使是最简单的现象，任何观察只有经过理论指导和解释才是有效的。"②穆勒将逻辑学作为其实证主义的方法，他立足于经验论强调归纳逻辑，归纳逻辑才是真正的科学逻辑。这两个核心受到了维也纳学派的重视，他们认为科学的世界可以被构想界定为两个重点：第一，经验主义与实证主义——知识只会源自经验，而经验来自当下既有者，这些经验规限了科学的内容；第二，科学的世界构想所应用的方法是逻辑分析，应用逻辑分析到可经验的物质时就可达致统一的科学的目的。于是实证科学知识必须是要符合实证原则的，维也纳学派的逻辑实证主义者对实证主义进行了再定义，又一次丰富了实证原则的内涵，并对实证科学知识的特征做出了界定：(1)实证科学应当是定律科学(nomothetic science)，(2)符合演绎—定律解释模型(Deducive-Nomologicial explanation)，(3)能够依照已得的定律以及解释模型对科学知识做出准确的预测。

2. 统一的科学和科学知识

大致来看，实证主义者对于科学知识持有一种"统一"的态度。孔德在达尔文的"进化论"的影响下，将人类知识的发展过程视作由低到高的进化过程，而数学、天文学、物理学、化学、生物学、社会学的知识共同构成了最高阶段的"实证科学知识"，并且实证知识都是通过统一的

---

① Auguste Comte, *Cours de Philosophie positive*, Vol. 3. Paris: Baillière 1877, p. 105.

② Auguste Comte, *Cours de Philosophie positive*, Vol. 3. Paris: Baillière 1877, p. 104.

研究方法即上文提及的一元的逻辑和经验的方法论；新实证主义的维也纳学派所推动的"统一的科学运动"（unified sciences）所针对的同样也是符合实证原则的科学知识，恩内斯特·内格尔采用理论还原的方式来为统一的科学大厦的构建提供基础①，卡尔纳普试图从语言上入手，通过语言的统一实现"统一物理主义"，试图将所有的科学还原为物理学语言并在语言的世界中实现科学的统一；在后实证主义中，无论是波普尔继承和延续了实证原则下的一元方法论所提出的"可证伪原则"，还是库恩所提出范式背后的"科学家的共同信念"，无不展现着科学知识能够实现统一的预设。

3. 批判"形而上学"的知识和方法

无论是经验主义的立场还是逻辑方法的使用，都体现着实证主义自始至终所秉持的排斥形而上学的态度，即神学和形而上学的思辨是无法产生真正的知识。孔德排斥一切神学和形而上学的思辨方法，他认为神学和形而上学是人类知识发展的初级阶段而"实证的科学是经验的、客观的和反思辨的、它专注于可知觉的现象，专注于能够通过经验研究而加以确立的有秩序的关系"②。迪尔凯姆通过将"社会事实"这一"物化"的概念作为社会学的研究对象对形而上学发起了更加猛烈的进攻。20世纪维也纳学派的形成和壮大的原因主要建立在对形而上学的抨击之上，"在 1929 年他们发表的《科学的世界构想：维也纳学派》（*The Scientific Conception of the World—The Vienna Circle*）……开宗明义地认

---

① 朱菁、卢耀俊：《从唯物主义到物理主义》，载《自然辩证法通讯》，2013 年第 3 期。

② ［挪］G. 希尔贝克、N. 伊耶：《西方哲学史——从古希腊到二十世纪》，童世骏、郁振华、刘进译，上海译文出版社 2004 年版，第 528 页。

定，他们提倡的'科学的世界构想'是反对'形而上'的哲学思想"①。

实证主义建立了一种极为鲜明的知识观，建立了经验知识的可证实态度，摒弃了一切非证实知识的知识观开始大获全胜，但针对实证主义的知识观，批评和反对的声音并非缺失，相反伴随着实证主义的发展持续展现。首先，在本体论层面，反对者认为社会现象和自然现象的本质并不一致，那么社会现象获得的社会科学知识和通过自然现象获得的自然科学知识是否具有相同的合法性？特别是社会科学领域当中能否使用自然科学的方法，对此争议极多，毕竟社会科学本身与自然科学相比具备更多的随机性和偶然性，自然科学获得的可靠性并不能被简单地复制于社会科学之中。其次，从方法论的争议来看，实证主义者强调了知识的来源和科学性的保证就在于经验和观察，那么凭借人的感官进行的"经验观察"是否具有可靠性？对此，争议同样极多，毕竟经验具备更多的主观性，个体的经验在相关知识的耦合上只存在着素朴的辩护地位和意义。尽管存在着这样或那样的不足和缺陷，但是需要承认的是实证主义所开拓的知识观建立起了当代科学知识的总体性框架，并在知识领域发挥着重要的作用。

二、解释主义的知识观

解释主义（Interpretivism）有时被称为诠释学（Hermeneutics），与实

---

① 曾荣光、罗云、叶菊艳：《寻找实证研究的意义：比较—历史视域中的实证主义之争》，载《北京大学教育评论》，2018 年第 3 期。

证主义几乎同时产生，二者共同构成了 19 世纪主流哲学思潮的社会科学研究道路。如果说实证主义来源于唯物论，那么解释主义则是根源于唯心论（Idealism）。在社会科学中的解释主义往往被认为起源于 19 世纪的德国哲学家狄尔泰（Wilhelm Dilthey），狄尔泰虽未明确提出解释主义概念，但是他在《人文科学导论》（*Introduction to the Human Science*）中"针对实证主义者所提倡的一种把科学概念等同于自然科学所界定的知识与方法的立论"①提出了"人文科学"（human science）的概念，并与自然科学做出了重要区分："科学这一概念通常被分为两类：一类被称为'自然科学'，另一类至今仍未有普遍接受的名称，我会跟随部分学者所采用的用语称之为'人文科学'。"②在其之后的马克斯·韦伯形成了较为成熟的解释主义的社会科学知识论体系并且在其后的历史发展中不断分野，逐渐形成两大传统，一是受新康德主义影响的狄尔泰、韦伯和 20世纪以后以胡塞尔为代表的德国现象学学派的欧陆传统，二是受到第二次世界大战影响移居至英美并在英美进一步得到发展的解释主义哲学家如温奇、舒茨、内格尔等。解释主义或诠释学认为人文科学是完全不同于自然科学的，其核心在于"理解"（understanding）。理解和解释共同构成了人文科学的知识的合法性，因而解释主义都从"理解"的关系入手来为社会科学知识的一般普遍性做辩护。对应实证主义者所持有的通常意义上的信念来说，解释主义者也有其相类似的信念，比如：（1）社会科

---

① Wilhelm Dilthey, *Introduction to the Human Science*, Vol 1, New Jersey：University Press，1989，p. 57.

② Wilhelm Dilthey, *Introduction to the Human Science*, Vol 1, New Jersey：University Press，1989，p. 57.

学知识并不是客观的，而是受时间限制并依赖于背景，也就是存在着时空背景下的特殊性；（2）社会科学的知识与有意义的人类行动相关联；（3）在社会科学研究中，研究者是研究现象的一部分并与被研究者互动。总的来说，解释主义知识观具有以下特征：

1. 自然科学知识与社会科学知识的二元对立

自狄尔泰以来的解释主义者，认为自然科学知识与社会科学知识之间有着本质的区别，究其根本是研究对象的本体论的区别。如狄尔泰认为自然科学的研究对象是自然界"既有的物理及物质现实"①，而人文科学的研究对象是"社会—历史现实"②；马克斯·韦伯认为人类社会不同于自然界，是各种"意义"共同组成的结构网络；而胡塞尔（E. G. A. Husserl）则将社会科学的主要内容如历史学、社会学、文化科学一并统摄在他提出的"精神科学"（mental sciences）的现象学框架之下，认为社会科学都是在人的"主观视域"下建构出来的现象，"现象则被理解为透过人类的意识与反省而从众多事物中凸显出来的具备意义的事物"③。因此，有理由认为，解释主义对于自然科学知识和社会科学知识的二元对立划分，是建立在解释主义对于自然现象和社会现象的本体论区别之上，根本的原因还在于现象的本体界定和认识不同。

---

① Wilhelm Dilthey, *Introduction to the Human Science*，Vol 1，New Jersey：University Press，1989，p. 56.

② Wilhelm Dilthey, *Introduction to the Human Science*，Vol 1，New Jersey：University Press，1989，p. 56.

③ 曾荣光、罗云、叶菊艳：《寻找实证研究的意义：比较—历史视域中的实证主义之争》，载《北京大学教育评论》，2018 年第 3 期。

2. 建立在"理解"与"说明"关系上的知识观

自然科学与社会科学的二元对立，带来的是自然科学和社会科学的方法上的二元对立，解释主义者将目光转向解释和说明的关系上，狄尔泰采用了严格的二元对立，认为源自自然科学的知识具备可重复性，因此自然科学所获得的经验是可以模拟的，而社会科学所获得的经验是关于人的行为活动，具有不可模拟性，因此在研究社会科学的现象时需要通过借助反省和理解进行，并对产生的意义、关系、价值等社会科学的知识进行阐释，这样就建立起了解释主义的一般的"理解—说明"模型。但是狄尔泰的严格对立下的"理解—说明"概念带来的是对社会科学知识缺乏客观性的保障的阐发，在此之后韦伯对于狄尔泰的严格对立做了修正。韦伯通过整合理解和说明建立起了一种新的社会科学自身的客观性和科学性解释，为此他提出了"理想类型"（ideal type）的概念来作为工具，作为社会科学知识的客观性和科学性的保障。此后 20 世纪英美解释学派的代表舒茨（A. Schutz）则吸收了胡塞尔的现象学和韦伯的社会学类型，提出"通过一系列的概念建构，如典型化、习惯化、常规化、沉淀化以至制度化，把人类的主观意识与意义落实为真实持久、具有规律的社会现实"[①]。温奇（P. Winch）则"把'语言维度'带入了社会科学的研究之中"[②]，他指出，"理解就是一种我们如何使用语词以及如何认识

---

① 曾荣光、罗云、叶菊艳：《寻找实证研究的意义：比较—历史视域中的实证主义之争》，载《北京大学教育评论》，2018 年第 3 期。

② 殷杰：《当代西方的社会科学哲学研究现状、趋势和意义》，载《中国社会科学》，2006 年第 3 期。

到用正确的方式使用语词的事情"①，什么样的语言规则决定了我们有什么样的理解方式，也决定了我们有什么样的说明方式。

　　总的来说，解释主义的发展过程伴随着对实证主义的批判，与实证主义天然就具备接受的自然主义优势不同，解释主义往往需要具备更强的理解立场方能阐述出更好的理论优位，当然这一点相比较其后的知识观来讲阐发的难度要更低。肇始于 19 世纪的解释主义知识观对于自然科学和社会科学的二元划分继承了西方哲学中的意识与物质的二元对立的二元传统，向实证主义的一元论发起了抨击。当代的解释主义越来越被广泛地应用于心理学、认知神经科学以及包括社会建构的科学理论，不断发挥着其作为一种知识观的价值和认识基底的重要作用。

三、批判主义的知识观

　　批判主义的批判理论（critical theory）是现代社会科学领域知识观的另类，也是一种重要的理论分野，"借用一个比喻，批判理论应该是一个'工具箱'而不是一个行动计划"②，批判理论如同一个工具箱一样有着丰富的工具元素如精神分析法、文化批判等，能够灵活地应对社会科学之中的各种问题。批判理论深深植根于黑格尔的辩证法哲学、马克思

---

　　① 　Ted Benton，Ian Craib，*Philosophy of Social Science*，New York：Palgrave，2001，p. 95.

　　② 　［美］杰伊：《〈辩证的想象〉中文版序言》，张晓明译，载《哲学译丛》，1991 年第 5 期。

的批判哲学和弗洛伊德的潜意识理论和精神分析法，并且经过法兰克福学派、新法兰克福学派的发展，成为当代社会科学理论中的重要组成部分之一。

法兰克福学派的学说构成了批判理论发展的第一个阶段，被称之为法兰克福学派时期的批判理论。在这一阶段，批判理论呈现出一种悲观主义，即面对战后德国的萧条景象以及美国文化的冲击，德国学者开始对法西斯主义和资本主义进行深刻反省，而所有反省的核心就在于对社会的批判，由此所有的知识必然是批判的知识。其一，借由卢卡奇（Georg Bernard）将"观念的历史相对性"引入马克思所构建的历史唯物主义之中并对马克思主义理论进行了改造和重新解释，如：提出了物化、物化意识、总体性、主客同一性等概念。其二，对社会科学领域占有主导地位的实证主义和解释主义进行了强烈的批判，尤其是对于所谓的价值中立以及社会科学的目标进行了批判。法兰克福学派在汲取了卢卡奇建构的马克思理论解读之上，经过霍克海默（Max Horkheimer）、马尔库塞（Herbert Marcuse）、曼海姆（Karl Mannheim）等社会学家的进一步丰富，实现了将社会科学的核心定位于批判实践并构建批判知识。其三，新法兰克福学派时期的批判理论开始得到重视并迅速发展。新法兰克福学派是批判理论发展的第二阶段，其代表人物包括了哈贝马斯（Jurgen Habermas）和阿佩尔（K. Apel）。这一时期的批判理论，逐步由前一代批判理论的核心"社会批判"，转向了对于社会科学的规范性问题的批判。再加上哲学中的语言转向的影响，新法兰克福学派也将语言问题作为其批判反思的新起点。通过这两个阶段的解读与思考，大致可以对批判主义的信念进行一个概括：（1）批判是社会科学知识的核心；

(2)反对"价值中立"原则，倡导"价值关联"；(3)构建批判知识的目的是要实现社会的解放；(4)社会实践是批判知识的来源；(5)社会科学研究者要在主体与客体的互动中进行研究，并时刻保持批判态度。

1. 批判理论的突出特征在于"批判"

批判是批判理论的核心取向，批判即进行审视和清理的过程。无论是黑格尔还是马克思的辩证法都将社会、历史看作辩证运动的过程，而不是固定不变的"社会事实"。因此无论是对实证的知识观还是解释主义的知识观都应该进行审视，因为他们所产生的知识都是片面的知识，批判理论就是要对这些片面的知识进行全面的清理并"把当代片面的知识和产生这一现象的社会条件联系起来……通过在纯粹意识中克服科学知识中的拜物教根基，通过认知那些决定所有思维的具体历史环境，目前的危机才能克服"[①]。据此法兰克福学派认为真正的社会科学知识应当是批判的知识，"社会认识或社会科学之目标应当不仅仅是理解或解释社会及构成，而应当是解放人类并确立他们的主权"[②]，而通过批判最终要达到的目的即是"解放"。如果说在老一代法兰克福学派那里如霍克海默、马尔库塞所追求的解放首先是揭示社会的矛盾运动的规律，进而用批判的知识实现对人自身的解放，那么进入到新法兰克福学派时期，哈贝马斯、阿佩尔对语言问题的批判目的更多的是为了社会科学知识本身的解放。据此我们可以看到批判理论主要针对两个对象，一个是资本主义现实，另一个则是既有的社会理论，但是不同于马克思主义对于资

---

① [美]杰伊：《法兰克福学派史》，单世联译，广东人民出版社 1996 年版，第 35 页。
② 殷杰：《当代西方的社会科学哲学研究现状、趋势和意义》，载《中国社会科学》，2006 年第 3 期。

本主义现实的批判主要集中在经济基础之上，批判理论对于资本主义的批判主要集中在上层建筑之中如政治、科学技术、音乐、美学等，这两个批判对象的核心在实质上具有高度的一致性，都是知识批判或者说是意识形态批判。

2. 实践与知识的互动

在马克思的哲学理论中实践的核心地位被进一步地确立了，因此突出实践是其后的溯源的批判理论的另一个显著特征。如果说真正的社会科学的知识应当是批判的知识的话，那么批判知识就必然将与社会实践发生互动。社会实践的过程就是对社会中不合理现象的改造，这是一种最为本质的"批判"活动，那么批判知识必然依赖于这些改造不合理现象的社会实践活动。霍克海默认为虽然实践和知识之间并不存在某种"先定的和谐"，但是实践和知识的关系是在历史中实际存在的，并且这种实践和知识的关系正如同他所说的"这个理论，这个被历史进程而确认的理论，被认为不仅仅是理论，而且也是与处在灾难中的人类的急切心情相联系的追求解放而实践的一种动力。这种斗争中所包含的坚贞信念的验证，是与对已经发生的所预见趋势的确认相联系的，但证实的这两个方面并不是同一的：相反，它们以实际的斗争和建立在被经验所加强的具体历史问题的解决为中介"①（在这里霍克海默所用的是理论）；哈贝马斯认为任何知识都与实践有着内在联系，因此批判理论本身就是一

---

① 　Max Horkheimer, "On the Problem of Truth", originally published in Zeitschrift fuer Sozialforschung, Vol. Ⅳ（1935）, reprinted in The Essenial Frankfut School Reader, edited by Andrew Arato and Eike Gebhardt, New York: Continuum, 1995, p. 428.

种"具有实践意向的社会活动"①。

3. 知识的价值关联

批判理论向实证主义的价值中立原则发起了猛烈的抨击，他们认为价值中立原则所依靠的不过是一种静态的主体与客体严格对立的社会本体，但事实上社会是一个动态的构成与过程，在这个动态的过程中充斥着的是主体与客体的不断交互，基于社会科学的研究者本身便处于特定的社会历史条件之下，具有特定的阶级背景和理论背景，因而研究者就无法在社会科学的研究中做到真正的价值中立。社会科学对社会实践进行批判的过程，实际上是一种主体与客体的价值共同关联，主体与客体在交互中共同加深了对社会本质的理解，通过批判去除掉"虚假观念"，从而获得"解放"，而不是如同实证主义认为知识的获得是主体对于客体单纯的认识。

总体来看，批判主义的批判理论盛行发生在 20 世纪 70 年代之后，且随着法兰克福学派的逐渐解体而式微，这样一种独特的知识观似有发展动力不足之势，但是在资本主义制度盛行、资本主义矛盾不断凸显的今天，批判主义理论的时代性和现实意义依旧十分重要和突出。特别是对于社会科学哲学而言，批判主义为社会科学研究者提供了新的知识观视角，使得社会实践得以进入社会科学理论的视野中，并为社会科学知识揭示社会的本质和人的解放提供了新的思路。同时，知识理论的功能也得到了扩展，知识理论不仅仅是主体所被动接受的，而且是能够作为改造客体和认识客体的工具，能够指导人的社会实践活动。从这个意义

① Jurgen Habermas，*Theory and Practice*，Boston：Beacon Press，1973，p. 1.

来看，批判理论所强调的价值关联特别是知识理论的客观性和真理性问题在知识论的分析中将更加引人思考。

四、实验主义的知识观

实验主义（Experimentalism）起源于杜威对于实用主义（Pragmatism）的改造，杜威认为实验主义是"摆脱了对唯意志论心理学（voluntaristic psychology）依赖的实用主义"①。实验主义强调实验无论是在自然科学中还是在社会科学的知识产生中都占有重要地位，任何知识的产生和检验都依赖于实验，社会科学的研究同样如此，社会科学研究也可以采取实验的方法。这一点类似于实证主义要求用自然科学的方法对待社会科学，但是不同于实证主义的绝对的一元论，实验主义认为通过实验解决的是"零散式"的具体问题。更具体地讲，现代科学获得的理论和知识并非如实证主义所说的那样是将经验观察中获得的经验材料进行归纳，进而概括为一般的科学结论，相反理论和知识是科学家们从零散的"难题"出发进行探究的行动所获得的结果。

杜威的实验主义思想开创了一种新的知识观，即知识的产生和界定方式，由此自然科学在实验室中进行的实验以及社会科学的实践都生成于一种新的知识——"实验主义的知识"。但是杜威的实验主义并未在当

① John Dewey, *The Middle Works of John Dewey*, Vol. 8, Carbondale: Southern Illinois University Press, 1979, p. 34.

时的社会科学领域产生广泛的影响，直至 20 世纪 80 年代的哈金（Ian
Hacking）、富兰克林（A. Franklin）、梅奥（D. Mayo）等哲学家重新拾起
实验主义并向传统的"观察负载理论"发起了挑战，随着实验主义进入到
科学哲学的视野中，并引发了科学哲学中的研究热潮，这一思想开始变
得为人所知，这一阶段的实验主义被称为"新实验主义"。归纳起来，无
论是实验主义发展的哪一个阶段我们都可以捕捉到实验主义者所持有的
一般信念：（1）科学是作为一种实验活动而存在；（2）实验本身具有独立
性，同时又是理论知识的来源；（3）反对知识观中的绝对主义。这些信
念在实验主义者的理论中具体地表现为以下特征：

1. 对"实验"的重视

杜威对现代科学和古代科学（主要指形而上学）做出了区分，杜威认
为现代科学的主要特征在于它的"实验性"。这种实验性体现在"实验室
中的研究者"通过实验的方法将获得的"一般经验"转化为"实验性的经
验"，而不是通过对感觉经验进行所谓的抽象而获得的"经验的经验"。
同时现代科学要处理的是"情境"的不完善状况，而实验活动是能够改善
这种"不完善情境"的唯一方式。新实验主义继承了杜威对于实验的重
视，并试图扭转在后实证主义影响下，科学知识观中普遍存在的对于理
论的重视和对产生理论的实验活动观念的轻视，这种观念被形象地描述
为"实验是理论的婢女"①。新实验主义重新阐释了实验和知识的关系，
来应对科学中出现的合理性危机，他们给出的解决方式便是将实验视作

---

① Gooding, D., *Experiment and the Making of Meaning*, Dordrecht: Kluwer Academic Publishers, 1990, p. 209.

科学知识的可靠的基础，并努力去展现出一种科学哲学中的"实践转向"。在他们那里，实验不仅仅是一个科学术语，更是一个复杂的实践过程，如哈金所提出的"实验有其生命力"①（experimentation has a life of its own）。富兰克林在《对实验的忽视》中试图通过粒子物理学实验的分析，来给出理论知识依赖于实验的结论，而科学进步的过程，就是实验知识不断积累的过程。

2. 反对知识观的绝对主义

无论是杜威的实验主义，还是其后的新实验主义，都展现出一种对于传统和权威的反叛，杜威反对"依靠先例，依靠过去，特别在法律上所创造的制度、依靠由于未经检验的习俗所传递给我们的道德规范，依靠未经批判过的传统等都是某种形式的依赖权威"②，认为科学本身就应当担负这样的一种挑战传统和权威的责任，为实验主义确立了"反叛"的基调。新实验主义立足于对"观察负载理论"和"范式不可通约理论"的批判，从而动摇了传统科学哲学中"理论优位"的根基。

总的来说，延续了实验主义内核的新实验主义为如何更好地理解科学知识和认识科学的本质找出了一条新的道路，"新实验主义已经完全把科学哲学带上了一条很有价值的道路，而且它是对过分强调理论支配的方法的一种有益的矫正"③。但是新实验主义本身存在的理论缺陷如

---

① 吴彤、郑金莲：《新实验主义：观点、问题与发展》，载《学术月刊》，2007 年第 12 期。

② John Dewey, The *Latter Words of John Dewey*, Carbondale：Southern Illincis University Press，1984，p. 217.

③ ［英］A. F. 查尔默斯：《科学究竟是什么》第 3 版，鲁旭东译，商务印书馆 2007 年版，第 242 页。

对于"实验有其自己的生命"的强调、是否忽视了理论的生命性的问题，以及推崇实验是否有着向逻辑实证主义这一被历史淘汰的理论复归的倾向等问题，也诱发了对新实验主义的理论旨趣进行再审视的疑问。

综上所述，通过对知识的产生和界定的历史探索，通过沿着实证主义、解释主义、批判主义和实验主义的考察，能够清晰地看到现代知识观不是一个线性的发展，而是一个横向与纵向相交织的演变过程。在纵向的演变过程中展现的是科学方法的不断改进和人们对科学知识的再思考，在这个过程中自然科学知识不断经受考察，带动着自然科学和社会科学之间关系的再定位；同时社会科学逐渐以一种全新的姿态进入科学哲学研究的视野中，社会科学知识逐渐从自然科学的阴影之中脱离出来，带动了社会科学的知识的科学性论证成为科学哲学中新的焦点。而在横向的发展过程中，各个知识观的路径都在与其他观点不断交锋的过程中完善自身的理论体系，不断给出新的应对方式。而本书所讨论的社会认识论将再度开启一种新的知识观——社会维度的知识观。与此前的知识观相比，它的出现和发展将为认识论赋予一种全新的知识理解和定位。

第二节 现代认识论的发展

20世纪是西方哲学的繁荣时期，各种学说纷纷出现，争奇斗艳，令人眼花缭乱，同时也是一个轮换多变的时期，哲学之花朝放暮谢，匆匆来去，令人目不暇接。它们都为后人留下了许多宝贵的见解和发人深思的问题，促进了人类哲学思想的繁荣。而与此同时这些思想的背后就是认识论思想的发展，可以说 20 世纪的认识论的发展速度和其影响力是之前所有时代所无法比拟的，其影响不仅局限于哲学，甚至扩散到整个人类的社会科学当中，因此深刻理解其发展的脉络轨迹、形成原因，阐述其背后的思想根源就显得必要和富有意义了。

一、自然化的认识论

20 世纪的众多哲学思潮中，尤以实证主义的思想影响为甚。世纪初所盛行的实证主义其特点表现为：（1）坚持实证主义的原则，拒斥形而上学，把知识局限于经验的范围，拒绝讨论经验以外的问题；（2）推行科学主义，主张把自然科学的方法，特别是现代数学和物理学的方法推广于一切科学知识领域，使人文学科自然科学化；（3）把哲学等同于语言哲学，人工语言学派把哲学等同于语言哲学，日常语言学派则把哲学等同于日常语言哲学。实证主义的思想影响了 20 世纪初的几十年，在其思想的指导下哲学家构筑了逻辑实证主义的宏伟大厦。也正是在这样的思想潮流下，传统的形而上学认识论遭到了抛弃，被视为一种神秘的概念含糊、推理混乱的学术思想，取而代之的是认识论的逻辑化，即借助 20 世纪取得巨大成功的数理逻辑与自然科学知识来解释人类的认识机制，通过建立高度公理化的人工语言来代替非科学的哲学研究和人文科学语言。至此，人的认识究竟能否认识真实世界，关键就要看我们的认识过程是否科学，是否能像自然科学那样，一切理论都能得到逻辑的证明和经验的证实，能否像心理学那样可以用实验来说明，也就是说认识论被自然化了。

1. 自然化认识论的出现

尽管在洛克那里经验论就已经对自然主义有所强调，但是我们习惯上总是将自然主义的认识论与蒯因的名字联系起来。如上所述，蒯因在20世纪西方的反形而上学的学术氛围中发表了著名的《自然化的认识论》一文。在深入理解自然化的认识论之前，我们有必要首先了解自然主义一词，作为我们的一个大的背景。自然主义，指的是："认为每一事物都是自然世界的一部分，都可以用自然科学的方法加以解释。自然主义承认解释上的一元论，不承认解释上的二元论或多元论。它赞成科学，反对神秘主义。在不同的领域，自然主义有不同的形式。从形而上学方面来看，它反对假设任何非自然的从理论上推出的实体、官能或原因，反对科学探索无法接近的超自然的存在物和过程。它还批驳了第一哲学优于自然科学的主张。从认识论方面来看，自然主义认为认识论上的证明和解释是与自然科学相伴随的持续过程，并论证说科学的方法是我们获得知识的唯一方法。按照19世纪的心理学主义和20世纪自然科学化的认识论，认识论应比作经验的心理学。"①

具体来说，"自然主义认识论这一术语来自蒯因的论文《自然化的认识论》，尽管蒯因本人并没有提供它的清晰定义。蒯因把这作为一种认识论方案，我们必须诉诸行为主义心理学以及对科学的历史探究。关于

①　［英］尼古拉斯·布宁、余纪元：《西方哲学英汉对照辞典》，人民出版社2001年版，第659—660页。

知识可以问及的适当问题，不是有关知识主张的辩护问题，而是关于解释知识的形成问题。我们需要重建'证据'的概念，使它指涉那些感官刺激，正是它们导致我们具有我们所拥有的科学信念。认识论所问的主要问题是，人们的超越'证据'（输入）的自然理论（输出）是如何在人类主体中产生的。自然化认识论的确立，部分是通过批判始于笛卡尔的传统认识论，后者认为认识论问的是在任何科学推论之前，我们应如何得出我们的信念。蒯因认为，认识论应当是自然科学的一个分支，尤其是心理学的一章。认识论包含在自然科学中，而自然科学也包含在认识论中。蒯因相信，自然化认识论的方法可以消除怀疑论，把认识论从反驳怀疑论的努力中解脱出来。而蒯因的这一有争议的方案，为其他许多明确认为自己做的是规范认识论的哲学家所追随。他们认为，人类及他们的认知官能是自然中的实体，并主张自然科学，尤其是生物学和经验心理学的成果对认识论是至关重要的。"①

2. 自然化认识论的特征

蒯因的《自然化的认识论》一文标志着认识论自然化的正式形成。他宣称自然化认识论的核心任务就在于说明人是如何从感觉刺激获得外部世界知识的，即科学命题是如何依靠观察语句的验证而被理解为一种对感觉刺激的反应。他指出，这不仅与逻辑的研究相关，而且更与包括整个人类实际认识过程的心理经验的研究相关。因而逻辑经验主义的那种逻辑分析标准不可能正确描述科学认识过程的全部特征，而只有把它们

---

① ［英］尼古拉斯·布宁、余纪元：《西方哲学英汉对照辞典》，人民出版社 2001 年版，第 660 页。

与心理学的研究以及社会学的研究等结合起来，才能对包括观察与推理在内的整个科学的认识过程做出合理的说明。也因此，蒯因的学术首先建立在对逻辑经验主义的批判之上。正如蒯因在《从逻辑的观点来看》中所批评的，"现代经验论受两个教条所制约，一是相信不依赖事实的分析真理和以事实为根据的综合的真理之间具有根本区别；另一是还原论，即相信每一个有意义的陈述都等值于某种以指称直接经验的名词为基础的逻辑构造……抛弃这一教条的后果就是转向实用主义"①。蒯因对逻辑经验主义的两个教条做出了批判，他强调了对意义的确定必须依据科学，哲学家的思维活动必须参照科学家的思维活动，这样认识论才可以自然科学化。正如《蒯因哲学研究》中所述："在认识论方面，蒯因采用语义上溯方法，把认识论的中心课题转换成一个有关语言学习的发生学问题。他所谓的'自然化认识论'的主题，就是实际地说明我们关于世界的理论是如何从观察中产生的。"②

具体来说，我们可以将蒯因的自然化认识论特征归纳为：

首先，认识论与自然科学的统一。蒯因认为 20 世纪研究认识论的哲学家之所以取得了巨大的成功，其原因就在于把数学逻辑化，在于借助了数学的概念研究和理论研究，因此正如数学可以将认识论具体化为高度准确的逻辑语句一样，自然科学同样可以给予哲学以丰富的感觉经验的基础。如蒯因所说，"我的立场是自然主义的，因为我并非把哲学看作是科学的某种先验预设或基础，而是当作科学的继续。我认为科学

---

① ［美］蒯因：《从逻辑的观点看》，江天骥等译，上海译文出版社 1987 年版，第 19 页。
② 陈波：《蒯因哲学研究》，上海三联书店 1998 年版，第 18—19 页。

与哲学是在同一条船上……我们只能当它在海上漂流时重建。不存在外在的优越，不存在第一哲学"①。

其次，确立了心理学在认识论中的地位。蒯因借助于心理学来理解证据关系和语义关系，理解语言的习得问题，同时在行为主义的视角内根据证据去构建理论的心理学分析。他明确指出："任何实在论的证据理论运用于语句时，必须是与刺激反应心理学不可分割的"②，"认识论应作为心理学，因此是自然科学的一章，它所研究的是一种自然现象，即一个自然的人类主体。"③因此，我们有理由相信，传统的认识论在认识论与自然科学的关系上把自然科学包含其中，而蒯因的自然主义认识论则用自然科学取代了认识论的地位，从而使其成为心理学的一章，这样，在蒯因那里，认识论包含于心理学，而心理学则成为自然科学的一个章节。

3. 自然化认识论的意义

应当看到，蒯因的自然化认识论在 20 世纪前半叶的反形而上学的思潮中应运而生，它取消了哲学的超然地位，将之与现代科学紧密联系起来，同时从科学哲学的视角来看，在语言的自然主义基底上，通过弱化的实在论最终实现其自然主义的认识论纲领，尽管这种理论并非总是表述清晰且论述透彻的，然而他的论点却开辟了认识论的一个新的方

---

① W. V. Quine, *Ontological Relativity and Other Essays*, New York: Columbia University Press, 1969, pp. 126-127.

② A. Shimony, D. Nails, *Naturalistic Epistemology*, Boston: Reidel Publishing Company, 1987, p. 260.

③ W. V. Quine, *Ontological Relativity and Other Essays*, New York: Columbia University Press, 1969, p. 82.

向，甚至在他的自然主义的引领下，当代科学实在论得以复兴，从而扫除了逻辑经验主义的束缚，引导了某些弱实在论，因而对此我们必须要注意到其特殊的历史意义。

第一，指出了认识论的自然主义趋向。尽管我们无法指出自然主义始于蒯因，尽管我们可以历史地归纳出自休谟以来西方经验主义就始终延续着这样的传统，但是我们必须承认，"在蒯因看来，自然主义不是别的，它是经验论的认识论的一个变种；现实地讲，它是批判逻辑经验主义的直接产物，是对极端逻辑理性的修正和矫枉，是对经验论的自然化重建。认识论自然化的根本目的，就是要彻底地抛弃'第一哲学'的圣殿，通过对经验主义'两个教条'的批判，揭示'分析—综合'的区分在认识论上是无意义的"①。正是在这个意义上，我们说自然主义认识论始于蒯因。

第二，确立了自然主义的研究方法。"蒯因将科学真理看作是对实体的探索，同时也将科学看作是可错的和可修正的"②，因此他的自然主义就确立了几个原则：首先，语句的意义在于整体，理解一个经验表述需要将它与其他表述联系起来，即"具有经验意义的单位是整个科学"③。其次，科学的基础在于经验与语言，经验需要以心理学和神经生理学的方法来判断，而语言特别是观察语言则是科学活动的载体和实践内容。再次，心理学分析与语义分析的统一，"自然主义的语义分析包含着从外在的世界到神经末梢，从神经兴奋到语句，从句子到句子的

---

① 郭贵春：《蒯因的自然主义与科学实在论》，载《自然辩证法通讯》，1997 年第 4 期。
② 郭贵春：《蒯因的自然主义与科学实在论》，载《自然辩证法通讯》，1997 年第 4 期。
③ ［美］蒯因：《从逻辑的观点看》，江天骥等译，上海译文出版社 1987 年版，第 40 页。

所有过程和环节……而这种分析的目的就在于对语言进行行为主义心理学分析，并以之代替语言的逻辑分析方法"①。

第三，做出了自然主义的本体论承诺。"蒯因认为感觉经验是具体和相对的，不能作为一个自主的领域，只能在本体论意义上假定物理对象的存在。这种本体论承诺表现在：其一，本体论的承诺是为了更系统、更方便地处理个别的、孤立的感觉材料。其二，本体论承诺的标准是一致的和唯一的，而不是双重的。其三，本体论的承诺是相对的而不是绝对的。其四，本体论的承诺高于经验，但又存在于经验的效应中，成为经验有效性的一个结构要素。"②

第四，表明了自然主义语义分析的原则。"心理学和语义学上的自然主义就是行为主义，而行为主义的语义分析恰恰是蒯因自然主义的必要组成部分。蒯因从本质上限定了对理论实体进行行为主义语义分析的领域以及语义分析的基底层面。他坚持了以下原则：首先，尽管属性类别的个体化依赖于属性的个体化而不是属性本身，但是，'没有同一性就没有实体'③。其次，在行为主义的层面上，把心理分析和语义分析看成是一致的，并采用本体论的还原方式，'探求一种与直觉一致的客观标准'。④ 再次，自然主义的语义分析隐含着从外在世界到神经末梢，从神经兴奋到语句，从句子到句子的所有过程和环节。因此观察语句并不仅

---

① 郑祥福、洪伟：《认识论的自然化之后》，上海三联书店 2005 年版，第 95—96 页。
② 郭贵春：《蒯因的自然主义与科学实在论》，载《自然辩证法通讯》，1997 年第 4 期。
③ W. V. Quine, *Theories and Things*, Cambridge Massachusetts：Harvard University Press，1981，p. 102.
④ W. V. Quine, *Theories and Things*, Cambridge Massachusetts：Harvard University Press，1981，p. 175.

仅是关于经验的，而是关于感官接受刺激的直接条件要求的自然化。"①

总之，无论对蒯因的自然主义认识论认同与否，我们都必须承认他的工作是富有意义的，面对 20 世纪前半叶的实证主义思潮的盛行，"两个教条"的提出无疑具有打破时代坚冰的意义。蒯因的自然主义的认识论影响了 20 世纪前半叶的认识论要求，他的理论一经提出就取得了众多的反响和讨论，对这一理论赞同者有之，同样反对者也为数甚多，当然即使是赞同者也并非完全认同，对其理论认同的人同样提出了各种修改意见，如温和的自然主义认识论、经验论的自然主义认识论，而反对这种观点的人也思考着蒯因的自然化认识论，并围绕这个问题产生了一系列激烈的争论，如替代命题、转换命题以及无害命题的提出。

然而，随着时代的发展，特别是 1962 年库恩的《科学革命的结构》一书的出版，成为科学哲学（包括自然科学哲学和社会科学哲学）发展的转折点，其巨大贡献就在于"把科学信念中的历史转换的认识（包括科学观本身的转换），以及社会过程在科学共同体产生这种转换过程中的作用，引入争论的核心"②，从此，社会观念的转变就成为认识论的发展的新方向，社会因素的定位就开启了一种新的研究思潮，"标准观点"及其理想化的科学图景批评与日俱增，把科学的、历史的、文化的、社会的乃至实践的因素引入科学的整体观念中，从而促使科学哲学的传统论题、方法发生了一系列的转变。正是在这样的思想观念和时代背景下，一种新的名为社会认识论的认识论研究路径悄然出现，很快就占据了认

---

① 郭贵春：《蒯因的自然主义与科学实在论》，载《自然辩证法通讯》，1997 年第 4 期。

② Ted Benton，Ian Craib，*Philosophy of Social Science：The Philosophical Foundations of Social Thought*，New York：Palgrave Macmillan，2001，p. 60.

识论研究的中心舞台，成为众多学者关注的对象，而本书正是由此开始了社会认识论的探索和分析。

二、社会化的认识论

如上所述，尽管自然化的认识论促使认识论的观念突破了传统研究范畴，从以规范性为特征走向以描述性为主导，更加注重心理学的经验研究。尽管其有利于解决知识的基础问题，然而自然主义却始终无法回避信念的产生、保持与辩护的问题，特别是无法回避其忽视知识、认知的社会维度这一重要问题。尽管个体主义认识论需要修正，但据此出发的自然化改造显然也并不能令人满意。有鉴于此，20 世纪 80 年代末认识论领域出现了一种新的研究方案，这就是社会认识论。相比自然化认识论，社会认识论是一种更为规范的研究领域，是一套关注知识产生及传递的研究思维，是一种针对简单认知主义的社会学批判，它试图重新理解人类知识的本质特征，重新建构认识论的哲学问题，重新解读真理及知识辩护的生成意义。

1. 社会认识论的出现

"社会认识论"一词于 1952 年最早出现在图书馆学家玛格丽特·艾甘（Margaret Egan）和杰西·谢拉（Jesse Shera）的著作中，他们认为"社会认识论就是记录知识得以在所有可知的学科领域中被理解的工具，是信息与知识交流的中介机构，所以作为知识的知识，社会认识论要对知识进行有效管理以发挥知识的最大效能"①。谢拉指出，"社会认识论是社会中对知识的研究……这门学科的关注点应该集中于所有社会构造中各种交流形式的生产、流动、集合以及消费"②。谢拉对于社会认识论和图书馆学之间的亲密关系特别感兴趣。但是，他并没有构建一种具有许多明确的哲学或社会科学轮廓的社会认识论概念。直到20世纪80年代开始，社会认识论这一思想才逐渐开始进入哲学和社会学领域，开始关注社会认识及其本质、社会认识论和传统认识论的区别等基本问题。事实上，也正是从这个时候开始，认识论的研究逐渐从关注个体的传统认识论开始向关注集体的社会认识论转变，但是这种社会化转向却是由两种不同的研究进路组成。

其一，个体与社会相区分的研究进路。社会认识论最早出现于哲学领域并成为一个大的研究术语为人们所认识应该归结于美国学者富勒（Steve Fuller），富勒在他的同名著作《社会认识论》（1988）中认为社会认识论类似于生产活动，是一种需要组织的社会活动，因此从事这种活动的主体就决不可能是传统的认知个体，而是由许多个体组成的。所以，对认知主体的分析就决不应该只集中于个体层面而应关注于个体群，关注不同认知能力、不同文化背景的个体所构成的领域。为此，富勒把社会认识论看成是知识论的元理论，社会认识论区别于其他知识论的地方就在于"它认为知识不仅仅是由个体的认知者而且是由可跨越时空的特

---

① ［美］J. 巴德：《杰西·谢拉，社会认识论和实践》，载《国外社会科学》，2003年第1期。

② Jesse Shera, *Sociological Foundations of Librarianship*, New York：Asia Publishing House，1970，p. 86.

定关系所同化的认知者所生产出来的"①。在富勒看来，社会认识论强调了个体间的合作，强调各个学科之间、各个共同体之间的合作。换言之，只有在社会中达成共识的知识才是有意义的知识。

但是富勒的观点并不是从哲学意义上对认识论进行反思，更多的是把其看作为一种新的科学政策分析，看作是一种知识政策的研究，因此并没有得到主流的哲学家的认同。与此同时，一大批哲学家从认识论的内部进行社会化的解读，从知识传统的辩护和真理角度进行新的社会化的阐释。美国学者戈德曼（Alvin Goldman）明确将认识论分为个体认识论和社会认识论两个相对立的研究阶段。他认为，鉴于知识追求所具有的深度合作性及互动的本质，尤其在现代社会中，个体认识论就需要一个社会对应物即社会认识论。在他看来，"社会认识论的社会性表现为：第一，社会认识论关注的是知识的社会路径；第二，社会认识论并不把自身限制在单独的信奉者处，它常常关注于一类集体、群体并检查团队成员间信息或错误信息的传播。它强调在更大的社会群体中知识或错误的分配"②。如果说个体认识论主要与认知科学相联系，研究认知的起源、感知觉的形成的话，那么社会认识论就是与研究知识的社会环境和制度环境的社会科学与政策学科相关，它更关涉于认识的交流和科学的认识活动。

其二，陈词（Testimony）问题的研究进路。陈词问题是有关辩护的问题，是解释听众接受他人报告和陈述的原因，"狭义地理解，陈词是站在证人的角度给出的证词，但在最宽泛的意义上，陈词代表了我们的

---

① 吴畏：《社会知识论还是社会认识论》，载《自然辩证法研究》，2004 年第 11 期。

② Alvin Goldman，*Knowledge in a Social World*，New York：Oxford University Press，1994，p. 4.

认识依赖性，作为认知者我们在多种方式上依赖于他人"①。从认识论的历史上看，传统中我们要么给予陈词信念一种次要的从属地位，将它与专家权威、一致性、常识等置于一起，要么就干脆否认它具有认识论的地位。无论是古希腊的柏拉图还是近代的笛卡尔、洛克，都共享了一种知识概念：知识来源于正确的方法或仪器的正确使用。如戈德曼所指出的，"知识是通过正确的方法方式或来源而达到的真信念。合适的方式是可靠的方法，是产生真信念的具有通常属性的方法。而知识的生产的方法或来源既可以是向内的，也可以是向外的，向内就包括感觉、记忆和推理，向外就包括陈词和其他人的话语"②。

不过在认识论的发展史上，个体认识论所推崇的是孤独的认知者亲身体验到的知识，这样的知识才是真知识，而从别人那里听到或得到的知识就不具有知识的合法地位，这样的信念就是谬误。因而前者占据统治地位并往往被认为是知识的来源；而后者只是人际间的资源，因而长期不受重视甚至被忽视。随着科学的发展与进步，科学研究超越了单个个体所能从事的范围，因此对他人的实验数据、实验报告的支持和依赖就使得陈词在认识论中的地位凸显出来。通过对陈词问题的研究，特别是对陈词的辩护，就使得合格的专家所做的陈词成为了接受的证据或理由，并使得陈词成为知识的来源或主要来源。在确立了陈词在认识中的

---

① Kusch Martin, *Testimony in Communication Epistemology*, *Studies in History and Philosophy of Science*, part 23 A, 2002, vol. 33. No. 2. p. 336.

② Alvin Goldman, Group Knowledge VS Group Rationality: Two Approaches to Social Epistemology, *Episteme: A Journal of Social Epistemology*, 2004, vol. 1. No. 1, pp. 11-22.

地位与作用之后，认识论就突破了个体主义认识论，从而进入具有社会性质的认识论之中。把陈词置于感觉、记忆、推理的同等地位上，意味着认识论脱离了个体范畴而进入了社会范畴。

以上的这些研究方法都是借助于传统的认识论研究方法为基底，它们往往将认识论的核心理念作为研究的目标，借助于"知识转向"所产生的新的认识理念，将新的认识态度引入传统认识论的研究内核中，因此是对传统认识论的一种修正和转向，因这些研究多数情况都是一种规范的研究，注重了知识的规范性特征，表征出知识的辩护性和真理性，因而可视为一种新时代背景下的认识论的主流发展趋势。但与此同时，也有一种社会学的研究出现在当代的科学哲学中，这就是科学知识社会学的理论，我们习惯上将之称为建构论的观点。

2. 广义的社会认识论

产生于 80 年代的科学知识社会学同样也是对知识的社会维度的研究，与上述的规范性研究所不同的是，这种研究在探讨知识的社会维度的过程中，更多的是以一种建构的观念来扩展认识论视野，把社会因素以及传统认识论所拒斥的"非理性因素"引入了认识的范围，并且主张这些因素在认识过程中所发挥的作用远远超出人们的想象，以至于"强纲领"认为这些因素发挥作用的地方事实上才是认识的根本。鉴于社会建构论对于英美哲学界的广泛影响，一大批哲学家(戈德曼、朗基诺等)将其视为一种广义的社会认识论。[1] 所以我们需要在此处简要地对这样一

---

① 此处可详细参考 Alvin Goldman，*Pathways to Knowledge*，Oxford University Press，2002，pp. 182-204；Frederick Schmitt，*Socializing Epistemology：The Social Dimensions of Knowledge*，Rowman&Littlefield Publishers，1994，pp. 1-29。

种广义的研究理论的内容主张加以阐述，并分所社会建构论在认识论的层面上与传统认识论的差异：

其一，是否存在客观的真理和事实。社会建构论宣称不存在客观的事实或真理，也没有什么事实独立于社会建构之外。科学并不只是像科学社会学所认为的那样，只受到了社会因素的影响，相反科学的实际内容事实上都是被社会地建构出来的，即科学通过社会行为来建构。当然，对于建构论来说也存在着强弱之分，弱建构论认为建构的只是语言表征（representation）或精神表象，而强建构论则认为不仅是科学家的诸如夸克表述是建构的，而且连夸克本身亦是被社会建构出来的。

其二，科学知识是否具有合理性。与传统的认识论不同，强建构论声称提供了在科学推理之下更为准确的过程解释，其主要区别在于建构论选择了一种社会学的描述，而不是科学方法的认识论的合理性模型。这种描述以社会条件为基础，并且通过社会条件来解释科学方法。正如我们所知，强纲领的拥护者们反对曼海姆的科学知识不能进行社会性解释的观点，他们声称科学内容和科学方法论可以按照其他社会现象得到解释的那种方式进行解释，即按照诸如利益的社会因素进行社会学的描述。强纲领不但没有把科学知识和数学知识从社会学的描述中免除出去，相反他们认为这些社会学的描述并非是边缘性的，而是决定性的因素。

其三，知识究竟是规范的还是建构的。传统认识论知识概念包括了理性因素，主张知识是非建构的，它是为真理信仰辩护的并且是规范性的。与传统认识论的知识概念不同，建构论的知识概念则包含了社会因素，是建构的，是被作为信仰而承认接受的，并且是描述的。这是二者最大的区别，也是许多学者批评强纲领的主要地方。建构论分析形式并不依赖于科学主张的真理性和谬误性，它认为理论影响现实而不是来源于现实，就是科学家在进行他们的理论化时所做出的那些承诺在解释科学说明的成果上是决定性的，而承诺是可以用社会术语加以理解的。通过复杂的社会关系网，科学共同体就能够作为一种事业运行起来。而这种事业如果只依靠逻辑或纯观察是永远不可能完成的。

由此可知，强纲领描述了社会中的"知识"而不是评价知识。作为一种科学知识的经验理论，强纲领是一种广义的社会认识论，是一种描述性的社会认识论。它从外部对科学实践以及知识的相关社会因素进行了考察，将科学家的交流、竞争、冲突和协商等外部因素引入了知识论的核心内层，从而在传统的知识论和社会的利益、结构、组织等社会因素之间架起了一座沟通的桥梁，改变了认识论固有的价值无涉观念。尽管其建构的思想颠覆传统认识论的主张不免偏颇，然而其意图改变认识论的研究风格，促使学者认识到知识本身所固有的社会性，在这一点上无疑是具有学术意义和思考价值的，同时因其是在知识的社会背景下的研究，故被视为一种社会学式的社会认识论研究。

综上所述，我们可以得出一种认识，即当代认识论的发展和考察需要定位在一种大的时代背景下，脱离对它时代背景的孤立考察得出的结论必然是不完备的。逻辑经验主义的兴起和实证观念的盛行，对 20 世纪的科学哲学产生了巨大的影响，这种影响一度把科学哲学的研究视为单纯的逻辑证明，以至于罗姆·哈利认为，"科学哲学的进步，在 20 世纪突然中止了。这是因为在学术界出现了腐败的和极其不道德的教条的统治——逻辑实证主义。正是实证主义者，把哲学家的任务仅仅限于揭示已完成的科学论述的逻辑形式。这一观点的不道德的性质令人难言"①。"当这种经验主义的极端形式理性主义和科学主义的统治不能再被忍受，并且它们自身也不能再继续下去的时候，它们遭到了来自各方面的批判。逻辑经验主义把人类认识的本质归结于对知识的逻辑关系的发现，把哲学的任务归结为对科学预言进行逻辑分析，企图用'科学的逻辑'来取代哲学，这本身就带有极大的片面性。通过使科学的概念确切化，通过对科学理论的结构、方法等的研究而促进科学进步，这仅仅是哲学的任务之一，而不是全部，决不能把哲学仅仅理解为科学认识论和方法论，甚至把方法论等同于狭义的逻辑。这只能过分夸大语言符号形式化的意义，使它们脱离了所表示的客观现实对象，把它们当作是人的'约定的'或任意构造出来的东西。同时他们采用的逻辑分析方法，是共时性的而非历时性的，是分析的而非综合的，是抽象的而非具体的，这就使得在对科学理论进行逻辑分析时，静态地考察科学的逻辑结构，而脱离科学发展的历史，脱离科学所处的社会结构与文化背景，忽视心理因素对科学的影响。"②而这正是其后认识论发展的两大路径。

　　"两个教条"的提出开启了对逻辑经验主义的认识批判，改变了 20 世纪前期的只注重逻辑只依赖经验的认识模式，在自然主义本体论承诺的基础上，确立了自然主义的研究方法，指出了认识论的自然主义趋向。正是在自然主义认识论确立之后，心理学、神经生物学等一系列人

---

　　① 　Rom Harre，*Varieties of Realism：A Rationale for the Natural Sciences*，Oxford：Blackwell Publishing，1986，p. 21.

　　② 　殷杰：《哲学对话的新平台——科学语用学的元理论研究》，山西科学技术出版社 2003 年版，第 37 页。

类认知模式的研究学科进入了当代认识论的研究领域，通过大量的实验模型构建以一种自然主义的态度重新对人类的认知机制作出审视。将人类的认识归结为包括心理学等认知科学的任务目前来看是一种重要的研究方向，但人类的认识的复杂性还需要在另一个更广阔的方向下加以研究，将社会结构和文化背景等社会因素的引入就成为研究的一种必然趋势。20 世纪 80 年代形成的社会认识论，引入了知识的社会维度，试图通过知识生产、传递以及应用的社会互动性来理解人类的认识之机制，同时也从内部考察认识辩护、知识来源等环节，因而表现出了自己的研究特征，成为一块富有成果和特色的研究领域。

无论如何，"社会化趋势"带给 20 世纪哲学研究的影响是巨大的和创造性的。它不仅使英美哲学从此扩展了传统的"笛卡尔式"的个体认识论的研究模式以及形而上学式的认识方法，而且在某种程度上也改变了传统哲学的思路，开启了认识论的社会维度。这样，一方面，随着科学知识社会学的外围研究，许多此前被人们所忽视或根本不予接纳的社会因素如协商、利益被纳入科学知识的生成中；另一方面，知识的内在社会互动也促使人们重新思考其可能性与存在的必要性。由此，知识的社会维度就在知识的内外两个层面得到了凸显，它们为"社会化趋势"提供了出发点和契机。因此，在这个意义上讲，认识论的社会化是时代发展的必然趋势，是科学哲学发展的内在必然和外在驱动。

第三节 认识论社会化的演变趋向

在 20 世纪的哲学发展历程中，作为研究人类活动规律的认识论也在不断地发生着变化。认识论的研究范围不再局限于个体而是扩展至集体和社会，认识论的主题也在"应如何"和"是什么"之间转移，这一现象所凸显的不仅仅是认识论所固有的描述与规范之间的关系问题，同时也表明认识论随时代的发展进步而与自然科学、社会科学紧密结合，具体来看它显示出了认识论由个体化向社会化的转向态势，显现出了认识论由自然化向社会化的转向态势。

一、个体化向社会化的转向

近代以来，认识论更多时候表现出个体认识论的特征，普遍认为：个体知识是所有知识的出发点；个体对外部世界的认识建立在内省知识的基础上；无须依赖他人知识就可以对真理的内容和有效性作出判断，等等。由此，认识论的表现方式体现为两个过程：第一，对认识主体所具有的认知资源例如感觉、记忆、推理等做出调查与评价；第二，在分析与评价过后，对认知主体的信念是否可以认定为知识以及知识的局限做出决定。因此，处在这种传统中的认识论经典问题就包括了知识的分析和怀疑，而对知识的分析和怀疑始终是认识论发展的主要线索，对它的研究表现出两种不同的理论定位。

其一，古典的知识论。自苏格拉底开始，知识就是一种获得辩护的真信念。其理论特征为：知识一定程度上独立于人们和社会的偏见；知识领域是一种由真理信念长期累积构成的远离意识形态、道德信念等的自为领域；知识决不等同于主观的信念或意见，它不仅仅体现为信念或意见，更重要的是它是得到辩护的信念。由此，对知识的一种标准理解就是一种客观的方法，它把"真""辩护""证明"看成是独立于人与社会的因素。"强化这一需求的传统主张就是增加一个辩护的需求。一个真信念并不是知识，除非它得到了辩护。"①

其二，激进的知识论。自库恩的《科学革命的结构》出版及科学知识社会学的兴起，非客观的方法在后库恩主义者、后现代主义者的支持下影响日益增大，认为真与历史、社会环境相关联，社会与政治力量会影响到科学理论的形成。虽然社会建构论的观点因其偏激而遭到众多批判，但在批判的过程中人们也逐渐认识到社会因素在知识的产生中的作用绝非可有可无，传统的认识论是一种消解社会因素的理想认识论，由此就为认识论的社会化研究开启了大门。

伴随着对知识的文化研究、语境研究，更多的认识论学者注意到了认识论的社会维度，尽管他们始终维护着传统观点的核心特征，并把这种对传统的肯定认定为必要乃至重要的，然而他们确实相信传统的认识论对人类知识的解释并不充分。"成人的世界观很大程度上源于他的社

---

① Alvin Goldman, *Epistemology and Cognitive*, Cambridge, MA: Harvard University Press, 1986, p. 43.

会世界，并追溯至社会互动，追溯至其他学者施加的影响，特别是这些互动与影响都是通过语言这个工具，因此对认识论来说拥有一种社会维度就是必然的，而那些只关注于个体、将社会排除在外的认识论就是不合适的。"[1]传统的认识论是个体主义的，而人类具有强烈的社会性，因此无论是人类知识的生产还是知识的传播，自然就具有了重要的社会维度，这一点在以往的认识论体系中往往被忽略。事实上，认识论在下述两个方面都具有社会维度：

首先，知识的产生本质上是一种社会活动。知识模型过去往往预设了孤独的个体有能力获得各种内容复杂的知识，而他人只是帮助检查他的知识。但事实上，科学活动具有很强的社会性。表现在：（1）知识理论往往通过集体生产跨越时空并在共同体内部传递，因此具有很强的共有性。（2）知识理论往往是在社会组织的分工协作中产生，因此具有很强的协作性。正是在这样的意义上，"科学家应该避免个人的经验限制，应考察认知的集体维度。如果忽视后者，那么也就忽视了科学知识产生所具有的十分重要的社会本质"[2]。

其次，知识的获得更多的是一种社会活动。我们日常生活中居住在一个与他人共处的世界之中，因此我们的知识更多的时候是在社会交往中得到的，"只有在与他人相互合作时，我们才能意识到我们所具有的偏见，通过使用不同的假设，我们才可以跳出四种假相从而意识到我们

---

[1] Alvin Goldman，Liansons，*Philosophy Meets the Cognitive and Social Science*，Cambridge MA：MIT Press，1992，p. 179.

[2] S. Downes，Socializing Naturalized Philosophy of Science，*Philosophy of Science*，Vol. 60，p. 452.

自己"①。另一方面，知识来源于信息的传递与交流，在现代社会中这表现得尤为明显，我们所获得的绝大多数信念都是通过书籍报纸及新闻媒体，而这同样内在于知识的社会维度中。从这个角度来看，当人们检查知识或信念的社会性时，在认识论上自然就强调了其固有的社会维度的特征。

二、自然化向社会化的转向

传统的认识论一定意义上可以称为基础主义，其主要任务就是研究知识基础，但无论是近代唯理论还是经验论都遇到了许多无法回避的难题。因此蒯因在 1969 年发表了著名的《自然化的认识论》一文，主张用自然科学的知识主要是心理学和认知科学来加以取代。自然化的认识论一经提出，支持者有之但也遭到众多批判。比如，戈德曼就对蒯因提出了批评，他认为，"包括心理学在内，没有一种经验科学的分支能够承担起对规范、条件或辩护和知识进行详细说明的任务"②。事实上，仅仅用心理学的知识来解释人类复杂的认识过程，无论是解释的深度还是准确性上，都是不够的也是不充分的，同时自然化的认识论自身也存在着一些无法克服的缺陷。这表现在：

---

① Michael Roess, The Social Dimension of Epistemology, *Florida Philosophy Review*, 2005, Vol. 5, p. 25.

② Alvin Goldman, *Pathway to Knowledge*, New York: Oxford University Press, 2002, p. 26.

其一，认识论与科学之间的循环问题。自然化认识论从具体科学入手，用心理学、实证科学的研究手段和方法来研究认识论问题，将认识论自然化、科学化和经验化，因此，"在心理学之后，没有任何东西可以留给认识论，认识论之于心理学就像炼金术之于化学"①。据此，用大量的自然科学事例来研究认识论就是理所应当的，但是认识论是用来决定人类知识的本质、范围、来源以及限度的，是用来断定知识之有效性的，因此这就意味着在科学与认识论之间形成了一种循环，从科学中抽象出来的认识论规范只可能是一种早已蕴含在科学研究中的规范。从这个意义上讲，自然化认识论不可避免地是循环的。但"科学方法不能在任何循环论的基础上证明科学方法是合理的，必须事先诉诸一些确证概念或合理性概念，而这些绝不是来自科学的实践"②。

其二，科学知识缺乏自我辩护能力。传统的认识论最直接的优点就在于它对科学知识的辩护。但是随着基础主义的衰落和自然主义的兴起，科学事业的自我辩护与科学知识合法化的问题同时凸显出来。自然主义者认为，对知识进行自然化或科学化的理解，可以给予我们对知识的全部解释，认为"在科学之外没有任何先在的东西，以此为基础，科学就可以获得辩护或得到理性重构"③。从这个角度来看，科学知识要

---

① M. Bradie, Evolutionary Epistemology as Naturalized Epistemology, In *Issues in Evolutionary Epistemology*, K. Hahlueg&, C. Hooker(eds), New York: State University of New York Press, 1989, p. 396.

② Robert Almeder, *Harmless Naturalism: the Limits of Science and the Nature of Philosophy*, Chicago: Carus Publishing Company, 1998, p. 36.

③ M. Gibson, *Quine'Behaviorism, In the Philosophy of Psychology*, W. Donohue & R. Kitchner(eds), London: Sage Publications, 1996, p. 96.

么不存在辩护，如果存在也只是来自可靠性，即从事实中经过归纳判断得出。但这种辩护也存在两个问题。首先，什么是事实？其次，辩护的标准必须是客观的且不能依赖于主体预设的知识。显然这样的辩护仍存在困难。但是科学知识需要有辩护，正如戈德曼指出的，"辩护对知识的获得是必要的，并且与它密切相连"①。如同经验主义无法单纯用经验来回答认识论问题一样，自然主义也同样难以解决辩护问题。

正是看到自然化认识论的弊端，看到其忽视知识的社会维度，忽视知识产生所具有的十分重要的社会本质，20世纪末期，对知识进行社会化的理解应运而生。如果说自然化的认识论通常处理的是个体心理过程的话，那么将自然化观点延伸并不困难，"在我看来，社会认识论是自然化方法对认识论的一种直截了当的延伸，不可否认社会因素在人类认识之中发挥了重要的作用。正如自然主义者认为在正确的心理环境中看待知识是很重要的一样，我们也认识到其社会环境的重要性"②。事实上，与关注认知个体心理过程、关注自然科学特别是心理学描述的自然化认识论相对比，社会认识论更关注对知识的规范理解、关注知识产生的社会维度，而从哲学史上来看，不同时期的认识论对描述性和规范性的侧重不尽相同。

首先，自古希腊时代起，传统认识论就都具有规范性的鲜明烙印，

---

① Alvin Goldman, What Is Justified Belief, In *Naturalizing Epistemology*, H. Kornblith(eds), Cambridge, MA: MIT Press, 1985, p. 91.

② Hilary Kornblith, A Conservative Approach to Social Epistemology, Frederick Schmitt(eds), *Social Epistemolog: the Social Dimensions of Knowledge*, Rowman & publishers Inc, 1994, p. 93.

因此其显著特征就是认为世界及其研究对象是可以认识的，而这种认识过程存在某种支配该活动的规范，科学的进步或认识合理性就在于对这种规范的遵循。而从事认识论研究的哲学家所要做的，就是努力寻找这种规范并精确地加以提炼，以使哲学家和科学家在各自的认识活动中自觉遵循，以便更好地使认识深化和科学进步。

其次，从自然化认识论兴起之后，哲学家不再把人类认识看成是静止不变的，而是一种自然现象，同其他自然现象相比，认识论并不存在任何特殊之处，那么对它的研究完全可以采用实证的方法和手段，这样研究方法就变为从具体科学认识活动中阐明认识合理性。其后果就是哲学家不再寻找或提炼规范，而转为忠实地描述历史上和现实中的认识活动，由此表现为自然化的认识论重描述轻规范。

但是认识论毕竟是用来为认识原则进行辩护的，它的主要目的就是用来告诉人们如何形成一种正确的信仰，因此单纯的对历史事件、人类行为的描述并不适合。此后，认识论的社会化进路（除去知识社会学）更多地采纳了规范性的研究，遵循了认识论的规范观点。而这就使得社会认识论区别于其他社会研究领域，如知识社会学、社会心理学、文化人类学等。规范的社会认识论自然就拥有了它自己的学科内容、研究方法，从而成为一门区别于其他社会科学的自治的研究领域。"可以看到社会认识论试图辩护、阐述和管理知识追求的原则，而这些原则就适合于认知目标追求时涉及的社会行为、社会结构和社会制度。社会认识论不仅对科学有清晰的意义，而且它也适合于其他指导知识的社会制度。社会认识论所研究的规则就包括了科学方法、控制信息流动与交流的规则、分配社会资源分配认知劳动的原则、认识权威性的标准以及论证与修辞的规则。"①可以看出，社会认识论的研究内容、研究方法表现出明显的规范性的特点，尽管社会认识论的研究内容与方法区别于传统认识论，但是传统认识论的研究特点在社会认识论中却得以体现。

---

① David Resnik，Social Epistemology and the Ethics of Research，Studies in *History and Philosophy of Science*，Vol. 27，pp. 570-571.

第二章 | 社会认识论的图景

　　"社会认识论"的形成和发展很大程度上应归功于哲学家特别是英美哲学家对传统认识论的不满和对新的出路的探求。但是，社会认识论一词最初却是出自图书馆学家之手，其后才逐步地被纳入哲学研究特别是认识论领域。因此对社会认识论研究来说，追溯其历史渊源、探索其思维脉络就是本章的重要任务之一，同时也是任何一门成体系的研究的必要工作。尽管我们所考察的这一线索很大程度上是一种社会认识论思维的萌芽与粗线条的勾勒，或许只能部分地被视为一种思维的火花，毕竟无论是从这些思想的横向内容上还是纵向深度上，距离当代的社会认识论研究都有相当大的距离和差异，但是必须看到这一工作是富有意义的，同时对于本书来说是必须完整交代的。

另外，当代社会认识论具有复杂的研究构成，从其内容上看既有哲学式的规范性研究，又有社会学的经验性研究，因此我们需要明确社会认识论的划界标准，究竟在什么层面上准确理解社会认识论，以及如何看待这一认识方式就成为本章的第二个重要任务。除此之外，鉴于社会认识论的学科特性和学科称谓，我们需要对社会认识论与传统认识论、社会认识论与知识社会学之间的界限与差异做出清晰的界定和准确的考察。关于社会认识论和传统认识论的划界区分，就在于对两个考察标准的不同认识，就在于二者看待知识的本质区别。关于社会认识论与知识社会学的差别主要在于：其一，从更为宽泛的角度和意义上看，社会认识论与知识社会学联系紧密，拥有重合的研究内容，二个领域交叉在一起；其二，从更为狭窄的角度和意义上看，二者是完全独立各异的两门学科。知识社会学研究更多的是经验性质的，是一门纯粹描述性的学科，而社会认识论则是规范性质的，是纯概念性的研究，它是共同体对知识相关性的哲学研究。

20 世纪 90 年代之后，当代社会认识论研究逐步摆脱了单纯作为认识论的一种补充的模式，开始向更加纵深的领域发展，其定位也逐步地扩展至更加复杂的时空当中，包括对知识的理解也发生了深刻的变化，如何看待知识以及如何使用知识都成为哲学家思考的重点方向，基于此本章的第三个重要任务就是凝练了社会认识论研究的理论定位、研究路径和基本域面。综上所述，本章之目的就在于通过具体考察社会认识论的发展脉络和思想演变，对社会认识论的图景做出全面而深刻的界定，展示其研究问题、意义和历史印迹，从而为读者们更加翔实地理解这一研究打下深厚的基础。

第一节　社会认识论的历史与内涵

一、社会认识论的历史溯源

社会认识论是对相关于知识的社会关系、社会作用、社会利益和社会体制等诸多社会因素的哲学研究，或者说它是知识与信息的社会维度的哲学研究。尽管"社会认识论"一词系统地使用的时间并不长，甚至直到 20 世纪 80 年代这一学科才开始兴起，然而从历史上看，至少在哲学史上的不同时期，都出现过涉及对知识或理性信念的社会维度进行的哲学探索。对社会认识论的研究来说，追溯其问题的思想根源，找到其思想的来源出处，就显得必要而富有意义了，当然对于任何一门成体系的研究学科来说，这都是一种必要工作。

1. 古希腊时期的认识观念

一般说来，对认识论的社会维度的关注，至少可追溯至古希腊的柏拉图。在《查密迪斯》对话篇中，柏拉图就提出了这样的问题：外行人如何能够判断谁才是某一领域的专家？是否某人声称是一个领域的专家为真呢？对专家或权威性的依赖进行考察，是社会认识论视域中的基本问题之一，即"陈词"(testimony)问题。可以说，柏拉图是最早对这一领域进行探索的哲学家或者是最早讨论过这一问题的人，但是他却彻底地否定了陈词在认识论中的地位。在《泰阿泰德》篇中柏拉图举出一则故事，并最后指出法官所能相信的仅仅是智者们的辩护技巧，抢劫案的真实性永远不可能为法官自己所知道，因为他们所接触到的并非是目睹的事实。由此我们知道，在柏拉图那里"知道"是有严格的限定的，这种限定将所有基于报告、论述的信念都视为一种非辩护的信念，而绝非知识。也因此他人的论述甚至是当事人的论述都不可靠，只有目击者本人才有资格，陈词问题也因柏拉图的否定而被排斥在理性的范围之外，成为认识的非理性来源，而其后的诸多哲学家正是沿着理性主义的思考，完全忽略或否定了陈词的知识来源。

2. 17、18 世纪的认识观念

随着历史的发展，新科学的出现打破了亚里士多德的常识意义的世界图景，伴随而来的是更为深入的研究内容和全新的实验研究方法，促使人们重新思索知识与意见之间的联系和差异，陈词问题也得到了更多的关注。17、18 世纪英国哲学家洛克（John Locke）、休谟（David Hume）以及里德（Thomas Reid）都对"陈词"的认识论问题进行了探讨。

（1）洛克的讨论

洛克更多地强调了理智上依靠自己的重要性，而对于赋予他人意见以权威一事则表达了强烈的质疑。[①]"我希望下述说法不会被认为是傲慢自大：在发现理论和沉思的知识中，如果我们在根基上，在事情本身上去探究它，并且利用我们自己的而不是他人的思想去发现它，那么我们也许就会获得更大进展。……在我们的大脑中，他人观点的飘浮并不会使我们有一丁点更多的认识，虽然它们偶尔为真，但科学本身是什

---

① John Locke, *An Essay Concerning Human Understanding*，New York：Dover，1959，p. 23.

么，就在于我们的固执。"①尽管与笛卡尔在理性论还是经验论的问题上差异极大，但在对待陈词问题上他们的看法是一致的，即陈词是一种不可靠的知识信念来源，也不可能通过陈词的方式来有效传播知识，他人的话语不能作为知识接受的证据，而这就是"不能以人为据"原则。正是这样一种极其严格的知识标准导致了洛克的语义理论遭到其后哲学家的强烈批判，也使得洛克在处理说者话语作用问题上困难重重。洛克否定了话语的意义，"话语就其基本的或直接的意义而言是毫无用处的，而只是它们的使用者头脑中的想法"②。但是话语在日常生活中的作用是显而易见的，否定了话语就否定了人们的生活状况，因此洛克不得不承认话语也代表了外部的实在，但只能是在话语不含有说者思想的情况下。由此我们可知在洛克那里，这个问题的处理是极为困难的，一方面需要坚持他的原则，坚守知识证据的底线，另一方面话语的普遍性和实在联系的必然性又要求他不得不做出部分退让。

（2）休谟的讨论

在洛克之后，休谟同样遇到了这个问题，只是他并没有完全否定话语的作用和意义。休谟承认我们依赖他人的事实陈述是理所应当的，但坚持认为只有在我们拥有充足理由的情况下，在这些陈词是可以信赖的程度内，这才合理。为什么陈词的地位会在休谟那里发生变化呢？施密特将其原因归结如下："一个潮流是近代实验科学的出现，近代实验科

---

① John Locke, *An Essay Concerning Human Understanding*, London：Thomas Bassett，1690，pp. 60-61.

② John Locke, *An Essay Concerning Human Understanding*, London：Thomas Bassett，1690，p. 298.

学与亚里士多德主义决裂并对物理世界给予了常识性的描述。伴随着新科学出现的另一个潮流是对知识和意见区分的重新描述。如果新科学是知识，那么理性就不再能承担整个知识的重担，并且也不得不承认知觉的地位。……所以，休谟成为第一位赋予陈词信念以较高认识论地位的哲学家，并把陈词信念吸收到知觉信念中，这不是偶然的。"①如上所述，休谟在洛克的研究基础上形成了自己的看法，具体来说对陈词的认识论态度表征为：第一，陈词是认识过程的合理因素，有其存在的必然价值。他指出："……对于人类生活而言，没有哪一种类型的推理比源自人们的陈词以及目击者或旁观者的报告更为普遍，更为有用，或者甚至是必须的了。"②第二，陈词或者说是可靠的陈词才可被视为合理的，而是否合理就在于陈词是否可还原为观察和经验。正是在这种还原意义上陈词具有了认识论的价值，而陈词最终是建立在休谟的经验主义之上，经验主义式的还原导致他需要这些基于个人观察的陈词，而正是这些观察确立了人类陈词的精确性。③可以认为，一方面休谟开启了与柏拉图和洛克观念的决裂，认识到了陈词话语的合理性和存在价值，同时试图为其寻找一个适当的存在场所，另一方面还原论的引入将陈词与认识的其他来源放到了不同的平台和高度之上，陈词只能是它们的一种附属或最终的产物。

---

① Frederick Schmitt, *Socializing Epistemology: The Social Dimension of Knowledge*, Lanham, Maryland: Rowman & Littlefield Publishers, 1994, pp. 2-3.

② David Hume, *An Enquiry Concerning Human Understanding*, New York: Oxford University Press, 1975, p. 111.

③ David Hume, *An Enquiry Concerning Human Understanding*, New York: Oxford University Press, 1975, p. 111.

（3）里德的讨论

与洛克甚至休谟相反，里德并没有否认陈词话语的合理性和认识价值，也没有以还原的路径来处理和安置陈词，而是认同了陈词的合理性，并将之放到了与感觉、知觉同样的地位上来看待。里德说："就其本性而言，一部分心灵的运作是社会的，另一部分则是孤独的……社会运作必然假定与其他人类理智的社会交往。""当询问消息，或接受消息；当做出陈词，或接受陈词；当请求帮助，或接受帮助；当向仆人发出指示，或从上司那里接受指示；当做出保证或签署合约时，这些都是在人类理智间进行的社会交往行为，而孤独的心灵是无法完成的。"①由此我们可知，里德除了保持传统认识论的个体主义观念，认为人部分是一种孤独的笛卡尔式的个体之外，也将人看作是一种社会的人，而人的理解能力同样也是一种社会的理解能力。也因此我们将里德视为这个历史探索过程中的一位至关重要的哲学家，或者说最早具有社会认识论萌芽思维的人，他对陈词的理解和论述促使人们重新看待其地位和价值，对陈词的讨论框架突破了传统认识论的局限和束缚。当然，里德并非对任何陈词都认同，也就是说部分陈词是不可以被接纳的，对此他提出了"诚实原则""易信原则"作为选择陈词接受话语的标准，并以此对陈词进行接受和选择的判断。同样正是在这样的意义上，里德声称即使我们对他人的可靠性一无所知，我们仍可合理地信任他们的意见和态度。"陈词，

---

①　Thomas Reid，*Essays on the Intellectual Power of Man*，Cambridge MA：Macmillan and Co.，Limited，1941，p. 48.

至少是真诚的陈词，乍看上去总是可信的。"①所有这些观点都是早期社会认识论的一部分，以现在的角度来看，它们并不是理想的或纯粹的社会认识论范式，然而它们却是最早认识到知识辩护具有社会维度的哲学思想。

3.19 世纪的认识观念

进入 19 世纪，知识具有"社会性"的主张在更为社会化或政治化的背景中，呈现出一个完全不同的传统，即马克思的意识形态理论解释。马克思认为意识形态不仅是表达统治阶级意愿、维护统治阶级利益、使其统治合法化的社会意识形式的总称，同时又是一个信仰、观念、价值的体系，是人们在阶级社会中完成自己角色的方式，是把他们束缚在其社会职能上并阻碍他们真正地理解整个社会的那些价值、观念和形象，它自由地漂浮于他们的物质基础之上，并否认其基础的存在。因此一个意识形态就是一套信念、一个世界观或者一种意识形式，产生这些信念或者世界观的原因，就是信奉者所处的社会位置以及利益。正如意识形态理论所描述的，其关注到信念的真与假。至少在这个意义上，可以把马克思的这种意识形态理解为是一种经典的社会认识论。

曼海姆把马克思的意识形态理论扩展至知识社会学。在曼海姆看来，思想或知识表面上是从思想家个人头脑中产生的，而实际上，它们终究是由思想家所处的各种社会环境、社会状况决定的。因此知识社会学必须致力于探讨"思想的社会决定"或"知识的社会决定"，曼海姆称之

---

① Thomas Reid, *An Inquiry into Human Mind*，Timothy Duggan(eds)，Chicago, Illinois：University of Chicago Press，1970，pp. 240-241.

为"社会境况决定论"。人们将这一观点同马克思的"社会存在决定社会意识"的原理相提并论，并称为"马克思—曼海姆观点"。这样，当社会集体的思想可以被追溯至集体的社会境况时，意识形态研究就转化为社会决定的研究。如果可以把这些对社会境况的描述理解为一种社会认识论的话，那么意识形态批评（Ideologiekritik）则肯定为一种社会认识论的形式。

意识形态批判理论（Ideologiekritik）首先通过马克思和恩格斯的学说流行起来，两人合著的《德意志意识形态》一书成为马克思主义意识形态论的经典著作之一。据考证，"意识形态"一词最早由18世纪末法国哲学家康狄拉克所用，而作为虚假现象剖析或错误观念批评的类似意思在西方哲学史上由来已久。近代哲学时代以来培根的知识偶像论和法国启蒙运动中的社会批评都表现了类似的倾向。但只有在马克思主义之后，"意识形态"作为观念体系才与作为观念背后基础的物质因素，特别是经济政治因素联系起来。在马克思主义之中形成的意识形态论成为思想与非思想的利益和权力等准物质力量互为因果的理论。法兰克福学派的批判理论就是对此种思想的尝试，其目的在于人类解放和启蒙，通过使行动者意识到他们所处的环境中隐藏的高压政治，能够使他们决定他们真正的利益到底在哪里。哈贝马斯（Jürgen Habermas）引入了"理想语言情境"（ideal speech situation）的思想，它是一种绝对无强迫和无限制的在彻底的自由与平等的人类行动者之间进行讨论的假设情境。这样一种情境是民主的模型之一，由于人们之间的交往借助于语言，如果要把这种能力用到极限，我们就必须全都平等地参加有关政治和社会生活的辩论，其结果就是我们必须拥有平等地了解相关信息的途径，必须拥有平等的辩论途径以及平等的被听的权利，这样的情境就可能发展成一种先验的标准，并以此去衡量存在的社会形式，而这正是社会认识论的研究内容。哈贝马斯的"理想语言情境"概念表明，我们的社会传统往往反映了一种压迫性的社会—经济结构，因为在这一传统的形成过程当中弱势群体的利益和意愿往往被忽略了，因此我们的解释者不能过多地迁就于传统，而应当对传统抱着一种批判的态度。在哈贝马斯的治疗式诠释学中，解释者需要重建对话，使它能够将那些不应被排除的意见得到表达的机会。

19世纪的这些思想与之前的任何时候研究的特点都有所不同，对此我们应该从以下几方面来考虑：第一，从时代背景来看这个时期正是阶级斗争最为激烈的时期，革命的思想充斥了整个世纪，要求民族解放、阶级平等的思想成为这一时期的时代主题，特别是马克思主义以及此后的法兰克福学派都以对社会的不满和批判为己任，提出各种批判的社会理论，因此这些思想更多地表达了对社会平等和人类解放自由的思考。第二，研究对象不再是此前的个体，并摆脱了哲学对陈词问题的思考，更多的是以阶级和群体为研究客体，与之相对应的是大量运用了阶级分析的方法。第三，研究由英美哲学转向了大陆哲学，之前的研究更多的是在英国，但在这一时期研究地域则转向了德国，并打上了深刻的德国大陆哲学的烙印。虽然这个时期的这些研究并不是直接对社会认识论的研究，或者说更多的是体现为社会因素对认识论的影响以及在更为社会化、政治化的意义上进行的一种研究，但是基于本章是对社会认识论历史脉络与线索的探究，我们同样可以把它视为这一线索的一部分。

4. 20 世纪的认识观念

20 世纪迎来了哲学的伟大年代，世纪初的逻辑经验主义开启了科学哲学的大门并引领了一个新的时代，对科学理论的逻辑结构的精细研究导致了分析哲学的诞生，对传统的思辨哲学产生了巨大的冲击，开辟了哲学研究的新方向。尽管最后因种种缺陷遭到批判并最后消沉下去，但是它的出现注定将使 20 世纪成为哲学研究的伟大时期。逻辑经验主义的衰落直接原因就在于历史主义的兴起，或者说是库恩的工作终结了它的发展，但是对于本书所研究的社会认识论来说，库恩的工作则开启了 20 世纪社会认识论研究的大门。

库恩（Thomas Kuhn）在《科学革命的结构》（1962）一书中，将历史语境引入了科学哲学，将真理描述为一种相对的和偶然的概念，这样的思维对于整个科学哲学特别是对于还沉浸在逻辑思维中的哲学家来说，不啻为另一场革命。① 库恩的革命就在于观念上的改变，他影响了学者特别是科学社会学家和历史学家，使他们将科学视为一种社会制度而不是什么客观理性的事业，而后者正是实证主义科学哲学的标准信念。根据库恩，科学范式的更替并不是因为旧范式被新的证据合理地推翻，新旧范式之间是不可通约的，也就是说库恩否定了科学革命的理性基础，建立了一种社会基础。尽管库恩本人对于范式甚至不可通约的概念的表述并非清晰，然而这种巨大的影响力迅速传遍至社会学家和哲学家那里。在其后的十余年间，这样的观念如暴风雨一般席卷了整个科学哲学领

---

① Alvin Goldman，*Social Epistemology*：*Theory and Applications*，*Royal Institute of Philosophy*，p. 2，http：//fas-philosophy. rutgers. edu/goldman/Social Epistemology：Theory and Applications. pdf.

域，将社会科学哲学引出了自然科学哲学的阴影，将"科学信念中历史转换的认识（包括科学观自身的转换），以及社会过程在科学共同体产生这种转换过程中的作用，引到了争论的核心"①，表明了相互竞争的科学理论或范式之间的争执并不能够用单纯的、纯客观的分析加以解决，科学革命的过程必然会受到"社会因素"的影响。

不仅如此，库恩还讨论并质疑了科学的目标——真理，许多社会学家注意到这一点，很快形成了一股强大的社会学研究思潮。20 世纪后半叶的科学知识社会学正是这一思潮的产物之一。出现在爱丁堡的科学知识社会学或者说强纲领都可以视为社会认识论的形式。因为对科学知识社会学来说，这样的观念普遍上把科学视为一种关于知识生产的事业，而且认识论始终关注着知识，因此决定科学的社会因素理应得到关注，并可以合理地在社会认识论的框架内得到研究。他们对科学的研究并没有建立在科学是一种理性的事业之上，事实上他们更多地将科学事实仅仅看成是一种社会建构，科学实验室中发生的事情并非科学真理的发现，而是他们的创造或编织。爱丁堡学派的巴恩斯（Barry Barnes）和布鲁尔（David Bloor）阐述了"对称性"（symmetry）原则，即应该把所有理论、证据或事实都看作需要加以解释的"信念"，这种解释不仅是理性的学科内部的解释，而且需要诉诸社会的、心理的因素。因此，科学信念与构成解释的其他信念相比并无不同或特殊之处。在这种研究指导思想下进行的许多历史案例的研究，都试图表明科学家是如何被阶级利

① Ted Benton, Ian Craib, *Philosophy of Social Science : The Philosophical Foundations of Social Thought*, New York : Palgrave Macmillan, 2001, p. 60.

益、政治利益，以及其他通常被认为对纯科学来说是外在的因素所影响或改变。拉图尔和伍尔加写道："我们并没有把科学家……视为拉开幕布的人，正相反他们迄今为止隐藏了真相。客体通过科学家的人为创造得以构成。"①因此，我们可以认为在社会建构论特别是强纲领的观念中，所谓的真理、事实和理性，其本质并非心灵独立和社会无关，它们仅仅是一种社会协商和社会政治。尽管社会建构论者也谈论知识，但是他们的知识却是远离真理的，对他们来说知识并非任何事实，而只是相信的内容，个体或集体相信的内容。

作为大陆哲学的代表人物之一，福柯（Michel Foucault）发展了一种更为极端的知识或科学的政治观，认为追求知识的实践，实际上就是服务于权力和社会统治的目的，他甚至认为知识是权力的产儿，而不是理性认识外部实在的结果，因而它们并不具有任何客观性与确定性。他断言一切人文科学知识都是权力产生的，压制并统治着人们的思想，一切自然科学也是权力产生的，起着统治人们的权力的作用。传统的认识研究总是以探索知识的认识论基础为主，并将知识当作一种脱离政治行为的认识活动的产物。历来知识探究从不探索知识与社会权力运作的关系，似乎追求和扩大知识只是极少数知识分子所进行的真理探索活动。而福柯根据西方社会和文化的发展事实，看到了知识问题不只是属于人的纯粹认识活动，也不仅是为了达到认识客观对象的真理，而是为各个历史时代掌握权力的统治者所控制，并为统治者的运作权力所服务

---

① Bruno Latour and Steve Woolgar，*Laboratory Life*：*The Construction of Scientific Facts*，Princeton，NJ：Princeton University Press，1986，pp. 128-129.

的。① 为论述他的主张，福柯首先构建了一种"知识考古学"。他指出，"我并不关心向客观性迈进的被描述的知识……我设法阐明的是认识论领域，是认识型，在其中，撇开所有参照了其理性价值或客观形式的标准而被思考了的知识，奠基了自己的确实性，并因此宣明了一种历史，这并不是它越来越完善的历史，而是它的可能性状况的历史；照此叙述，应该显现的是知识空间内那些构型，它们产生了各种各样的经验知识。这样一种事业，与其说是一种传统意义上的历史，还不如说是一种'考古学'"②。福柯的考古学揭示了真理、知识并不是被发现的，而是被发明构造出来的，他的考古学目的就在于探讨知识得以可能的条件，即探讨支配人们思想和话语实践的推论性理性的"组装规则"。接着，在否定了传统认识论之后，福柯理解的真理和知识就是权力制造出来的产物。"从很大的程度上说，我们所生活的社会正在'迈向真理'，我指的是，这个社会生产和流通以真理为功能的话语，以此来维持自身的运转，并获得特定的权力。获取真实的话语是西方的核心问题之一。有关真实的历史，这还是一块处女地。"③权力制造知识的目的不是为了获取真理，而是为了实施控制。权力所反映的社会关系是一种控制与被控制的关系。通过权力这台机器，主体间的关系不是处于平等对话的平台，而是总处于控制或被控制的位置上，而无论主体处于何种位置，都无法摆脱这台巨大的权力机器。

20世纪的这些思想是在一种更新颖和更大胆的语境下产生的，一

---

① 冯俊：《后现代主义哲学演讲录》，商务印书馆2003年版，第430—431页。
② ［法］福柯：《词与物》，上海三联书店2001年版，第10页。
③ ［法］福柯：《权力的眼睛——福柯访谈录》，上海人民出版社1997年版，第37页。

方面，知识的标准定义和解释对于哲学家来说不再具有吸引力，他们渴望重新理解知识概念，甚至是在反对真理和理性的基底上重新构建新的知识路径。另一方面，"历史—文化"转向的形成以及逻辑实证主义的失败，引发了另外一个核心问题："为什么在自然科学中是如此成功的那些方法，当想方设法应用于各个社会科学学科的研究目标时，却完全失败了呢?"①应当说，在社会科学研究方法中引进"语言的维度"，是一种理论上的创新，因为语言总是与生活形式结合在一起，而"对人类知识以及与此相关的诸多概念的哲学阐释，要求把这些概念置于社会关系的背景中"②。这样一来，由于语言是历史的、社会的和文化的产物，而科学知识就蕴含在语言当中，所以语言转向的完全扩展就形成了历史—文化上的变革，对科学进行了语境化处理。文化实践中的冲突就会扩展到科学之中，科学不再是实证主义意义上的纯粹自足的理性体系，而成为由社会和历史所建构起来的文化的人造物。正是在以上的两重意义上，20世纪的这些思想家都毫无例外地从文化和历史学的角度对知识进行了新的解释和批判，从而在解构传统知识论的基础上，凸显出社会科学实践方法论的自我意识，重新将知识与科学的社会研究纳入活跃而令人兴奋的中心领域，从这个角度来看，可以把这些思想家都看成是"社会认识论者"，尽管他们自己并未使用这一词语。

可能"社会认识论"这一词语最先出现在图书馆学家杰西·谢拉和他

---

① W. Newton-Smith, *A Companion to the Philosophy of Science*, Oxford: Blackwell Publishing, 2000, p. 451.

② ［英］彼得·温奇：《社会科学的观念及其与哲学的关系》，张庆熊译，上海人民出版社2004年版，第41页。

的助手玛格丽特·艾甘的著作中。1952 年，美国学者玛格丽特·艾甘（Margaret Egan）和杰西·谢拉（Jesse Shera）在《文献学理论基础》一书中讨论了"图文交流"（graphic communication）这个术语并作为交流理论的一部分，这篇论文中初步指出社会认识论的研究对象和研究范围。①在这篇文章中，他们将社会认识论定位为"关于过程的研究，社会作为一个整体，通过这些过程寻求达到一种与全部环境——物理的心理的和知识的——相关联的理解和认识"。但是"社会认识论"这个概念明确地出现是在艾甘逝世之后谢拉的《图书馆学的社会学基础》（1970）一文中，谢拉说："社会认识论是社会中知识的研究……这门学科的焦点关注于全部社会构造中的各种交流思想的生产、流动、结合与消费。"②谢拉对于社会认识论和图书馆学之间的关系特别感兴趣，他认为可以通过社会认识论的研究构建信息科学基础。社会认识论是有关知识的，是知识的知识，是记录知识得以在所有可知的学科领域被理解的工具。为了实现信息交流、知识共享等目标，我们必须寻找更好的信息存储和检索的操作系统，而图书馆与信息科学的中心问题就是信息的组织与查询，它是信息与知识交流的中介机构。因此，在谢拉看来社会认识论的核心在于交流，传统认识论以个体为基础，而社会中的知识依赖于正式的交流机制，这样交流和提供信息就显得至关重要从而可以达到知识共享，在这个意义上，社会认识论并不排斥任何个人的知识，即它不限于专家的认

---

① Tarcisio Zandonade，Social Epistemology from Jesse Shera to Steve Fuller，*Library Trends*，2004，vol. 52，iss4，p. 818.

② Jesse Shera，*Sociological Foundations of Librarianship*，New York：Asia Publishing House，1970，p. 86.

识论，还包括整个文化的信念。从这一意义上说，社会认识论融合了信息查询者的知识和专业人员的知识，以达到一种规范化的评价结果。除了能达到一种共识外，社会认识论也有助于考察异议，研究不同意见产生的地方和这些不同意见的认识论基础。也许正是这样"我们要以其他文化、其他价值、其他关于对错的模式……和其他伦理系统的角度，来看待我们的文化"，所有这些目标有助于社会认识论理解信息的产生、利用以及利用的结果。社会认识论或许不是信息行业的概念基础，但它的确为实践提供了一个理论框架。① 在谢拉那里社会认识论的研究开始正式形成并具有了特定的研究意义和研究范围，但是，这样的研究更多的是一种知识社会学的解读，当然在某些方面超出了知识社会学的研究范围，他并没有构建一种具有明确的哲学或社会科学轮廓的社会认识论概念。

其后，经由哲学家富勒、戈德曼、科迪和施密特等人对求真价值、陈词问题和知识政策理论的发展，社会认识论作为一种知识政策研究和哲学认识论研究，其基本含义和域面愈发清晰和明确。以 1987 年《综合》这本哲学杂志在其特刊中对以社会认识论为标题的七篇论文的探讨为标志，拉开了社会认识论的研究序幕。② 随着同年劳特里奇（Rout-

---

① ［美］J. M. 巴德：《杰西·谢拉，社会认识论和实践》，载《国外社会科学》，2003年第 1 期。

② 这七篇论文分别为：Frederick. Schmitt, "Justification, Sociality and Automony"; Stewart Cohen, "Knowledge, Context, and Social Standards"; Hilary Kornblith, "Some Social Features of Cognition"; Keith Lehrer, "Personal and Social Knowledge"; Alvin Goldman, "Foundations of Social Epistemics"; Steve Fuller, "On Regulating What is Known: A Way to Social Epistemology"; Margaret Gilbert, "Modeling Collective Belief"。

ledge)出版社以《社会认识论：知识、政策和文化的刊物》(*Social Epistemology*：*a Journal of Knowledge*、*Culture and Policy*)为名字的刊物正式出版，以社会认识论这样一个术语为研究标题的研究领域正式形成，从此社会认识论作为一个独立研究领域正式形成并很快成为显学，受到哲学、社会学、政治学的普遍关注。受其鼓励，同时也因为对研究思路和研究方法有异议的哲学家很快就在 2004 年创刊了另外一份社会认识论的刊物，并将之命名为《认识：社会认识论的刊物》(*Episteme*：*a Journal of Social Epistemology*)，该杂志更多地将认识论研究与哲学特别是分析哲学联系在一起，促进了社会认识论的哲学化与专业化。与此同时，一大批哲学家纷纷著书从不同的角度对这一新兴领域进行探讨和交流，如戈德曼的《社会领域中的知识》、富勒的《社会认识论》等，从知识的内涵和外延角度，探讨了社会认识论界定的途径和方法，为社会认识论的研究提供了一份初步的研究纲领和基本论域。从这个时期开始，社会认识论正式成为一门成建制的学科并成为认识论研究的一个最热门的研究领域，"它既关注于集体信念、知识分配等问题，又关注于非社会性的认识目标的促进、真理的追求以及被各种社会过程和制度促进和阻碍的集体信念辩护，毫无疑问，社会认识论在哲学中正变得越来越突出。"①"社会认识论是哲学的新增学科，基于很多原因它是一个令人兴奋的领域，它的问题和领域还是新鲜的和处于快速变动中，对这个领域的贡献很有机会塑造它的未来，它也是一个交叉学科，社会认识论者常常使用心理学、社会学和经济学和历史学家的结果。"

———————————

① Simon Evnine，Epistemic Unities，*Erkenninis*，2003，vol 59，p. 365.

二、社会认识论的内涵界定

社会认识论的内涵界定问题始终是探索社会认识论意义的基本问题，对这一问题的不同求解，不仅表明了不同认识态度的定位和研究方法的选择，而且也涉及社会认识论自身的学科定位和论域关注。事实上，当代社会认识论在认识角度和认识方法上形成的差异，均来自对其内涵界定的不同认识。对于"知识"一词所表达的内容、"社会"的范围以及研究的目的和方法，在社会认识论学者当中并没有达成一致，也因此形成了几种不同的看法：其一，从知识生产规范性的角度来看，社会认识论的界定模式就与知识的政策研究结合在一起，在制度与实践的层面上处理知识的社会进路，在较为宽松的意义上看待知识的生产和传递。其二，从知识生产组织性角度来看，知识的社会组织性成为社会认识论研究的核心理念，如何更好地在成员间进行知识传递、如何更大程度上达到知识的共享就成为研究的主题。其三，从知识生产社会性角度来看，知识的互动与交流、语言的社会性等都不可避免地渗透到知识的社会性中，因而这个层面上的知识考察就成为社会认识论的主流研究方向，得到了更多哲学家的认同和支持。

当然，认识的差异必然带来研究方法的差异，"知识"的不同理解以及对"社会"的不同认识，产生出不同的研究风格以及对社会认识论的不同理解。部分人认为社会认识论可能只是传统个体认识论的一种补充，仍然保留着认识论的任务，我们需要做的就是继续挖掘出它的其他属性和特征；另一部分较为极端的看法则认为社会认识论应该脱离于传统的认识论甚至于替代它，或者演化为一种科学的社会研究。具体来看，这

些不同的看法带来了如下不同的认识结果:

第一,知识的科学政策研究。社会认识论是"有着广泛跨学科来源的一种思想运动,它试图重建认识论问题,一旦知识被看作是内在社会性的。它通常被看成是哲学的科学政策或科学研究的规范派别"①。事实上这样的定义更多的是把社会认识论看成一种科学政策研究,甚至是以一种 STS 的视角来看待知识生产,将科学、公众以及规范三者联系起来。随着研究的深入,人们逐渐认识到科学是一种社会制度,为了更好地发挥它的作用,它既需要受到一套科学成员所遵从的规则的管理,同时也需要与其他诸多制度领域相协调,为此在民主的诉求下阐明科学制度的内部工作方式就是必不可少的,而这就形成了知识的政策研究的源动力。这种认识自然就驳斥了以下三个问题:(1)科学是一种自治的制度。"自治"的科学形象很方便地将科学与社会隔绝,并关闭了通向公众的大门。(2)科学提供公开的商品。长期以来科学被阐述为公开商品的生产和分配体系,然而这是有争议的。首先,科学提供的公开商品是什么,是研究结果还是可靠的知识又或是真理;其次,它们是什么样的公开商品,是研究带来的固有的公开商品还是制度产生的公开商品。(3)科学被刻画为具有某种认识优点的行为。科学制度确立了规范,即所有的决定性步骤和认可的结果都必须公开,但是这样的认识优点是否能满足规范的选择呢,如何保证它们的认识论优势呢? 因此对科学的制度研究就成为社会认识论的合理选择,而这种观点就提供给我们一种新

---

① A. Bullock & S. Trombley, *Norton Dictionary of Modern Thought*, New York: Norton, 1999, pp. 801-802.

的视野来看待民主科学的规范条件和知识生产。

第二，知识的社会组织研究。这种观点将知识生产活动视为一种社会性生产活动，与社会生产活动一样需要组织、协调和规划。而知识生产活动所获得的产品就是知识商品，这样的商品同样需要传递需要分配，因此如何更好地在成员间进行知识传递、如何更大程度上达到知识的共享就成为研究的主题。在这样的活动中参与者的认识能力不同、知识背景不同、社会环境也不同，甚至于知识在共时与历时下理解也不尽相同，因而这些差异全都影响到了人们之间交流的形式，影响到知识的生产、传递与分配，因此有必要以新的视角来看待知识的生产方式和组织方式。在这样的研究视角之下，从事知识生产的主体就不再是传统的认知个体，而是由许多个体组成的。这样的社会认识论关注的就是："鉴于规范的环境下知识被许多人所追求，每个人都具有差不多同样不完全的认知能力，尽管我们可以不同程度地接近他人的活动中，那么追求知识这样的活动究竟该如何组织呢？"①

第三，知识的社会属性研究。社会认识论是"对知识的社会关系、社会作用、社会利益以及社会制度相关的概念性研究和规范性研究"②。传统认识论是个体主义的，忽视了知识主体的社会性，事实上无论是知识的产生还是知识的获得很大程度上都依赖于知识本身的社会属性，依赖于知识主体的社会互动。首先，知识的产生本质上是一种社会活动。

---

① Steve Fuller, *Social Epistemology*, Bloomingtor.：Indiana University Press, 2002，p. 3.

② Schmitt F.，*Socializing Epistemology：The Social Dimensions of Knowledge*, Lanham，Maryland：Rowman&Littlefield Publisher，1994，p. 1.

一方面，知识理论往往通过集体生产跨越时空并在共同体内部传递，因此具有很强的共有性；另一方面，知识理论往往是在社会组织的分工协作中产生的，因此具有很强的协作性。其次，知识的获得更多的是一种社会活动。我们日常生活在一个与他人共处的世界之中，我们的知识更多的是在社会交往中得到，我们绝大多数信念都是通过书籍报纸及新闻媒体获得的，而这同样内在于知识的社会维度中。再次，人们的日常交流都是通过语言这个工具所获得的。通过语言与他人交流与社会互动我们获得或传递信念，因此语言所带有的社会性就不可避免地传递到它所承载的内容之中。从这几个方面来看，当人们检查知识或信念的社会性时，在认识论上自然就强调了其固有的社会属性、社会维度的特征。因为该定位更多地适合了哲学特别是认识论的研究方法，因此为更多的哲学家所采纳。

综合来看，上述三种社会认识论的不同认识结果实际上源于对"知识"的不同理解以及对"社会"的不同认识，而这也正是当代社会认识论研究呈现多样化的直接原因。认识一更多地体现为一类知识政策研究，试图通过将科学纳入知识生产中进而形成一种规范的知识管理；认识二则将知识生产视为一种需要组织、协调和规划的社会生产活动，因此关注到这种活动中的知识产品的生产、传递与分配；认识三更多地关注到知识本身，研究视角往往集中到知识具有的社会属性，因而实际上是一种知识论研究，只是与以往的知识论相比其更多地强调了知识的社会维度。三种社会认识论研究的存在实际上共同凸显出社会认识论的一个重要研究背景，即当代认识论的研究已经不能再局限在那种纯粹的、认识个体的研究视域下，需要将知识纳入集体语境、纳入大的社会语境下探讨其信念组成及辩护特征。需要指出的是，尽管哲学家们对此已经形成共识，但是如何研究社会认识论或者说社会认识论的具体研究方式却仍然存有争议，并突出地表现为该研究具有较为复杂的内涵界定。

尽管认识三因其更加强调了知识的自身特性、更加契合于认识论研究而为多数哲学家所采纳，但就其元理论来说，仍然存在着许多与之相关的问题需要澄清，如：社会认识论的任务和目的是什么？它的研究组成与认识根基又是什么？这些问题对于理解社会认识论的诸多不同含义来说极为重要。与此同时，廓清社会认识论的研究含义对于构建社会认识论研究的基本框架乃至于把握当代社会认识论研究的基本方向，是一个必须且重要的工作。尽管我们可以认为，社会认识论就是对知识的社会关系、社会作用、社会利益以及社会制度相关的概念性研究和规范性研究。但这一认识和说法不过是通过对知识的社会属性的分析，指出了知识在其本质上具有相关复杂的社会性而已，它很难成为社会认识论的明确定义，其定义的范围与空间均超出了这一概念的具体范畴，不具有实际的表征功能，而只是一种对社会认识论特征的基本描述。也因此，要想明确社会认识论的内涵界定问题的话，我们有必要从若干具体的定义及主要表现形式出发。综合来看，本章中凝练了至少七种不同的内涵界定：

第一，社会认识论是一种"知识或信息的社会维度的研究"①。很显然，这一研究含义的特点是突出了知识的社会维度，通过对知识的社会

---

① Alvin Goldman，Social Epistemology. Stanford encyclopedia of philosophy.［2006-8-18］. http：//plato. stanford. edu/entries/epistemology-social/. 2006.

维度的分析，指出了知识在其本质上具有较为复杂的社会性。这一含义较好地说明了社会认识论相关论域，但对于社会维度的具体内容、运用层面以及相关结构均没有得到清晰的表述，其定义的范围与空间均超出了这一概念的具体范畴，因此它不具有实际的表征功能，而只是一种对社会认识论特征的基本描述。也因此很难通过它将社会认识论与知识社会学区分看来，进而准确地把握到研究的核心和实质，我们更多的是把它看成一种粗线条的勾勒。

第二，"社会认识论关注于知识的生产，在这里知识是以一种弱意义上的真信念的方式进行理解，更为准确地说，它关注于知识以及它的对立面如错误以及无知。其主要问题是哪一种实践对知识具有更有利的影响，个体认识论对于非社会性实践提出了这样的问题，社会认识论对社会实践提出了同样的问题。"① 这种研究含义事实上也被称为求真（Veritistic）含义或求真维度研究。求真维度，即对真理决定的定位，它关注的是知识的生产，关注的是真信念、假信念以及缺乏信念。由于知识就是弱意义上的真信念，因此这种含义中的社会认识论研究本质上是一种求真社会认识论。照此，对社会行为的评价，就要根据它之于认识论上有价值的真理或知识之类的事物是起到促进还是阻碍的作用来进行。美国学者戈德曼（Alvin Goldman）认为认识论能够也应该是以真理为基础的。为了维护他的思想，他具体批驳了六种反对真理为基础的认识论观点。这些观点包括：真理是协商的结果，信念是社会建构与制造

---

① Alvin Goldman, *Knowledge in a Social World*, New York: Oxford University Press, 1999, p. 5.

的产物而不是客观外在；真理、知识是语言的产物；真理是不可能达到或知道的；等等。

第三，"社会认识论是社会中知识的研究……这门学科的焦点关注于全部社会构造中的各种交流思想的生产、流动、结合与消费"①，因此它是一种"关于过程的研究，社会作为一个整体，通过这些过程寻求达到一种与全部环境——物理的、心理的和知识的——相关联的理解或认识"②。这一含义将社会认识论看作是有关知识的研究，是知识的知识，是记录知识得以在所有可知的学科领域被理解的工具。社会认识论的核心在于交流，传统认识论以个体为基础，而社会中的知识则依赖于正式的交流机制。交流机制提供了最广泛的信息互动，实现了最宽松的信息选择。因此社会认识论并不排斥任何个人的知识，即它不限于专家的认识论，还包括整个文化的信念。因此这一研究含义强调了信息和知识的交流，强调了信息和知识的关系需要应用最为合理的社会认识论描述。正如个体作为一个生物组织需要知识和信息一样，社会作为一个集体组织，其成员间以及组成它的结构中也需要一个持续的知识流动。这种知识流动既可以作为全体成员接受并持有累积性的集体信念，也可以作为超越个体信念之上的非累积性集体信念而存在。

第四，"社会认识论的适当领域就是影响信念形成的社会过程和制

---

① Jesse Shera, *Sociological Foundations of Librarianship*，New York：Asia Publishing House，1970，p. 86.

② ［美］J. 巴德：《杰西·谢拉：社会认识论和实践》，载《国外社会科学》，2003 年第 1 期。

度规定"①。因此,"社会制度化的行为就包括了言语、其他交流行为以及影响信息交换与传递的组织规则与行为"②。这一含义更多的是从知识的外部入手,考察知识形成的中介和过程以及在此过程中的一系列组织和制度问题。它并不依据信念的个体相关因素,如感觉、知觉、记忆和推理来考察相关信念的获得情况,但是它确实包括了信息转换为知识过程中的大部分途径,同时合理地考察了语言的使用问题,以及语用思维的特征,将语言交流和使用过程渗透进来的社会性纳入了社会认识论的考察范围。

但它的弱点是忽视了知识主体在知识产生、传递和使用过程中的自我选择性,过多地强调了制度与规则的客观性,部分表征出工具技术性特点。事实上,语言交流行为与社会选择过程在知识构成过程中形成一种特定语境,在这里除了知识本身之外,还有(1)说话人的地位与权威性,即说话人是否是该领域的专家,听者是否主观认同或被动认同。(2)说话时的空间和地点,即语境的时空性。(3)交流时的方法和技巧,即是否使用了修辞手段等会话技巧。(4)交流对象的范围选择。(5)交流主体的知识背景等。所有这些因素事实上都在知识形成和信息传递过程中发挥作用,因此在确定知识的社会性理解上,必须将内在的知识相关因素与外在的知识制度联系起来,任何一种单方面的考察都是不完备的。

---

① Schmitt F, *Socializing Epistemology: The Social Dimensions of Knowledge*, Lanham, Maryland: Rowman&Littlefield Publisher, 1994, p. 180.

② Alvin Goldman, Social Epistemics and Social Psychology, *Social Epistemology*, 1991(5), p. 121.

　　第五，"社会认识论并不将自身限制为单独的信念者，它常常关注于某些集体如工作团队，并且从集体成员内部检查信息或错误信息的传播。与笛卡尔的认识论不同，它在更大的社会群体中强调了知识或错误的分配。除将获取知识的人视为个体之外，社会认识论还将共同的集体视为潜在知识的获取人。"①这种研究含义对社会认识论的研究焦点进行了具体而细致的界定，更加强调在认识论的范畴内进行认知主体的相关研究，因而得到了较多认同并取得了一系列的研究成果。事实上，对认知主体的研究在社会认识论形成之后，就逐渐开始显现出来并表征为以下问题：（1）什么样的人拥有知识？除了个体学者之外是否还有集体性学者？（2）是否一个集体可以拥有其成员所不能拥有的一种信念呢？（3）是否存在着集体知识、集体辩护以及集体理性呢？传统认识论往往并不关心获取知识的通道和途径所通向的是个体信念还是集体的信念。实际上，鉴于我们的认识活动越来越依赖于复杂的社会调查系统和知识分配系统，以社会集体为活动主体的认识调查不仅可能，而且成为必要。面对当代如此复杂的外部世界和科学活动，以集体作为研究的基础成为我们认识活动中的必然选择。这一现实就要求我们以社会认识论作为工具，来理解集体知识的本质和集体认知的特点。

　　尽管哲学家一定程度上意识到知识的社会属性，把关注点放在影响或决定个体知识和知识方法的社会因素上，但是否社会集体自身可以成为传统认识论意义上的具有辩护真信念的认识主体，这样的思考是随着

---

　　①　Alvin Goldman，*Knowledge in a Social World*，New York：Oxford University Press，1999，p. 4.

社会认识论研究逐渐成熟，走向具有自己学科定位和学科建制的理论诉求的过程中逐步产生出来。与之相适应，首先就是对这一术语及其相关概念的研究。其研究内容大致可以分为以下几部分：第一，什么是集体性知识？知识信念与可接受性（Acceptance）有什么差异？第二，集体辩护与认识优势在哪里？集体辩护如何区别又以什么方式区别于个体辩护？第三，集体认识论与科学的关系是什么？对科学家团体来说什么样的集体结构更能促进知识的生产？[①] 所有这些问题都从新的角度对认识的集体意向性、理性甚至可辩护性做出新的解读，促进并繁荣了当代认识论研究，同时也成为其中最有吸引力的论题。

第六，"社会认识论关注的问题是，知识是被个体理解还是被社会性地理解，它是一种规范性研究，在这一点上不同于知识社会学，后者是曼海姆发起的一种偶然社会条件或知识成因的经验研究，或者说是在社会中被看作是知识的内容研究。"[②]也因此可以认为，"社会认识论是共同体对知识相关性的哲学研究，在定义集体如何得到组织，以便更好更有效地生产知识上，社会认识论是规范的研究，这是它的中心任务。"这一研究定义将社会认识论纳入认识论的研究范畴内，强调了其特有的规范性研究特点，从研究性质上对其进行了界定，表征出社会认识论作为一种规范性质的理论研究其研究方法的确定与研究

① Kay Mathiesen, Introduction to Special Issue of Social Epistemology on "Collective Knowledge and Collective Knowers", *Social Epistemology*, 2007, vol. 21, No. 3, pp. 209-216.

② Schmitt F. , *Socializing Epistemology: The Social Dimensions of Knowledge*, Lanham: Rowman&Littlefield Publisher, 1994, p. 1.

论域的丰富。

尽管该定义并没有对社会认识论与知识社会学的学科界限给出有机阐明和系统论述，但是事实上必须认识到，知识社会学更多的是以社会学的方法来研究构成知识的一些社会因素，旨在考察知识与社会结构和社会过程的关系，或者说"知识"与社会实在之间的相互影响，其关注的是一个社会组织、文化及种族所认可的知识的标准与条件。因此，一个社会中所形成的"知识"体系可以根据那个社会的历史与社会条件得到解释。而社会认识论的研究从一开始就将社会因素视为知识形成的必然构成因素，这种因素对于知识来说，包括科学知识在内都是不可避免的，而这恰恰是知识社会学，特别是曼海姆的知识社会学所不认同的，也可以认为这一点就是二者的最大区别。"大部分社会认识论者都认为社会认识论与知识社会学关系密切，但是不同的作者对此关系看法不同，一部分人表明知识社会学是纯描述的和经验型的事业，而社会认识论则是纯粹概念性的，至少部分是一种规范性的学术，而其他的社会认识论学者则把这两个领域视为相分离的。"

除此之外，通过对社会认识论学科定位的细致考察，我们可以在两个不同的层面上看待社会认识论与知识社会学的差别：其一，从更为宽泛的角度和意义上看，社会认识论与知识社会学联系紧密，拥有部分重合的研究内容，两个领域交叉在一起；其二，从更为狭窄的角度和意义上看，二者是完全独立各异的两门学科。知识社会学研究更多的是经验性质的，是一门纯粹描述性的学科，而社会认识论则是规范性质的，是纯概念性的研究，它是共同体对知识相关性的哲学研究。

第七，社会认识论是"共同体对知识相关性的哲学研究，社会认识论可以描述地或是规范地进行研究，例如它部分是一种描述性的研究，以澄清是否一个隔离社会的人（如鲁滨孙）可以具有知识。在定义集体如何得到组织，以便更好更有效地生产知识上，社会认识论是规范的研究，这是它的中心任务"。这个定义从研究方法性质上对社会认识论进行界定，表现为社会认识论既可以作为一种描述性质的经验研究，同时也可以作为一种规范性质的理论研究，这样社会认识论的研究方法是灵活的，相对应于它的研究论域也是丰富的，既可以针对知识的社会性以及集体知识展开详细的谈论，同时也可以对知识生产展开具体的探索和实践。当然这个定义从研究的方法种类以及相关的理解上看，是一种一般性论述，事实上并没有给出更多的有机和系统的本质阐明。

综上所述，不同的认识出发点带来了不同的认识结果，对社会认识论本质的分析已经成为当代社会认识论研究的一项迫切而必需的工作。这一工作的必要性不仅来源于社会认识论的诸多含义，同时来自对"知识"的不同理解以及对"社会"的不同认识，而这正是导致当代社会认识论研究呈现出多样化的直接原因。可以肯定的是，给社会认识论下一个明确的、令人满意的定义并不容易，事实上也并不存在这样一个令所有人都认可的定义，特别是这其中关涉了知识政策、知识制度、知识属性几类不同的研究视角。但从诸多研究含义出发列举社会认识论的界定方式，归纳和总结出各种定义进而形成系统和全面的分析，也不失为一种比较好的研究方法。作为结果，通过对上述不同的认识内涵界定，我们可以将第三以及第六种界定视为社会认识论的一种基本发展方向和理论选择，从社会认识论的发展来看，特别是从哲学的视角来看，建构从个体的传统认识论到集体的社会认识论这一路径是这一理论发展的必然方向，可以说社会认识论意义就在于突破传统认识论的意识缺陷，特别是在大科学时代中个体认识的视野缺陷。正是在这一基点上说，社会认识论是富有意义的，社会对知识的形成和建构是无形而有质的，其在知识的社会制度重构中的作用也越来越突出。

第二节　社会认识论的划界标准

社会认识论表现为一种对知识的社会性的研究，随着这种研究逐渐成为认识论领域的一种成建制学科，随着这种思想在社会科学各个领域中的渗透与扩张，其影响也逐渐从认识论领域扩大至整个社会科学哲学中，并成为其中一种重要的发展方向和趋势，但是在这一过程中，社会认识论的界面问题变得愈发明显和重要。一方面，社会认识论与传统认识论究竟在什么方面不同，前者在哪些方面突破了后者的观念；另一方面，作为最早的一种知识研究，知识社会学与社会认识论又存在哪些相似，二者在什么样的层面上具有共性，在什么样的基底上导致了二者的研究差异，这些问题对于本书来说，就是一个必要而迫切的回答。事实上，如何从一个合理的思维角度处理这两方面的界面问题，关涉社会认识论研究的方法论和诸多问题的解决，因而是一个颇为重要的问题。本节拟从社会认识论与传统认识论的划界、与知识社会学的划界这两个不同的划界理论入手，对社会认识论自身特征做出一个系统的分析，借以明晰社会认识论的合理论域。

一、与知识社会学的划界

社会认识论，是对知识的社会属性的规范性研究和概念性研究，而知识社会学，是对知识的社会性进行的描述性的考察。二者除去在总体的研究方法上存在差异之外，在具体的研究视角和研究焦点上也存在着差异。但是，正如它们的名字所表达的那样，它们都对知识的相关社会因素进行了必要的研究，无论这样的研究是从认识论的角度还是从社会学的进路上，也因此对它们的考察有助于区分社会认识论的划界。当然，一定程度上在社会认识论与知识社会学之间存在着某些共同的认识和具体的联系，在它们的研究者那里，一定范围内对于二者的研究也并非特别清晰，"大部分的社会认识论者认为知识社会学与社会认识论具有紧密的联系。但是不同的学者也有不同的认识，一些人认为知识社会学是一种纯粹描述性和经验性质的学科，而社会认识论则是一种纯粹概念性，至少部分是规范性的学科。当然，也有部分人认为二者是相分离的"。由此可见，社会认识论与知识社会学之间需要澄清研究目标和研究方法。具体来看，社会认识论与知识社会学的划界表现在对科学传统和社会结构的不同看法上。

其一，知识社会学的理解方式。

迪尔凯姆认为科学传统和社会结构是一门真正的科学实践的合理组成，是成熟科学的社会概念的合理焦点，在科学传统和社会结构的影响和干涉下，科学共同体的研究范式会使共同体内部少数人对自己的心理活动和心理信念进行调解，这些心理活动包括科学研究的信念、目标、愿望、共识行为等，它们通常情况下部分解释了科学史和科学哲学中的思想。因此在迪尔凯姆看来，类似科学传统和社会结构之类的社会事实或者集体表征，不仅"个体之外的实在不能被还原为个体的、心理的或生物学的数据，而且这些实在就被赋予了一种强制力（coersive power），通过这种能力，它们就能把它们自己置于个体之上，独立于个体的意志"①。也因此，对迪尔凯姆来说，这样一种作为实在的社会事实的观点就标示了一种真正的知识社会学的观点，而这就是迪尔凯姆的知识社会学的主旨。迪尔凯姆的工作是有意义的，因为他的知识社会学表明了这样的观点：社会作为一个特殊的外部实在，它表达了特殊的社会团体间的主体性，因此对它的检查绝不可能在一个普通的意义上进行，而是需要通过那些独特的文化要素，运用那些具体的以及经验的研究来进行。尽管对于是否这些独特的科学文化要素都可以作为科学实践的结构，或者作为事实建构中的可塑资源，知识社会学家的意见并非一致，但是学者们普遍认同，作为一种共同体活动的科学并不是简单地运行在价值无涉和利益无涉的纯粹学术研究层面上，或者说就像逻辑经验主义所描述的那样。也就是说，与科学行为就是对未知世界关系的探索的认识相类似，社会行为也可以被认为是一种对社会关系的探索和研究，这样，迪尔凯姆对社会概念的追求就引发了社会结构的问题：即什么样的社会结构有助于知识生产。这样的问题对于知识社会学来说是一个关键性的问题，一方面，适当的社会结构是知识生产的有益推动，另一方面，知识生产内在地具有社会结构的普遍要求，或者用迪尔凯姆自己的

① Durkheim M. , *Rules of Sociological Method* , New York：The Free Press，1974，p. 2.

话说，"任何事情都是徒劳的，如果我们不能在回答什么样的社会结构有助于知识生产之前，我们无法回答有关社会的任何问题"①。

其二，社会认识论的理解方式。

大多数知识的社会理论，无论是分析哲学还是知识社会学，它们都具有自己的社会概念以及相应的理解。但是，多数情况下它们的社会概念是一种个体的社会概念，比如知识主体需要在自己的兴趣基础上决定一起研究还是单独研究。事实上，这样的知识主体概念在科学家团体中是有竞争力的，毕竟科学家们被认为受到了"创造性的"内在激励或者是"逻辑的指导"。但是从社会认识论的视野来看，这个知识结构在解释科学合理性上并不充分，其与科学家的思维并没有关系，而是与人们研究科学的大规模、以及长期的结果有关。无论是"创造性的"内在激励还是"逻辑的指导"，它们都受到科学内部社会结构观念的影响，而且这种影响在大多数情况下科学家是无意识的。这种无意识的社会特征并不能通过引入迪尔凯姆所说的"社会结构"和"科学传统"来解决。首先，科学家可能会把这些结构和传统看作是他们的科学实践的内在组成；其次，这有可能导致科学家具有一些对维持和改变现有结构的盲目理解；再次，"传统"是一个尤其可疑的分析范畴，因为传统通常涉及某些例行的日常事务或规范实践。因此从社会认识论的角度来看，社会结构和科学传统的认同，一方面压制了实践的真实变化，另一方面使得进步的变化变得简单化了。当然，知识的社会学理论发展至今，许多的看法已经根深蒂

---

① Durkheinm M., *On Morality and Society*, Chicago, University of Chicago Press, 1973, p. 16.

固，特别是我们日常对知识的谈论，往往暗含了知识的个体性并聚焦在个体认知而非集体认识上，但是应该认识到个体认识并非知识的全部，集体认识也不是组成它们的个体认识之和。社会认识论想要描绘的是一种自然发生的无意识的和无预期的社会互动结果，描述的是知识社会性传递出的不同的意义，描述的是超越个体知识的内容和价值。在这样的社会认识论中，社会结构就被认为是"普遍的"，即它并不局限于科学内部的讨论，宗教的、政治的、经济的以及其他这样的结构都可以认为提供了人类生活的秩序解释。

综上所述，我们可以看出知识社会学和社会认识论在这个问题上的看法，知识社会学主张社会结构和科学传统是知识社会性的主要来源和必要要求，正是在二者的双重作用下，科学家一方面沿着学科内部的规范范式进行知识的生产，同时也将知识的社会性纳入科学研究之中。但是这样的看法并未得到社会认识论的认同，在社会认识论看来，传统与结构并非是知识的必然组成，特别是具有语法特征的社会结构的强调，模糊了社会结构的合法性特征和解释性特征。因此，知识的社会性并非来源于社会结构和科学传统，更多地来源于知识的社会互动。通过社会互动，特别是知识生产主体的集体性活动和过程，知识就得以成为一种集体性的知识，知识生产就成为一种集体性的活动。很显然，尽管社会认识论与知识社会学部分含有相类似的观点和主张，但事实上二者并不相同，知识社会学所涉及的主要问题是知识或思想存在的基础、知识或思想存在的形态和存在的关系。当代知识社会学的发展，愈来愈走向经验研究，主要是研究知识的生产、储存、传播和应用。当代大规模的知识生产和传播，造成一种知识密集的社会。社会学愈来愈重视知识在社会发展、变迁中的地位和作用，并涉及知识或思想在社会政策的制定和实施等一系列问题。而社会认识论则是一套宽泛的知识研究方法，其目的在于将人类的知识理解为集体性的成果，丰富和还原人类的实践认识过程，从知识的社会路径出发扩展知识的社会性思维，同时试图通过知识政策研究来规范知识生产，因此当代社会认识论的研究特征凸显了其研究内容的宽泛，展示了其研究方法的多元，也因此绝不仅仅表现为单一的理论研究内容，或许这一点就是与知识社会学的最大区别。

二、与传统认识论的划界

社会认识论代表了认识论发展的最新进展，通过认识来源、认识相关因素的社会性解读来促进人类的认识机制的完善和丰富，其目的就在于通过知识的社会转向来指导并深化认识问题。尽管当代社会认识论已经具有了自己明确的学科定位和理论内容并充分地发挥了自己的学科优势，一方面在传统认识论的基础上，更加宽泛地做出了新的知识界定和知识标准判断，另一方面更为广泛地采纳各门社会学科作为认识论的学科基础，处理了大量的对知识本质及其来源的传统认识论的盲区，从而表现为一种成功的认识论研究，但是在这样的背景下，认识论的社会化工作依旧存在着相当的哲学挑战以及诸多迫切需要解答的困难。具体来说，这样的问题表现为社会认识论这一学术概念中的"社会"究竟该如何看待，在多大程度上社会维度得以扩张，又或者说我们该以什么样的标准认识"社会"背后的含义。这样的疑问具体说来，表现为以下两点：首先，过弱的"社会"的理解对于社会认识论的本质无法做出有效的说明和解释。知识的社会性是知识本身所具有的特性，如果从过弱意义上进行理解，就像社会学所做的那样，那么认识论就将转化为一种心理学研究，或者表征为一种将社会现象还原为行为模式的倾向。其次，过强的"社会"的概念会潜在地消解认识论的哲学地位。在过去的二十年里包括哲学、社会学等许多社会科学取得了显著的成功，尤其在库恩、费耶阿本德的影响下，标准的科学形象发生了动摇，建构理念深入人心，对知识的理解也逐渐变得偏激，正如知识社会学所做的那样。如果"社会"所代表的含义过于宽泛或者说社会性过于强烈的话，那么"社会"一词就不会得到哲学家的认同，也不会被视为合理的认识论研究。因此，我们需要寻找一个恰当的视角来看待知识的社会性，在一种合理的或哲学家可接受的范围内，进行社会认识论的划界研究。正是出于以上这两方面问题的思考，促使我们在以下两个划界标准问题上进行探求：

其一，认识标准是社会的还是理性的

从哲学史上看，经典认识论的哲学解释主张知识源于理性，社会因素就被排除在认识方法、认识标准之外。这种观念根植于传统认识论的标准看法中，根植于众多哲学家的心灵之中。与此同时，传统认识论在信念的内在因素和外在因素之间做出了区分，内在因素就是一种科学的和理性的因素，而外在因素则泛指科学研究内容和方向之外的社会因素，或者用劳丹的话说，理性因素之外的因素就是社会因素。在这样的二分法的基础上，理性因素和社会因素就成为固定科学信念的相反因素，前者要求广泛的人类理性特征，后者则成为人类认识世界的桎梏与障碍。当然，理性论者并不否认适当的环境集合，如集体和制度框架，在科学知识生产上是必要的相关成分，但是这样的因素的存在本身并不是科学知识生产的源头。或者我们可以用隐喻的方法来准确理解这一思想。我们可以把天文台和实验室看作是科学知识的仓库，将它们看成是合格知识生产的认识工厂，但是，这些特殊的知识产品必须在经过理性的仔细检查之后才能出厂，就如同工厂生产的产品只有经过质检标准的检查之后才可以认为是合格产品一样。因此，科学实践，即便是体现了实践者技能的实践，也必须首先通过理性认识论的考验，才能产生出合格的"知识"。

这样的思维标准诞生了最初的理性论思维，在笛卡尔的《沉思集》(1641)中，他主张理性的自治并从这个意义上来理解科学的本质。首先，他认为理性能够提供认识标准来评价信念以及澄清我们的思维。其次，人们借助于理性以及怀疑主义、直觉等天赋信念产生出知识。尽管近代哲学家意识到像皇家学会这样的学术机构在知识生产过程中发挥的作用，特别是科学的制度化和组织化的确立最终促成了经院哲学的垮台，并以此为基础取得了当代科学的显著成就，他们依然认为理性对知识来说是不可或缺的，理性的知识生产方法是普遍可靠有效的。也因此，对社会因素的看法就是非理性的，社会因素对当代科学的发展更多的是一种负面因素，当然作为结果，科学家将使用他自己的推理过程来评价实验证据和观察证据。对理性意义的看待可以从以下两个方面进行：第一，在信念产生上理性是有意义的，也就是说，在信念引入层面上理性是有效的，好的理性就被认为是有价值的，因为它们产生出可靠的信念，或者是有益于真理的信念。第二，在信念选择上理性是知识辩护的基础。对理性思维的认同原因就在于理性之于辩护的重要地位和作用，凡是经过理性检验的信念，我们都可以将之归于科学信念之中。正如卡尔·波普尔所说："理性与经验科学批判、拒斥任何传统、任何权威的权力，完全是建立在纯粹的非理性、偏见或偶然事件之上。"①理性的成功之处就在于它对信念的产生和辩护的作用。从理性的因果论来看，一种信念是理性的或非理性的，判断的标准就在于行动者是否可以对它提供理由，并且表明这些理由对于他的信念采纳具有内在的前提，当然理性的理由导致正确的信念，那些非理性的理由则引起的错误的信念，而这就是传统知识理性论的核心解释和关键所在。

20 世纪 60 年代之后，随着历史主义的兴起，以库恩、费耶阿本德的思想为理论源头，知识的唯理论开始走向衰退，特别是在费耶阿本德那里，唯理论正式走向终结。在其坠落或者说垮台的同时，兴起的是当代社会科学，与之同时，理性论的衰落引发了人们更多地转向了知识社会性的考察，继而表现为"如果我们坚持把科学视为制度化理性的范式，那么无论在什么情况下，我们都可以追求理性，将之视为科学信念的可能原因。但是为了解释科学思想和实践的实际发展，当理性失败之后，我们确实需要转向社会原因或其他与社会相联系的机制"②。在当代社会科学的发展中，理性被视为一种特定的实践类别，一种特定的共同体成员的实践表征，而非一种高高在上的有别于实践的先验存在，这样的思想完全颠覆了理性主义者的认识和旧有观念。在唯理论的影响逐渐消

---

① Karl Popper, *Conjectures and Refutations*, London: Harper and Row, 1963, p. 6.

② Laudan L., *Progress and Its Problems*, Berkeley, Oakland, California: The University of California Press, 1977, p. 202.

亡之后，学者们开始广泛关注于各种与社会因素相关的语境因素，如性别、阶级、利益等，并试图用这些相关因素来扩展对科学家信念和实践的理解和认识。尽管这些方法在认识论的使用上具有不同的标准，特别是它们关涉不同的理念，但是其共同点在于它们都提供了新颖而且有影响的思想，并从多个不同角度来审视经典认识论的中心问题，即信念选择标准。尽管它们各自带来的意义并不一致，使用的方法也有所不同，但是在是否需要提供出更多的认识基础来确定科学信念上，它们都提供了相同的认识承诺，与此同时部分保留了传统认识论的意义和地位。

认识标准的变化同时引发了认识观念的变化。这种变化归纳起来有以下三点：首先，实践并不是真理和成功的必然保证，在这个过程中需要进行必要的实践批判和多维度的认识检验，这样的检验不仅是理性的而且更为重要的是社会性的。其次，认识概念的检验就需要跨越不同的学科，在其中不仅是在作为人类探索未知领域的自然科学中进行必要的过滤，同样也需要得到社会科学的认同。最后，认识方法的更新有助于对社会现象与自然现象的观察、检查以及思考，特别是新技术的引入，无论是从宏观层面还是从微观层面都方便了人们对未知世界的探索，作为人类自身感知能力的延伸，技术性的认识特征需要在更为全面的认识标准上得到审视。

综上，我们可以得出多维度的认识思考和批判的局部实践目标是认识论的研究领域，在这样的领域中，知识特别是科学知识就需要得到更为严格的生成选择，而社会认识论也正是在这样的意义上来看待科学知识的社会维度，在这个标准下科学家的方法论实践就自然地引入科学家的社会活动和社会内部之中，也因此知识的社会维度就被纳入科学活动中。当然，在新的认识语境下理性依然是知识辩护与选择的重要标准，但科学实践的进步更明显地表征为某种程度上科学家用新的理论和更好的方法去推理科学问题的过程。也因此，随着科学知识标准在人们意识观念中的扩大和对启蒙思想唯理论的束缚的摆脱，知识的社会因素就必然地纳入科学实践研究之中，也因此社会因素在信念选择的实践中就有了一席之地，进入了哲学家的视野。换句话说，"科学信念或非科学信念，既可以以理性的方式得到解释，同样也可以以社会的方式得到解释"①，而这正是社会认识论对知识以及信念标准问题上的答案。这样的解释就假定了，即使是社会因素，或者说是孤立的并不结合理性因素的社会因素同样具有解释科学信念确证，信念选择、可接受性的能力，社会因素的解释同样表征为认识观念的标准功能，人类的认识不仅建立在人类理性的普遍特点上，对知识的社会性解读也是认识的基本要求和必然选择。我们并不需要把理性和社会看作是解释信念的相互竞争的两套相反机制，我们可以认为社会认识论"提供了理性和社会之间的关系解释，这种解释将理性与社会视为两个相对独立的话语，并且对于分析各自的科学部分来说是可用的。……科学行为的任何情况都可以根据'认知的'或'社会的'方式进行分析和描述，依赖于分析者的描述得以进入论证的语境，以及他所感兴趣的归纳的类型"②。

　　其二，认识标准是个体的还是集体的。

---

① Alvin Goldman，Foundations of Social Epistemics，*Synthese*，1987，vol. 73，p. 111.

② Steve Fuller，*Philosophy of Science and Its Discontents*，Boulder，Colorado：Westview Press，1989，p. 27.

经典认识论从历史的角度来看，始终关注于个体的研究学者，他们彼此独立地进行着他们的个人研究，长期以来至少从笛卡尔之后，认识论就是试图研究分析或指导孤独的认知者的努力，每一个认知主体无需对他人的依赖就可以做出该相信哪些有关世界的结论。这样认识论就被理解为试图调查和评价行动者的认知资源，例如感觉、记忆、推理等，以决定什么时候他的信念可以被认定为知识或他的知识的局限。笛卡尔坚持认为，所有的知识都来源于人们自己头脑中的知识，所有这样的知识必须是从他自己的精神状态中的知识推导而来。在其后的认识论的考察中，尽管哲学史上并没有专门的论述知识必然地来自个体根植于个体的知识，但是当代的认识论仍然保持了突出的个体化特征。也就是说，知识的来源就在于感觉、记忆和推理，感觉和概念协调了一个人对外部世界的表征，对现在情况的感觉和过去感觉的记忆也可以被结合到归纳和演绎的推理上以允许进一步对世界作出推断，如对未来事情的预测。可以看到，所有的知识获取行为仍然受到了认识者自己的认知能力的协调，而这样的协调并不需要什么社会的或人际间的成分或因素。"近代哲学无论是经验论还是唯理论对认识的反思和提问都蕴涵着一个基本的思维构架，即思维着的自我（主体）与对象（客体）之间的分立以及二者之间的关系。在这种关系构架中提出并试图解决的认识论问题大致可归结为三个方面的内容，从而构成传统认识论的问题域：一是关于认识的性质、前提和基础等问题，近代哲学对这类问题的提出和解决具有此前本体论哲学的特点；二是认识的来源、过程和机制即认识的发生学方面的问题；三是认识的范围、可靠性、真理性、确证性、知识的普遍必然性和客观有效性等知识论问题。"①

　　"笛卡尔由'我思'推及'我在'，一方面把本体论的问题置于认识论的视域和框架内来讨论，另一方面为认识论提供了一个不证自明、不能怀疑的本体论前提和出发点：一个先验的在思的自我的存在。认识的来源是自我的天赋观念通过理性的演绎推演出真实可靠的知识，建立起全部知识的大厦。经验论者如洛克尽管对笛卡尔的自我天赋进行了尖锐的批判，认为心灵是块白板，认识是对象在白板上留下的印记，一切观念都是后天获得的，是直接或间接来源于我们的内外感觉，知识建立在感觉经验的基础上，而不是通过别人的话语或文本思想来建立自己的知识体系。"②休谟正是从经验论出发质疑了他人知识话语的可靠性。他认为，凡呈现在心灵前的任何东西都只是一个知觉，并非独立于我们意识之外的东西："我们所确实知道的唯一存在就是知觉……除了知觉以外，既然从来没有其他存在物呈现于心中，因此我们永不能由知觉的存在或其任何性质，形成关于对象存在的任何结论。"③

　　综上，认识论始于对认识本身的反思性考察，这种反思符合了近代哲学思维发展的逻辑进路，同时符合近代哲学思想史发展的事实。传统认识论将认识的范围更多地限制在个体范围上，理性论借助于认知个体的天赋或先验能力达到对客体或外部世界的认识，而经验论主张个体通过自身的经验与实践，借助归纳的科学方法考察外部对象或外部世界何以嵌入主体心灵等认识论问题。但是，不管是经验论还是唯理论，其关

---

①　林默彪：《认识论问题域的现代转向》，载《哲学研究》，2005 年第 8 期。
②　同上。
③　［英］大卫·休谟：《人性论》（上），商务印书馆 1997 年版，第 239 页。

于认识的本质、来源、可靠性、客观有效性和真理性等问题的提出和解决都是建立在个体认识论的基本结构的框架上。

但是，随着哲学的发展，特别是随着知识社会学等一些社会科学学科的涌现，人们对于传统认识论的个体特征的认识发生了改变，人们逐渐认识到，无论是自然科学还是社会科学，知识作为人类认识的产物，在具有个体特征的同时，不可避免地具有社会特征，即人们相信什么和人们知道什么这些在很大程度上是他们的共同体和文化的综合考察，无论是从狭义上理解还是从广义上理解。在这个思维层面上，我们需要把社会认识论与个体认识论进行相同的考察和思考。当然，这并非说明有必要抛弃个体认识论的认识论特征，事实上知觉性知识、记忆性知识以及内省性知识很大程度上还是以个体认识为主的，但是我们需要指出的是，社会因素在很大程度上解释了我们的信念形成，具有重要的认识意义。面对着当代认识论的复杂特点，认识的视线就不应只局限在语义概念等一系列文本自身上，在这其中社会因素发挥了重要的作用。

具体来看，认识标准的集体性可以从几个方面来看待，首先，鉴于我们的认识活动越来越依赖于复杂的社会调查系统和知识分配系统，以社会集体为活动主体的认识调查不仅可能，而且成为必要。面对当代如此复杂的外部世界和科学活动，以集体作为研究的基础成为我们认识活动中的必然选择。这一现实就要求我们以社会认识论作为工具，来理解集体知识的本质和集体认知的特点。其次，知识来源的陈词进路的扩张与渗透在满足和丰富了当代知识多样化来源的同时，进一步地凸显出当代知识的集体性特征，由此他人的话语就可以被看作是可辩护的知识来源，这种认识不但符合了人们的日常生活实践，而且从哲学的视角以认识论的方式进行了充分的论证和详细的解读，扭转了自笛卡尔以来的个体主义认识论的心灵特征，在保留传统认识论研究规范性的基础之上，进一步地丰富和扩大了知识的集体性来源。最后，社会学式的研究路径同样表征出知识的集体性特征，"社会学家的兴趣不是关注它的进化或心理学表征，而是关注从它的内在的心理倾向中集体性地建构出来的约定化的结构。例如，对于任何一个给定的案例，不同的推理倾向是如何得以选择的？它们又是如何组合为各种系统？在什么地方以及以什么方式它们开始发挥作用？把这些问题归为这个现象的常态可能有些勉强。它们涉及的是迪尔凯姆称之为我们的推理过程的'集体表征'的东西，而不是推理过程的'个体表征'。"①

综上所述，当代社会认识论一方面继承和保留了传统认识论的规范性研究特色，另一方面又在此基础上突破和打碎了传统认识论的桎梏与障碍。传统认识论把人类认识的本质归结为个体主义，把认识论的任务归结为对内心思维领域的理性分析，企图用"理性的思维"来囊括所有的认识维度，这一点带有极大的片面性。通过理性概念确切化，通过对个体思维的结构、方法等的研究来促进哲学进步，这仅仅是哲学的任务之一，而不是全部，绝不能把哲学特别是认识论研究仅理解为个体主义、理性主义，甚至把知识来源等同于狭义的感觉、知觉、记忆和推理。这只能过分夸大个体主义的意义，使它们占据了知识来源的全部阵地，把它们当作人们"约定的"和不可改变的东西。社会认识论正是在这样两个

---

① ［英］巴里·巴恩斯、大卫·布鲁尔：《科学知识：一种社会学的分析》，南京大学出版社 2004 年版，第 251 页。

认识标准上区分于传统认识论，一方面，社会认识论反对纯粹理性的认识标准，主张社会因素的解释同样表征为认识观念的标准功能，人类的认识不仅建立在人类理性的普遍特点上，对知识的社会性解读也是认识的基本要求和必然选择。另一方面，社会认识论反对纯粹个体的认识标准，主张集体构成了现代知识的生产主体，对知识的深入考察必须在集体的范围内探究和展开，正是在这样两个基点上，形成了社会认识论与传统认识论的划界。透过 20 世纪末期的这场认识论领域的变革，我们可以清晰地把握到社会的、集体的思想正在悄然渗透到人们的思维观念之中，知识的社会性、知识的集体互动性对于知识生产、传播与解释诸领域都开始发出了不同于传统的解释声音。同时，语言考察的引入进一步地拓宽了社会性的实践领域，特别是随着语用思维的凸显，促使认识论者更加深入地开始寻求社会认识论的合理性与必要性。由此，更为丰富和深刻的社会认识论研究开始展现出自己的研究特征，并成为这场认识论观念变革的内在必然和外在驱动，形成了 20 世纪 80 年代以来的社会认识论研究基础。

回溯本节工作，我们对社会认识论与知识社会学、社会认识论与传统认识论间的差异进行了较为准确的划界，并以此明晰了社会认识论的合理论域，不仅相当程度上扩大了认识论的研究范围和层面，而且有助于人们更加清晰地意识到当代认识论的发展所昭示出的全新的道路和领域，这一点随着对知识来源与本质的研究深入，特别是随着当代社会科学哲学研究的兴起而越发凸显出来。对知识本质的探索以及社会化思维于认识论领域的应用不仅提供出更加全面的认识思维再扩张，重要的是它所引发的更为深入的认识基底再突破，而这就是当代社会认识论研究的重要价值与借鉴之处。

第三节 社会认识论的定位与路径

随着诸如历史主义、建构论之类观念的普遍渗透，一种全新的认识论视角逐渐显现在当代哲学的发展中。无论是关注于知识生产组织性、强调知识建构性的建构认识论，还是侧重真信念获得的求真认识论以及研究他人话语的陈词认识论，认识论的社会化都为不同的认识态度提供了新视野，这都使得一种学科建制的社会认识论日渐繁盛，并能够在其大框架下进行规范的学术交流和概念构建，同时也为知识生产、真理探询提供了新的认识路径，形成了独特的认识方法和潮流。不过，当代社会认识论研究中也存在一些比较突出的问题，即该领域主题过于繁杂，缺少统一研究范式和目标，甚至对于社会认识论本身的定义或本质的认识都各不相同。因此，如何从整体上看待社会认识论研究内容，如何更好地理解它的研究方法和研究路径，如何看待这一理论内部的各种研究成分，都是需要解决的问题和现实要求。

一、社会认识论的理论定位

基于上述背景，尽管我们对于社会认识论是对知识的研究，是强调知识的社会维度的研究毫不怀疑，但在这一大的定义下仍然有许多与之相关的问题需要澄清，如：社会认识论的任务和目的是什么？它是以一种社会化的方式来处理传统认识论的问题，抑或是完全不同的方式呢？它与传统的认识论又是什么关系？这些问题对于社会认识论的研究来说极为重要。在此，需要给出社会认识论的如下三种不同的认识态度和理论定位：

1. 延续性定位

这种观念认为社会认识论是传统认识论的延续，或者说是后者在新的知识状况下的表现方式。这一观点盛行于主流认识论研究者那里，并保留了传统认识论的规范性特点。随着当代科学对人类生活的日益促进和不可或缺，人们逐渐认识到过去的个体认识论显然已经不再适应当代科学认识的规模，作为探索人类认识外部世界的研究领域，认识论也必须与之相适应，因此个体认识论向社会认识论的转向就是必要而富有意义的了。在此，认识的主体不再局限于个体，而是转向以集体为代表的研究团队。不过，传统认识论所特有的关注真理和辩护的思想并没有遭到抛弃。这样，产生了分别以辩护和真理为核心研究内容的两类社会认识论：陈词认识论（Testimony Epistemology）和求真认识论（Veritistic Epistemology）。前者作为辩护研究的新发展，主要关注于他人的话语是否可以作为认识接受的标准，或者说陈词是辩护的基本来源还是衍生出来的。后者则试图脱离辩护，以是否可以促进真理的获得来评价认知行为，同时在保留传统认识论的规范性特点上，通过搁置富有争议的辩护问题来寻求认识论的新发展。

2. 替代性定位

这种观念认为社会认识论是传统认识论的替代，或者说后者已经失去了其存在意义，需要代之以新的科学的社会研究。这一认识论态度通过诉诸较为松散的知识概念来维护其主张，同时抛弃了传统认识论的特征，这样的社会认识论概念本身就昭示了传统认识论的死亡。随着反自然科学霸主地位的呼声日益增加以及社会科学自身的影响逐步加强，认识论死亡的呼声开始不绝于耳。罗蒂在其《哲学和自然之镜》中公开宣布，不存在作为镜像的合法的真理概念，同时鉴于传统的认识辩护的基础主义概念的失败，认识论已经走向了死亡的命运。尽管罗蒂的言论因其偏激和论证的缺陷受到众多的批判和驳斥，但是不得不承认，传统认识论在其打击之下影响日益消沉，以至于认识论不再是一个富有影响力和吸引力的研究领域。正是在这样的历史背景下，以社会建构论为代表的社会学研究路径开始出现在社会认识论的研究领域中。社会建构论宣称不存在客观的事实或真理，也没有什么事实独立于社会建构之外，科学并不只是像科学社会学所认为的那样，只受到了社会因素的影响，相反，科学的实际内容事实上都是社会地建构出来的，即科学通过社会行为来建构。由此可知，社会建构论从外部对科学实践以及知识的相关社会因素进行了考察，将科学家的交流、竞争、冲突和协商等外部因素引入了知识论的核心内层，从而在传统的知识论和社会的利益、结构、组织等社会因素之间架起了一座沟通的桥梁，改变了认识论固有的价值无涉观念。尽管以建构来颠覆传统认识论的主张不免偏颇，然而却改变了认识论的研究风格，促使学者意识到人类活动与认识本身所固有的社会性。

3. 平行性定位

这种观念认为社会认识论与传统认识论是一种平行的关系，社会认识论表现为一种知识政策的理论与实践。这种认识论态度认为："作为一种自然主义的路径，社会认识论处理的是围绕着知识过程及其产品的组织而展开的诸多规范性问题。换句话说，它是要在我们如何认识以及认识什么的基础上，致力于应该如何认识以及应该认识什么方面提供指导。这个题材相当于实用主义哲学家通常所说的'探究引导'，以及今天的读者可能看起来是科学政策的抽象形式的东西。社会认识论取得了超出其他知识理论的进展。因为它重视这种情况，即生产知识的行为人不仅体现为个体，而且还以集体性的方式嵌于某些在相当大的时空范围上扩展的、可以具体指明的关系之中。并且，对于社会认识论者来说，知识的目标是需要确立的，而不是想当然的。诸如'有效性''可靠性'之类的语词，甚至'真理'一词本身都没有涉及探究行为的目标。它们只是涉及探究的诸多约束，以至于仍然留下很多有关知识的目的的问题悬而未决：应该生产什么种类的知识？由谁生产？为谁生产？知识政策要抓住的是那种对付这些问题的活动，而这些问题往往被常规的科学政策所忽视。"①由此我们可以看出，社会认识论与传统认识论的研究内容并没有重合，或者说各自保留了自己的研究领域。社会认识论更多时候以一种新领域出现，它关注的是知识作为产品的一系列生产、组织活动过程，关注的是集体性生产知识行为的规范、指导、目标、手段甚至是评价的标准等。因此，我们甚至可以将它看作是独立的研究，而不是任何一种认识论的变体。

---

① ［美］富勒：《社会认识论：知识政策的理论与实践（上）》，载《华中科技大学学报》，2008 年第 1 期。

综上所述，对社会认识论的理解不能简单地放在某种路径下，而应将之视为融合上述三种理论定位的一种新的对话平台。而三种不同认识态度的产生，或者说平台地位的建立，究其原因还在于内外两层不同因素的作用。从外在因素来看，一方面传统的认识论早已不能满足人们对外部世界的认识功能，呼唤新的研究路径或研究领域的出现，另一方面科学哲学本身亦处于一种混乱失序的状态下，实在论与反实在论之争、语言分析能否代替科学哲学、自然科学哲学是否有必要统一科学哲学研究等问题充斥着整个学科内部。同时后现代文化思潮也在不停冲击着科学哲学的固有阵地，大量解构的、不可通约的思想弥漫在认识论的研究之中。因此，面对这样复杂而多元的哲学现状，社会认识论的多层次认识也就成为一种必然，并折射出不同认识论学者的真实内心写照。主张"定位一"的学者认识到了传统认识论的不足，希望对其进行修改，使之能够适应当代社会的要求，但认为这种修改不能以抛弃传统认识论所固有的规范性为代价，因此其修改就是有原则的后退，即通过引入认识的社会维度，将认识扩大至一种规范的社会语境。主张"定位二"的学者完全放弃了传统认识论，将之视为一种过时的理论，希望用新的知识社会学来取代，即通过考察社会实践过程中科学知识的产生、评价和使用，来解读人们的实际认识过程。而主张"定位三"的学者则在是否认同传统认识论的作用上避而不答，既保留了传统认识论的特殊地位，同时又开辟了新的研究领域，试图走第三条道路来解决当代知识的诸多问题。而从内在因素来看，对"知识"一词的不同理解促成了不同的认识路径，即在什么意义上看待和使用知识一词，这个问题的不同回答正是导致上述社会认识论定位各异的直接原因。

二、社会认识论的研究路径

如上所述，尽管总体上社会认识论者都认同社会认识论是强调知识的社会维度的一种知识研究，然而目前这一领域的研究内容却表现得纷繁散乱。其原因在于对"知识"一词的不同理解，即如何看待"知识"？如何使用"知识"这个术语？事实上，对于这个问题的不同回答形成了社会认识论的两大研究路径，即社会学式的研究路径和哲学式的研究路径，分别表征了较为松散的"知识"概念和较为严格的"知识"概念。[①]

1. 社会学式的研究路径

松散的知识概念通常由知识社会学家以及其他诸如文化人类学、社会学学者来使用。这种知识概念往往并不遵从传统的标准用法，而是一种被扩大的、技术性用法，更多时候体现为社会学的研究风格。其对"知识"的理解体现为两种不同的意义：

意义一：知识就是信念。

意义二：知识就是制度化的信念。

"知识就是信念"的理解，无视或忽视了知识的真与假、理性与非理性甚至于人们的认同与不认同。这一观点将信念的形成过程等同于知识的辩护过程，将形成信念的诸多因素，如心理、环境、习惯或权威等因素纳入知识的内在结构中。譬如托勒密在自己的经验观察基础上构造出本轮—均轮的假说，臆想性地形成太阳围绕地球转动的信念，那么从该意义的角度看，可以认为这种信念是他的知识。在习惯和神学权威的双

---

① Alvin Goldman, *Pathways to Knowledge*, New York: Oxford University Press, 2002, p. 183.

重需求下，中世纪的人们形成了太阳围绕地球转动的信念，地心说这一信念就是他们的知识。因此我们可以认为个体的全部信念就是他的全部知识，而集体成员的全部信念就是集体的知识。当然，这样的理解大都出自社会学而非哲学的研究中。例如社会学家埃文斯-普里查德（Evans Pritchard）在《阿赞德人的巫术》（1937）以及彼得·温奇（Peter Winch）在《理解原始社会》（1974）中，对合理性问题探讨的同时将阿赞德人的信念视为其部族的知识。由此，我们可以清楚地看出，知识就是信念这种理解更多关注于信念通过社会、文化的产生和转化过程，而忽略了信念的真假与否，这样的理解实际上是在一种并不蕴含真理的社会学层面上进行，将信念等同于知识，把意向（intention）视为认识。

当然，社会学路径对知识还有另一种理解。兴起于20世纪80年代的知识社会学就认为"知识是制度化的信念"，即"在知识与社会之间存在着诸多直觉性的联系。知识不得不被聚集、组织、维持、传递以及分配。这些全都联系到可见的确立下来的制度：实验室、车间、大学、教堂以及学校"①。所以，并非所有信念都是知识，只有在确立秩序的社会机构中产生和流动的才可以被看作是知识。也就是说，知识特别是科学知识是在冲突、竞争、合作、协商的过程中出现的，制度是人们建构的产物，而作为制度产物的知识也自然内嵌了知识的社会属性。正如布鲁尔（David Bloor）在《知识与社会意向》中将知识表述为"由个体表象组成的世界的集体表象。这种共享的世界概念……就被集体认定为一种约

---

① David Bloor，*Knowledge and Social Imagery*，Chicago：University of Chicago Press，1976，p. 53.

定，而不是个体意愿的原子集合"①。因此，从"知识就是制度化的信念"这种意义上来看，"制度化"的特点很显然就让建构的特征传递至认识活动的产物知识当中。因此，我们将制度化的信念作为一种广义的认识对象，而"制度化"的知识自然地就被还原为一种共享的信念。

2. 哲学式的研究路径

严格意义上的知识概念，通常由哲学家提倡并使用，这种概念更多时候遵从传统用法，是一种标准的、普遍意义上的用法。其对"知识"的理解也体现为两种不同的意义：

意义三：知识就是真信念。

意义四：知识就是得到辩护的真信念。

"知识就是真信念"是指我们拥有外在事物的信息，其中蕴含着真理，但是这种拥有只是蕴含而不是对信念做出必要的辩护。人们生活中处处弥漫着这种理解方式，如我们看新闻想知道当天的选举结果，老师对学生做出测试想了解学生是否知道了问题的答案。所有这些都是希望获得蕴含真理的信念而不是对此做出辩护，这就是戈德曼（Alvin Goldman）所说的"求真"（veritistic）社会认识论。众所周知，认识论的困境就在于辩护，如果说基础主义、融贯主义以预设和整体的观念分别介入到认识论当中，形成了传统认识论辩护研究的主要出路的话，那么"知识就是真信念"则直接以抛弃辩护因素对知识的影响为基本方法，目的就在于回避知识所面对的辩护问题，进而只关注实践是否能够促进或优化

① David Bloor，*Knowledge and Social Imagery*，Chicago：University of Chicago Press，1976，p. 169.

真信念的获得。通过引入这样一种实用主义的理念来搁置富有争议的问题，事实上也就是要去除认识论研究自古希腊以来的经验与实证的思想，转而把知识的内在因素的考察放到了与知识的组织、制度等外在因素具有同等地位之上。而求真认识论的目标实际上就转为真信念获得程度的研究，虽然某种意义上失去了认识论的一些特征，但同时也将新的哲学研究方法扩大至多个不同研究领域，如科学、法律、政治、教育当中，而这些正是戈德曼在《社会领域中的知识》（1999）一书中所勾勒出的具体实践领域，或者说是其求真研究的目的所在。

"知识就是得到辩护的真信念"则大多出现于主流的哲学认识论者那里，同时也是传统的认识论所持有的观念。它认为纯粹的信念对知识来说是不够的，知识需要辩护，只有可辩护的信念才是知识。如果不去考虑盖蒂尔（Edmund Gettier）对辩护问题的挑战，我们可以找出对此不同的几种回答：基础论、融贯论以及可靠论。但正如我们所知，其解决效力依旧显得不足。面对认识语境的逐渐扩大，当代认识论的认识主体需要扩大至集体对象。但如上所述，认识论的标准特征必须保留，也就是说社会化的认识论必须具有规范的研究路径，这样，知识的社会语境考查就意味着辩护方式的规范性需要与社会性融合起来。而要达到这样的要求就必须认识到，"其一，规范的辩护方式同样依赖于形成信念的社会因素。其二，即使辩护方式完全依赖于信念形成者本人的心理过程，然而这些心理过程的选择确实受到社会因素的影响"[1]。因此，从这样

---

① Alvin Goldman，*Pathways To Knowledge*，New York：Oxford University Press，2002，p. 188.

两个角度来看，知识的辩护或者说规范的辩护同样可以成为社会认识论的研究组成，研究的目标也不再仅限于认识实在之类的问题，而更注重与世界、他人的联系与沟通。只有通过认识的互动过程，定义、理解、实践和反思其中的时代特征与理论价值，所产生的社会事实和社会认识才具有意义。

综上所述，不同的"知识"理解带来了不同的研究概念，而对"知识"术语的不同使用就产生出两种迥异的社会认识论研究路径。"社会学的知识理论强调了知识所具有的经验和意识形态的特征，但对如何引导知识政策这个问题并不提供指导。而哲学的知识理论则倾向于关注各种规范性的路径，而忽视了它们的经验上的可实现性或者政治和经济后果，哲学家更擅长提供知识的定义，而不是告诉我们哪些实践能提供更好的通往如此定义的知识路径。"①由此我们可以认为，"意义一"假定了知识就是信念，因此对知识的研究就是对信念的研究即信念动机的研究，而这就成为了社会科学而不是哲学的任务。"意义二"主张，如果知识是制度化的信念，那么所有解释信念形成的因素都是社会因素，所有认识成果无一例外也都是作为制度化产物而被构建出来，而这正是爱丁堡学派的强纲领主旨。这样一来，所有的认识论都可被视为社会认识论了。"意义三"表现为对真信念的原因研究，即为什么一些实践获得了真信念而另一些产生出假信念，如何改善和提高求真值等。这就成为一个完全不同的问题，而不再是解释信念或制度信念本身，同时也促使我们将认

① ［美］富勒：《社会认识论：知识政策的理论与实践（上）》，载《华中科技大学学报》，2008 年第 1 期。

识的研究范围扩大至更多的研究领域。"信念四"一方面坚持了传统认识论对辩护的要求，同时强调并试图在辩护域中找到辩护的社会性质，在坚持个体认识、个体知识的基础之上引入了集体认识的概念。以上几种意义的理解，本质上反映了社会认识论研究逐渐走向成熟的动态过程。所以，对于当代社会认识论，既要将之视为大科学时代语境下认识论所必需的更新和适应，同时也需要将之置于更为显著的社会背景和视野之上来理解。

第四节　社会认识论的基本域面

作为一种对人类认识外部世界所进行的反思性实践领域研究，认识论本身的研究论域和关注焦点一直处在不断地变化之中。一方面，自然化认识论的缺陷，特别是单纯的心理学根本无法托起整个认识论研究的重任，同时以物理学、数学的研究方法为代表的实证主义的终结，促使人们重新回过头来审视认识论的发展方向：究竟在什么样的基底上重新构建认识论的当代研究呢？什么样的研究内容符合于当代科学认识的内在需求呢？另一方面，"历史—文化转向"所诱发的出现于 20 世纪末的"知识转向"，突出了行为人的心理意象特征，将知识定位于相互理解的基础之上，知识亲知就是行为主体（讲话者和听者）之间所共有的一种实施言语行为的过程，因此其本质上是朝向社会科学活动中知识或认识论的一种转向。在这样的活动中，社会认识论又应该以什么作为其关注的主要焦点呢？什么样的研究内容符合于当代认识论的社会化研究呢？正是在这样的思考背景下，当代社会认识论特别是主流的社会认识论，逐渐凸显出其研究的基本域面。

一、社会因素的作用

这个问题关注于是否个体知识中有社会因素的存在，是否个体知识的条件或辩护以社会方式存在。知识转向的结果就在于它将所有的科学都视为一种历史的、社会的以及自我反思的领域。这样，无论是自然科学或是社会科学，认识活动的主体一方面转化为理论的制造者和评价者，而同时认识主体又集体性地构建出认识的评价体系。这种评价体系本身是开放的，它之所以可能，就在于我们与他人的交流、争论、说服以及协商等是我们获取知识的必经途径。并且该评价体系直接服务了某种社会目的和利益，如促成了个体间的信息流动，在社会成员之间达成了共识，协调了彼此的行动和立场，等等。由此来看，人们的知识特别是个体知识一经产生就内在固化了知识的社会因素。

但是传统认识论否认了其合理性，强个体主义从根本上否定了从他人那里获取知识的途径，以及这样的话语的辩护合理性。无论是柏拉图还是洛克，知识必须是第一手的，辩护也必须限制在个体的知识范围内。弱个体主义尽管部分程度上承认了他人话语的合理性，但是却将这种合理性还原为个体知识来源的感觉与推理上。传统认识论的统治地位以及弱个体主义思想的盛行，导致了人们过分强调了知识的个体性，忽视了知识的社会性。

为了具体地批驳这种观念，史密特(F. Schmitt)提出了弱个体主义的六种推动力并一一做了驳斥。这六种推动力就包括："其一，自我中心主义思想。主体就被要求参加到他自己的信念体系中。其二，反怀疑主义思想。即不允许主体怀疑自己，因此不允许主体信赖他人的报告。其三，辩护的规范概念以及内在论的可接近性。即人们不可以以他人所拥有的理性作为辩护的基础。其四，自然获得的可靠性对比人工获得的可靠性。即在使主体更有可能形成可靠的信念时，陈词区别于感觉和归纳这些自身的属性。其五，第一手辩护的必要性。即陈词辩护是来源并依赖第一手的辩护。其六，对还原的熟悉。即从非陈词的辩护信念中还原出陈词信念。"①

在批驳了以上六种弱个体主义的推动力之后，史密特进一步驳斥了三种弱个体主义的类型，并提出了陈词(testimony)问题的研究：

第一，归纳的类型。这种个体主义认为一种陈词信念得到辩护是以一种可靠的非陈词辩护信念作为基础，而后一种信念从归纳的角度来看源于观察到的陈词与陈词命题的相互关系。但是这种解释实际上是不成立的：首先，很容易就可以看到小孩子的陈词信念不可能来源于这些归纳推论，因为他们缺乏陈词可靠性的信念，而且也缺乏可靠性被归纳推导的假设。其次，如果一个陈词信念被辩护的基础在于非陈词信念的归纳，那么对我们来说一定可以发现陈词是不可靠的。最后，也是最重要的在于我们依赖陈词是因为大多数的信念都将作为陈词可靠性的基础，

---

① Schmitt F., *Socializing Epistemology*: *The Social Dimensions of Knowledge*, Lanham, Maryland: Rowman & Littlefield Publisher, 1994, pp. 6-10.

从日常生活角度来看，人们事实上不可能从大量的陈词报告中检查每一份报告的可靠性。因此对于归纳类型来说，这样的基础就显得过于单薄，并不足以提出这样的辩护。

第二，先在的类型。这种个体主义认为在我自己的信念和他人的信念之间存在认识的等同，这样虽然它不会在可辩护的陈词信念与非辩护的陈词信念之间做出区分，但是它就为主体的先在信念和非辩护信念的引进，为取消陈词信念的重要地位打开了大门。但是这种类型就假定了我需要以我自己的信念作为辩护的一种先在，但是这种假设的基础是什么呢？是否存在任何理由来相信认识的等同性呢？为此持先在观点的人就需要找到一种原则，即任何信念都是可辩护的。很明显，与陈词信念是可辩护的原则来说这种原则就显得苍白无力了，因此就需要放弃这种弱个体主义。

第三，融贯的类型。这种个体主义认为一种陈词信念得到辩护需要它与非陈词性辩护信念或已经得到辩护的陈词信念保持统一。事实上，这样的类型同样是有问题的，因为对归纳类型的反对就表明了在陈词信念与非陈词辩护信念之间根本没有融贯，即不存在任何的归纳一致性。所以对任何给定的陈词信念来说，保持必要程度的一致非但是不需要的而且是会产生疑问的。

上述三种弱个体主义本质上属于认知自主（cognitive autonomy）的统治性观念的盛行，必然促使哲学家长久以来忽视或根本无视知识的社会属性，始终将知识的来源定位于个人亲知。对它们的批判不但驳斥了传统认识论中个体主义的统治地位，显现出认识论的社会性，更为重要的是将陈词与感觉、知觉、记忆、推理等置于同样重要的位置，视为认识论的合理因素，视为人类获取知识的主要途径，通过上述的陈词对认识论个体主义的检验，可以看到认识论弱个体主义在陈词的检验之下失去了其可辩护的地位，这样认识论的社会性就将凸显出来，从此陈词辩护特别是合格的专家所做的陈词辩护就可以被视为是知识的主要来源，成为可接受的证据和理由。

　　而正是在研究陈词辩护的认识合理性的过程中，知识的社会维度得到凸显，社会因素在个体知识中的作用得到了学者的广泛认同，使其成为最近二十年中认识论研究的一个活跃领域。同时，知识转向的结果就在于扭转了自古希腊以来的这种思维，将更为复杂的认识状态和认知主体概念引入认识论研究中。通过对传统个体认识论的批判和重新解读，使认识的社会语境走向了更为广阔的认识论舞台。事实上对认识论的社会化感兴趣的不仅是科学活动的参与者，作为研究团队的认知主体如何在沟通、协商的基础上获取统一的意见形成共识实践；而且将研究的范围扩大至日常生活的知识获取或信息确证上，通过诸如陈词、求真等一系列概念的构建和解读，将认识信赖的基础进一步扩展至合格的专家意见（qualified expertise）和含真信息语言上，这本身就是思想观念的重大突破。

二、认知工作的分配

　　这个问题主要关注于个体的认知努力、他们的责任、权力以及回报究竟该如何组织分配，才能使知识的累积达到最大化。因此它大多体现在大规模的认识事业如科学的社会组织问题上。如果能够把科学共同体中的研究工作进行合理乃至最优分配，那么科学就能得到进步。尽管这是非常重要的，然而传统的认识论对此并没有任何的建议或帮助，直至20世纪80年代社会认识论兴起，该问题才得到重视，展开了不同的研究内容，典型的如戈德曼的认识论家长式作风（paternalism）。

家长式作风，是"人们对他们自己的保护，正如家长们有可能将危险的玩具或物品远离孩子一样，一些指导性的证据规则其目的也是使人们达到真理，避免受到错误证据的干扰和影响，比如陪审团对于犯罪证据的选择和采纳等等"①。传统的认识论通常假定了理想的环境，行动者都具有相同的认知资源、技能以及机会，在这样的环境中信息的交流就不存在任何的障碍，因此在传统认识论中就表现为一种"全部证据需求原则（Requirement of Total Evidence）"。然而现实的环境中，人们通常具有不同的专业知识、不同的获取信息的机会、不同的认知熟练度和认知训练度，因此这一原则不可能也不适合得到完全应用。传统的认识论并不能说明和指导这样的环境，而这正是社会认识论发挥作用进行解释的地方，是社会认识论进行辩护和合理阐述的论域。

1. 传统观点

传统认识论和科学哲学中的一个原则就是 RTE 原则，即对全部证据的需求（Requirement of Total Evidence）原则。这个原则又可以分为

---

① Alvin Goldman, *Liaisons*: *Philosophy Meets the Cognitive and Social Sciences*, Cambridge, MA: The MIT Press, 1992, p. 213.

强版本和弱版本，其区别就在于弱版本只说明了已经拥有的证据的使用，而未提及证据的获得和收集，可以表述为[1]：

弱版本（W-RTE）：在一段时间内，一个认知行动者 X 总是可以根据他所拥有的全部证据来固定他的信念。

强版本（S-RTE）：一个认知行动者 X 总是收集和使用他所能够收集和使用的全部可用证据。

从认识论的层面上来看，这样的原则满足了人们对真信念的追求，但是从道德或法律层面上这更像是一种理想情况。因为很明显，某些证据的收集一定是触犯了或侵犯了他人的隐私，而这在法律或道德角度是不被允许的。如"9.11"之后，美国加大了对恐怖主义的打击力度，为了完善对情报的收集和确证，由总统签署命令授予特别部门权力对美国国内公民进行电话监控、卫星监控等，虽然客观上加强了情报工作，但因触犯了公民自由、察看他人隐私等在美国国内引起轩然大波。

由强 RTE 原则可以进一步推理，如果存在第二个人 Y，他的任务就是控制 X 可得到的证据，那么我们就得到了一种新的版本，即控制版本（C-RTE）[2]：

控制版本（C-RTE）：如果行动者 X 对于问题 Q 将要做出一个逻辑决定，而行动者 Y 控制了给 X 提供的证据，那么从纯认识论的角度来看，Y 应该给 X 以便利，以便让 X 得到 Y 所控制的与 Q 相关的全部

---

[1]　Alvin Goldman，*Liaisons*：*Philosophy Meets the Cognitive and Social Sciences*，Cambridge，MA：The MIT Press，1992，p. 208.

[2]　Alvin Goldman，*Liaisons*：*Philosophy Meets the Cognitive and Social Sciences*，Cambridge，MA：The MIT Press，1992，p. 209.

证据。

这样的控制版本从认识论的角度来看是可辩护的，约翰·穆勒（John Stuart Mill）在《论自由》一书中就阐述过这样的思想：如果我们的兴趣在于获得真理，那么我们就应该允许各种可得到的证据能够被听到。然而，这样的思想事实上只是一种理想状态下的建构，无论是从法律角度还是从社会角度来看，日常生活中的规则和实践就否定了这种C-RTE的实际应用，特别是认识论的家长式作风就使 C-RTE 原则变得不可接受。例如，在司法体系中，对陪审团来说存在着许多非认识论的原因来驳斥提供给他们的证据，比如偷拍或偷录的证据不能作为合法的证据用于法庭上。因此对法官来说，他必须引导陪审团认识到什么样的证据可以用来支持犯罪行为的认定，什么样的证据是无效的，即使这个证据足以证明嫌疑人的犯罪行为。

2. 实践运用

（1）司法领域运用

在日常生活中，家长式作风可以很明显地在法律以及教育和社会领域找到，如在英美司法体系中，陪审团对于证据的接受并作为最后定罪的依据很大程度上是由专业人员如法官的裁定做出的。各种各样的联邦法规和宪法指导着法官和陪审团什么样的证据可以进入最后的司法裁决，什么样的证据不可以作为辩护的依据和理由，即使它本质上是正确的并提供出翔实的信息。在美国司法体系中，对于证据的接纳和采用已经形成了一套完整的规则，即联邦证据规则（The Federal Rules of Evidence）。该规则由最高法院指派的一个咨询委员会提出并于 1975 年通过国会审议表决正式应用于司法当中，从而成为证据接纳或排除的决定性规则。在该规则的 102 条中详细地阐述了它的目的，"这些规则应该被理解为确保公平正义进入管理，确保不合理的花销与延迟的消除，确保证据法案的发展和增长的促进，其目的在于真相可以被获得并公正地被决定"①。在该规则之后的其他一系列规则具体地界定了证据的采纳标准。比如，规则 602 条指出证人只能陈述他自己亲身经验的事情，规则 801 条指出道听途说的证据需要被排除在证据之外，规则 702 条指出专家的意见可以作为证据被采纳的补充意见，规则 603 条指出证人必须在作证之前发誓，以确保他所说的话是严肃负责任的，甚至作伪证是会面临法律的制裁。以上所有这些以及其他的规则共同构成了美国司法体系中证据的判断选择标准，尽管它无法做到完全地排除虚假证据的采纳，但至少它很有可能将大部分的虚假证据排除在外，也因此就减少了错误的司法认定，给予人们以很大程度上的公平。同时我们可以看到该规则与上述的 C-RTE 类型相抵触，因为后者要求给予人们所有的他们能够接触到的证据和信息，但显然在司法体系中这样的类型是不可能得到应用的。比如，道听途说的证据就不能进入陪审团的考虑之中，被告人的特征的证据并不是某一场合下他的行为的证明，被告人之前的犯罪记录并不能作为本次审判的相关依据。所以，我们可以合理地得出结论，家长式作风，一方面保证了交流的控制，从而尽可能地确保信息特别是正确信息的采纳与接受，另一方面保证了可疑证据的排除，就像陪审团具有许多缺陷，缺少相关的知识背景，缺乏从证据中得出结论的能

---

① Alvin Goldman，*Liaisons：Philosophy Meets the Cognitive and Social Sciences*，Cambridge，MA：The MIT Press，1992，p. 210.

力，家长式作风就保护了他们的真理获得过程，而这就类似于家长们对孩子的保护一样。因此，家长式作风在司法体系中就是不可或缺的，它的实践意义就与 C-RTE 的意义是相抵触的。

（2）教育领域运用

在教育课程的选择中，特别是在小学和中学里，选择的课程、使用的教材、课程的背景等情况都是家长式作风的表现，学生们并不能接触到全部的思想和信念，因此课程的选择就完全成为教育部门的家长式作风的体现，可以用三个例子作为论证的依据。首先，数学课就不可以讲授被证伪的公式，即使是那些富有争议的内容都不可以在课堂上出现。教材对于学生，特别是中小学生来说，首要的保证就是必须是正确的，它要求里面的内容全部是基于学界公认的，甚至是长久以来的标准论述，因此凡是与其要求不符的，或者是有不同意见的内容就被清除出数学课。例如，欧几里德的几何学完全是几千年来的标准陈述，教材和课堂上的讲授都不会出现任何与之相违背的内容甚至是对其做出的更改，哪怕是正确的更改，如黎曼几何都不会出现在中学课本中。

其次，科学课的内容中家长式作风体现得更为明显。大多数教材并没有相关的科学史课程，学生们几乎并不清楚科学的历程，因而他们完全或基本上没有任何相关的某一理论提出的背景知识，缺乏该理论的意义理解，因为即便是错误的理论比如托勒密的天文学观点，在其所处的背景下必然有它的合理的时代意义，但是目前的科学课程中，更多的只是讲授"正确的"理论而忽视了那些历史上存在的影响甚远的观点，比如学生们只知道"氧化说"而不知道"燃素说"，但是如果能够将时间向前拨回数个世纪的话，会发现燃素说是当时的主流，但是即便这样流行的理论实质上也是错误的，那么在理论课程上学生们只能接触到燃素说，而接触不到其他与之相竞争的理论，最后的结果必然是学到了错误的理论和知识，而这绝不是人们希望看到的。

最后，回到最富争议的生物课程上，也就是"创世论"在生物课的传授。标准的生物课程在讲述人类起源时，都是以进化论作为解释的，几乎没有哪一个课本上讲述的是创世论的观点，甚至学生们都没有任何途径接触到创世论的相关信息，除非他或她的家庭是一个虔诚的基督教徒。为什么不能给予创世论以平等的权利和时间呢，为什么不能允许创世论的观点在学校的课堂上讲述呢？这里我们通过回顾"阿肯色州创世论审判"来审视背后的家长式作风。反进化论运动是从第一次世界大战期间伴随着基督教主义者从捍卫自己的宗教信仰到转向反对进化论教学开始的，并且在 20 世纪 20 年代达到高潮。他们反对或禁止在公立中学讲授进化论的主要理由是：（1）进化论危害他们子女的宗教信仰；（2）纳税人有权决定公立学校的教学内容。1921 年至 1929 年，先后有 37 个美国州议会收到或提出了反进化论的立法议案，在 5 个州（俄克拉荷马，1923；田纳西，1925；密西西比，1926；阿肯色，1928；得克萨斯，1929）获得通过成为法律。这一时期最具有象征性的事件是"猴子审判"，又称"斯科普斯案件"。审判结果是以斯科普斯被判有罪，罚款 100 美元而告终。1957 年，苏联成功地发射了人造地球卫星，这既是美国政府开始重视和加强科学教育的转折点，也是创世论与进化论之争再度白热化的开端。一方面，20 世纪 60 年代，美国联邦最高法院通过审理"埃珀森案"撤销了阿肯色州的反进化论法律，田纳西等州议会也撤销了本州的类似法令；另一方面，创世论者提出了所谓的"科学创世论"或"创世科学",并且通过"平等对待"策略来为它争取在生物学教科书中与进化论具有同等地位,从而在 80 年代初导致了阿肯色和路易斯安那州的"平衡法案"。1982 年 1 月,美国联邦地区法院法官奥弗顿宣判阿肯色的590 法案支持宗教,违反了联邦宪法第一修正案中国家与宗教分离的有关条款,是非法的。废除路易斯安那的那项"平衡法案"的过程则更为曲折,前后历经 6 年,直到 1987 年 6 月,联邦最高法院做出终审判决,才最终宣布该项"平衡法案"非法。因此我们可以看到,家长式作风在当代的教育中是存在的,当然这并非坏事,至少它可以有效地引导学生们去学习正确的知识而不是那些未经检验的或包含争议的知识。

(3)商业领域运用

在商业广告领域,什么样的广告信息可以发布,什么样的信息会被禁止,这同样受到审查机构的审核,美国联邦贸易委员会有权对此做出裁决。这同样是家长式作风的体现,而不是上述的 C-RTE 原则所说的人们需要面对所有的信息资源。联邦贸易委员会具有四种方法来禁止那些虚假错误的广告:"首先,它可以发布终止播出的命令。对于那些富含虚假信息的广告,一经查明就会被封杀,不允许再出现在电视广播等媒体上。其次,那些有危险的信息被强制性地表明出来,如'吸烟有害健康'等,这样生产商必须要对它的产品可能存在的危险性向公众做出提示。再次,联邦贸易委员会会向那些发布虚假信息的生产商处以25%的广告费用的罚款,接下来的一年在电视中做出澄清和纠正过去的虚假信息。最后,也就是最严厉的处罚,那些提供虚假信息的生产商在提供足以支持它的信息的科学根据之前,都不能在任何媒体以任何形式做出相应的广告。"①因此，我们可以看到在商业领域中家长式作风依旧是存在的。以上所有这些都说明了认识论的家长式作风在现实生活中的重要性，因此从认识论的立场它同样是可以并应该得到辩护的。

综上所述，认识论家长式作风无论是在理论上对于认识观念的突破，还是在实践生活中的应用，很大程度上都成为认识的一种必然选择。与传统的 C-RTE 原则不同，它要求对人们能够接触到的信息和认识资源做出必要的审核和限制，而这对于人们的认识提高来说是必要的而且是有益的。这就突破了传统的认识观念，并对人们重新审视人类的认识能力提出了更高的要求，事实上家长式作风并非是要限制人们的认识途径和认识资源，而是要保护人们获得正确的以及合理的认识资源，特别是当人们提高了自己的认识能力之后，就会开放更多的认识资源，这样的认识原则对于人们的认识来说就是一种全新的要求，正如只有孩子们理解并掌握了基础的数学题目之后，家长和老师才会给他更为复杂的题目一样。家长式作风成为认知工作组织和分配的一个重要的原则出现在社会认识论的研究中，并在更为复杂的社会背景与知识的社会性语境下得到了更多检验和分析。

正是从这个角度上，认知工作分配问题成为信息、信念的传递、交流、调节和分配的认识研究。与之相关和类似的研究，如基彻尔（Philip Kitcher）的《科学的进步》和戈德曼《社会领域中的知识》都涉及了个体知识中社会因素对认知工作分配的影响，虽然它们并没有说明这些知识的

---

① Alvin Goldman, *Liaisons*: *Philosophy Meets the Cognitive and Social Sciences*, Cambridge, MA: The MIT Press, 1992, p. 216.

存在条件是社会的，然而其观点对于个体理性确实有重要影响，即个体理性对于科学来说所拥有的价值远比我们想象中的要少。传统认识论对个体理性的过多关注，使我们忽视了认知的社会组织以及认知工作的分配，如何能够优化科学共同体的组织与劳动，如何能够把科学活动进行合理乃至最优分配，成为当代重要的认识论任务，这正是社会认识论的优势和关注重心。

综上所述，随着社会认识论 20 世纪 80 年代以来的兴起和发展，其研究图景并不只限于上述领域，我们在这里也只是对其进行了大致准确的勾勒和描述，映射得更多的是当代认识论实践和知识转向过程中的复杂特征。从更加审慎的视角来看，我们这里预设了两个假设：一是当代认识论研究已经走入了多学科多领域的交叉，哲学、自然科学、社会科学的研究方法在其中相互交融，后经验主义、反实证主义的思想与基础主义、先在主义的思想共存，这样复杂多元的研究现状绝非某一自然科学或哲学的形而上学所能替代，继而可供借鉴的也只是其具体的方法而非简单地将某一学科整体纳入认识论研究。另一就是知识转向的语境要求和实践诉求，促使我们从更多的路径来看待知识特别是科学知识的生产、传递和实践过程。它们从内外两个不同层面上表明了认识论内部所经历的认识观念和切入视角的转变及其后果，以及对认知个体和认识集体的本质和关系的重新定位的实践要求。因此，我们可以说：正如规范性不可能从纯事实中被还原出来一样，社会性也不可能从孤独的笛卡尔式个体学者那里被彻底清除或忽视。

出于更加综合性以及适用性的角度考虑，本书将社会认识论定义为关于知识的社会维度的研究，这也是本书书名出处的缘由。这里所希望表现出来的决不仅仅是一种简单的学术讨论，更多的是透过知识这一重要媒介，将人类固有的社会性传递其中，通过对认识论的全新探讨和理解，打开与以往不同的看待世界的认识图景。特别需要指出的是，在这种全新的认识潮流中，认识的个体化与社会化之间并非本质上的冲突与对立，更多的是展现为一种相互借鉴和融合，更好地服务于人类对外部世界和自身的认识。随着社会认识论的相关概念、主题和研究方法的廓清，随着具有不同特点的认知域的深入和联系，人类的认识体系必将在全面的构建中进一步得到丰富和发展。

第三章 ┃ 社会认识论的核心议题

20世纪的认识论发展经历了两个阶段，一是发生于20世纪前半期的"自然化趋向"，自然化认识论者提出并使用自然科学特别是心理学来取代传统的形而上学认识论，试图解决古老的认识论问题，探讨人类的认识机制。二是发生于20世纪末的"社会化趋向"，一大批学者纷纷主张知识的社会性不仅不是认识论的消极因素，而且社会互动对于认识论来说至关重要。与前一阶段相比，认识论社会化趋向所引发的最大后果就是看待知识的方式的改变，即知识的产生、接受和传递不再局限于个体认识论的框架之中，自然主义的解释方式也并不总被证明合理有效。依托这样的认识视角，社会认识论作为一种新的研究方向开始出现在知识和辩护的认识解释之中，这其中陈词

（Testimony）问题、专家意见分歧与选择、集体性知识与集体辩护就发展为其中的核心议题。

陈词或者说他人话语是否属于知识，这是当代知识论中的一个重要的探讨主题。陈词的认识论研究试图传递出的是一种话语与知识间的普遍联系，试图揭示出的是一种为传统认识论所长期忽视或者隐藏于其背后的一种知识社会维度的思想，而这样一种工作本身就是富有价值和意义的，也因此当代社会认识论视域下的陈词问题研究就开启了知识论的一条新模式和思路。专家意见分歧与选择某种程度上可以被看作是陈词问题研究的延续，因为它的关注点更多的是不同的陈词间如何进行选择的问题，与陈词是否能够被作为知识来源不同，它更侧重于如何在不同的合格专家间的话语中进行判断，进而得到符合要求的陈词，也因此合格专家的意见选择就需要对知识进行更可靠的判断。集体性知识（Collective Knowledge）这一问题出现在认识论研究中应该可以看作是社会认识论的一大贡献，它将传统意义上被忽视和排除在外的知识来源纳入知识体系中，其主要关注于：什么样的人拥有知识？除了个体学者之外是否还有集体性学者？是否一个集体可以拥有其成员所不能拥有的一种信念呢？是否存在着集体知识、集体辩护以及集体理性呢？这样的思考和研究事实上丰富和完善了当代认识论体系，能够促使我们在面对当代复杂的外部世界和科学活动时，将集体作为认识主体，以社会认识论作为工具，来理解集体知识的本质和集体认知的特点。

第一节　陈词问题研究

陈词问题兴起于 20 世纪 90 年代，它凸显和放大了传统认识论中的社会因素，并将之扩展至日常生活中，使得知识生成和辩护的个体规范体系转变为一种知识获取和传递的集体规范体系。陈词的认识论研究承认知识在个体理性思考中的重要作用，承认信念辩护之于知识确证的独特过程，但其独特之处就在于，它更迫切试图传递出的是一种话语与知识间的普遍联系，试图揭示出的是一种为传统认识论所长期忽视或者隐藏于其背后的一种知识社会维度的思想，而这样一种工作本身就是富有价值和意义的。因此，尽管陈词问题的出现不过是近十多年的事情，但是围绕其所展开的研究却充斥在当代认识论的研究体系之中，究其根源不仅仅在于陈词问题激发了社会运行中围绕知识本身的社会属性，更为重要的是它的出现极大地深化了知识的既有来源，是促进知识增长的重要因素。

陈词，英语表达为 testimony，表达一种基于目击者的言语保证，在这个意义上类似于法庭作证的证词，事实上陈词也正是一种法庭证词在日常生活语言的延续性表达，但是由于日常语言的非严格性和随意性，我们对陈词的考察就不局限在"我保证……"或"我作证……"的意义上，更多的时候这样的表达是以"我认为……"或"我说……"的形式出现在我们的谈话中，因为这样的表达更符合人们的日常生活习惯，但是同时也冲淡了陈词话语的重要性以及它作为知识来源的普遍性。随着 80

年代社会认识论的兴起，以及对知识话语的社会性的考察，陈词问题开始逐渐进入人们的视野，对陈词的关注就扩展了社会认识论的理论基础，进而形成了社会认识论研究中最富有成果和广泛认同的知识社会性的考察。

一、陈词的界定

对陈词进行研究首先需要做的就是界定"何为陈词"。但是，陈词概念的界定并非是简单的或者说是毫无困难的，因为陈词概念本身尚存在着多种界定方式。从严格的定义角度来看，"陈词是某种讲述行为……一种言语行事行为，并且这样的行为可以在某种条件下得到执行，而且这种行为有着某种意图，以至于我们可以自然地认为这个定义向我们提供了支配作证行为的规则"[①]。这样的界定是严格的，它不仅将陈词视为一种语言行为，更为重要的是它限制了陈词的来源，即并非所有的话语都可以作为陈词，只有满足了特定的资质条件的人在特定的社会条件下的话语才可以被视为陈词。

相比于这样严格的陈词界定，特别是其过分强调法律用法层面以及脱离日常使用的意义，更为宽泛的界定往往将其视为一种告知性的行为，将陈词的研究对象扩大至陈词话语之外，也因此会将可靠的和

---

① C. A. J. Coady, *Testimony*: *A Philosophy Study*, Oxford: Clarendon Press, 1992, p. 25.

不可靠的陈词全部纳入陈词研究之中，其结果就表现为对于陈词的界定方式就只能大致给出一类宽泛的概念。比如，"陈词，是一种告知行为……在引申意义上，私人信件、消息、书籍和其他声称包含了事实信息的公开实物也构成了陈词。陈词有真假之分，既能表达知识又能表达无依据的偏见"①。宽泛的陈词定义的共同点就在于它们往往将陈词的研究对象扩大至陈词话语之外，也因此会将可靠的和不可靠的陈词全部纳入陈词研究之中，其结果就表现为对于什么可以看成是陈词提出了一个宽泛的概念，比如，"陈词就是一般的讲述，对此既不需要在主体事物加以限制，同样也不要在说话者的认识联系上加以限制"②，"陈词就是人们告诉我们的东西"③，"宽泛意义上的陈词甚至会将人死后的出版物纳入它的例子……它唯一的要求就是陈词是某人的思想和信念的陈述，这些思想和信念可以普遍地指导世界"④。由此可见，这样的定义一方面将人们的话语引入了陈词范围和考察对象之中，另一方面将含有他人话语的载体视为陈词问题的研究对象。从这一定义来看陈词的"目的就在于交流的断语，无论断语者的主观状态是什么，同时这与陈词的日常用法不一致，在日常用法中，它总是局限于目击者对可

---

① Audi Robert，*The Cambridge Dictionary of Philosophy*，Cambridge：Cambridge University Press，2001，p. 909.

② Fricker Elizabeth，Telling and Trusting：Reductionism and Anti-Reductionism in the Epistemilogy of Testimony，*Mind*，1995，vol. 104，pp. 396-397.

③ Audi Robert，The Place of Testimony in the Fabric of Knowledge and Justification，*American Philosophy Quarterly*，1997，vol. 34，p. 406.

④ Sosa Ernest，*Knowledge in Perspective：Selected Essays in Epistemology*，Cambridge：Cambridge University Press，1991，p. 219.

观察事件的报告"①。也因此，随着纳入陈词的研究内容的不断扩大，陈词的研究范围相应地做出了调整，表征为陈词定义的宽泛化和开放化。

事实上，无论是严格的陈词定义还是宽泛的陈词定义其实质是相同的，它们都是对他人话语的认识考察，都建立在他者话语基础之上并对他者话语与知识间的关联进行了解读，都是对于是否可以将他人话语纳入知识的一种判断。这一点已经为哲学家所共识，比如，笔者 2010 年赴牛津大学哲学系采访伊丽莎白·弗里克博士时，她就明确指出，"陈词的定义确实是一个需要探讨的问题，这是一个很有趣的事情，同时也是最富有成果的探讨之一。当然，目前关于陈词的定义比较多，我甚至都无法给你一个标准的答案，比如，将陈词视为具有某种意图并提供规则的一种言语行事行为；或者是一种告知行为，一种讲述行为；或是人们告诉我的东西等。尽管统一的陈词定义目前还没有出现，但是现有的定义或多或少地具有某些相类似之处。比如它们都是对他人话语的认识考察，都是对于是否可以将他人话语纳入知识的一种判断。当然，这些定义之间区分也是明确的，一方面是否可以将陈词完全等同于他人的话语，又或者只是含有他人话语的一类研究对象。另一方面是否需要对陈词做出明确的限制，即什么样的话语可以作为陈词。这些区分实际上指出了陈词问题研究需要面对的几个问题，但是这事实上并不影响对陈词的仔细考察，特别是通过讲述形成的陈词情况可能会被视为人与人之间的交流。即人们具有一种共享的语言，一些人告诉另一些人事情，这是

---

① Fricker E., Against Fallibility, in B. K. Matilal & A. Chakrabarti(eds), *Knowing From Words*, Dordrecht: Kluwer, 1994, p. 137.

一个讲述的言语行为，在其中一些人他们自己知道了某些事情，并想要将这样的信息传递至别人，仿佛他们可以与别人共享那些知识。"①

当然，承认相同意见的同时我们也要看到在这些定义之间区分和差异也是存在的，注意到二者间存在的差异对陈词问题研究来说仍然是必要的。首先，这种区分表现在是否可以将陈词界定在话语之外的客体上，是否含有或载有他人话语的客体可以成为陈词研究的客体。其次，是否需要对陈词做出明确的限制以及对陈词的限定是否是必要的，即什么样的话语可以作为陈词，什么样的话语陈述者是陈词话语的提供者，可以被视为一种合格的知识来源。最后，要不要对陈词话语做出一种陈词辩护，即使这样的辩护对象是他人的话语，是否从认识论角度来说辩护的真信念的条件能够达到。类似这样的思考和讨论就构成了当下陈词研究的主要出发点，而以上这些区分实际上暗含了陈词问题研究需要面对和解决的几个问题，或者我们可以用库什（Martin Kusch）的话语来作出一种总结，"在认识论学者中，关于如何最佳地界定陈词范畴的问题，并没有一个广泛认可的最狭义的理解，陈词在法律情景中有它的地位，陈词是站在证人的角度给出的证词。在最宽泛的意义上，陈词代表了我们的认识依赖性，也就是说，作为认知者，我们在多种方式上依赖于他人。出于这两个极端中的另一种立场是，将通过陈词获得的知识与通过他人的现在的或过去的指示性的话语而获得的知识等同起来。"②

---

① 尤洋：《如何理解知识的陈词问题——访牛津大学哲学系伊丽莎白·弗里克博士》，载《哲学动态》，2010 年第 12 期。

② Kusch M.，Testimony in Communitarian Epistemology，*Studies in History and Philosophy of Science*，2002，vol 33，issue 2，p. 335.

　　当然，这里有必要指出的是并非所有的思想表达都可以看作是陈词。合格的陈词至少需要明白无误地与信息的传递联系在一起，无论这样的信息是自身提供的还是被提供的，因此我们需要认识到非信息的思想表达与陈词之间的区分。例如，当我自言自语："啊，今天坐火车的人真多啊。"又或者我说："啊，今天的天气真不错啊。"对于这样一个我的思想的表达，我们是否可以把它认为是一种陈词呢？尽管它清楚地表达出我的思想：今天是一个好天气或今天坐火车的人真多，但是这样的表达却没有传递出任何信息，它仅仅是一个会话的填充物或者是一个抱怨/满足的叹气声，因此不能将它视为一种合理的陈词。再比如，如果我的一个朋友给我讲了一个笑话，我说："你太有幽默感了。"尽管我做出了一个他很有幽默感的评价，而且这句话的语境也非常明显，但是我的表达事实上更多的是对他讲笑话行为的一种礼貌的反应。因此这也不能被视为一种合理的陈词。同时，陈词知识的关键就在于听者的知识基础源于说话人的陈词内容，而不是缘于听者自己的经验继承。

　　综上两个例子，我们可以总结出，合格的陈词至少需要明白无误地与信息的传递联系在一起，无论这样的信息是自身提供的还是被提供的，因此我们需要认识到在非信息的思想表达与陈词之间的区分。基于此，我们可以给出一个大致的陈词的描述①：

　　通过一种交流行为 a，S 做出了陈词 p，当且仅当由于 a 的交流内容

---

　　①　Jennifer Lackey, *The Epistemology of Testimony*，Oxford：Clarendon Press，2006，p. 3.

(1)S 有理由地试图传递 p 的信息。

(2)a 可以合理地被认为是一种 p 信息的传递。

在这里"由于 a 的交流内容"指的就是排除诸如以下的情况：比如我说"啦，啦，啦"，像这样的交流行为就不应该被视为一种陈词，因为它并没有提供出任何信息。但是一方面，即使一个人的话语被联系到信息的传递上，也并不是所有的从他人那里学到的陈词都可以被看成是一种陈词性知识。比如，如果我说"屋子里有十个人"，而你自己亲自到屋子里检查了人数，那么你对屋子里有十个人的认识并不是以我的陈词为基础的，而是以你自己的经验为基础，我的陈词只是恰好与你的经验相符合。因此陈词知识的关键就在于听者的知识基础源于说话人的陈词内容。另一方面，许多情况下听者具有相关背景信息并且能够使用这样的信息从说话者那里推导出知识。例如，你从过去的经验中知道冰箱里没有牛奶，当我说"冰箱里没有牛奶"时，你就会把我的陈词作为一种背景信息储存下来，并因此得出了冰箱里没有牛奶的结论。从这个例子可以看出，事实上陈词认识部分依赖于记忆和推理。

综上，陈词作为人们日常生活中交流方式有其普遍但又特殊的地位。一方面，人们日常生活中的大量信息都是借助于陈词的交流和交换来完成，因此陈词在人类社会中发挥着广泛而普遍的作用；另一方面，陈词作为他人的话语，往往被视为一种"第二手"的证据和选择标准，他人的话语是否可以算作我们的接受意见，接受他人的话语是否是一种非理性的行为，这样的疑问往往又阻碍了陈词作为知识的主要来源并成为陈词研究的难点。但同样，这种具有张力的观点很大程度上又演化为当代陈词研究的出发点，转化为陈词研究的直接推动力，并推动当代认识论研究尝试对个体主义认识论的突破，进而进入到一种社会认识论之中。

二、陈词的历史

在对陈词定义进行较好地界定之后，另一个重要的工作就是对其历史进行探索。事实上陈词很早就出现在认识论研究中，不仅在于它表达了一种基于目击者的言语保证，比如"我保证……"或"我作证……"还以一种"我认为……"或"我说……"的形式出现在日常会话中。随着 20 世纪 90 年代社会认识论的兴起，以及对知识话语的社会性考察，陈词问题开始出现在人们的视野内，对陈词的关注扩展了社会认识论的理论基础，并形成了社会认识论研究中最富有成果和认同基础的知识社会性研究。

1. 古希腊时期的陈词探讨

陈词的历史探索至少可以追溯至古希腊的柏拉图。柏拉图提出这样的问题：外行人如何对专家资质进行评判？这一问题事实上涉及专家权威，并映射至陈词辩护，因此有理由认为柏拉图是最早对此进行思考的认识论者。但是，在柏拉图那里对于"知道"一词做出了极为严格的限定，它将所有"二手"信念都视为非辩护的信念，也因此被排除在知识体系之外。因为柏拉图的否定和排斥，陈词在此后相当长的时间里被看作是认识的非理性来源，并被此后诸多哲学家所完全忽略或否定。

2. 17、18 世纪的陈词探讨

17、18 世纪，伴随着不列颠经验主义，陈词问题开始重新进入认识论领域中，并为洛克(John Locke)、休谟(David Hume)以及里德(Thomas Reid)所论述。基于经验论立场，洛克对赋予他人意见以权威提出了强烈质疑。尽管与笛卡尔在理性第一还是经验第一的认识上差异极大，但在陈词认识上他显然认为陈词并非可靠的知识来源，他人的话语不能作为知识接受的证据，尽管知识的传播需要借助前者。显然，洛克的知识概念不需要也不能含有陈词的成分，但是基于话语在日常生活中的显著作用，特别是否定了话语就否定了人们的生活状况，洛克不得已对陈词表征外部实在的语言特性做出了部分退让。

休谟并没有完全否定话语的作用和意义。休谟认同了我们对他人话语的依赖性，并承认这一点至少部分具有合理性，但他秉承了经验论和还原论的立场坚持认为对他人话语的认同需要拥有充足的理由，至少是在可以信赖的程度内。也因此可以将他对陈词的认识论态度表征为：其一，陈词是人类认识外部世界的合理因素，有其存在的必然价值。其二，可靠的陈词才可被视为合理的，而合理与否就在于陈词是否可还原为观察和经验。经验论式的还原决定了在休谟的认识世界中陈词具有了一席之地，可观察的陈词也因此可以被作为一种知识来源和出处，但是却被置于另一层面之上。

与洛克甚至休谟相反，里德并没有否认陈词话语的合理性和认识价值，也没有以还原的路径来处理和安置陈词，而是认同了陈词的合理性，并将之放到了与感觉、知觉同样的地位上来看待。里德认为，他人的话语是重要的，我们需要信任他人的话语，即使对他人的可靠性我们无法直接获得。里德除了保持传统认识论的个体主义观念，认为人部分是一种孤独的笛卡尔式的个体之外，也将人看作是一种社会的人，而人的理解能力同样也是一种社会的理解能力。他对陈词的理解和论述促使人们重新看待其地位和价值，由此对陈词的讨论就突破了传统认识论的局限和束缚。

3. 20 世纪末的陈词探讨

20 世纪末的认识论与此前的所有研究都不相同，它们更加强调知识的社会化解读，在保留传统认识论的核心理念的同时，也开始尝试扩大研究视野并强调"知识转向"引发的认识理念变革，并开始广泛的探讨包括诸如"利益""阶级"在内的各种语境下的知识社会性。但是与此前的传统认识论研究相比，这些研究往往忽视了知识的规范性特征，缺失了对知识的辩护性和真理性研究，也因此始终处于认识论研究的边缘地带，无法进入其内。

与其相反，以陈词为研究内容和关注焦点的研究却开始频繁见诸主流认识论的研究刊物中。形成这一结果的原因是多方面的，但其中最重要的一点就是，陈词研究从一开始就具有认识论研究的规范性。陈词作为一种知识来源长期以来一直为传统认识论所忽视，但随着知识具有强烈的社会维度的观念出现在知识论并一度占据了中心位置之后，当代的知识论者开始关注并重视陈词的重要作用，并试图对其加以规范性改造，从而扩大知识的来源并予以辩护。事实上，当代陈词研究的重要性不仅仅表现为将人们的交流方式引入哲学特别是认识论当中进行规范的探究，其意义在于重新审视人类的知识来源，通过这样的考察我们可以将陈词放置在与感觉、记忆和推理相当的位置上，从而极大地拓宽人们的认识途径。很显然，陈词问题已经成为当代认识论中的一个重要议题，而陈词问题的研究进路也为当代社会认识论的展开从一开始就奠定了规范的特征和烙印，通过陈词研究特别是陈词传递，合格的话语就可以被视为一种合理的知识来源，进入到认识论的研究之中。

综上，陈词观念从一开始的不予承认到部分承认再到 20 世纪末的合理认同，体现出人们对陈词观念认识的重大的转变，体现出当代认识论研究的进步。当然，这种转变实际上伴随着对知识认识的深化：一方面，当代社会知识的数量较之先前发生了巨大的变化，从小范围的知识辩护到网络传媒时代的知识大爆炸，再将知识完全局限于感觉、直觉等个体知识就不再符合时代的要求。另一方面，知识产生的方式较之先前发生了复杂深刻的变化，从一开始的单个个体研究转变为合作研究，知识的生产主体逐步由内省的个体转变为合作的集体，这一过程更是透射出认识观念的深刻变革和巨大进步，陈词也因此逐步地被纳入主流认识论研究领域之中。

三、陈词的辩护

即使一种思想的表达可以被认为是陈词，或者说一个信念的基础在于他人的话语，但是在陈词认识论中依然存在一个重要的问题，那就是我们如何成功地从他人的话语以及文字中获得辩护的信念？以及这样的信念如何得到辩护？这个问题对于陈词认识论来说就成为无法回避的一个中心问题。事实上，对于这个问题，当代陈词研究普遍认为存在两个回答，即还原论和反还原论。从历史的角度，前者来源于休谟，后者来源于里德，沿着不同的路线陈词辩护走向了两个不同的方向，形成了当代陈词辩护研究的两种路径。

1. 还原论

大致说来，源于休谟的还原论的主要观点就是：陈词辩护可以还原为感觉、记忆和推理，而陈词并非知识的来源，某种程度下借助于记忆以及推理等形式，具有陈词性质的信念可以转化为人们认识的辩护基础。由此可知，"还原论具有两个基本构成，第一个就是'原因'，即通过适当的原因表述，辩护就被赋予到陈词信念之上，因为这些原因自身的落脚点不可能建立在陈词的基础上，它们必然依赖于其他的认识资源，如感觉、记忆和推理。第二个就是'还原'，因为陈词信念的辩护是由那些非陈词性的原因所提供的，所以陈词辩护就被认为是感觉、记忆和推理的辩护还原"①。正是因为如上所述的两个必要的理论成分，还原论自休谟提出之后，虽然面对着诸多的反对与驳斥，但是依然能够在保持它的核心成分的基础上，通过外加条件的变化产生出多种不同的还原论或类还原论形式。

(1)整体还原论

不同的还原论对于还原的客体以及过程的看法是不同的，也因此产生出两种不同的基本还原论，即以整体还原论为代表的强还原论和以局部还原论为代表的弱还原论。整体还原论的看法可以表征为："陈词作

---

① Jennifer Lackey, *The Epistemology of Testimony*, Oxford: Clarendon Press, 2006, p. 160.

为信念来源的辩护可以还原为感觉、记忆和推理的辩护。特别需要指出的是，整体还原论认为为了辩护性地接受一个说话者的报告，听者必须具有非还原性质的原因并以此为基础相信陈词是可靠的。"①但是，整体还原论因其立场过于强硬，不可避免地与众多的实际生活实践相抵触，也因此遇到了如下三个问题的挑战②：

其一，强还原论与日常生活现象相违背，特别是与小孩的知识理解过程相违背。众所周知，儿童在能够检查不同说话者的报告以得出准确和可靠的陈词之前，他们是没有分辨能力的，因此他们会接受所有的陈词，无论是家长的还是老师的。因此以强还原论为基础，这样的情况在小孩，甚至是部分成人那里，假设他们有能力进行推理的认识必然是不合理的。在他们接受一些陈词作为认识判断标准之前，他们不可能获得概念性的以及语言性的工具以进行必要的陈词可靠性的归纳。因此，如果整体还原论是正确的，那么获得陈词辩护的必要工具就将不是认识行动者所达到的，因为这会导致最终的对陈词知识的怀疑主义。

其二，强还原论无法满足大量报告和事实的要求。如果陈词不属于辩护的证据或来源，那么我们不得不面对这样一个窘境：我们需要大量的报告作为我们判断的依据，我们需要无数的事实作为辩护的基础，而这基本上是办不到的。对于报告来说，我们中的大多数人事实上所能接触到的是极为有限的，多数情况下我们需要做的就是尽可能地从他人的

---

① Jennifer Lackey, *The Epistemology of Testimony*, Oxford: Clarendon Press, 2006, p. 161.

② Jennifer Lackey, *The Epistemology of Testimony*, Oxford: Clarendon Press, 2006, pp. 161-162.

话语中寻找可靠的报告，而非穷尽所有。对于事实来说，同样如此，普通认识行动者的观察基础根本不足以做出可靠陈词的认识归纳。"我们中的许多人从未见过小孩出生，大多数人也从未检查过血液的循环，从未进行过实际的世界地理调查，从未观察过天空中的光线是遥远距离的天体的发出……因此认为我们已经做了许多类似还原主义要求的看法显然是荒唐的。"①事实上确实如此，我们对他人的陈词的依赖性如此普遍。对于遥远过去的信念我们依赖于历史学家的书写，对微观世界的信念依赖于物理学家的实验，甚至对朋友的名字、年龄、爱好等都依赖于朋友所提供的信息。如果将视野仅仅局限于强还原论的话，我们所能知道的除了我们自己的知识之外将一无所有。除此之外，我们还必须意识到，当代自然科学、经济学以及数学的复杂研究过程和计算方法，早已远远超出了正常人的理解范围，除非你在相关领域经受过严格的训练，除非你本身就是该学科共同体中的一员，否则大多数人都不可能理解该学科的理论和方法，缺少概念性的分析必然带来这样的结果，即使你得到大量的学科报告你依然缺乏该报告的检查与理解。因此，我们再次地认识到整体还原论将导致陈词性知识的怀疑主义，至少对大多数的认识行动者是这样。

其三，强还原论从认识论的角度说没有什么意义。在日常的陈词中，充斥着大量的带有不同信息的陈词，它们当中的一部分是高度可靠的，比如"现在是五点一刻""早晨我吃了两个鸡蛋"，有些是不可靠的，

---

① C. A. J. Coady, *Testimony: A Philosophical Study*, Oxford: Clarendon Press, 1992, p. 82.

比如"这个孩子的前途不可限量""你的生命线长所以你的寿命长",还有一些则混合起来,部分可靠、部分不可靠,依赖于说话人的表达,如"我的体重是 60 公斤""我今年才 20 岁",所有这些如果全部用强还原论的方法进行还原的话,不仅从理论意义上来说并不具有任何的认识意义,而且从实践的角度来看这样的工作也根本无法达成。另外,即使采纳了整体还原论对所有的陈词进行了还原,并证明这些陈词中的大部分都是可靠的,这样的事实也不具有任何的认识意义。因为隐藏在复杂的陈词之后的是各种各样的认识因素,比如部分人提供的是错误报告,部分报告是真的,大多数报告是有关平凡的事实等,因此大多数陈词是可靠的这一事实根本不能保证其中任何一个陈词报告的准确性。比如,在十个相互依靠互为条件的陈词中,我们已经证明了其中的七个是可靠的,那么这一比例是否可以表明其余三个是准确的呢,答案当然是否定的。因此,即使整体还原论得到了完全成功,即使它能证明那些陈词是可靠的,那么这一结论也不足以表明它自身的认识意义。

(2)局部还原论

与整体还原论不同的是局部还原论,其基本观点表述为:"在一个特定的场合中,每一个特定报告或陈词事例的辩护都可以还原为感觉、记忆和推理的辩护。具体地说,局部还原主张为了能够辩护性地接受一个说话人的陈词,一个听者必须具有非陈词性基础的原因以便接受有疑问的特定报告"[①],因为它是一个局部性的问题,因而可以以经验的方

---

① Jennifer Lackey, *The Epistemology of Testimony*, Oxford: Clarendon Press, 2006, p. 162.

式非循环地加以核实。事实上采纳局部还原方法的学者弗里克就认为，
"如果我有充分的理由认为我的信息是可信赖的，在这个时候我可以独
立地把她的意见接受为真的话，那么我对一条特定陈词的依赖就得到了
局部的还原"①。

采用局部还原的方法部分程度上就回避了整体还原所面临的困境，
弗里克认为整体还原面临的挑战远远超过了它所能解决的问题，也因此
她提出并主张局部还原的思想，在笔者对她的访谈中，她明确指出：
"在这篇文章中我的确提出了局部还原与整体还原的问题。我并不认为
你可以将所有你相信的依赖于陈词的信念放弃至一边，仅仅依靠来源于
自己的感觉与记忆就能重新建构知识。我认为这是根本不可能做到的事
情。我认为我们可以搭建一个相互连接的信念网，我们可以具有高度连
接的世界图景，在这样的世界图景中能够赋予我们许多相关的信息与知
识，而这些信息与知识是无法单纯依靠你自己的感觉和记忆就能获得
的。这样我们就可以很快地从陈词中学到更多的内容。想想我所说的，
如果某个人今天推门进来和我说话，告诉我在大街上发生了一场交通事
故，我想我获得了一些信息的基础，无论我是否信赖他。但是有关于整
体还原的问题就要复杂得多了。融贯认识论是非常重要的一种认识论类
型，而我的通常的看法是，你首先需要从辩护陈词中获得信念，而这些
辩护陈词是可信的并能从这种融贯中获得它的保证。举例来说，当我还
是小孩子的时候我知道了身边的人，是因为我的父母告诉了我这些人。

①　Fricker Elizabeth，Telling and Trusting：Reductionism and Anti-Reductionism in the Epistemology of Testimony，*Mind*，1995，vol. 104，p. 404.

但是这个情况又与我长大之后的人生是相一致的。所以我从陈词中获得的这种融贯扩展了融贯性。并且它的解释价值、这种方式自身就适合我的相信体系，给予了我保证，并进一步地保证了扩展的陈词信念，但我并不认为你可以将你的信念权利做出整体性还原。"①

很显然弗里克认为，尽管整体还原论是行不通的，但是局部还原论依然保留着它的合理性。首先，在还原论中需要区分两种基本的观点："在还原论的阵营中，我们必须区分乐观主义者和悲观主义者，悲观主义者通常主张必须还原的论题，即为了辩护知识，这样的还原是必要的；而乐观主义者则主张可能还原论题，即这样的还原是可能的。"②

其次，局部还原论之所以是可能的就在于以下两点，第一，局部还原表现为一类有限还原，在局部还原中说话人的陈词对于听者来说是有限的，听者所要做的就是经验地核实其可信性。用弗里克自己的话说，"正是这种最弱的填补裂缝所需要的知识构成了非循环的核实，为解决陈词辩护问题提供了一条还原论的路径"③。第二，听者具有两类证据状态，非陈词证据与陈词证据。弗里克认为她自己的局部还原论与此前的还原主张不同点就在于，它并不要求用前者作为后者的核实标准，而是全部都可以作为还原论的依据。

最后，弗里克并没有囿于休谟式的还原局限，而是将经验和常识的

---

① 尤洋：《如何理解知识的陈词问题——访牛津大学哲学系伊丽莎白·弗里克博士》，载《哲学动态》，2010 年第 12 期。

② Fricker Elizabeth，Telling and Trusting：Reductionism and Anti-Reductionism in the Epistemology of Testimony，*Mind*，1995，vol. 104，pp. 394-395.

③ Fricker E. ，Against Fallibiligy，B. K. Matilal&A. Chakrabarti（eds），*Knowing From Words*，Kluwer，1994，p. 129.

运用纳入了我们的普遍陈词辩护之中。这样人们无须将他们所接触到的任一陈词都试图还原为知识的普遍来源，而是借助常识与经验就可以迅速地对陈词的可靠性做出判断。"最关键的是：相信某人的经验基础不必建立在对他们的个人知识的基础之上，因为我们可以运用某人的社会角色的长处和短处的一般知识。"①

现在，回到我们此前所说的还原论的两个基本构成因素原因和还原上。"局部还原对于还原的'原因'构成部分具有两类不同的理解方式。第一种就是较弱的必要性理解（PR-N）：适当的原因对于陈词辩护来说是必要的。第二种就是较强的充分必要理解（PR-N&S）：适当的原因对于陈词辩护来说是充分必要的。"②但是，"如果陈词辩护想要还原为感觉、记忆和推理的话，那么对于辩护相关陈词信念来说，讨论的这些原因就必须是完全充分的。否则，在被还原的陈词信念和执行还原的原因之间就会有一种不对称，因而会阻止这样还原的可能性"③。由此，局部还原者的还原观点就依赖于上述第二种充分必要地理解，但是在下面的案例讨论中，我们可以发现事实上即便是局部还原某种程度上也是一种错误的观点。

案例一，弗雷德和海伦已经共事五年了，在此期间他从海伦那

---

① Fricker E. , Trusting Others in the Science: A Priori or Empirical Warrant? *Studies in History and Philosophy of Science*, Part A, 2002, vol, 33, Issue2, p. 382.

② Jennifer Lackey, *The Epistemology of Testimony*, Oxford: Clarendon Press, 2006, p. 163.

③ Jennifer Lackey, *The Epistemology of Testimony*, Oxford: Clarendon Press, 2006, p. 163.

里得到了许多极好的认识理由，他相信海伦是一个可靠的信息提供者。她每次都会为弗雷德做出准确的断言，而每次这样的断言最后都被证明是正确的，她每次都会为弗雷德提供相关的历史信息，而所有的历史背景信息最后都符合事实。因此，在弗雷德看来海伦是值得信赖的。昨天，海伦将她的一位朋友波琳介绍给弗雷德，并告诉他波琳是值得信赖的一个人，尤其是在她的相关研究领域：野生鸟类信息内。因此弗雷德毫不犹豫地相信了波琳告诉他的有关信天翁而不是秃鹰具有野生鸟类中最大翼展的报告。尽管海伦从认识论的角度来说是一个极好的信息来源，但是在这个特定场合下她错了，事实上波琳并不是一个有能力的、真诚的说话者，尤其是在野生鸟类的话题上。而且，尽管波琳在她对信天翁的报告上是正确的，但是她持有这个信念的原因是为了让她的一本书卖得更好。①

现在，是否弗雷德相信信天翁在野生鸟类中具有最大的翼展的报告从辩护角度来说是建立在波琳的陈词基础上呢？当然不是。因为费雷德的相信是建立在海伦的陈词是可信赖的基础上，正是在这个基础上弗雷德相信了波琳的陈词。而波琳不但是一个不可靠的说话者（因为此前弗雷德并不了解她），而且她所提供的信念（尽管是真的）对弗雷德来说就不可以被合理地相信，事实上她提供这个信念完全是为了她的书畅销，因此从辩护的角度来看就阻碍了弗雷德的辩护信念的获得。

① Jennifer Lackey，*The Epistemology of Testimony*，Oxford：Clarendon Press，2006，p. 163.

当然这个案例只是一种假设，但是从这个案例中我们可以得出一般的结论："听者拥有好的原因用于他辩护性地接受说者陈词来说并不是充分的。其原因就在于对于一个说话人的报告来说拥有好的原因并不能必然性地将听者与可靠的陈词联系起来。因此对陈词辩护来说，必须具有一个进一步的必要条件，这个必要条件是可靠的或传递真理的。这种额外的必要条件可以以不同的方式得以充实。例如，大多数的反还原论者要求说话人自身要相信他正在叙述的这个命题，只有这样他才能够为他的听者做出合格的辩护信念；或者要求说话人的陈述可以可靠地产生或传递真理。但是无论什么样的条件得以充实，这个例子所揭示的最重要的一点就是，仅仅要求听者拥有适当的原因根本不足以对此做出必要的辩护保证。因此，这些原因对于陈词辩护来说是不充分的，相应地，上述的较强的原因结构部分（PR-N&-S）就是错误的。它对还原论的还原部分带来的后果就是，如果还原部分是正确的，那么在被还原的陈词信念和执行还原的原因之间就不可能有任何差别。也就是说，原因得到了辩护，讨论的陈词也就得到了辩护。但是，在上述的例子中，辩护的差别是显而易见的，弗雷德的原因得到了辩护但是有疑问的陈词信念并没有得到辩护，而这也表明了局部还原论的还原部分是失败的。"①

案例二，马克斯认识霍莉已经十年了，在这十年中，他从霍莉那里得到了许多好的认识原因，他相信霍莉是一个可靠的信息提供

---

① Jennifer Lackey, *The Epistemology of Testimony*, Oxford: Clarendon Press, 2006, p. 164.

者。事实上在此期间，霍莉从未提供给马克斯任何不真诚或不适当的信息。但是，最近霍莉处于一个个人危机中，她的精神和情感状态导致她向马克斯报告说她的钱包被偷了，尽管她并没有什么证据来表明情况真的如此。马克斯并未注意到霍莉的异样，因而很容易地相信了霍莉的陈词。但是，事实上霍莉的钱包真的被偷了，今天早晨在咖啡馆的时候，一个年轻人把她的钱包偷走了。①

在这个案例中，马克斯不仅具有良好的认识原因来接受霍莉的陈词，而且霍莉本人也是一个真正可靠的陈词提供者。那么这个问题就是，在这样的一种情况下，霍莉的行为缺少认识特征，她的报告事实上缺乏充分的证据。但是，她的运气不错，她的钱包真的被人偷走了。由此，这个案例就符合盖蒂尔问题的讨论，即缺乏知识的情况下辩护了真信念。我们可以看出，马克斯的对霍莉陈词的认识原因以及霍莉自身作为可靠的陈词提供者这两重因素使得马克斯做出了钱包被偷这一真信念的辩护。相应地，这个案例并不能表明在被还原的陈词信念的辩护地位与执行还原行为的原因之间存在着差别。

在案例一中，尽管弗雷德具有极好的原因接受波琳的陈词，但是波琳并不是一个可靠的陈词提供者。因为不但波琳本人持有信天翁具有最大翼展的信念的原因是为了使她的书更畅销，而且在提供这样的信念的时候她并非一个合格的和诚心的提供者。换句话说，在当时的那些话题

---

① Jennifer Lackey，*The Epistemology of Testimony*，Oxford：Clarendon Press，2006，pp. 164-165.

中，波琳相信为真的那些报告都是假的，因此原因部分可以与可靠性相分离，或者说二者并非是紧密联系在一起的。鉴于波琳的不可靠，弗雷德建立在波琳陈词基础上形成的信念根本也就是不可辩护的。当然，人们会认为弗雷德相信波琳的理由是建立在海伦的陈词基础上，因为海伦在断言波琳上是不正确的，像这样的断言就不可能提供给弗雷德以原因。但是，"正如案例一所描述的，弗雷德确实具有原因认为波琳的陈词是真的。特别是弗雷德有理由将波琳的陈词置于一个蕴涵为真的信念范畴中，即，那些信念得到了海伦的陈词的支持。例如，当弗雷德在决定接受两个不同说话人的报告时，如果其中之一具有海伦陈词的支持，而另一个没有的话，多数时候弗雷德会接受前者的报告。在这个意义上，弗雷德对波琳陈词的接受的原因就更有可能使他相信为真。但是在其他情况下，弗雷德对波琳陈词的接受不大可能使他相信为真，弗雷德有理由将波琳的陈词置于一个蕴含为假的信念范畴中，即，那些信念得到了波琳的陈词的支持。而且，因为波琳是直接的信念提供者，很明显她的不可靠性就不会成为弗雷德相信她的原因。所以，即使弗雷德确实有理由相信波琳的陈词，有疑问的信念也不可能得到辩护"①。

因此，"对陈词辩护来说，听者即使具有极好的认识原因来接受说话人的陈词，对陈词辩护来说也是不够的，说话人自己必须在提供可靠陈词的过程中履行陈词交换当中的属于他的任务。也因此，PR-N&S 就

---

① Jennifer Lackey, *The Epistemology of Testimony*, Oxford: Clarendon Press, 2006, pp. 165-166.

是错误的，相应地，陈词还原论也就是错误的"①。

2. 反还原论

"与还原论不同的是，反还原论既反对还原论中的原因结构部分，也反对还原结构部分，他们认为原因部分对陈词辩护来说既不是充分条件也不是必要条件，相应地，他们认为陈词辩护是一种非还原性质的认识来源。反还原论者认为听者可以辩护性地接受说者的陈词，只要下面的两个条件得到满足：第一，通过有能力的说话人以及真诚的陈词提供者，报告可以被可靠地产生出来。第二，说话人并不具有任何相关的这个报告的否定因素，即与证据相反或与信念相反的因素。"②更为准确地说，"两种不同的否定因素被认为与辩护是格格不入以及不兼容的。首先，就是被称为心理否定因素（psychological defeaters），心理否定因素就是 S 所具有的经验、怀疑以及信念，但是这些因素却表达出 S 的信念，即 P 要么是错误的要么是不可靠的。S 在这个意义上具有这种否定因素，无论它们是否具有真价值或辩护地位。其次，就是被称为规范否定因素（normative defeaters），规范否定因素是 S 应该具有的怀疑和信念，但是表达出 S 的信念，即 P 要么是错误的要么是不可靠的。S 在这个意义上具有这种怀疑和信念的否定因素，无论 S 是否具有它们"③。简单地说，按照反还原论的主张，只要没有什么明确的证据反对说话人

① Jennifer Lackey, *The Epistemology of Testimony*, Oxford: Clarendon Press, 2006, p. 166.

② Jennifer Lackey, *The Epistemology of Testimony*, Oxford: Clarendon Press, 2006, p. 166.

③ Jennifer Lackey, *The Epistemology of Testimony*, Oxford: Clarendon Press, 2006, p. 185.

报告的接受，听者就需要辩护性地接受这样的有疑问的陈词。在这样的思路下，按照不同的关注对象和研究方法，产生出以下不同的反还原论类型。

其一，辩护的先验与接受。伯格（Tyler Burge）从辩护的先验性着手对陈词知识进行了认识论辩护，从而开创了陈词辩护的新方向。按照伯格的观点，不仅存在着里德所说的"易信原则"这样的先验事务，而且以陈词为基础的特定信念在许多情况下它们自身也是一种先验的辩护。当然，这种思想在陈词信念和感觉信念之间做出了深刻的区分。伯格对先验辩护的定义为："如果一个辩护的辩护力的构成并不依赖于具体的一些感官经验或知觉信念的细节的话，那么这个辩护是先验的。"①如果说这样的概念对于先验到底包含了什么并非很清楚的话，伯格其后进行了细致的分析以表明陈词辩护本身就是一种先验的辩护。

具体来看，首先，陈词辩护具有辩护的先验性。伯格在陈词与记忆之间做出了对比分析，他认为二者在某种程度上是具有共性的，也就是说陈词一定程度上类似于记忆，如果说记忆的作用在于将过去信念的辩护性保存到现在的话，那么陈词同样可以达到这个目的，陈词将信念的辩护性从说话者那里传递至听者那里。"在对话中，话语使得命题内容的传递从一个人传递至另一个人成为可能，就像记忆使得命题内容的保存从一个时代到另一个时代成为可能一样。"②

---

① Burge Tyler, Content Preservation, *Philosophical Review*, 1993, vol. 102, p. 458.

② Burge Tyler, Content Preservation, *Philosophical Review*, 1993, vol. 102, p. 481.

其次，陈词知识可以作为先验性知识存在。一直以来先验性知识往往是指具有逻辑关系指导的知识，这样的知识大量地存在于数学和几何学中，这样的知识由于具有证明的逻辑因而可以被认定为先验性知识，而陈词性知识只是后天的知识，是间接证明的。但伯格反对这样的观点，他认为多数人对于先验性知识的逻辑性并不具有质疑的能力，出于理由的缺乏他们往往先验性地接受了这些知识。通过数学家的陈词以及作为思想记录的陈词报告，听者的知识就成为一种先验性知识。"在对话当中，最初的理解来自信息的先验理解，来自这些信息来源的理性本质的假设，而不是来自感觉的作用，当然在这个过程中感觉的作用也是必要的。"①

最后，陈词性知识的可错性。陈词性知识是一种先验的知识，但是先验的知识不等于真知识，并不意味着先验性知识的无错性。陈词性知识作为一种先验性知识，它的辩护经常依赖于经验和直觉信念，因而它是可错的。

在详细分析了他的陈词的先验性之后，伯格进而论证了反还原论的观点，也就是他的"接受原则"。"人们有权利接受看起来是真的和他可以理解的东西，除非有更充分的理由反对他这么做。"②换句话说，伯格认为，当没有什么理由阻止我们接受他人话语作为我们认知的理由时，我们就可以放心地使用和接受这些话语，而不必诉诸什么辩护。以此为

---

① Burge Tyler, Content Preservation, *Philosophical Review*，1993，vol. 102，p. 480.

② Burge Tyler, Content Preservation, *Philosophical Review*，1993，vol. 102，p. 468.

基础，伯格就完成了他对陈词知识的反还原论论证。当然，对于"接受原则"来说，伯格其后又补充了一些特点和限制，比如"默认立场"的确立。这一主张认为人们的日常生活中讲真话是不需要理由的，而讲假话才需要理由，与此相类似接受是不需要理由的，不接受才需要理由，因此在没有什么特别的理由下，我们应该遵循这一规则接受陈词信念。另外，他人的话语是诚实的，因此在没有充分理由之前，不要去怀疑他人话语的诚实性。伯格以陈词辩护的先验性和接受性为基础，论证了反还原论的合理性和必要性。

其二，权威与认识的自我主义。理查德·弗利（Richard Foley）同样是一位反还原论者，与伯格相类似的是，他认为即使我们缺乏对他人陈词话语的辩护依赖，大多数时候我们认可他人的报告也是合理的。以此为认识基础，弗利对于权威进行了仔细的检查，并在其中进行了区分，得出两类不同的权威类型：基础权威（Fundamental Authority）以及派生权威（Derivative Authority）。"对于这类情景来说，我将加以叙述，但是此刻我想要强调一下最初的情景，因为它提出了最清楚的一个问题，是否对于将基础权威赋予他人来说是合理的。基础权威既与派生权威相反，同样也与阿伦·吉伯德（Allan Gibbard）所说的'苏格拉底的影响'相反。想象一下，假设你通过一系列设计好的问题和对问题论证的方式使我相信了一个主张，然后我理解了你所理解的内容，因而相信你所相信的。这时，我相信这个主张的理由并不依赖于你相信它的理由，因为现在我理解它为什么是真的。当我使用这个术语时，你对我施加的是影响，而不是权威。"①

那么究竟什么才是权威呢？弗利认为基础权威就是直接接受信念的权威，而派生权威就是信念接受源于我自己有充分的理由，在此基础上你的认识与我相同，那么我赋予你的权威。"即使当我准备好采纳你的话语主张，我也不需要赋予你基础权威。我可以采纳你的话语，仅仅因为我自己具有独立的原因——即并非源于你相信这种主张的原因——来思考你在这个主张上是可靠的。如果是这样的话，我将赋予你派生权威。我认为，你的信息、能力或者环境使你处于一个特别好的做出评价的位置上，派生权威就是出自我这样的理由。"②

在弗利看来，无论是派生权威还是基础权威，都可以直接或间接施加它的影响。"一方面，如果你说 P，我相信你说的，并因此我自己也相信了 P，那么你对我的权威就是直接的。另一方面，如果你向我推荐了方法 M 并且作为结果我采纳了 M，M 有助于使我相信 P，那么你对我在 M 上的权威就是直接的，但对于 P 来说它就是间接的。"③尽管弗利讨论的更多的是直接影响，但是从这一基本理念来说，这些论题是合理的，至少对我们大多数人大多数时间下来说，将基础权威赋予他人意见是合理的。

---

① Richard Foley，Egoism in Epistemology，in *Socializing Epistemology*：*The Social Dimension of Knowledge*，F. Schimtt(eds)，Lanham，Maryland：Rowman&Littlefield Publishers，1994，p. 54.

② Richard Foley，Egoism in Epistemology，in *Socializing Epistemology*：*The Social Dimension of Knowledge*，F. Schimtt(eds)，Lanham，Maryland：Rowman&Littlefield Publishers，1994，p. 55.

③ Richard Foley，Egoism in Epistemology，in *Socializing Epistemology*：*The Social Dimension of Knowledge*，F. Schimtt(eds)，Lanham，Maryland：Rowman&Littlefield Publishers，1994，p. 55.

　　但是，与将基础权威赋予他人意见相反的是另一类观点，它们主张不必赋予他人以基础权威，"每一个理性权威的实例都是一个派生权威的实例"，而这就是弗利所要批判的认识"自我主义"。或者说，"自我主义就在于并不赋予他人基本权威，在它自身来说，某人相信一个主张的事实并没有给我以任何原因去相信该主张。但是，认识论自我主义者可以将派生权威赋予他人，当然最直接的方法就是通过查看你的过往记录，如果你的记录显示你在该主张上具有可靠的认识地位，那么我理所应当地将你的意见视为一种可靠意义而采纳"①。由此可见，认识论自我主义者与非自我主义者最核心的问题就是是否以直接采纳别人意见为标准，如果对该主张的采纳建立在自己的理由基础上以及其后的一些检查行为上的话，那么这就是典型的自我主义，反之则是认识论自我主义。前者与后者在还原论问题上的看法是不同的，前者要求认识的辩护具备经验以及理性的判断条件，因而更多时候是一种还原论或部分还原的形式，而后者则表现为明确的反还原论，即如果没有什么反对的理由那么接受他人意见就是合理的。相应地，我们可以在二者之间做出明确的区分，"将自我主义者与非自我主义者区分出来的是他们对于他人的目标、愿望以及需要的态度。自我主义者将他人兴趣的满足看作是满足他们自己的兴趣的一种方式，而非自我主义者将他人兴趣的满足看作是他人自身的方式。相应地，区别认识自我主义者与非自我主义者的是他们对待理智权威的态度，非自我主义者至少给一部分人以基础权威的地

---

　　① Richard Foley，Egoism in Epistemology，in *Socializing Epistemology：The Social Dimension of Knowledge*，F. Schimtt(eds)，Lanham，Maryland：Rowman&Littlefield Publishers，1994，p. 55.

位，而自我主义者不给他人以基础地位，他们仅给他人以派生的权威"①。以此为基础，弗利完成了他对反还原论的论证，并给出了陈词意见和陈词知识的合理性。

其三，公共语言辩护。上述两位学者更多地是以陈词知识辩护是先在的作为他们反还原论的基本理念，他们认为即使没有什么经验证据来进行陈词知识的辩护，人们同样可以不证自明式地获得可靠的相信他人话语的认识权力。与这二人所不同的，科迪的论证更多的是要求一种陈词的普遍可靠性，特别是日常公共语言的可靠性。为此，他进行了如下两步论证：

第一，语义学的真有助于陈词的真。科迪在论证这个结论时借助了戴维森的论证策略，认为语义学的正确理解蕴涵了大多数语言使用者的信念为真。戴维森在考察自然语言在整体的语言语境中的具体用法、变化和特征的时候，认识到"实际的语言实践仅仅宽泛地与那些完全而明确的被澄清的语言相关联，这些语言具有语音学、语义学和语形学的特征"②。通过他对各种"用法的怪癖"的考察，对诸如误用文字、绰号、口误等考察，他得出结论说："我们必须放弃这种思想，即认为语言使用者能够获得语言的清晰的共同结构，并进而将之运用于特定的情境中，并且我们应当再次强调指出'约定'是如何在那些极为重要的意义中

---

① Richard Foley, Egoism in Epistemology, in *Socializing Epistemology: The Social Dimension of Knowledge*, F. Schimtt(eds), Lanham, Maryland: Rowman&Littlefield Publishers, 1994, pp. 56-57.

② Davidson D., The Social Aspect of Language, in B. McGuinness and Olivieri (eds), *The Philosophy of Michael Dummett*, Dordrecht: Kluwer, 1994, p. 2.

被包含到语言中的；或者，正如我所知道的，我们将放弃试图去通过诉诸'约定'来澄清我们是如何进行交流的。"①依照戴维森的理论，"像误用文字那样的现象，它预示了我们应该认识到，人类理解彼此言语的能力，并不能整个地在预先的交流的具体情景中学到，并不存在我们首先同意并把它应用于具体的情况中的共同规则，也不存在预先约定并包括和确定了词的所有的有意义的用法"②。

第二，信念的综合是一个复杂的过程。科迪认为，信念的综合不是简单一次完成的，事实上它涉及两个层面。"第一个层面涉及单个信念的形成方式。在一个信念的形成过程中，不同的'信息路径'（感觉、记忆、推理和陈词）共同构成了一个信念。这种综合相当于一个融贯信念整体的形成。可以把它称为结合（cohesion）。第二个层面上的综合就包括了陈词信念在内的不同种类的信念通常是相互适应的。可以称其为融贯（coherence）。正是以上两个不同层面上信念的复杂综合，才实现了信念包括陈词信念的理解。当然这个过程可以解释为，首先，在某个陈词信念的形成过程中，它结合了其他信息路径的输入；其次，它与其他种类的信念融贯地形成了一个信念体系。因此，这两个层面的综合决定了陈词必定是可靠的。"③

在反还原论的基础上产生了如上三种研究进路，当然事实上不止这

---

① Davidson D., A Nice Derangement of Epitaphs, in R. E. Grandy and R. Warner (eds), *Philosophical Grounds of Rationality*, Oxford University Press, 1986, p. 174.

② 殷杰、郭贵春：《哲学对话的新平台》，山西科学技术出版社 2003 年版，第 57 页。

③ C. A. J. Coady, *Testimony: A Philosophy Study*, Oxford: Clarendon Press, 1992, pp. 169-173.

样三种，我们只是通过研究这样几种反还原论的方式，来理解反还原论的基本主张和理论范式。但是，也必须看到，即使是反还原论也面临着不可回避的问题，某种程度上甚至导致反还原论的失败。具体来看，回到先前所列的两类理解 PR-N&S 和 PR-N 上，通过下面的案例分析，我们将看到尽管 PR-N&S 是错误的，然而 PR-N 是正确的，因此反还原论也是错误的。

案例三，萨姆是一个普通人，在一个阳光明媚的早晨步行通过一片森林。在远处他注意到某个人掉下一本书。尽管这个人的外表可以使萨姆确信他是一个外星人，但是萨姆却并不知道有关这个外星人的任何情况，也不知道他是从哪一个外星球来的。现在，在外星人离开萨姆的视线之后，萨姆捡起了这本书。在打开之后，萨姆马上注意到这本书是用英语写的，看上去就是地球上称之为日记的东西。而且，在读了这本日记的第一句之后，萨姆脑海中形成了相应的信念，在这个外星人的星球上当地的一些居民被老虎吃掉了。现在可以判明的是这本书是一本日记，外星人是用英语写成的，在日记中星球居民被老虎吃掉的报告是真的也是可靠的。①

现在，因为这本书是外星人写的，而萨姆确实没有认识论上的相关的肯定原因，如他并没有和外星人交流的理论，他也没有外星人是可靠

---

① Jennifer Lackey, *The Epistemology of Testimony*, Oxford: Clarendon Press, 2006, p. 167.

陈词提供者的信念，他对日记作者的可靠性没有任何信念，他对这本日记在外星人社会中发挥什么功能也一无所知。因此，萨姆根本不能将日记中的报告与他的背景信念相比较，因为他不知道书中所用的这些话语与地球上用这些话语是否一样。这样，"这个例子表达出这样一个情况：对于说话人的陈词来说，听者完全没有任何合理原因来面对。我们在这里提出的问题就是，是否萨姆可以以外星人的日记为基础，辩护性地相信星球上老虎吃人的报告"①。

　　对此的回答当然是否定的。尽管外星人的报告是真的也是可靠的，但是对于萨姆来说以外星人的陈词作为基础接受这样的报告完全是非理性的。对此理由很多，比如说在外星人社会中向他人做出陈词时欺骗或不真诚可能被认为是好的实践，比如说正常的外星人心理可能被地球人视为一种精神错乱，比如说外星人的语言尽管与英语相似，但是它们使用了否定的符号表示对一个命题的认同，等等。因此，当萨姆看日记时，这些报告仅仅是有可能是真的，外星人仅仅有可能提供了可靠的陈词。

　　当然，这个例子在驳斥反还原论上是有它的作用的。之前我们所列的反还原论的第二个要求就是：说话人并不具有任何相关的这个报告的否定因素，即与证据相反或与信念相反的因素。但是这并不能表明陈词辩护与某种认识非理性是一回事，也就是说认识的非理性往往推翻了陈词辩护，即使没有这个报告的否定因素。"案例三所表达的就是这样一

---

　　①　Jennifer Lackey，*The Epistemology of Testimony*，Oxford：Clarendon Press，2006，p. 167.

种思想，即在缺乏肯定原因的情况下接受说话人报告在认识论上是非理性的，而这就和存在着否定因素情况下接受这样的报告是一样的。如果我知道你偶尔撒谎，那么对我来说相信你的陈词就是非理性的，同样对萨姆来说，对外星人的情况一无所知，那么相信他的报告同样是非理性的，在某种程度上甚至要比前者更加非理性，毕竟我知道人类通常情况下要求讲真话，人类的报告目的在于交流信息，而萨姆甚至连这一基本背景都不知道。"①从这个例子我们可以看出，在缺乏肯定原因的情况下接受一份陈词，甚至要比存在否定原因情况下接受陈词更加地非理性。因此，通过展示出在缺乏肯定原因的情况下接受说话人的报告，非理性涉及认识当中，案例三实际上就驳斥了反还原论的主张，由于 PR-N 的正确性，反还原论对于陈词辩护来说就是错误的。也因此我们认为在陈词交换过程中，听者也必须履行自己的任务，他必须具有接受该报告的一些相关的肯定原因。

3. 二元论

众所周知，在陈词交换中信息实际上经历了说话人与听者之间的传递。但是，在之前我们仔细检查的还原论与反还原论之中，它们往往只强调了一方面的工作，而忽视了另一方面的任务，忽视了另一方面在陈词辩护当中所起的作用和贡献。具体来说，"还原论完全将目光对准了陈词交换中的听者。为了能够将陈词辩护还原为感觉、记忆和推理的辩护，所有的辩护工作都需要听者来承担，因为他的肯定原因提供了还原

① Jennifer Lackey，*The Epistemology of Testimony*，Oxford：Clarendon Press，2006，p. 168.

的基础。还原论认为：首先，听者所拥有的原因决定了陈词信念的辩护地位。其次，说者的无关性对于听者的陈词信念的辩护来说就具有认识的相关性。"①但是，这两点都是错误的。正如案例一所描述的那样，不管听者对于特定陈词的理由有多好，如果说者的报告本身就是彻底不可靠的，那么这样的陈词辩护就是错误的。因此，陈词辩护的充分解释必须包括陈词自身是可靠的或蕴涵真理这样一个条件。

另外，反还原论认为陈词交换中辩护工作是由说者完成的，忽略了听者需要做的工作。具体来说，"他们要求说者的陈词必须是可靠的，但是却没有要求或假定听者必须具备满足肯定因素的条件。但是，正如案例三所描述的那样，不管说话人的陈词有多可靠，如果听者不能理性地接受他的报告的话，这同样不能完成。因此，听者必须具有认识论上的相关的肯定原因来接受这样的陈词"②。

由此可知，陈词信念的辩护工作必须由说话人和听者共同完成，而不是其中单独的一个人，说话人的条件可以保证陈词的可靠性，而听者的条件则保证了陈词辩护的合理性。因此，陈词辩护的条件就建立在说者的可靠性和听者相信信念的合理性之上。具体来说，我们可以用如下表述来表示陈词辩护中的二元论③：

对任何一个说话人 A 和听者 B 来说，以 A 的陈词 P 为基础，B 辩

① Jennifer Lackey，*The Epistemology of Testimony*，Oxford：Clarendon Press，2006，p. 170.

② Jennifer Lackey，*The Epistemology of Testimony*，Oxford：Clarendon Press，2006，p. 170.

③ Jennifer Lackey，*The Epistemology of Testimony*，Oxford：Clarendon Press，2006，p. 170.

护性地相信了命题 P，只有当(1)B 相信 P 是建立在 A 的陈词 P 的内容基础上，(2)A 的陈词 P 是可靠的或者蕴涵真理的，(3)B 具有接受 A 的陈词 P 的适当的肯定理由。

对于条件(1)来说，因为我们的兴趣是在陈词性辩护上，因此这个条件指明听者必须以说话人的陈词内容为基础形成他的信念。对于条件(2)来说，说话人的陈词可靠性可以以多种方式得到充实。最常用的方式就是要求说话人既是一个可靠的相信者又是一个真诚的陈词提供者，或者要求说话人的陈述而不是他的信念是可靠的。与前两个条件相比，第三个条件面对着更多的质疑和挑战，如，马克·韦伯(Mark Owen Webb)认为，"造成还原论困境的原因似乎是我们的信念要建立在他人陈词基础上的这一要求就建立在陈词可靠性的基础上。这一严格的要求……在信念主体上承载了太多的负担，因为它要求他知道有关于人们的各种知识，他们的专家意见的领域，他们的心理学倾向，而这些知识大多数信念主体都不具有"①。弗利认为，"还原论的问题就在于它将我们远离了那些他人具有我们缺乏的专家意见和信息……毕竟具有我们缺乏的专家意见的许多人我们都不了解。因此对我们来说赋予他们派生权威几乎没有什么基础"②。斯特劳森认为，即使当我们具有了充分的原因接受说话人的陈词时，"检查的过程除了从他人的陈词源中寻找确证

---

① Webb，Mark Owen，Why I Know About As Much As You：A Reply to Hardwig，*Journal of Philosophy*，vol. 90，p. 263.

② Richard Foley，Egoism in Epistemology，in *Socializing Epistemology：The Social Dimension of Knowledge*，F. Schimtt(eds)，Lanham，Maryland：Rowman&Littlefield Publishers，1994，pp. 57-58.

之外什么都没有"①。这些话语试图表达出以下的意见："其一，普通的认识行动者并不具有足够的信息来获得足以强硬的肯定原因；其二，即使当行动者具有了足够的信息来辩护特定情况下的陈词接受，这些肯定原因自身也常常受惠于陈词。"②

但是，基于以下的三点讨论，这些意见并不足以动摇条件(3)。"首先，这些意见往往源于还原论对 PR-N&S 的使用而不是 PR-N。他们往往认为肯定原因对陈词辩护来说既是必要的又是充分的，因此肯定原因就不可避免地承载了陈词辩护的全部负担。与还原论相反，二元论的辩护工作需要在说者和听者之间共同完成，这样条件(2)就承担起陈词可靠性的任务，而(3)仅需要确保听者的陈词接受是理性地可接受的。其次，我们应该看到存在着各种各样的具有认识意义的肯定原因，因此它们就可以满足二元论中的条件(3)。具体来说，认识行动者至少可以得到三种归纳为基础的肯定原因来区分可靠和不可靠的陈词，第一类就包括了赋予个体可靠的语境和语境特征的标准；第二类就包括了区分不同种类报告的标准；第三类就包括了赋予个体可靠的说话者的标准。最后，接受说话人陈词的肯定原因可以依赖陈词，只要它们不是最终的或完全的陈词基础。当然为了避免循环论证，人们需要拒斥(i)对每一个报告 R 来说，辩护 R 的肯定原因自身不能从他人的陈词中获得，同时可以接受(ii)对每一个报告 R 来说，辩护 R 的肯定原因不能成为最终的

---

① P. F. Strawson, Knowing From Words, in Knowing From Words, edited by Matilal and Chakrabarti, Dordrecht: Kluwer. 1994, p. 25.

② Jennifer Lackey, *The Epistemology of Testimony*, Oxford: Clarendon Press, 2006, p. 172.

陈词基础，这就意味着这种辩护在陈词中不能是最终的。"①

综上所述，二元论对于陈词认识论来说是重要的而且是富有意义的，这样的重要性及意义就体现在以下两个方面。具体来看②，首先，一方面，二元论对于还原论和反还原论之间许多重要的区分和争论来说提出了更加容易的解决方案。例如，因为还原论主张陈词是可还原为其他的认识来源，这样的主张往往低估了陈词的重要性，降低了陈词在认识论中的价值。另一方面，反还原论主张赋予陈词完全的独立性，这样的观点常常遭到"易于轻信""缺乏智力责任"的批评和指责。但是，二元论则可以回避上述两方面的反对：陈词是一个不可还原的认识来源，因此避免了对陈词重要性的低估以及降低了陈词在认识论中的价值的批评，同时听者也需要肯定原因以便获得陈词辩护，这就回避了"易于轻信""缺乏智力责任"的批评和指责。

其次，二元论正确地转移了目前还原论与反还原论之争的辩论焦点。正如我们所见，还原论的中心论题就是陈词的辩护还原为感觉、记忆和推理的辩护。因此，陈词不可能做出任何它自身的辩护贡献，如果还原论是真的，那么就不会有什么具体的陈词性辩护，只会存在着通过陈词而获得的信念的辩护。但是这种观点几乎没有给陈词什么认识的信任。但是，正如案例一所见的那样，报告的可靠性并不是什么可以被还原为感觉、记忆和推理的辩护。在陈词交换中报告的可靠性是一个通过

---

① Jennifer Lackey, *The Epistemology of Testimony*, Oxford: Clarendon Press, 2006, pp. 172-174.

② Jennifer Lackey, *The Epistemology of Testimony*, Oxford: Clarendon Press, 2006, pp. 178-179.

陈词获得信念辩护的必要条件，陈词变化自身是不可以被还原的。因此，与还原论相反，存在着本质上是陈词的辩护。另外，反还原论主张既然陈词是与感觉、记忆和推理一样的辩护来源，那么听者可以在接受说者报告时得到辩护，虽然这样的辩护仅仅建立在说者陈词的基础上。按照这个方式，陈词就被理解为一种彻底独立的和自治的辩护来源。但是这样的观点赋予陈词太多的认识信任。正如案例三所见，在缺乏肯定原因的情况下接受陈词就是一种认识的非理性，一种与陈词辩护无法兼容的非理性。而且，如果肯定原因自身完全而且最终通过陈词获得的话，这会产生出错误的循环论证，陈词辩护需要引入感觉、记忆和推理的直接帮助。因此，与反还原论相反，陈词辩护依赖其他认识来源的辩护资源。因此，二元论的观点就是，陈词辩护的工作既需要说者和听者在陈词交换过程中各自发挥自己的作用，同时陈词辩护既不可以被还原也不可以彻底地独立于感觉、记忆和直觉推理，因此陈词认识论需要超越还原与反还原之争，而这正是二元论的意义和目的所在。

四、陈词的传递

尽管还原论与反还原论在陈词辩护是否可以或需要还原为其他的认识来源问题上持有相反的意见，但是对于他们有关陈词认识论中的另一个问题却基本上持有相同的看法，这个问题就是传递问题。无论是还原论者还是反还原论者，他们都认同在陈词交换过程中，说话人的信念以及某些认识属性，从说话人那里传递到了听者那里，这个论题我们可以称为传递问题。

基于陈词概念的澄清和分析，可以认为陈词就是一种说话人信念的有效表达，或者是信念基础的他人来源，但是是否我的信念辩护可以有效地传递至你的辩护之中呢？这个问题就涉及了陈词交换过程中的传递问题，即说话人的信念以及某些认识属性，从说话人那里传递到了听者那里。对于陈词传递问题来说，传递的内容和辩护仍存在着不同的看法，甚至对辩护是否得到传递都保持着某种怀疑的态度。具体来看，传递问题的研究包括了陈词传递的定义、条件和内容研究。

1. 传递的定义研究

传递问题的表述在不同的学者那里得到不同的形式，比如，"如果 S 知道 P，并且 S 向 H 确定了 P，H 接受 P 的理由就建立在 S 的陈词基础上，那么 H 就接受了 P"，这个解释一般性地阐述了传递问题的特征，指出了传递的通常形式但是还不够具体，特别是"S 向 H 确定了 P"本身就存在着疑问，需要作出相应的确证。

格拉汉姆(P. Graham)在陈词问题讨论中，构建了一种讨论模型：

"陈词传递需要具有两个条件，充分条件认为'如果 S 知道 P 并诚实地陈述 P，而 H 得到辩护地接受 S 对 P 的陈述，那么 H 知道 P'，必要条件则认为'仅当 S 知道 P 时，H 才通过接受 S 对 P 的陈述知道 P'。"[①]这种模型对陈词的传递给出了充分和必要条件，因而在论证中表述得较为清晰。

除此之外，与其上相似，还存在一种被称为"认识属性传递"的模型，"陈词传递需要两个条件，一个是必要条件，另一个是充分条件，

---

① Graham, P. J., Transferring Knowledge, *NOUS*, 2000, vol. 34, issue 1, p. 131.

充分条件认为'对每一个说者 A 和听者 B 来说，如果(1)A 的信念 P 得
到了辩护，(2)B 对 P 的相信建立在 A 的陈词 P 的内容基础上，(3)B 并
不具有相信 P 的否定因素，那么 B 对 P 的信念就得到了辩护'，必要条
件则认为'对每一个说话者 A 和听者 B 来说，B 的信念 P 的辩护是建立
在 A 的陈词 P 的基础上，仅当 A 的信念 P 得到了辩护'"①。

　　综合上述表述形式可以认为，知识或信念传递一定程度上类似于水
桶传递，举例来说，如果我要把满满一桶水传递至你那里，抛开撒水的
问题，那么作为交换的结果你现在也拥有满满一桶水。即水桶在 A→B
的过程中，水事实上经过了一次传递。与之相类似，如果我要向你传递
一个辩护的信念，那么我必须具有一种辩护的信念才能传递给你，而且
如果我向你传递的就是一种辩护的信念，抛开否定因素，那么作为交换
的结果你现在也拥有一种辩护的信念。与水桶传递类似，陈词 A→B 传
递的过程中，陈词的辩护基础和内容就从说者那里传递至听者那里。但
是，部分人认为知识传递过程中传递的只有知识，辩护并没有通过传
递，知识与辩护二者是相分离的，即使知识得到传递，但与知识相分离
的辩护却留了下来。比如，"从感觉的角度来看，人们可以具有不同的
信赖基础，如果我信赖的信念基础是一些真的东西，你当然可以有理由
来相信我。但是你的可信赖的基础与我的信赖基础是不同的。因为我的
信赖基础是可以看见的，而你的信赖基础是我告诉你的，是你对我的信

<hr>

① Jennifer Lackey, *The Epistemology of Testimony*, Oxford: Clarendon Press, 2006, p. 6.

赖。所以最初的信赖基础根本就没有得到传递"①。可见，陈词传递事实上较为复杂，对其展开研究需要首先从传递的充分条件和必要条件上加以分析。

2. 传递的条件研究

陈词传递的条件，包括充分条件和必要条件，对于陈词传递研究来说是重要的，因为这些条件可以对陈词传递的听者和说者作出规定，以保证陈词能够得以传递，以保证最基本的传递是可靠的。

从必要条件来看，知识传递要求说话人必须拥有知识，当然这样的说话人既可以是传递环节中的每一个说话人，这样就能够保证在传递过程中信念的真，也就是说保证了传递信念的可辩护性。如奥迪所说，"如果我不知道 P，那么我就不能把知识 P 传递给你。……陈词性知识是通过传递得到的，因此它要求证人知道 P"②。同时这样的说话人也可以是传递环节中的第一个说话人，因为最初的说话人必须具有可靠的知识和可信赖的知识基础，只有这样他的话语才能被作为信息源加以传递。如达米特所说，"如果记住什么相当于保存关于它的知识，那么当它最初被证实或被经验到时，它必须是为人所知的；如果最初的直觉和理解是错的，那么(对直觉和理解的)记忆就算不上是知识。这同样适用于被告知的情景，因此，最初的陈词源(传递的第一链)必须知道该信

---

① 尤洋：《如何理解知识的陈词问题——访牛津大学哲学系伊丽莎白·弗里克博士》，载《哲学动态》，2011 年第 12 期。

② Audi R. , The Place of Testimony in the Fabric of Knowledge and Justification, *American Philosophical Quarterly*，1997，34，p. 410.

息，并处于知道的状态，否则，受众就无法从该信息来源那里得到知识"①。

在这种传递的意义上，陈词并不同于感觉和推理，事实上它并非一个生成性的认识来源。陈词在这方面就被认为与记忆存在相似之处，陈词是把知识从一个人传递到另一个人，而记忆是把信念从一个时候传递至另一个时候。但是无论是第一种观点即要求传递的每一环节都必须知道，还是传递的第一环节必须知道，都忽略了一个重要的问题，即不可靠的说者可以提供可靠的陈词。比如，"一位信奉创世说的老师，尽管他本人的信念是创世论，但是在学校的课堂讲授上，他依然向学生们讲授了有关进化论的观点"②。在这里，这位老师并不是一个可靠的说话人，他自身的观点是创世论，但是他的讲课内容是可靠的，因为他讲的是有关进化论的内容和知识，而学生们通过他获得了可靠的知识。因此，这个案例表明即使说者没能拥有 P，听者依然可以在说者的基础上得到 P。也就是说，知识传递过程中，对信念的怀疑并不会被传递，知识与信念是相分离的，无论传递的第一环节或每一个环节是否拥有知识。

从充分条件来看，知识传递要求说话人必须具有相应的能力、背景，听者的相信完全建立在对说者自身的认同以及缺少相应否定因素的

---

① Dummett M. , Testimony and Memory, in B. Matilal and A. Chakrabarti(eds), *Knowing From Words*, 1994, p. 264.

② 详见 Lackey, J, Testimonial Knowledge and Transmission, *The Philosophcial Quarterly*, 1999, vol. 49, no. 197, p. 473; Jennifer Lackey, *The Epistemology of Testimony*, Oxford: Clarendon Press, 2006, p. 7。

情况下。但是这个要求同样面临着问题，即说者尽管具有相当的权威和资质，但事实上信念判断的问题涉及更多的背景知识，因此说者也会发生错误，即使听者并没有什么相关的否定因素。简单来说，就是可靠的说者可以提供出不可靠的陈词。比如，"尽管品酒师具有相关的能力和知识用来分辨不同的葡萄酒，但是出于地理知识的缺陷，他错误地将托斯卡纳当作波尔多地区的一部分，也因此将前者出产的葡萄酒与后者出产的葡萄酒混为一谈，并向他的朋友做出了相关陈词，他喝的是波尔多葡萄酒"①。在这里，该案例就符合上述的可靠的说者可以提供出不可靠的陈词的结论，尽管品酒师有能力分辨出两类酒，但是出于地理知识的错误，他将二者混为一谈，也因此在知识传递中，虽然满足了充分条件，但是知识并没有发生传递，因为他的陈词是不可靠的。又或者哥伦布误认为到达的新大陆是印度，并称当地人为印第安人，他在和他人谈论的时候就指称新大陆为印度。在这里，该案例就表明可靠的说者可以提供出不可靠的陈词，也因此在知识传递中，虽然充分条件得以满足，但是知识并没有发生传递，因为他的陈词是不可靠的。也正是在这个意义上，陈词传递遭到了反对，因为可靠性的辩护基础是非牢固的。

很显然，通过对陈词传递的条件分析可以看出，无论是单独对说话人还是听者做出条件分析都不足以保证陈词传递的可靠和有效，因为陈词传递涉及说者和听者两方而不是其中单独的一个人，说话人的条件可

---

① 详见 Fred Dretske，Cognitive Cul-de-Sac，*Mind*，vol 91，No 361，1982，p. 109-110。

以保证陈词的可靠性，而听者的条件则保证了陈词辩护的合理性。因此，陈词传递的辩护条件就需要建立在说者的可靠性和听者相信信念的合理性之上。由此，一种被称作"认识属性传递"的条件模型开始出现，其可以被归纳为①：

"陈词传递需要两个条件，一个是必要条件，另一个是充分条件，

充分条件认为'对每一个说者 A 和听者 B 来说，

如果(1)A 的信念 P 得到了辩护；

(2)B 对 P 的相信建立在 A 的陈词 P 的内容基础上；

(3)B 并不具有相信 P 的否定因素，那么 B 对 P 的信念就得到了辩护'。

必要条件则认为，'对每一个说话者 A 和听者 B 来说，B 的信念 P 的辩护是建立在 A 的陈词 P 的基础上，仅当 A 的信念 P 得到了辩护。'"

很显然，这里的充分和必要条件事实上分别对陈词传递的双方都做出了规定，从说者那里来看，说者 A 的陈词 P 是可靠的或者蕴涵真理的，从听者 B 那里来看，P 的相信建立在说者 A 的陈词 P 的内容基础上，且听者 B 具有接受说者 A 陈词 P 的适当理由。正是在这样两方面的条件规定下，才能以说者 A 的陈词 P 为基础，听者 B 辩护性地相信命题 P，从而完成陈词传递实现知识辩护。

综上所述，陈词传递构成了陈词研究的一个重要组成部分，并且只有从说者和听者两方面对传递条件进行合理界定，才能准确把握陈词传

---

① Jennifer Lackey，*The Epistemology of Testimony*，Oxford：Clarendon Press，2006，p. 6.

递过程中的实际情况。而在展开陈词传递分析的同时，我们亦需要认识到陈词传递本身具有的较为重要的认识论意义：其一，陈词传递就将说者的言语作为一种隐性知识非辩护性地传递至听者那里，从而完成了从信念到知识的二次转换，实现了他人话语的知识辩护；其二，陈词传递研究呈现出一种知识社会维度的观念，这种观念就为信念向知识的转换提供了新的途径并开启了研究之门，使得聚焦在"基础论""融贯论"之上的认识论学者可以在新的知识社会维度的思维背景下思考知识生成和辩护理解。

3. 传递的内容研究

在分析了传递问题的条件之后，我们继续关注以下的几个问题：第一，传递的内容是什么？是知识还是信念？第二，传递过程中知识内容是增加还是减少？第三，传递过程中辩护是否也得到传递？

对第一个问题，即传递的内容是什么？是知识传递还是信念传递来说，事实上存在着两个不同的回答，部分人认为传递的是信念，他们通过对信念的交流来定义知识传递过程。"一个相信 P 并希望传递这个信念的说者做出了 P 的陈词，一个听者注意到并理解了这个陈词，于是他接受了 P。"①这个回答的优点显而易见，一方面它与日常生活的认识过程相符合，另一方面它的应用范围更加宽广，所以陈词内容不论是可靠的还是不可靠的，都可以通过传递过程得到传递。当然，也有部分人认为传递的是知识，只有知识才可以得到传递，"一个诚恳的说者，知道 P 并且就知识而言，做出陈词 P，一个听者理解了 P，于是听者和说者

---

① Welbourne M., Testimony, Knowledge and Belief, in B. Matilal and A. Chakrabarti(eds), *Knowing from words*, Dordrecht：Kluwer，1994，p. 306.

都知道了 P"①。这个回答在传递内容上做出了严格的区分，即只有可靠的或经过辩护的信念才可以通过传递过程。

对第二个问题，即知识内容在传递过程中的变化来说，也存在着两个不同的回答，洛克认为在传递过程中，每经过一次传递，知识的数量就要发生相应地减少或损失。但是休谟认为依照洛克的观点，历史上的知识必将在传递过程中消亡，因而是不可接受的。"必须承认，以这种方式考虑问题，也就不存在历史和传统了，最终必定失去力量和证据。每一个新的可能性都损失了最初的确定性，而历史知识被认为是具有很大的确定性的，但是这样一再损失之后，它是不可能继续存在的。"②而科迪认为，在传递的过程中知识的确定性不但没有损失，而且还得到了增强，而且在传递的过程中，接受者不是被动的，相反在某种程度上，是作为一个主体积极地参与到知识的传递过程中的。③

对第三个问题，即辩护是否在传递过程中得到传递来说，同样也存在着两个不同的回答，部分人认为传递知识过程中，辩护相应地同时传递至听者。也就是说听者获得了知识的同时必然获得了这一知识的辩护。"因为如果来源不相信一个命题，或者一个命题不是真的，或者来源没有获得辩护，那么接受者就不可能知道该命题。接受者依赖由对话而来的辩护本身不足以构成知识。特别地，接受者依赖来源所拥有的辩

---

① Welbourne M., Testimony, Knowledge and Belief, in B. Matilal and A. Chakrabarti(eds), *Knowing from words*, Dordrecht：Kluwer, 1994, p. 302.

② Hume D., *A Treatise of Human Nature*, L. A. Selby-Bigge(ed), Oxford：Clarendon Press, 1967, p. 145.

③ C. A. J. Coady, *Tesitmony：A Philosophical Study*, Oxford：Clarendon Press, 1992, pp. 211-216.

护和授权。接受者至少部分地依赖对话者的辩护和授权，否则，他的信念就不是知识。"①但是，部分人认为知识传递过程中传递的只有知识，辩护并没有通过传递，知识与辩护二者是相分离的，即使知识得到传递，但与知识相分离的辩护却留了下来，即使听者具有辩护，但听者的辩护与说者的辩护是不同的。"我不能给你我没有的知识，但我可以给你我没有的辩护。……在我是可信的但陈词是虚假的情况下，你相信了我说的，但是这是你的辩护，我并没有将我的辩护传递给你，正如我本身并不拥有一样。准确地说，我对命题的作证方式，加上你对我的背景和环境的理解，给了你这种辩护，它独立于我本身是否拥有辩护。"②与之类似，伊丽莎白·弗里克也指出，"从感觉的角度来看，人们可以具有不同的信赖基础，如果我信赖的信念基础是一些真的东西，你当然可以有理由来相信我。但是你的可信赖的基础与我的信赖基础是不同的。因为我的信赖基础是可以看见的，而你的信赖基础是我告诉你的，是你对我的信赖。所以最初的信赖基础根本就没有得到传递。所以谈论辩护信赖的传递基本上会引发错误的理解方向。如果你希望具有知识，那么你必须是以个体信赖为解释基础的。一些个体主义者的观点认为如果我的陈词是可辩护的，那么我告诉你之后你的陈词也是可辩护的。而这就是另外一个我所反对的内容。"③

---

① Burge Tailor，Content Preservation，*Philosophical Review*，1993，vol. 102，p. 486.

② Audi R.，*Epistemology：A Contemporary Introduction to the Theory of Knowledge*，London：Routledge，1998，p. 138.

③ 尤洋：《如何理解知识的陈词问题——访牛津大学哲学系伊丽莎白·弗里克博士》，载《哲学动态》，2010 年第 12 期。

五、陈词的研究意义

应该看到，在当代认识论的研究过程中，陈词对认识论的发展提出了富有特色和价值的理解方式，形成了独特的研究问题，它们试图展现出来的绝不仅仅是个体认识的感觉、知觉、记忆、推理的认识特征，而是要将一种隐藏在历史之中或被历史有意忽视的认识来源挖掘和展现出来。陈词问题的理论特征表现出了与传统认识论研究的差别，而这一趋势在拓宽社会认识论研究视域的同时，也赋予了陈词问题更大的理论背景和研究态势。因此，从这一视角来看，有理由认为陈词研究就为当代认识论的深化提供了较为丰富的理论基础和研究意义。

其一，陈词研究致力于重新界定知识的认识性质。20世纪末的认识论发展进入了一个新的阶段，通过陈词的规范解读就将认识论的核心理念加以保留，并将新的认识态度引入至传统认识论的研究内核中，成为一种规范性的研究，表征出知识的辩护性和真理性，因而可被视为一种新时代背景下的认识论研究趋势。陈词研究一方面深刻地坚持了这种规范性内核，在遵循传统认识论研究方法的同时努力地展示出了知识的社会性；另一方面，其理论特征就被证明是对当代社会认识论研究的一种直接推动力。很显然，陈词研究的目标就是要理解个体之间的话语关联，这种独特的认识论研究在获取知识方法上进行了细致的区分，并试图使合格的专家话语成为获取知识的有效途径。通过将知识获取与特定的说话主体相联系，就在传统的认识论研究当中确立了陈词的地位，并强调了借助话语来理解知识的产生、辩护与传递的重要性，也因此它致力于重新界定知识的认识性质。

其二，陈词研究致力于扩大人类知识的既有来源。传统认识论的最大特征就在于研究视角的过分单一，往往只集中于个体心灵之上，忽视了他人话语作为一种知识来源的合法性，但最近的研究则尝试着对此加以更改。"直到最近，它都是被人所忽视的，我是说哲学家研究了知识的来源，他们研究了感觉、直觉、记忆和推理。但是在当代社会中陈词有必要得以反映……我们所知的一切都来自'二手的'知识，因为知识实在是太过于庞大了，我们必须借助于他人才行。"①正是这样，当代的知识论者开始重视陈词传递的重要作用，并试图对其加以规范性改造，扩大知识的来源并对其合法性予以辩护。事实上，陈词研究的价值不仅仅表现为将人们的交流方式引入哲学特别是认识论当中进行规范的探究，其意义还在于重新审视人类的知识来源并适度地加以扩大，通过这样的考察我们可以将陈词放置于与感觉、记忆和推理相当的位置上，从而极大地拓宽了人们的认识途径，深化了当代社会认识论研究，扩大了人类知识的既有来源。

其三，陈词研究致力于打开知识的社会维度之门。20 世纪 80 年代 SSK 以强纲领主张真理与历史、社会环境相关联，主张社会因素对知识的解释效力，主张社会与政治力量影响和塑造了科学理论。虽然强纲领的主张过于偏激很快就招致了众多的批判而消沉下去，但在批判过程中社会因素之于知识产生的作用却明显被人们重视起来，人们开始意识到传统认识论不过是一种消弭了社会因素的理想化类型，由此有关知识社

---

① 尤洋：《如何理解知识的陈词问题——访牛津大学哲学系伊丽莎白·弗里克博士》，载《哲学动态》，2010 年第 12 期。

会维度的研究得以开启。伴随着对知识的文化研究、语境研究，对知识社会维度的关注开始频繁出现于主流认识论研究之中，尽管传统观点的核心特征需要在哲学研究特别是认识论研究中加以保留，但是从社会维度的视角来审视知识的生成和传播却成为其后认识论研究的最为重要的一个特征。究其原因，一方面人类生活与生产本身所具有的强烈社会特性决定了，忽略知识生成与传播中的社会性将导致人类认识上的偏差以及知识生成的缺陷；另一方面，忽视了语言作为日常交流工具的社会互动功用，将导致对知识本身所具有的社会维度的认识意义的缺失。正是在这样的意义上，很显然，对知识的关注绝不能仅仅限制在传统的内在特质中加以审视，而必须在一个更为宽阔的视域中加以强调，而这正是当代陈词研究所试图展现出来的。

当然，这里有必要指出的是，陈词研究面临着两个问题的挑战：第一，说话人的信念是否为真以及这种"真"是否可以无损地传递至听者？第二，我们是否可以成功地从他人的话语中获得辩护？类似这样的问题一定程度上在学界引发了争议和矛盾，持肯定回答的人往往认同了陈词就是一种获得辩护的真信念，即陈词就是一种知识，而持部分否定和怀疑意见的人则对此意见不尽相同。但无论如何，陈词的界定、辩护以及陈词传递构成了当代陈词问题研究的主要论题却是确定无疑的，特别是借助于知识社会维度所产生的新的认识理念，陈词研究就将新的认识态度和知识模式引入传统认识论的研究内核中，这一点是毫无疑问的。由此，陈词研究对于当代认识论的社会化工作来说，就开创了一条极具特色的基础性研究道路。通过陈词性知识的社会化研究，社会认识论就能够在一种更为规范的基底上展开，并纳入主流认识论研究领域，而这正是陈词研究的最大价值所在。

　　综上所述，陈词研究构成了当代社会认识论研究的一个主要论题。在这样的研究体系中，对于每一个论点事实上都存在着不同的回答，但是它们基本上都保持了哲学的研究特色，或者说是以一种哲学的研究态度。尽管当代认识论研究面对着复杂的特点，尽管陈词作为人们日常生活中的交流方式有其普遍但又特殊的地位，一方面人们日常生活中的大量信息都是借助于陈词的交流和交换来完成，我们看报纸得知今天将有寒流通过，我们看电视得知美国总统是拜登，我们上网得知今天发生在全球的各个大事，我们在学校相互交谈得到老师的知识和学生的想法，因此陈词在人类社会中发挥着广泛而普遍的作用。但是另一方面陈词作为他人的话语，往往被视为一种"第二手"的证据和选择标准，他人的话语是否可以算作我们的接受意见，接受他人的话语是否是一种非理性的行为，所有这些都成为我们进行判断的困难。这样一种相互脱节、相互对立的观点很大程度上就成为当代陈词研究的出发点，当然某种程度上转化为一种研究的推动力。事实上，当代陈词研究的重要性不仅仅表现为将人们的交流方式引入哲学特别是认识论当中进行规范的探究，其意义还在于重新审视人类的知识来源，通过这样的考察我们可以将陈词放置于与感觉、记忆和推理相当的位置上，从而极大地拓宽人们的认识途径，这一点在当代的信息大爆炸的背景下尤为突出。更为重要的是陈词问题的成功探索，对于当代认识论的社会化工作来说，无疑开创了极具特色的基础性研究道路。通过陈词知识的社会化研究，社会认识论能够在一个哲学式的研究基底上展开，同时广泛地纳入相应的研究成分，从而成为 20 世纪 80 年代之后的认识论主流研究，而这正是陈词之于社会认识论的意义和贡献。最后，我们引用社会认识论研究的领军人物史密特(Schmitt)的话做个结束："1980 年以后，科学社会学的强纲领、女性主义认识论以及蒯因的自然主义认识论都激发了社会认识论这一主题的研究。这些方面的研究促使认识论学者去重新思考社会关系——尤其是陈词——在知识中的地位与作用。"①

第二节　专家意见分歧与选择

从陈词问题引申出的另外一个问题就是专家意见选择的问题，这个问题大致可以归纳为：当我们面对未知的情况需要向专家进行咨询时，如果两个不同的专家面对同一个问题给出了不同甚至相反的结论，面对这样的困境我们该做出什么样的选择。很显然与此前陈词的辩护与传递不同，在这里专家的意见给出了不同的辩护，因此这个问题也被称作"同行分歧问题"。这个问题某种程度上可以说是陈词问题的延伸，但是在某些地方又不完全等同于陈词，毕竟陈词要求的说者在这里是具有相当专业背景和专业知识的专家，他们在某些领域是具有可靠权威的，同时这个问题有别于陈词问题的最为重要的地方在于对于相同的听者 H 来说，有两个具有权威的可靠的说者 S，他们分别对于某个问题做出了两个不同的 P，那么对于 H 来说，他就面对着两个同样可靠的陈词 P，

---

① Schmitt F. , Socializing Epistemology: An Introduction through Two Sample Issues, In F. Schmitt (Ed.), *Socializing Epistemology: The Social Dimension of Knowledge*, Lanham, Maryland: Rowman&Littlefield, 1994, p. 3.

他的选择就不再是简单的相信还是不相信，或者说是还原还是不还原，而是如何在两个陈词间进行选择，或者说该相信哪一个陈词，相信哪一个专家。正是以上两点使得专家意见选择区别于陈词，陈词只要求说者是可靠的，特别是这个陈词过程往往是一对一的，听者只需要处于适当的位置具有充分的观察能力即可，比如车祸事故的陈词所要求的就是这些，但是专家意见选择则不仅仅要求说者具有可靠的信念，通常情况下这个陈词往往是两个或更多，而且对听者来说他所要做的是在其中做出一种合理的判断，当然这样的判断是建立在特定的标准之上的，因此我们有理由相信正是基于以上的不同，专家意见选择就成为社会认识论研究中一个独特的研究方向。

一、专家意见分歧问题

由上可知，以陈词为研究对象的社会认识论关注于专家意见和权威性问题。部分原因在于知识的社会路径有助于知识的快速和准确的获得，对比个体通过自己的观察和思考来获取知识来说，这样的方式显然是更有效的。如果共同体中的成员都知道某个真相，那么我们通过公共交流的途径获取和理解这个真相就不再是一个困难的事情，而这正是陈词能够发挥作用的地方和途径，毕竟通过陈词（无论是话语还是文字）获得真相要比个体的直接观测更快、更方便。因此，在日常生活中，我们常常借助于某一领域的专家获取该领域的知识。比如，我们想知道一个化学实验中究竟产生了什么化学变化，我们就求助于某一化学家从而得到答案；我们常常会在工作中感到压力，很多情况下甚至在家里也无法得到轻松，因此我们的心理会感到失衡，因此我们会求助于心理学家和心理医生来帮助我们保持良好的心态；政治领导人并不是对所有的领域和问题都擅长，比如说经济领域、外交领域和司法领域，因此在涉及他并没有把握的问题时，他很有可能会向该领域的著名权威专家咨询以获得合理的政府施政方针。所有的这些都是日常生活中涉及专家意见的例子，因为这样的例子实在是太多了，我们并不需要穷尽。因此，专家意见选择问题不但具有实践的重要性，因为在这样一个高度社会化、专业化以及复杂的社会中，人们经常会向上述例子中那样作为外行求助于专家以得到理智的指导和帮助；而且这个问题在理论上也是有趣的，毕竟专家的意见并非总是可靠和值得信赖的，因此只有那些拥有和传递真理的专家才能得到信赖，那些不具有资格的和欺骗的说话者是不可能得到相信的，而这就向听者提出了一个问题，即如何区分谁是正确的谁是错误的，如何辨别谁是专家。或者说，"传统认识论和科学哲学通常是在'理想化的'情景中考察知识的接收和传递。例如，在这种理想化的情景中，人们通常所考察的认知主体具有无限的认知能力，并且在调查资源上也没有任何重大的限制。相比之下，在专家意见选择中，我们关注的是具有特定的认知限制的认识主体，以及当受制于这些限制时，这样的认识主体是如何进行选择的"①。

---

① Alvin Goldman，*Pathways to Knowledge*，New York：Oxford University Press，2002，pp. 139-140.

1. 怀疑论立场

最早关注专家意见选择的学者是哈德维格（John Hardwig），哈德维格认为新手不可能告诉我们在一群声称自己具有专家意见的人中，究竟谁才具有更大的权威和专家意见。人们能够依赖的只有信任，即使在科学中也是一样的。因此对新手来说，在那些相互竞争的权威人士那里被迫进行一种选择，某种程度上是无能为力的。① 也就是说，在面对多个具备可靠信念来源的专家间进行挑选时，人们的选择往往建立在对专家的依赖上，这样的挑选与对专家的依赖必然是盲目的。所以按照这一充斥着大量怀疑论的观点来看，我们似乎无法得出对专家的陈词信赖是我们获取帮助的有效手段的观点。

2. 先验论立场

正如我们在分析陈词所看到的那样，伯格认为专家在向公众提供陈词时，专家往往赋予了公众一种先验的理由来接受它，这个理由既不依赖于公众可能知道的专家能力、环境和获取知识的机会，也不依赖于后者靠经验获得的证据，这个理由是先验存在的。通过这样一种先验观念的引入，伯格认为公众具有了接受专家意见的理由。"一个人有权利接受那些被表述为真的并且他能理解的真信念，除非存在更强的理由反对他这么做……这种辩护所描述的辩护力并不是被感觉经验或知觉信念所构成和提高。"② 与伯格相类似，弗利也提出了信奉他人

① John Hardwig, Epistemology Dependence, *Journal of Philosophy*, 1985, vol. 82, pp. 335-349.

② Burge Tyler, Content Preservation, *Philosophical Review*, 1993, vol. 102, pp. 467-469.

观点是合理的，他将基础权威赋予专家，因此"对我们来说，受到他人影响是合理的，即使我们没有什么特殊的信息指导告诉我们它们是可靠的"①。也就是说，弗利认为公众相信专家是不需要什么理由的，他赋予新手一种基本权利来相信专家，即使他们没有任何经验证据。但是，先验论的立场更多地解决的是公众信奉一位专家，那么专家意见不一致的情况下呢？

　　戈德曼对此先验论立场提出了不同的看法。他认为无论是先验原则还是基础权威都无助于解决专家意见选择问题。"两位公认的专家，对同一个特定的问题有着相矛盾的看法，那么你该接受谁的观点？这显然在很大程度上取决于你对他们各自的能力和可能知道事实真相的经验内容的判断。在这种情况中，伯格和弗利所主张的那种默认原则对我们确实没有任何帮助。尽管听者可能最初相信每一位说者，然而同时相信两位说者就是不可能做到的，因为我们已经假设他们的观点是不兼容的。因此，听者所认同的二者都是合理的观点就将依赖于他能从每一个说话人那里学到了什么，或是从其他说话人的意见中学到了什么。"②戈德曼认为公众在进行专家信念选择时，他们往往会对专家的身份进行鉴别，并从中得出是否应该相信的结论。比如，"对我来说，更重要的是，听者关于陈词源的可靠性或不可靠性的经验证据，经常能支持或否定听者接受其陈词的合理性。例如，当你在街上碰到某人时，他独断地主张一

　　①　Foley Richard，Egoism in Epistemology，in F. Schmitt（Ed.），*Socializing Epistemology*：*The Social Dimension of Knowledge*，Rowman&Littlefield，1994，p. 55.

　　②　Alvin Goldman，*Pathways to Knowledge*，New York：Oxford University Press，2002，p. 142.

道高深的数学命题，而你虽然理解这个命题，但却从未对其合理性进行过评价，也许没有人对该命题作过任何可行性研究。那么当你在接受这个陌生人的命题时，你获得了辩护吗？显然，这部分地取决于说者是一位你所熟悉的数学教授，还是一位九岁的儿童。你有先验证据认为前者能够知道这样的命题，而后者不能。但是，无论伯格还是弗利所主张的默认授权的先验原则是否存在，你对说者身份的经验证据是明确相关的。因此，我的观点就是你所掌握的有关说话者身份的证据，是你接受说者断言的关键证据"①。

　　综上可见，专家意见选择问题不仅对于陈词研究提出了一个富有意义的挑战，而且更为重要的是这个问题在日常生活中并不是抽象和纯理论化的，我们在日常生活领域中经常会碰到这类问题。在当代社会中，特别是在以案例法为主的英美社会中，专家意见选择是司法体系中的一个固有问题。在英国和美国，特别是在美国，犯罪行为是否成立往往是由陪审团决定的，法官更多的是指导陪审团采纳相关的犯罪证据，但是陪审团许多情况下都是随机地由不懂法律的外行人所组成。因此，在法庭上面对着控辩双方的针锋相对，特别是在关键的证据观点、技术问题、疾病状况等涉及相关学科的专业知识上，双方都引述了相关的专家意见作为自己观点的佐证时，作为外行人的陪审团如何来决定哪一方的观点是正确的，哪一个专家的意见是可靠的，因而在这一领域上该问题是富有意义的。正因如此，我们需要对专家意见选择做出更为

---

　　① Alvin Goldman, *Pathways to Knowledge*, New York: Oxford University Press, 2002, p. 142.

详细的分析，当然首先我们需要对专家以及专家意见的特征进行明确的界定。

二、专家意见的界定与特征

在充分了解了同行分歧与专家意见选择的理论背景和实践意义之后，我们需要具体分析专家意见的概念、特征和其他相关的理论研究，继而明确什么是专家意见研究。正如上文所述的那样，公众或普通人在某些专业领域上缺乏相关的背景知识，缺少合理的技能运用，对该领域问题的看法需要寻求帮助。但是，公众并非一窍不通，通过学习和知识的普及，公众中的一部分人可以转化为行内人，比如一个新手经过严格的培训就可以成为专家，因此公众和专家之间事实上只是存在着部分限定性的因素，比如时间、代价和能力等，满足了上述条件之后，公众就可以通过自己做出正确的判断。

当然，正如我们所说，专家意见实际上包括了两类不同的问题，其一，专家与公众问题；其二，专家与专家问题。"前一个问题我们可以大致归纳为：在公众缺乏普遍性的知识和认识时，是否他们可以在相互竞争的专家间做出辩护性的判断？而后一个问题实际上是对某个或某些专家的权威和可信性进行评估的问题。"①

---

① Alvin Goldman, *Pathways to Knowledge*, New York: Oxford University Press, 2002, p. 143.

在这两个问题的关系认识上，存在着不同的回答。其一，认为专家与专家问题可以放入专家与公众问题之中进行解读。比如，基彻尔提出，"这个问题可以通过分析科学家如何将权威赋予他们的同行而得到理解。事实上权威赋予的最重要的部分就是'标度'（calibration）问题"①。实际上基彻尔在这里所说的标度某种意义上就是一种衡量的信赖度，当然这样的标度可以通过对专家的信赖、荣誉、名望以及发表成果各方面内容进行综合考虑，通过这样的标度就可以对专家的可靠性进行分析判断。用戈德曼的话说，"在直接标度中，一个科学家使用其自己的关于探究主题的意见来评价一个目标科学家的权威，而在间接标度中，一个科学家使用他以前经过直接标度评价过的其他科学家的意见来评价一个目标科学家的权威。所以这还是以他的意见作为评价出发点的"②。

其二，认为问题一与问题二是两个问题，因此专家公众问题是独立存在的。比如，戈德曼认为，"公众是不可能运用他自己在专家意见领域中的观点去评价专家意见的，至少他认为他不具有这个能力。他们既不具有对目标领域的相关意见，同时在该领域该问题上也没有足够的信心去裁决或评价相互竞争的专家之间的争论。公众认为这个领域需要特定的专家意见，而他自己并没有拥有这样的专家意见。因此，他们不能在该专家意见域内使用他自己的意见，在两个相互冲突的专家判断和报

---

① Kitcher Philip, *The Advancement of Science*, New York: Oxford University Press, 1993, pp. 314-322.

② Alvin Goldman, *Pathways to Knowledge*, New York: Oxford University Press, 2002, p. 143.

告中进行选择。"①综上，无论如何理解两个问题的关系，有一点是不变的，那就是专家对于公众进行判断是不可或缺的，在特定的场合下公众需要专家的意见。

当然，专家事实上也是分类的。一些专家更精通于某些技能的使用，比如歌唱家、画家以及高级技工等，他们在某个相关领域内对于某项技能的理解和掌握要比其他人更为深刻，因此他的话语是有指导性的。与此同时，还有更为宽泛的专家理解，比如认识论意义上的专家或认识论关注的专家，因此这样的专家主要关注于认知专家或智力专家，即在某一领域内，他们拥有广阔的或深厚的知识，他们具有创造新知识的能力，并且可以解答这些领域内的新问题。因此，我们可以将专家定义为"一个领域 D 内的专家就是拥有广泛知识的人，拥有敏捷地和成功地使用这些知识运用于该领域内新问题的一套技能和方法的人"②。根据这样的定义，专家意见的特征就可以归纳为以下几点③：

其一，专家意见应该具有更多的真。专家意见作为一种可靠的意见，在某一领域 D 内与普通人的意见相对比应该具有更多的真命题信念，具有更少的假命题信念。根据这种说法，专家意见在很大程度上似乎是一个相比较的事情。不过这样的专家意见并不是完全比较的。如果大多数人对某一领域充满了谬误，而专家的观点虽然是对的，但是鉴于

---

① Alvin Goldman，*Pathways to Knowledge*，New York：Oxford University Press，2002，p. 143.

② Alvin Goldman，*Pathways to Knowledge*，New York：Oxford University Press，2002，p. 146.

③ Alvin Goldman，*Pathways to Knowledge*，New York：Oxford University Press，2002，pp. 145-146.

相信他的人寥寥无几,他的意见也不可能被认为是专家意见。有关这样的例子在欧洲科学史上比比皆是,比如伽利略、哥白尼。当然,为了要成为一位认识专家,一个人必须要拥有目标领域中的充分的真。

其二,专家意见包括了信息与仪器的使用等相关的因素。这里所说的专家意见可以是一种技能形态的专家意见。为了获得解决一个领域中所面临的新问题的正确答案,专家应该具有应用专业信息的支持来解决问题的能力和技能。这些技能或技巧部分地构成了专家意见,当在该领域中面临一个新问题时,专家知道该如何在信息库中寻找相关信息,并且采取有效的操作策略,或者说,专家知道怎样运用一些外部的仪器或数据库来获取相关信息,并据此做出有效的决策。因此,专家技能既以一种能力要素也以一种实际效果要素为特征。

其三,专家意见具有一种严谨性的区分。专家意见实际上存在着强和弱的两种形式,因此要区分领域中的首要问题和次要问题。首要问题是在一个领域中研究者或学者所共同感兴趣的原则问题,而次要问题则涉及对首要问题的证据或论证,以及对由杰出的研究者做出的证明的评估。因此,强意义上专家对于领域中的首要问题和次要问题都具有非同寻常的广泛的知识。而弱意义上的专家,则只对该领域中的次要问题具有广泛的认识。如果两个人在领域中的首要问题上存在着很大的分歧,那么其中一个是对的,另一个是错的。根据强意义的标准,错的那个人就不是专家。

三、专家意见的选择标准

在对专家意见的界定和特征明确之后，特别是在对专家意见的三个特征进行归纳之后，我们需要仔细地分析并找出专家意见选择的标准，找到公众对专家意见的选择依据。这个研究对于专家意见选择研究来说是至关重要的，因为采纳什么样的依据对于什么样的意见最后可以被认定是专家意见，进而被认定为可以进入可靠信念的判断来说是至关重要的。专家意见的选择标准不仅在理论上有研究的合理之处，而且在实际的日常生活实践中它们就构成了我们判断的基底和标准。一方面，从理论上来说，这样的依据能够在交换意见和行为理论上对我们的研究做出一种概念性质的指导；另一方面，从实践上来说，其对于改善我们的行为，特别是提高我们对日常话语权威性的判断，给出了更为实际和深刻的信念采纳标准。有鉴于此，戈德曼罗列了五个方面详细地进行选择依据的分析："第一，由相互竞争的专家提供的支持他们自己的观点并驳斥对方观点的论证；第二，其他专家对争论中的问题站在哪一方专家的立场上；第三，来自专家意见的'元专家'所提供的评价（包括对专家资质的评价）的证据；第四，专家与有争议的问题的利益和偏见的证据；第五，专家'过往记录'的证据。"[1]在对上述五方面给出认同的判断意见之后，我们尝试着对这些内容进行多视角的解读，以此得出专家意见选择的判定标准。

---

[1]　Alvin Goldman, *Pathways to Knowledge*, New York: Oxford University Press, 2002, p. 146.

1. 基于论证的证据

普通人从两个专家 E1 和 E2 之中获取信息的途径有两条。第一条我们可以看作是一个"二手式"途径，比如他通过一份大众媒体的第二手的和简略的描述中听到或看到专家的观点以及他们的论证。这样他可能接触不到两位专家的论证，或者说只能接触到他们的非常简略的论证。第二条我们可以看作是一个"第一手"途径，比如一位普通人见证或阅读到了专家之间辩论的详细的介绍。在获得了相关信息之后，他所要做的事情就是理解这些信息或证据。但是，基于他的能力问题，他对这些信息就会全部或部分地"一无所知"，即使有时他能部分理解，但是依据个人的知识他又不能相信。因此，在专家们进行争论时，对专家证据进行评价是异常困难的。

当然，在认识上并不是所有出现在专家论证中的陈述对普通人来说都是不可理解的。可以区分专家谈话中的深奥陈述和通俗陈述，深奥陈述属于相关的专家意见的领域，普通人的个人知识是无论如何都不可能把握深奥陈述的真实价值。而通俗陈述在专家意见领域之外，普通人可以在陈述的过程中或者在事后认识到通俗陈述的真实价值。在一位专家论证中，深奥陈述往往包含了相当多的前提和"辅助论点"。这使得普通人很难辩护性地相信专家的观点，他们通常不仅无力评价深奥命题的真实价值，而且也缺乏对所列举的证据与所提供的结论之间的评价，也因此当相竞争的专家展开争论时，普通人几乎无法正确地判定哪一位专家是对的。

2. 多数原则

很显然在下列情况下，公众会做出这样一种判断，如对于一个有争议的问题，持 A 意见的专家有数十人，持 B 意见的专家只有几个人，那么公众会选择前者而不是后者，其原因就在于多数原则。通过诉诸专家的数量进行判断应该说是公众进行判断的直观方法和有效策略。当代科学的一个特征就是公开性或开放性，同行之间相互批判和交流已经成为一种固定的研究模式，因此通过同行审议以及公开发表的论文、会议报告等，公众大致可以计算出对于一个有争议的问题来说，究竟以谁为代表的一类人的人数有多少，与之相反意见的一类人的人数有多少，这个工作事实上是简单的，只需要公众去留意和收集相关信息就可以做到，以这个工作为判断的基础，他们就可以做出合理的判断。当然，这并不表明数量多的一方就绝对正确，数量多就代表着合理，或者说持某一意见的人数多就能够表明他们的意见是正确的，毕竟科学史上人数少的意见也有可能是正确的，比如大陆漂移说最初只有魏格纳等少数几个人认同，但是通常情况下人数多的专家意见部分情况下具有相对的真理性，或者说经受到更多的批判性检验过程，因此相对来说可以作为专家意见判断的依据和基础。

3. 利益与偏见的证据

当公众确实认识到专家意见背后隐藏着的利益考虑以及偏见因素时，他们可以以此作为证据进而判断出专家的意见是不可靠的，可以在相互竞争的专家意见间做出选择。很显然，我们日常生活中经常会遇到这样的情况，比如我批评某人的原因是出于我的私心或为了帮助我的朋友，那么其他人在了解了我的情况之后，就会断定我的批评不具有可靠性，并不会把我的批评看作是某人不合格的证据，即使我是这个领域的专家。如果我和另一个人都向导师递交了一份试验报告，事实上我并没有得出试验的结论而是剽窃了其他论文的成果，或者我根本就没有进行相类似的试验，但是因为恐惧导师，我就撒谎编造数据，那么这种情况下我的报告就是源于利益或偏见的，即使我的报告结论是正确的。"当然，撒谎并不是唯一的一类由于利益和偏见减少专家信任度的方法。利益和偏见可以对专家意见施加更为精巧的负面影响，所以他们的意见不大可能是真实的，即使是真诚的。"①比如说，国内某著名院士成为医药企业的技术顾问，出于经济考虑他会为医药企业的药品质量做出个人担保和信任辩护，也因此医药企业之间的利益争夺导致了不同医药专家之间的名誉之争，所有这些都是利益和偏见对专家意见进行判断所施加的影响，如果公众可以掌握这些，那么他们就可以做出自己的判断。

与之相类似，研究群体的偏见也许隐藏得更深，这部分地是因为团体偏见对于公众而言更加不透明。如果在一个特定的领域中所有人或绝大多数人受到了相同偏见的影响，那么公众将非常难以从其他专家和元专家那里来确证陈词的价值。比如，女性主义社会认识论强调了女性在科学活动中受到了不公正的对待和偏见，她们认为性别差异造成了男性对女性的压迫，以及在知识生产上地位的不平等，所有这些都源于信念的偏见，即人们往往认为在科学研究内部女性并不适合科学研究，也不适合作为合格的知识研究者。因此，在判断相竞争的专家意见时，公众可以去识别这些隐藏在背后的利益或偏见，并且如果他们真的具有识别相关因素的能力，他们就可以做出合理的判断，因此尽管这个工作或者

---

① Alvin Goldman, *Pathways to Knowledge*, New York: Oxford University Press, 2002, p. 156.

说收集专家信息的工作是困难的，但是它确实为公众在相竞争的专家意见间做出判断，提供了一条合理的方法和判断依据。

4. 过往记录

使用过往记录是一个对专家意见选择判断的快捷方式，毕竟如果过往记录显示两位专家中的一位拥有更多的更好的历史记录的话，相对来讲他这一次也更有可能是正确的，也更有可能获得公众的认同和支持。但是当我们审视这一原则时，我们会发现以往的良好记录并不能够绝对保证这一次的正确，特别是当两位专家在过去都表现优秀时，如何断定谁的过往记录更优秀呢。因此，使用过往记录就意味着要察看专家们对给定领域内的先前问题所提供的解决方案的成功率。但是鉴于普通人的能力不足以及缺少相关的训练，判断工作同样是一个困难的工作。当然，这个问题可以通过其他方式得以解决，比如区分深奥陈述和通俗陈述。并不是所有的陈述都是深奥的，专家的话语也并不都是不可理解的。同时即使是深奥的陈述，随着公众对相关能力的逐步增强，深奥的陈述也将逐渐变得简单。因此当陈述的认识状态从时间上、从空间上逐渐由深奥变得简单的时候，公众就可以依据自己的知识和理解，在相竞争的专家之间做出判断。另外，借助于实践效果检验。部分专家意见可以通过实践效果来检验，以确定哪一个专家的意见是正确的。通常这类检验涉及实际工作，比如修理汽车、检测电脑和空调等，虽然在意见付诸实践前，对于普通人来说专家的意见是深奥的，但是当他们观察到这一实践过程，比如汽车的实际修理过程，看到了最后的结果，那么他就可以通过结果来确定自己的判断意见。很显然，在同行发生分歧和专家意见之间进行选择并不是一件容易的事情，即使使用过往记录进行察看和选择，也并不能够保证公众可以从两个或多个相竞争的专家间选择出正确的意见。因此，公众需要意识到过往记录的察看并不会提供出一套运算法则，通过该法则新手就能够解决所有的专家意见选择问题，但是过往记录的意义更多地体现在公众可以核实过往记录并使用它们检查专家意见，至少原则上和在部分情况下，驱散笼罩在专家与公众间的怀疑主义的阴云。

第三节　集体性知识与集体辩护

随着社会认识论研究的深入，集体性知识（Collective Knowledge）的本质这个全新的问题开始显现于认识论研究之中，其主要关注于：什么样的人拥有知识？除了个体学者之外是否还有集体性学者？是否一个集体可以拥有其成员所不能拥有的一种信念呢？是否存在着集体知识、集体辩护以及集体理性呢？传统认识论往往将获取知识的通道和途径归结为个体，将个体作为认识活动的研究主体，然而鉴于我们的认识活动越来越依赖于复杂的社会调查系统和知识分配系统，以社会集体为活动主体的认识调查不仅可能，而且成为必要。这样，在面对当代复杂的外部世界和科学活动时，以集体作为认识主体，就成为我们认识活动中的必然选择，而这一现实就要求我们以社会认识论作为工具，来理解集体知识的本质和集体认知的特点。

尽管哲学家一定程度上意识到知识的社会属性，把关注点放在影响或决定个体知识和知识方法的社会因素上，但是否社会集体自身可以成为传统认识论意义上的具有辩护真信念的认识主体，这样的思考是随着社会认识论研究逐渐成熟走向具有自己学科定位和学科建制的理论诉求的过程逐步产生出来。与之相适应，我们首先面对的就是："第一，什么是集体性知识？知识信念与可接受性（Acceptance）有什么差异？第二，集体辩护与认识优势在哪里？集体辩护如何区别又以什么方式区别于个体辩护？第三，集体认识论与科学的关系是什么？对科学家团体来说什么样的集体结构更能促进知识的生产？"①所有这些问题都从新的角度对认识的集体意向性、理性甚至可辩护性做出新的解读，促进并繁荣了当代认识论研究，同时也成为其中最有吸引力的论题。具体来看，集体性知识所涉及的问题和争论主要有以下几个方面：

一、集体性知识的归因

在传统认识论中，认识主体往往是认识个体，同时，一直以来认识论的标准假设就是：知识是获得辩护的真信念。尽管一定程度上哲学家们都承认知识具有社会因素，但是其研究焦点大部分放在了影响和决定个体知道什么和如何知道的社会因素上，而没有将传统的辩护和知识的真理标准纳入其中。因此很少有人注意到是否社会集体自己可以成为认识者，就像传统意义上的具有辩护真信念的认识个体一样。但是，我们

---

① Kay Mathiesen. Introduction to Special Issues of Social Epistemology on "Collective Knowledge and Collective Knowers", *Social Epistemology*，2007，21（3），pp. 209-216.

必须看到，这个问题对于社会认识论以及认识论来说，是富有意义和价值的，而且该问题给予我们重要的启示：我们可以在维持传统知识概念的同时承认合作集体以及作为认知者的社会集体。

概括起来，人类的认识目标就是尽可能多地获得真信念和尽可能少地获得假信念，或者说"我们必须在知道真理的同时回避错误——这些是我们作为认知者首要的以及最重要的规定"①。尽管它更多地是指个体的认识目标，但是我们有理由将其扩展至集体的认识目标，即我们需要集体获得尽可能多的真信念和获得尽可能少的假信念。例如，我们想要让陪审团获得更多的真信念以便对嫌疑人的犯罪行为做出鉴别；我们想要让消费者获得更多的真信念以便对产品的安全性进行了解并进行消费；我们想让投票人获得更多的候选人的真实情况以便做出更好的选择；我们想让科学家共同体获得更好的真信念以理解世界的真实运行情况；我们想让学生们获得更多的真知识以便理解各门功课的内容等；所有这些都是集体的合理的认识目标。鉴于集体认识目标在日常生活中所发挥的批判性作用，就需要准确地理解这些目标的理论以及实践意义。在对集体性知识的归因上，存在着两类不同的理解方式：累积性解释（Summative Account）和非累积性解释（non-Summative Account）。

1. 累积性解释

累积性解释是一种较为普遍和简单的观点。大致来说，这个观点认为集体的信念就是集体成员的信念之和。用蒯因顿（Quinton）的话讲就

---

① William James，*The Will to Believe and Other Essays in Popular Philosophy*，Cambridge，Ma：Harvard University Press，1979，p. 24.

是："如果一个集体的全部成员或大部分成员都相信 P，那么这个集体就相信 P。"①事实上，这种累积性解释实质上是个体主义本体论观点的延伸。从哲学史上来看，无论是基础主义的知识论还是融贯主义的知识论，都没有能够确切地说明集体性知识的本质。而个体主义和整体主义之争也愈发激烈，并受到哲学家的支持从而都具有强烈的影响力。马克斯·韦伯认为社会仅仅是互动中的个体的集合，即所有的集体与社会属性都可以还原为个体的属性。按照这个解释，个体就是社会行动的主体，个体的属性构成了社会的属性。即便存在知识和知识辩护，那也是个体知识，从而其辩护也是个体性质的。正因此蒯因顿主张将集体成员的信念之和视为集体的信念，"集体被认为是有信念、情绪和态度的，可以做出决定和承诺，但是这种说法只是比喻性的。将心理术语归结于集体实际上是将它们归属于集体成员的一种间接的方式。这种归属方式我将其称为累积性解释"②。

换句话说，"我们常常会做出有关集体知道什么或相信什么的陈述。一些人认为所有这些陈述对于更长的陈述来说仅仅是一个简略的表达方法，更长的表述应该列举出全部的或大部分的成员及其信念。这种思想就被称为集体属性的'累积性'解释。按照集体特征或集体属性的累积性观点，说一个集体具有特征 Y 就是说它的全部或大部分成员都具有特

①　Anthony Quinton，*Social Objects*，*Proceedings of the Aristolelian Society*，1976（76），p. 17.

②　Anthony Quinton，*Social Objects*，*Proceedings of the Aristolelian Society*，1976（76），p. 78.

征 Y"①。事实上，"集体 G 相信 Y"的陈述，就是这种方法的简略表达。例如，"科学家们相信照片上的证据表明火星上曾经有水流动"这一陈述，表达出的思想是：科学家成员个体相信这一点，它们的集体就具有了这样的信念。但是问题在于：是否所有的有关集体认识状态或特征的表述，都可以按照这样的累积性方法进行理解？

2. 非累积性解释

与累积性解释相对立，非累积性解释并不将集体信念看作是个体信念之和，而是将集体信念置于个体信念之上。事实上，这样的解释源自迪尔凯姆，如果说韦伯是早期个体主义的代表的话，那么迪尔凯姆则扩大了整体主义的影响。依据整体主义，社会事实是不可分割的整体，因为这个整体具有个体成员所不具有的属性，整体属性的修改影响或抑制了形成集体的个体成员。在迪尔凯姆看来，整体论具有复杂的基础，特别是他认为道德秩序为社会提供基础，任何个体主义理论都不可能解释社会的起源和辩护，个体能够进行社会互动是因为超越个体的规范指导他们的行为并提供必要的认可。

当代哲学认识论研究中，许多学者沿着整体主义路径对累积性解释提出了质疑，并指出累积性解释并不是一个合理的集体信念的解释。比如，玛格丽特·吉尔伯特（Margaret Gilbert）指出，"在许多情况下集体并不相信 P，即使集体的大多数成员相信 P"②。菲利浦·佩蒂特（Philips Pettit）指出，"在许多情况下，集体相信 P，即使其大多数成员并不

---

① Kay Mathiesen, Introduction to Special Issues of Social Epistemology on "Collective Knowledge and Collective Knowers", *Social Epistemology*, 2007, 21(3), p. 211.

② Gilbert Margaret, *On Social Facts*, London: Routledge, 1989, pp. 257-260.

相信 P"①。一般来说，非累积性解释可以分为以下两个类型：集体信念的程序性解释(procedural accounts of group belief)和集体信念的归因性解释(attribution accounts of group belief)。②

　　集体信念的程序性解释，是指一个集体相信 P，如果 P 被看作是集体的观点。吉尔伯特和图勒梅(Raimo Tuolema)就持这样的观点。吉尔伯特认为，"一个集体具有特定的信念，如果所有的或大部分的集体成员表达出意愿让某个特定的观点作为集体的观点"③。或者可以说，一个集体相信 P 当且仅当其成员共同地接受 P，所有的成员都公开表达出让 P 成为集体的观点。与此相类似，图勒梅认为，"一个集体具有一种特定的信念，如果集体的操作性成员(operative members)采纳了这个观点将其作为集体的观点，这里的操作性成员是指能够决定集体的观点的成员"④。集体信念的归因性解释，则是将意向性归结为集体。如托勒弗森(Deborah Tollefsen)认为，"我们可以将意向性看法置于组织和其他的集体上。因此，一个集体就具有一种特定的信念，如果这个信念对集体的归因是集体行为的成功解释的一部分，这里这个成功解释就能够使我们解释和预测行为"⑤。

---

① Frederick Schmitt (eds.), *Socializing Metaphysics*, Lanham: Rowman&Littlefield, 2003, p. 167.

② Don Fallis, Collective Epistemic Goals, *Social Epistemology*, 2007, 21(3), p. 269.

③ Gilbert Margaret, *On Social Facts*, London: Routledge, 1989, p. 289.

④ Tuomela Raimo, *The Importance of Us*, Stanford: Stanford University Press, 1995, pp. 314-316.

⑤ Tollefsen Deboran, Organizations as True Believers, *Journal of Social Philosophy*, 2002, 33(3), pp. 395-410.

事实上相当多的学者开始放弃累积性解释，并接受了最低程度的非累积性解释，比如唐·费理斯（Don Fallis）、肯特·斯塔雷（Kent Staley）、布拉德·雷（Brad Wray）以及罗尔·哈克利（Raul Hakli）。在所有持非累积性观念的学者中，最坚定的是吉尔伯特。吉尔伯特认为，科学研究共同体具有形成信念的能力，并假定具有相信能力的主体就有能力知道，因此她将知识归因于科学共同体。她还进一步探讨了集体信念的作用，比如将信念归因于科学共同体有助于我们理解科学变化的动态过程。"科学共同体是很保守的，新的理论很难被共同体成员以及共同体接受。比如尽管哥白尼在 1543 年就发布了他的《天体运行论》一书，但是直到 75 年之后欧洲的天文学家才接受了他的观点。因此，科学中的保守主义就是科学家集体性地相信占据统治地位的理论的结果。为了能够影响共同体的变化，仅仅改变共同体成员的观点是不够的，最后必须需要改变共同体集体的观点。"①

由此可见，这些非累积性解释的共同点就在于，它们主张一个集体可以具有其成员所不具有的信念，或者说具有的信念并不是其成员所具有的信念之和。当然，我们可以认为集体的认识目标并不是必然地还原为其成员的认识目标。因此，在分析了集体可以具有信念的能力以及具有认识目标的情况下，集体就被认为是一种特殊的认识主体。一方面，这样的认识主体具有个体的信念和目标，但同时又超越了个体的认识信念；另一方面，这样的认识主体具有其成员所不具有的信念和目标，能

---

① Gilbert Margaret, *Sociality and Responsibility*：*New Essays in Plural Subject theory*，Lanham：Rowman&Littlefield Publishers，2000，pp. 37-39.

够指导成员在更高的层面上进行认识活动。尽管在许多情况下，集体信念与成员的个体信念存在着交集或者说部分重合，但是非累积性解释否定了还原为成员个体信念的途径与必要性。

二、集体性知识的性质

传统认识论主张知识就是获得辩护的真信念，尽管盖蒂尔问题一定程度上削弱了这个论断，但是依然可以认为，知识蕴含着获得辩护的真信念。因此可以推断出，集体如果有能力拥有知识，它们就有能力具有信念。但是集体信念这样的概念成为了争议的对象，相应地产生出"拒斥者与相信者之争"（rejectionist /believer debate）。该争论的核心是：人们认为集体并没有真实地"相信"命题，而是接受了该命题。因此，是否集体相信或仅仅是接受命题这样一个问题，就成为了拒斥者/相信者之争的焦点。概括起来，尽管相信者和拒斥者都认可，应该把集体信念的陈述理解为一种集体意向性，而不是被还原为个体意向性。但是相信者认为这些陈述表达了真正的信念，而拒斥者则认为，集体信念的陈述事实上并没有表达出信念而仅仅是一些认知状态，即接受。换句话说，这个区分就表现为：一个集体可以接受一个命题而不需要相信它。

1. 接受解释

一部分学者，比如梅吉斯（Meijers）、雷（Wray）以及柯亨（Cohen），认为集体并不具有拥有真实的信念的能力，而仅仅是接受，而接受在许多方面都不同于相信或信念。"接受是基于语境的，而信念则与语境无关……接受基于实际的压力，而压力与语境相关，不同的语境决定了是否接受一个命题，在一个语境下接受的命题在其他的语境下就可能不被接受。而信念是和真理相关的，我们不可能在一个语境下相信一个命题而在另一个语境下就不相信了。"①"接受一个命题 P 就是接受一个相信、处置和假定 P 的策略。而信念就是一种对 P 是正确的感觉。"②恩格尔对信念和接受做出如下区分："信念是非自愿的，不受直接的意愿控制，而接受是自愿的；信念是指向真理的，而接受则指向实际目标；信念是和证据相关的，由证据来定义相信什么，而接受与证据无关；信念受制于一个综合所有证据的理想，接受则不然。"③凯（Kay）则在信念和接受之间做了如下主要区分④：

信念（Belief）	接受（Acceptance）
非自愿的	自愿的
目的在于真理	目的在于效用
被证据形成	被实用主义思考形成
受制于理想的综合	不受制理想的综合
独立语境	依赖语境
逐步的	直接的

---

① Bratman M., Practical Reasoning and Acceptance in a Context, *Mind*, 1992, 102(1), pp. 6-12.

② Cohen L., *An Essay on Belief and Acceptance*, New York: Oxford University Press, 1992, pp. 367-369.

③ Engel P, "Believing, Holding Truth, and Accepting", *Philosophy Exploration*, 1998 (1), pp. 143-147.

④ Kay Mathiesen, Introduction to Special Issues of Social Epistemology on "Collective Knowledge and Collective Knowers", *Social Epistemology*, 2007, 21(3), p. 211.

尽管存在着上述区别，但是最主要的区别在于第一个，即人们对信念或接受是自愿的还是非自愿的。毫无疑问，接受是自愿的，是根据意愿决定的，而信念则不是，信念是行动者的感觉、认知过程和环境的产物，我们不能直接用意愿来控制，而只能具有有限的、间接的控制。"在信念和接受之间引入差别的主要原因，就是有关我们认知能力的自愿性。一方面，正如休谟所说，我们不能选择我们相信什么；另一方面，很明显我们可以选择使用什么样的命题，作为我们推理什么是真的以及在特定的情况下该做什么的前提。这些前提就被称为信念。"①对于信念和接受概念的准确内容来说，存在着不同的观点。但是通常情况下，信念被描述为感觉或认为一个命题是真的意向，而接受就是使用命题作为推理前提的决定或政策。对于二者来说，它们都涉及将一些命题作为真命题，例如，拥有一种感觉 P 是真的，具有一种命题来思考 P 或考虑 P 的真理性，等等。但是将信念从接受中区分出来的就是信念是非自愿的，而接受是自愿的。

2. 信念解释

如上所述，因为集体可以很明显地自愿选择它们的观点，因此可以把它们的观点看作是接受而不是信念。但是，吉尔伯特却明确地否定了这种看法，她认为集体信念是一种信念而不是接受。一方面，集体有能力具有非累积性信念，信念作为一种我们经验的结果，自动地和非自愿地来到我们的认识中，它们给予我们有关外部世界的信息并指导我们的

———————

① Raul Hakli, On the Possibility of Group Knowledge without Belief, *Social Epistemology*, 2007, 21(3), p. 252.

行动。而集体观点并不会自动地提供给我们有关世界的信息，相反它们会依赖于现存的关于世界的信息而自愿地形成。另一方面，集体可以不因为特定的语境或者某些特定的目的而形成信念。为了证明她的主张，吉尔伯特使用"多元主体"（plural subject）和"共同承诺（joint commitment）"这两个概念来分析集体信念的形成过程。在吉尔伯特看来，我们的日常集体概念就是一种多元主体，每一个个体都将自身视为集体中的一分子，每一个人都相信别人和他具有相同的信念，执行相同的行动，或者可以认为"A 和 B 形成了相信 P 的多元主体，当且仅当 A 和 B 作为一个整体共同承诺地相信 P"①。因为使用了类似于规章制度的共同承诺，集体成员虽然因为不同的原因相信了 P，但是一旦他们形成了多元主体，产生集体信念，他们就需要与其他人配合一致，而这就保证了集体信念的产生具有必然性，并在这种类似于契约性质的基础上有别于个体信念或者个体信念之和。

综合来看，在集体性知识的性质上，确实存在着两类不同的认识和回答。将集体性信念视为一种接受的拒斥论学者，更多地将之看作是一种集体的认识状态，视为一种与集体成员的心理状态、外部环境等相联系的心理活动，因此集体采纳了某种信念形成集体知识，在这个意义上就是一种接受，即集体出于各种意愿进行的一种策略性选择。从这个角度来看，应该把集体信念的陈述理解为一种集体意向性，而不是被还原为个体意向性，尽管这种以接受为标志的集体意向是依赖于语境和自主

① Frederick Schmitt, *Socializing Epistemology: The Social Dimension of Knowledge*, Lanham: Rowman & Littlefield Publishers, 1994, p. 249.

的。将集体信念视为一种信念的相信论学者，则更多地探讨了集体信念不仅具有实际效力和解决策略，而且同时也具有认识论理由，或者说集体信念在认识论的维度上同样是信念的承载主体，二者可以合理地并存在集体信念之中。以此为基础，集体性知识就需要在认识论和解决策略两个领域分别加以论述，并试图回避将集体性知识还原为个体知识之和的还原路径。当然在分析集体性知识的性质时，我们可以看出两种认识事实上都存在着不足和缺陷。比如接受解释更多地强调了集体信念的心理状态而忽视了认识论的客观基础，特别是仅仅从一种心理维度出发凸显集体知识的性质不免有所偏颇；而相信解释则在构造集体概念的同时又借助了集体信念的思想支持，因此难免有循环论证的嫌疑。

三、集体性知识的维度

很显然，集体性知识的相信解释和接受解释凸显出两类不同的认识理由。前者更多地以认识论思考为基础，将集体性知识视为信念，从认识维度之上加以论述；而后者则将其视为是一种意愿性质的策略性选择，仅仅作为一种接受行为加以分析，因而分别映射出集体性知识思考的认识维度和实用维度。从这个角度来看，集体性知识面临这样两个难题：是否我们的认识目标在两个维度上会产生冲突呢？是否实用主义的思考可以作为集体性知识的认识选择呢？

"集体不能具有正确的以认识论为基础的信念，因为实用主义的思考特点在集体观点中特别突出。特别是集体接受是自愿的，他们可以被实用主义的目标所指导，而不是被认识论的原因所指导。"① "如果只能采纳相信的认识论理由的话，那么在我作为个体所相信的内容和我作为集体成员所相信的内容之间存在一种区别就是不可能的。"② 很显然，实用主义和认识论分别对集体性信念和知识提出了自己的判断依据，由此在两个不同的维度下产生了认识目标的冲突。比如，从认识论维度来看，要求集体性知识具有更多的真信念，而从实用维度来看则要求集体性知识具有更少的假信念，但正如詹姆士所说，"具有更多的真信念的目标和具有更少的假信念的目标是两个'相分离的'目标，因为我们具有有限的时间和资源，这样两个目标有时会产生冲突"③。归纳起来，这样的冲突大概表现为④：

其一，集体在具有更多的真信念和避免假信念之间可能会存在着冲突。其二，集体自身具有更多真信念的目标可能会与成员具有更多真信念的目标相冲突。其三，一个集体可能会和另一个具有相同成员的集体相冲突。其四，实现集体的信念目标的方法上也会存在冲突。

一些哲学家主张用认识论的方法来解决这些冲突，但与此同时也有许多哲学家，比如格德福雷-斯密斯（Godfrey-Smith）和雷勒（Keith Lehrer）、列维（Levi Isaac）认为没有什么好的方法加以解决。但事实上，

---

① Kay Mathiesen, Introduction to Special Issues of Social Epistemology on "Collective Knowledge and Collective Knowers", *Social Epistemology*, 2007, 21(3), p. 212.

② Anthonie Meijers, Why Accept Collective Belief? Reply to Gilbert, *Protosociology*, 2003(18-19), p. 379.

③ William James, *The Will to Believe and Other Essays in Popular Philosophy*, Cambridge, Ma: Harvard University Press, 1979, p. 24.

④ Don Fallis, Collective Epistemic Goals, *Social Epistemology*, 2007, 21, p. 275.

解决冲突的方法依赖于选择什么样的认识目标，比如尽管取得真信念和回避错误都是有价值的，但是二者之间在某些情况下并不同等重要，其中一个目标可能更加重要。而且从科学合作、科学实践领域来看，实用主义的目标完全可以作为一种集体性知识的认识选择。

具体来看，实用主义的思考至少在以下几个层面上有助于集体性知识的理解：

其一，实用主义的思考有助于将人们的日常语言中的知识概念赋予集体。在日常谈论中，集体就被说成知道事情。例如，我们常常谈论科学共同体知道地球不是扁的，气象局知道明天会下雨。因此这些谈论将知识的主体赋予集体，而不是集体成员，也就是说集体具有了知识。但是集体具有知识和集体具有信念是并不相同的两类事情，后者存在着相当的争议。因此尽管我们很难说集体具有信念，但至少我们可以采用实用主义的思考表述集体具有知识。这个问题可以按照下列的三个命题来表述：

表述 1：知识蕴含着信念。

表述 2：集体不可能具有信念。

表述 3：集体可以具有知识。

表述 1 得到了普遍认同。通常情况下可以认为，如果特定的条件被满足，相信 P 的精神状态就与知道 P 的精神状态一致。表述 2 具有争议。按照拒斥论的认识，即使我们在日常谈论中将信念归因于集体，但是这些集体信念也不同于个体信念。最主要的区别就在于信念依赖于真实的经验，而经验需要心灵，并且信念常常可以被看作为精神状态，但是集体并没有心灵，因此它不可能具有精神状态，也因此集体就不可能具有信念，即使有也是个体信念之和。

但即使集体不能具有信念，我们依然可以认同表述 3，即集体可以具有知识。原因就在于知识这个词并没有与精神状态相联系，也不需要与心灵相联系。在日常语言使用中我们常常会说书本中有知识、图书馆中有知识。也正是在这个意义上，我们会将知识主体赋予集体，将知识视为一种集体性知识。因此尽管对于集体是否具有信念我们还存在着相当的争议，但是至少可以用实用主义的思考认定集体可以具有知识。

其二，实用主义的思考有助于解决集体性知识中存在的推论困境（discursive dilemma）。托勒福森认为集体可以成为认识的行动者，"因为集体可以具有理性的观点，这样集体就不仅仅需要遵从理性的规范，而且这些规范的认识就会影响到集体的态度以及集体成员的态度，而这就会导致一种推论困境。即，一个类似委员会、工作小组的集体有可能采纳一个其个体成员都反对的观点"[1]。举例来看，一个由三位法官组成的陪审团必须做出某个罪行的裁决，但是陪审团的决定必须建立在他们发现由于被告的疏忽导致了原告的伤害，被告因此有责任赔偿原告。法官们的投票结果如下：

法官	是否形成伤害原因	是否具有赔偿责任	被告是否有责任
A	是	否	否
B	否	是	否
C	是	是	是

---

[1] Raul Hakli, On the Possibility of Group Knowledge without Belief, *Social Epistemology*, 2007, 21(3), p. 256.

很显然，从上述投票结果来看，如果每一个法官都是独立投票，并不进行投票前的讨论和协商，并且最后的结果是以少数服从多数的原则进行裁定，那么这个陪审团的最后裁定结果必然是被告是无罪的。但如果陪审团的裁定程序发生了变化，对于每一个前提分别进行单独投票，再按照多数票原则来决定是否这样两个前提的结果能够决定被告有责任的话，最后的裁定结果就必然是被告是有罪的。后一种推论就被称之为集体性推论。虽然它有可能导致得出集体成员个体都反对的意见，但是它能够保证或确保集体的决定在成员间是始终如一的，能够保证集体的新决定能够与过去的决定始终如一。很显然，这种集体性推论就是一种实用主义的思考，或者说采纳实用主义思考有助于解决集体性知识中的推论困境，有助于集体取得共同的意见与一致的结论，从而确立了集体性知识的基础和必要前提。

综合来看，集体性知识的维度上存在着两个不同的观点，认识论的思考以更加规范的方式论述了集体性知识存在的理论基础，从意向性的角度对其进行了理论界定。而实用主义思考则更多地从工具性的角度，对集体性知识存在的合理性进行了必要的论证和说明。后一种思维方式的优势不仅能够体现在将日常语言知识概念赋予集体，同时有助于在理论和实践层面确立集体性知识的存在基础。当然我们必须看到，尽管存在着认识维度和实用维度的冲突，但是实用主义思考并不是必然地反对认识论的。事实上，实用主义思考有助于以一种积极的方式构造我们的集体认识目标，因此在集体性知识的思考上需要将二者有机统合，而不是进行任何简单的对立与分隔。

应当说，随着社会认识论研究的逐步深入，特别是以集体作为知识主体的观点开始在这一领域内逐步成形，集体性知识的本质这一重要的理论问题得以在社会认识论理论研究内部确立下来，并成为其研究的基本域面之一。而且更为重要的是，作为社会认识论研究的主要内容，集体可以作为知识的主体、集体可以具有意向性知识，这些思想成为了社会认识论研究的重要基础，从而有助于拓宽社会认识论的研究域面，并透过知识这一重要媒介，将人类固有的社会性呈现出来，打开了与以往不同的看待世界的认识图景。尽管在一些基本问题上，对集体性知识的研究还处于相当的争论之中，但是这一研究本身的重要性是不言而喻的，也必将带给我们更多的有关知识本质的思考，而这正是集体性知识研究的价值所在。

第四章 ┃ 社会认识论的理论特征

20 世纪 80 年代社会认识论开始兴起，对它的理论定位也表现为两个层次：其一，将之视为传统哲学发展出来的新视域，视为哲学的新增部分，基于很多原因，它的问题与理论仍然是新鲜的并且处于快速的变动之中，并吸引了众多的学者投身其中；其二，将之置于更为广阔的视角内，视为一门交叉学科，其研究方法既包括哲学、社会学的传统方法，同时也借鉴了包括心理学、经济学、历史学等在内其他社会科学的研究成果和手段。

具体来看，这一章分为四个研究部分：第一节主要从求真维度的视角论述了戈德曼的社会认识论思想，指出社会认识论的价值可以表现为对真理的关注和追求，并使用了贝叶斯定理对求真值进行了分析计算进而对真理追求的行为给予评价。第二节论述了基彻尔的最小化的社会认识论思想，即在反对狭隘的个体主义认识论思想的同时试图回避彻底的相对主义思想，坚持认知个体是认识论研究的出发点的同时主张知识辩护过程不可避免地受外在因素影响，寻求在个体主义认识论和社会认识论之间寻求一种平衡。第三节论述了富勒的规范的社会认识论思想以及相关的知识政策分析，指出富勒试图将社会认识论看作是一种知识政策的元理论研究，同时分析和论述了他的修辞学研究。第四节从社会建构论的视角分析和探讨了知识的社会性，指出社会建构论是一种广义的社会认识论，是一种社会认识论的形而上学。

综上所述，社会认识论者通常把自己的理论看成是一种哲学的科学政策，或者说是一种形式的科学研究派别，众多社会认识论学者观点不尽相同，但有两点是大致一样的：（1）认为科学哲学与知识社会学的传统认识论预设了理想化的科学研究观，但这种科学研究观无法得到科学实践的社会历史的支持。（2）认为需要在规范的意义上对科学的目的和手段进行详尽的阐述，使科学在更大的社会范围内成为理性的典范。①然而由于对其关注的角度不同、研究方法也各异，在社会认识论内部出现了不同的社会认识论的研究进路，体现出独到的研究特征。本章之目的在于通过对不同学者研究成果的概念性考察，客观地展示出当代社会认识论的不同研究方向的理论特征。

---

① 殷杰：《当代西方的社会科学哲学研究现状、趋势和意义》，载《中国社会科学》，2006 年第 3 期。

第一节　求真社会认识论

　　美国学者戈德曼认为，人们日常生活中所做的就是寻找真实准确的信息，也就是通常我们讲的寻找真理或尽可能接近真理。比如，我们提问题就是人类交流的普遍特点，而提问题的主要目的，就是要从回答者那里了解到准确而真实的答案，可以说人类对真理的追求或直接或间接都具有社会性。传统的认识论高度强调孤独的或独立于他人的认知者的精神活动，是一种个体认识论，然而在现代社会中，由于知识追求所体现出的鲜明的合作性和互动性的本质，个体认识论需要它的社会对应物，这就是社会认识论。

一、求真维度

　　戈德曼除了把社会认识论看成是与个体相对立的概念之外，还指出了社会认识论的两个维度：社会维度（Social Dimension）和求真维度（Veritistic Dimension）。求真维度，即对真理决定的定位，它关注的是知识的生产，关注的是真信念（知识）、假信念（错误）以及缺乏信念（无知）。由于知识就是弱意义上的真信念，因此戈德曼的社会认识论本质上是一种求真社会认识论。照此，对社会行为的评价，就要根据它之于认识论上有价值的真理或知识之类的事物是起到促进还是阻碍的作用来进行。在戈德曼看来，认识论能够也应该是以真理为基础的。为了辩护他的思想，他具体批驳了六种反对以真理为基础的认识论观点。这些观点包括①：

其一，不存在先验真理的事物。我们所说的"真"仅仅是我们协商的结果。所谓的真或事实仅仅是协商的信念，社会建构与制造的产物而不是客观或外在的世界特征。

其二，知识、实在和真理是语言的产物。没有什么独立于语言之外的实在，能够使我们的思想是真或假。

其三，如果存在先验的或客观的真理，它们也是不可能达到或知道的。因此任何实践的认识论目的都是不可获得的。

其四，没有什么具有特权的认识地位，没有什么信念的确定基础。所有的主张都是被习惯或语言游戏所决定的，没有任何深层次的基础。也没有什么中立的和跨文化的解决标准。

其五，诉诸真理只不过是统治或压迫的工具，而这将会被具有进步社会价值的实践所取代。

其六，真理是不可能获得的，因为所有公认的定位于真理的实践都被政治或自我服务的利益所污染或带有偏见。

第一种观点否认了真理的先验性，认为真理并不依赖于实在而是人们的说服力。因此真理在这个观点看来就是一种真理符合论，至少是一种与真理直觉相符合的概念。与此同时，该观点试图表达出一种"表述

---

① Alvin Goldman，*Knowledge in a Social World*，New York：Oxford University Press，1999，p. 10.

行为理论",即"称呼一个陈述是真的,就是对它的一种同意。正如罗蒂所说,真仅仅是一种我们发现有好的理由相信时的称赞,因此真理并不是一种信念拥有的属性"①。但是戈德曼认为"表述行为理论"的解释能力是有限的,首先在许多情况下真并不能表达出对任何特定陈述的一致性,其次真可以被用来提出问题也可以被用来表达出一致。因此尽管"表述行为理论"在这个问题上是正确的,比如某人相信一个陈述是真的,那么他可能就同意其他相信这个陈述的人,但是它并不能说明所有人称呼一个陈述为真就是愿意同意他人的意见。此外,戈德曼反对真仅仅是协商的信念这样的看法。他认为不管一种信念如何被协商,也不管它如何被确立、制度化,我们都可以对它是否真正是真进行提问。纯粹的确立或制度化并不能解决真理问题,因此,真理并不等同于确立的或制度化的信念。

戈德曼否认了两种意义上的真,首先,真理并不是意见一致或共识,真理并不需要在成员间达成共识,也不需要成员的相信。"比如断言海洋深处存在着巨大的海沟的命题,即使地质学家或普通人都不相信该命题,也不能否认海洋深处巨大海沟的存在。又比如,DNA 双螺旋结构的发现,使得人们确立了这个信念,但是在发现之前如果提出双螺旋结构的命题,即使人们或生物学家并不相信该命题,双螺旋结构依旧是存在的,因此命题的真理性或者说真命题的存在并不依赖于人们的相

---

① Alvin Goldman, *Knowledge in a Social World*, New York: Oxford University Press, 1999, p. 10.

信与否。"①其次，真理并不是一种实用主义的考虑。皮尔士认为，"真理就是最终为所有研究者共同认可的意见"②。很明显这个观点在上述观点基础上增加了实用主义的考虑，但是实用主义对真理的描述并不适合，我们对真理的承认并不是建立在实用主义的思考之上的。另外这个观点中涉及了社会建构论的思想，认为真理仅仅是一些科学家在社会网络中散布的各种信念。但是，戈德曼否认了真理是社会建构的思想，他认为即使像拉图尔这样的社会学家参与了科学家的工作，但是他并不具有相应的研究能力和训练过程，因此不能算作是合格的调查者，他们没有理由来否定某一理论的存在，或主张科学家编织了某一理论。尽管该理论的提出确实存在着共识，但是理论本身或某一实体的发现本身如果存在的话，它并不是靠人们的互动产生的。而且，除非社会学家具有明确的否定证据，除非他们能明确地说这个实体并不存在，否则社会学家根本就不具有相关的资格和立场。因此，社会建构论的真理观并不能够作为合理的真理观点。

第二种观点则从语言的角度对真理提出了反驳，形成了对真理的反对性因素。戈德曼认为，"后现代主义者往往会将知识、实在与真理相混合，但是这些范畴根本是不同的，因此将知识与思想作为语言的产物是错误的，将真理作为其产物也是错误的"③。为此，他做出以下几个

① Alvin Goldman，*Knowledge in a Social World*，New York：Oxford University Press，1999，p. 12.

② Charles Hartshorne and Paul Weiss，*Collected Papers of Charles San ders Peirce*，Cambridge：Harvard University Press，1933，p. 407.

③ Alvin Goldman，*Knowledge in a Social World*，New York：Oxford University Press，1999，pp. 17-18.

例子的论证：其一，语言决定论认为人们对颜色的区分是根据他们语言中的色彩语词，即人们的语言有红色一词，红色就可以成为人们心中红色本身的代表，这样语言的存在就决定了实在的存在，也决定了真理的存在。其二，认知科学实验证明了思想与语言的独立性，比如五个月大的婴儿可以做出简单的算术运算，这样我们就可以看出婴儿在获得语言之前，就拥有了必需的思维运行，因此语言决定真理的观点本身就是错误的。

第二个观点同时提到了实在与语言的关系，认为实在同样是语言的产物。这个问题就可以表述为"是否我们的语言或认识实践可以创造出我们居住的世界"①。对此，古德曼（Goodman Nelson）持认同态度，他认为人们通过得出特定的分界线就可以创造世界或创造实在。"正如我们可以挑选和选择特定的星星创造星座一样，我们可以通过取得特定的分界线来创造星星。"②但是，古德曼在这个问题上是错误的，我们不可能取得特定的分界线来创造实在。正如约翰·塞尔对他的批判一样。人们实际上不可能取得什么分界线，除非预示了某些实在，在这些实在的基础上我们才可以得出分界线，因此除非有预先存在的区分事物的区域，否则根本就没有什么分界线。此外，人们也没有能力固定世界和实在，即使他们可以固定区分世界的范畴。"概念相对主义，就是一种我们如何固定我们语词的应用解释。什么可以看成是'猫'或'千克'的语词

---

① Alvin Goldman, *Knowledge in a Social World*, New York: Oxford University Press, 1999, p. 19.

② Nelson Goodman, *Of Mind and Other Matters*, Cambridge, Mass: Harvard University Press, 1984, p. 36.

的正确应用，取决于我们来决定，而且某种程度上是任意的。但是一旦我们固定下这个语词的意义，那么是否这些独立于世界特点的表述能够满足这些定义，就不再是一个相对和任意的事情，因为世界的特点并不依赖于哪些定义……因此与古德曼相反，我们并不能创造世界，我们可以创造出对真实世界的描述。但是所有的这些所表达的就是，实在的存在独立于我们的概念系统的存在。没有实在就没有概念的应用。"①与此相类似，人们的语言也并不能够创造出真理和知识。比如我们可以在赛马比赛开始前下注赌哪一匹马赢，这个时候你的选择是任意的并且取决于你自己，但是一旦下注之后做出了选择，是赢是输就和你没有关系了，完全取决于马和骑手。语言和真理的关系也同样如此，用哪一个命题表述真理取决于你，是否相信该命题也取决于你，但是一旦你形成了该命题，那么这个命题的真与假就不再取决于你，而是取决于独立于你的世界。因此，语言并不能够创造和决定真理与实在，而仅仅是对真理与实在的表述。

第三个观点涉及先验问题，或者说先验的事物如真理是不可能获得或知道的。戈德曼对此提出不同的看法并对先验进行了区分，即极端先验和温和先验。"极端先验：事物的一种状态从根本上是先验的，它是完全地不可被人所知。温和先验：事物的状态是适度先验的，它的取得从逻辑上说独立于任何人的相信。即使没有人相信它也可以取得，即使

---

① John Searle，*The Construction of Social Reality*，New York：Free Press，1995，p. 166.

没有任何逻辑上的信念保证人们也可以相信。"①极端的先验是不可取的，而温和的先验是可以辩护的，而且多数的事物状态都是温和先验类型的，最为重要的是温和先验是可以知道的。因为知识可以区分为强知识和弱知识，前者主张知识是真信念以及信念辩护，即传统知识概念的获得辩护的真信念。这样行动者就不能知道命题P除非P是真的并且行动者获得了可靠的证据并排除了所有P的竞争证据。而后者更多的是一种真信念，而不需要信念的辩护，即知识就是一种真信念。人们日常生活中大量的知识就是该类型知识，通常情况下人们并不需要从辩护的角度来说获得这种知识。比如，老师对学生进行测验以了解他们是否已经掌握了某个知识，老板向他的秘书询问是否有会议安排在明天，我打开电视看天气预报想知道明天是否会有雨，等等，所有这些都不存在着辩护，而只是一种真信念的获得。弱知识概念对于温和先验来说，并不存在着威胁。弱知识所需要的就是一个人事实上相信某种事物状态能够达到并且它确实达到了，比如假定P是真的，我们想知道张三是否意识到P是真的，那么唯一需要被解决的问题就是是否张三相信P，如果他相信了那么他就意识到P是真的，如果他不相信那么他就没有意识到P是真的。因此弱知识的条件是很容易就可以满足的，事物状态的客观性和外在性并没有提出难以逾越的障碍。因此，我们可以说弱知识就是人类研究领域的一个目标，它可以成为温和先验的研究对象，因此先验的真理是可以达到和知道的，对社会认识论来说这是一个合理的研究主题。

---

① Alvin Goldman, *Knowledge in a Social World*, New York: Oxford University Press, 1999, p. 22.

第四个观点涉及认识论的地位问题，特别是针对罗蒂的观点，戈德曼提出了不同的意见。罗蒂认为传统认识论的认识地位是错误的，主张一些命题、信念或认识立场要比另一些具有更大的特殊性这样的说法具有极大的片面性，传统认识论主张一些信念需要被辩护而另一些则不需要辩护的观点注定是失败的，在《哲学与自然之镜》中罗蒂对传统认识论发起了猛烈的抨击。但是，在戈德曼看来，罗蒂的看法是片面的，因为罗蒂的批评对象实际上是认识论的基础主义，正如我们在序言和第一章中所提到的那样，基础主义主张认识辩护中存在着一个辩护的基础，其他信念的辩护都要依赖于这个辩护的基础，因此这个基础信念具有特殊地位并且是不能错的。罗蒂对基础主义的批判是正确的，但是对认识论的攻击就是片面的，因为事实上认识论的辩护存在着多种解释，比如说融贯论、可靠论。融贯论否认了存在着特殊的基础信念及其独立的辩护，而是主张所有的辩护信念都要通过融贯的方式获得他们的辩护，即所有的信念相互依靠共同构成辩护的基础。可靠论主张信念的辩护是可靠的心理过程产生出来的，可靠就意味着尽最大能力生产真理。因此，可以认为罗蒂对基础主义辩护地位的攻击并不能否认真理的有效性和可达到性，人们可以通过多种方式寻求真理的辩护地位，也因此他的观点就是错误的。

与此同时，第四个观点提出了语言游戏的主张，因此对维特根斯坦的分析就是必要且必然的。维特根斯坦认为，"辩护就是一种协定，即对某种惯常做法或态度的一致同意或接受认可，因此辩护没有什么合理性基础，智力授权就是一种语言游戏，而语言游戏的选择是一个局部的事情"①。比如，维特根斯坦认为，"你必须意识到，语言游戏只是说某事是不可预测的。我的意思是：它不是基于理由的，它是不合理的，它就是这样——就像我们的生活。"②以此为基础，许多学者特别是维特根斯坦的信徒往往会否定基础的规则，否定真理。比如，维特根斯坦的研究专家贝克尔和海克尔写道："哲学是纯描述的。它区分出我们语言的语法、有意义语法的建构规则，违背了这些语法和规则是无意义的。只有支持这些规则支持更深厚的基础解释才是可能的。但是没有什么基础和规则可以在真理的使用下回答实在。任何更深的解释仅仅是另一个语法规则。因此哲学是无力的，这个视野就形成了维特根斯坦的全部哲学。"③概括起来，这种认识就是，"所有的主张都是被协定或语言游戏所判断，而这并没有深厚的基础"④。戈德曼从可靠论的角度做出了回答，他认为，"对于辩护判断的仔细反思就表明，一个信念是可辩护的，如果它的取得依赖于说话人或共同体的有助于真理达到的过程和实践。感觉形成的信念、记忆保留的信念都被看作是可辩护的，因为感觉和记忆被认为是可靠的，而经由愿望的思考和仓促的概括则被视为非辩护的，因为它们是不可靠的。因此辩护的判断并不是没有基础的，也不是

① Alvin Goldman, *Knowledge in a Social World*, New York：Oxford University Press，1999，p. 28.

② Ludwig Wittgenstein, *On Centainty*, trans by G. E. M. Anscombe and G. H. von Wright，New York：Harper，1969，p. 559.

③ Gordon Baker and Peter Haker, *Wittgenstein*, *Rules*, *Grammar*, *and Necessity*, Oxford：Blackwell，1985，p. 22.

④ Alvin Goldman, *Knowledge in a Social World*, New York：Oxford University Press，1999，p. 29.

纯粹的协定。它们的基础就在于诉诸对真理的获得。而且，辩护的概念与真理获得的联系中没有什么是任意的。鉴于人们的兴趣是真理，因此就可以，根据它们是否依靠真理获得过程或非真理获得过程形成，相应地区分出信念。毕竟，依靠那些真理获得过程形成的信念更有可能是真的，而那些依靠非真理获得过程形成的信念更有可能是假的。"①

第四个观点还指出不存在中立的和跨文化的解决标准。比如后现代主义者认为没有什么跨文化的原则来解决不同共同体的不一致，而且他们往往会以库恩的观点作为论证，"正如政治革命一样，范式的选择也同样如此——没有什么标准比相关共同体的同意更重要。为了发现科学革命是如何实现的，我们需要检查的不仅仅是自然和逻辑的影响，而且还有特殊的构成科学家共同体集体中的说法论证的技巧"②。但是，戈德曼认为人们只注意到库恩的这些表述，而忽略了他其后的看法。库恩坚持在科学中存在着共同的准则，甚至是超越范式的准则。他列举了五个特征，准确性、一致性、范围、简单性和成果性，这些提供出理论选择的共享基础。所以库恩并没有否认科学判断的跨范式准则。也因此在对真理的追求中，存在着中立的和跨文化的解决标准。

第五个观点将关注点放在了控制与压迫上，因此我们可以想象到这更多的是福柯和女性主义的观点。福柯认为人们对知识的追求就是出于

---

① Alvin Goldman, *Knowledge in a Social World*, New York: Oxford University Press, 1999, p. 29.

② Tomas Kuhn, *The Structure of Scientific Revolutions*, Chicago: University of Chicago Press, 1962, p. 94.

对权力和操纵的兴趣，而知识就助长了人们的压迫与统治。"我并没有说人文科学来源于监狱。但是，如果它们能够形成和产生出认识中的这些深刻变化的话，那是因为它们已经被一种特殊的和新的权力形态表达出来……而这需要知识与权力的明确关系……有知识的人就是这个分析调查、这个统治观察的客观结果。"①除此之外，后现代女性主义也强调了知识的政治权力，并认为真理的目标是一种男性的理想情况，男性用知识作为工具统治压迫了女性，因此知识并不是合理的。合理性和客观性仅仅被用来维持男性和女性之间的不平等的权力。

但是戈德曼认为有三种方法来回答这些批判②：首先，尽管真理被看成是权力和统治的工具，但是诉诸真理这样的事实并没有表明真理是不存在的或应该被忽视。这些主张，在调查之后大部分都是虚假的、不准确的和荒谬的。克服这些现象的方法就是纠正这些错误和不准确性。而且对于女性主义来说，并非所有的看法都认为真理是错误的，比如女性主义经验论就认为性别主义和男子主义是认知者的偏见，可以通过严格的科学和哲学方法论加以消除。而且如果真理仅仅是一种遮掩统治的工具的话，那么所有的上述主张都离不开真理。甚至在福柯的观点中，真理也是存在的，否则福柯就不需要强调他是在提供"解释"，否定他是在提出"理论"。其次，将这种统治观联系到所有的真理主张是不合理的。我们必须意识到日常生活中的每种事实陈述并不是必然地成为对统

①　Michel Foucault, *Discipline and Punish*, trans A. Sheridan, New York: Vintage Books, 1979, p. 305.

②　Alvin Goldman, *Knowledge in a Social World*, Oxford University Press, 1999, pp. 34-37.

治理论的遮蔽物，比如说"小狗在门后"这样的事实陈述根本就不涉及统治理论。福柯将他的关注点放在人文学科上，将自然学科排除在外，但是即使是人文学科的范围也过于宽泛，因此如果只有一部分真理话语被断言为统治工具，却将所有的真理主张加以确定根本就没有什么意义。最后，即使真理概念有时被用来作为统治理论的工具，它也不应该被禁止。就像刀一样，我们不会因为刀会伤人就停止对它的使用。而且即使一个社会确实以认知优越性为基础干预了另一个社会，被抱怨的也应该是干预本身，而不是认知的优越性。以上面三个方面的论述为基础，戈德曼回答了与福柯以及女性主义观点相类似的真理统治观点，也因此真理是可以被用来作为知识追求目标的。

第六个观点含有两个命题，首先是真理不能获得或者说所有的信念都受到动机偏见的驱动，其次就是政治利益会污染真理实践，也就是在偏见和真理的追求之间存在着冲突。但是戈德曼对此均不认同。他认为，"信念与行为是不同的，第六个观点认为真理不可被达到或相信，其原因主要在于人们的信念总是受到政治和利益而摇摆，而这就假定了信念是受人们的动机控制的。但是这种假定本身就是有疑问的。"①信念并不是自愿的而行为是自愿的，正如我们在集体性知识的累积性解释和非累积性解释的特征区分一样，信念是非自愿的，人们并不能轻易地决定自己的信念，但是人们的行为是自愿的，采用什么样的行为由行动者自己决定。因此真理不能达到的说法本身就是错误的。

---

① Alvin Goldman, *Knowledge in a Social World*, Oxford University Press, 1999, p. 37.

对于真理会被政治利益污染而言，这种说法难以令人信服①：首先，因为即使真理的讲述某些时候可能与人们的利益相冲突，但是这种情况在认识论研究中并不是普遍现象，而且这种情况多数发生在政治领域而不是认识论所关注的全部领域，因此将单一领域的冲突扩大至全部领域本身就是不可被承认的。其次，很多人诉诸库恩与蒯因的观点，主张理论与证据之间的缺口正是动机与利益发挥作用的地方，但是即便是库恩本人也倾向于范式选择的认知解释。很多学者做出了许多案例研究，以表明政治和利益在发展和接受科学思想方面起到了重要的作用，正如社会建构论所做的那样，但是这类案例研究并不能支持真理受到了污染，因为它们并没有构建出政治或利益对于科学信念的因果效力，而因果效力需要的是与事实相反的论题，即如果某一情况下的政治和利益不同的话，那么信念并不会产生。因此这些案例研究并不能作为有力的论证手段。而且，尽管案例研究在某些情况下能产生出合理的情形，来支持某些思想在最初的发展中受到了政治和利益的作用，但是这也不能表明这些思想的可接受性来源于类似的动机。最后，历史案例研究对于其自身也提出了问题。如果真理是不可到达的，那么我们如何希望得出第六个观点中所断言的公认的真理呢，如果每个人都彻底受到政治和利益的偏见的话，第六个观点中的命题自身也就是有偏见的，我们又该如何相信这些案例研究呢？因此认为真理受到利益和政治偏见不可取得的观点就是错误的。

---

① Alvin Goldman, *Knowledge in a Social World*, Oxford University Press, 1999, pp. 37-40.

通过对怀疑真理获得的以上六个观点的反驳，戈德曼就建立了以真理为核心的认识论基础，也就是他的求真社会认识论。戈德曼坚持认为社会认识论应该以真理为基础，用真理来定位，因此在他看来无论是个体认识论还是社会认识论，都需要面对求真问题，从而选择出对知识相对有利的实践，无论该实践是个体实践还是社会实践。

二、社会认识论的评价

戈德曼的社会认识论关注点就是对社会实践的真理获得的评价，也就是哪一种实践对知识具有相对有利的影响。这样社会认识论在他看来就是一种评价性的研究。但是，社会认识论的评价的目标是什么，评价的基础、标准又是什么。对此，戈德曼进行了详尽的论述，并给出了他自己的回答。

社会认识论具有三种不同的评价目标：（a）个体信念；（b）社会信念；（c）社会实践、程序和制度。同时社会认识论具有四个不同的评价基础：其一，集体或共同体所采纳的方法；其二，集体的共识；其三，专家意见；其四，真信念的产生。根据社会认识论的三种评价目标和四个评价基础，我们可以得出一个图标，并相应地产生出八种可能的认识论立场：[1]

---

[1] Alvin Goldman, *Liansons*：*Philosophy Meets the Cognitive and Social Science*，Cambridge，MA：The MIT Press，1992，pp. 183-184.

	个体信念	社会信念	制度的社会实践
集体采纳的方法	相对主义		
集体的共识	共识主义 1	共识主义 2	共识主义 3
专家意见	专家主义 1	专家主义 2	专家主义 3
真信念的产生			求真主义

由上表可见，横向表示的是评价的目标，分别为个体信念、社会信念和制度的社会实践。纵向表示的是评价的基础，分别为集体采纳的方法、集体的共识、专家意见和真信念的产生。由此，产生出相对主义、共识主义 1、共识主义 2、共识主义 3、专家主义 1、专家主义 2、专家主义 3 和求真主义八种认识立场。

其一，相对主义。相对主义的立场常常包含以下三点："第一，没有什么普遍的、脱离语境的、超越文化的，或超越历史的标准，通过这些标准就可以判断不同的形成信念的方法。第二，集体无论接受什么方法对它们来说都是正确的。第三，个体的信念从社会性的角度被辩护，当且仅当这种信念是通过被个体组成的集体所接受的方法得到形成或维持。"①相对主义的困难表现在②：首先，一个相信者可能属于几个不同的共同体，因此可能在论证方法上存在着冲突。比如，一个科学家，可以属于一个通常的文化，一个特定的科学学科，以及该学科内部的一个派别，那么他的一个信念可能就会遵照他所属的派别的原则，但是却违

---

① Alvin Goldman, *Liansons: Philosophy Meets the Cognitive and Social Science*, Cambridge, MA: The MIT Press, 1992, p. 185.

② Alvin Goldman, *Foundations of Social Epistemology*, Synthese, 1987, 73, pp. 116-117.

背了该学科内部大多数成员所接受的方法论原则。因此从相对主义来评价认识就是困难的事情。其次，即使相对主义后撤至这样的观点：相对于一个共同体信念是被辩护的，相对于另一个就是非辩护的，这样的观点依旧是存在问题的，因为它进一步增加了相对主义的维度。按照这个观点，社会认识论的任务就是鉴别一个共同体的方法，以及决定是否任何制定的个体遵照或违背了那些方法。很明显，这样的任务更加地适合历史学家、社会学家以及人类学家，而不是传统哲学的认识论任务。最后，相对主义很有可能导致虚无主义，特别是它的第一点所蕴含的观点就与虚无主义是一样的。虚无主义认为没有超越文化的标准来评价相信者的信念，唯一能够评价相信者的方法就是他们自己的集体的方法，但是用集体自己的方法来评价相信者的方法是没有什么意义的，因此评价相对主义的合理性很大程度上就与认识论虚无主义的辩护连接在一起。但是虚无主义是错误的，因此相对主义也是错误的。

其二，共识主义。共识主义在逻辑实证主义时代是很流行的一种解释，并得到了许多人的认同。科学之所以具有强烈的吸引力和可效仿性，就是因为它具有主体间性，即能够在主体之间解决争端的能力。而解决争端很大程度上就是依靠在争端问题上的一致性或共识，或者说"科学的目标……就是要达到共识度的最大化"①。由上述图标可知，共识主义也存在着三个类型："共识主义 1 关注的是个体信念，即个体信念是可辩护的当且仅当它符合个体所在的集体的共识。共识主义 2 将社

---

① Ziman J. , *Reliable Knowledge* , Cambridge：Cambridge University Press，1978，p. 6.

会信念作为评价的目标，社会信念是合理的，当且仅当它具有较高的共识度。共识主义 3 将社会实践和制度作为评价的目标，实践和制度是合理的，当且仅当它们能够产生共识。"①共识主义某种程度上类似于融贯论，如果说融贯论可以作为一种个体信念的合理性理论的话，那么共识主义就是一种社会信念的合理性理论。

但是，共识主义依旧面对着一些问题的挑战，具体来看表现为以下几点。②对共识主义 1 来说：首先，如何区分相关的共同体。通常情况下一个认知者隶属于许多共同体，信念 P 可以在一个共同体中得到匹配，但是在另一个共同体中却会与统治性的意见相冲突。因此哪一个共同体能够决定信念的社会辩护是不得而知的。其次，即使上述问题得到解决，但是如果认知者并不相信 P 符合共同体的观点，即使 P 事实上符合，认知者对 P 的信念也并不能得到社会性的辩护，或者认知者认为他的信念 P 符合共识但事实上却并不如此。最后，如果认知者 S 相信他的共同体成员都接受 P，但是他具有良好的原因认为他们是错误的，是否 S 仍然社会性地辩护了 P 的相信。共识主义 2 常常被认为关注的是合理性而非辩护。但是大多数人的共识并不能够保证认识具有合理性，如果少数人具有特殊的专家地位，他们否定了 P 的真理性，即使大多人相信 P 也无法证明说 P 是真的。共识主义 2 的另一个问题就是共识本质上并不是一种可靠的合理性符合。它依赖于共识达成的方法，事实上存在着

---

① Alvin Goldman，*Liansons：Philosophy Meets the Cognitive and Social Science*，The MIT Press，1992，p. 186.

② Alvin Goldman，Foundations of Social Epistemology，*Synthese*，73，1987，pp. 118-120.

许多达成共识的方法，比如信息的控制、权威的作用、交流的技巧等，因此共识的达成并不能保证认识就是理性的。共识主义 3 同样面临这个问题。制度或程序产生共识的能力并不能看作是合理性的保证。比如通过官方的审查机构就可以产生出得到共识的能力，但是这些并不是合理性程序的范式。所有这些综合起来，我们可以得出结论共识主义并不是一种合适的认识立场。

其三，专家主义。专家在认识辩护过程中具有重要的作用，因此可以作为我们的认识基础之一。依据评价目标不一致，专家主义也可以分为三种："专家主义 1 认为一个个体信念社会性地被辩护，当且仅当它符合个体所在的共同体的专家意见。专家意见 2 认为一个集体的信念社会性地被辩护，当且仅当这个信念反映出构成集体的专家的意见。专家主义 3 对制度合理性的评估根据是否它促进了专家意见的接受。"[1]专家主义具有两个特点，一个是信念的形成依赖于他人的意见，因此一些人特别是专家的意见要比其他人的更重要。另一个就是专家主义与基础主义存在着某种程度的类似。如果说基础主义是强调基础信念权威性的个体辩护理论的话，专家主义就是强调社会性信念权威性的集体辩护理论。因此对专家意见的依赖可以促使新手获得辩护。但是专家主义也面临几个问题[2]：对专家意见 1 来说，一个专家可以被看作是一个特殊的 P 的真理值的指示符号，如果认知者相信专家意见是一个可靠的 P 的真

---

[1] Alvin Goldman, *Liansons: Philosophy Meets the Cognitive and Social Science*, Cambridge, MA: The MIT Press, 1992, p. 188.

[2] Alvin Goldman, Foundations of Social Epistemology, *Synthese*, 1987, 73, pp. 121-124.

理值的指示符号，那么他就应该考虑将它纳入他自己的信念之中，但是不同的专家可能对 P 有不同的意见，个体在选择专家意见时并不是理想情况下的方便。对专家意见 2 来说，专家的解释是极为重要的。什么样的人才可以成为专家，是指某人的意见能够方便地获得真理或是指某人具有很大的名望。我们可以称前者为客观专家主义，而把后者称为主观或名望专家主义。如果是后者的话，信念的合理性很模糊并不能够合理地被视为社会认识论的立场。对于前者，下面几个问题就需要得到解决：第一，在某些情况下并没有什么专家，或者说没有什么人要比其他人更具有良好的认识理由，在这种情况下专家主义就失去了效用。第二，不管共同体中存在着什么样的专家意见，社会认识论并不需要限制为外行人信念对专家意见的调整。社会认识论的合理领域就是增加专家意见水平的制度的创造和改善。第三，专家意见只能给予非专家以建议。那么专家自身该怎么办，他们如何听取专家意见，是否他们需要听取专家意见。因此，基于这些理由客观的专家主义也并不是完全符合社会认识论的立场，并不能完全地作为社会认识论的辩护依据。专家意见3 的问题某种程度上与专家意见 2 相类似，某种情况下并没有什么社会制度能够促进专家意见的接受，因此专家意见 3 就没有它的作用。即使促进了专家意见的社会制度也并不一定是合理的，特别是从认识论来讲是合格的认识辩护立场。因此专家意见 3 同样存在问题。

其四，求真主义。智力活动中通常的特征就是追求真理，无论什么样的方法和实践都可以作为真理追求的良好方式，科学家在追求真理，法官在追求真理，进化论者在追求真理，创世论者也在追求真理，甚至所有的竞争性的研究团体都在追求真理。因此，真理是人们认识活动中的共同目标，求真主义就是对这个认识方式的哲学研究方法。如上表所示，求真主义评价的目标就是社会实践和社会制度，但是这些实践和制度需要根据它们对社会信念的结果来进行评价。从认识论来说社会实践是所需要的，因为它们从认识论的角度促进了信念。在此基础上戈德曼提出了求真社会认识论的五项标准，来衡量实践对真理的作用及社会制度与实践的评价，这些评价标准都与求真性相结合从而构成他的理论基础。这包括："其一，可靠性。它由实践所产生的真理与信念之比来衡量。其二，力量。即认识者解决问题和回答问题的力度，也就是说信念能否有助于认识者发现问题的答案，比较有效地形成解答问题的答案并使人相信其为真。其三，创造力。它表明一个社会中公众的文化教育水平。其四，速度。它是发现问题答案的智力标志。其五，效益。它是社会实践和制度以最小的成本获取真理并提供给群体的方式。"[1]这些标准结合求真的方法就构成了戈德曼的求真社会认识论的基础，而求真社会认识论在戈德曼看来，就是一种早已经存在的哲学思想。哲学家的任务是对人们的社会生活领域中的存在的话语和行动给予理性的重新理解。比如有组织的科学建立了制度实践以避免错误，司法体系的确立促进了真相的获得等，这些制度和实践需要在求真的基础上做出理性的认识，因此对戈德曼来说，社会认识论就是对人类认识事业的重新理解和系统化认识。

---

[1] Alvin Goldman, *Liansons*: *Philosophy Meets the Cognitive and Social Science*, Cambridge, MA: The MIT Press, 1992, pp. 195-196.

三、求真值分析

1. 信念状态分析

为了更好地分析求真社会认识论，戈德曼引入了求真值（Verististic Value）概念，并试图根据求真值的不同及其变化来分析社会实践对求真结果的影响，根据社会实践的求真结果来评价社会实践。由此，对求真结果的评价首先表现为对具有基本求真值信念状态（belief states with fundamental veritistic value）如知识、错误及无知的分析。

对基本求真值的信念状态进行分析可使用两种方式。首先，三分法图示。它可以对一个命题提出三种信任态度，即相信、拒绝和保留。其次，信念度图示。采用类似坐标的方法，在 0 和 1 之间允许其中度数代表信念强度。这样信念度就等同于主观可能性。比如，在一个特定命题中一个信念度是 0.65，那么对那个命题来说主观的可能性也是 0.65。在构建求真值状态模型时，采用回答问题模型是相当便捷的。在回答问题模型中，当行动者 S 对感兴趣的问题做出回答时，行动者 S 的信念状态就具有了求真值，比如谁在 2008 年奥运会上的游泳比赛中夺得 8 枚金牌？中国队在 2008 年奥运会上夺得多少枚金牌，多少枚银牌，多少枚铜牌？根据行动者 S 对这些问题的回答，我们就可以做出求真值的计算。换句话说，当行动者 S 对于一个是/否的问题感兴趣时，这个问题就可以缩写为 Q(P/-P)，在问题判断形成之后，就可以用这两种方法分别对 Q(P/-P) 做出分析[①]：

---

① Alvin Goldman, *Knowledge in a Social World*, New York: Oxford University Press, 1999, pp. 89-90.

第一，用三分法图示对基本求真值的信念状态进行分析。如果 S 相信这个真命题，那么求真值就是 1.0，如果他拒绝相信这个真命题，那么求真值就是 0，如果他保留了他的判断，那么求真值就是 0.50。第一个状态构成了知识(Knowledge)，第二个状态构成了错误(Error)，第三个状态构成了忽视(Ignorance)。我们可以表达如下：

$$\text{V-value of B(true)}=1.0 \qquad \text{B 代表相信(Believe)}$$

$$\text{V-value of W(ture)}=0.50 \qquad \text{W 代表保留(Withhold)}$$

$$\text{V-value of R(true)}=0 \qquad \text{R 代表拒绝(Reject)}$$

求真分析可以在一段时间范围内做出分析，比如行动者 S 在时刻 t_1 对于 Q(P/-P)感兴趣，此时他的信念强度是 W(P/-P)，即他保留了判断，或对 P 是真的还是假的并没有意见，那么在时刻 t_1 他的求真值 Q(P/-P)就是 0.5；而在时刻 t_2 他对命题 P 形成了一个信念，此时他的信念强度是 B(P/-P)，那么在时刻 t_2，如果命题 P 为真，他的求真值就是 1.0，如果命题 P 为假，他的求真值就是 0。这样通过从时刻 t_1 到时刻 t_2 的信念状态的改变，依照命题 P 为真或为假，对问题 Q(P/-P)而言，他要么就提高了求真值要么就削减了求真值。

第二，用信念度图示对基本求真值的信念状态进行分析。假定在时刻 t_1，行动者 S 对 Q(P/-P)产生兴趣，他的信念度为 0.33，在此后的时刻 t_2，他的信念度增加到 0.75，这样我们的计算就成为对信念度的计算，由于在信念度图示下求真值数量等于信念度，或者说 V-value of DBx(true)＝X，因此当命题 P 为真时，其求真值 Q(P/-P)在 t_1 就是

0.33，在 t_2 就是 0.75，因此从 t_1 到 t_2 就增加了 0.42，而当命题 P 为假时，其求真值就损失了 0.42。由此，就可以通过信念状态的变化做出真理获得与否的判断。

2. 实践分析

对求真结果的评价其次表现为对具有工具求真值实践（practice with instrumental veritistic value）的分析。信念状态的获得需要实践，无论这种实践是个体的还是社会的，对这些实践的求真评价需要从工具性角度进行，也就是根据实践应用对行动者信念状态的影响来评价实践，根据单一行为应用前后求真值的增减，就可以对这一行为所产生的信念度变化做出分析。比如，行动者 S 在 t_1 对问题 Q_1 产生兴趣，并且 S 将某一具体行为 π 应用到问题 Q_1 上。这个实践的可能结果就是在时刻 t_2 改变了 S 的信念状态。如果 π 的应用结果增加了信念状态从 t_1 到 t_2 的求真值，那么 π 就具有正信念，如果 π 的应用结果减少了信念状态从 t_1 到 t_2 的求真值，那么 π 就具有负信念。如果在求真值上没有变化，那么 π 的应用对于求真值来说没有任何变化。

除了对单一行为的求真值做出分析之外，还可以对相互竞争的行为做出对比，前者称为抽象模式，后者称为比较模式。比较模式可以对以不同方式解决相同问题的两种行为 π 和 π' 做出比较，并分析哪一种在求真值上更好。如果一种行为的求真值变化要好于来自另一种行为的变化，那么在这个应用上前者从求真值上要好于后者，或者说前一种行为要好于后一种。这样，通过求真值变化的比较，人们就可以系统地做出更优的决定，从而可以在认识论的求真结果上得出更好的结论。具体来看，一个行动者 S 具有一个特定的问题 Q，当他应用一个实践或一组实践时，会导致他的信念的求真值发生什么样的变化呢？当 π 得到应用时，会发生什么变化，当 π′得到应用时，又发生什么样的变化。如果应用 π 产生的变化从求真值上要好于应用 π′产生的变化，那么前者在这个应用上从求真上要好于后者。举例来说，"一个将军想要知道敌人是否准备进攻，他派出五个侦察员去前方探查敌情，一种可能的情况是将五个侦察员派往一个方向侦察汇报他们的发现，第二种可能的情况就是将五个侦察员分别派往五个不同的方向，每一个人分别报告他们的发现。假如敌人可以从五个方向中的任何一个进攻，那么第一种情况下如果发现了敌人的进攻，也仅仅是出于运气的因素。所以第二种情况很明显从求真值来说是合理的。与前一种情况的报告相比，五个不同方向的侦察员的报告平均起来就产生出更准确的知识。另外在这个例子中，知识获取的速度也是不同的。将五个侦察员派往五个方向，尽管每一个人只能侦察到一个方向的情况，但是将五个人的报告结合起来就是完整的敌情，相比将五个人派往同一个方向进行五次侦察来说，尽管最后将军能够得到相同的结果，但是他的信念状态获取的时间是不同的，五个调查队要比一个调查队所花费的时间要少得多"①。

以上的分析限于单一的行动者，事实上社会认识论考虑的更多的是行动者共同体的实践影响。由于社会行为往往作用于多个行动者构成的共同体，因此行为对象的承担者就不再局限为单一个体，对行动者共同体求真值变化的衡量就成为求真社会认识论的主要目的和研究内容。以

---

① Alvin Goldman, *Knowledge in a Social World*, New York: Oxford University Press, 1999, pp. 92-93.

一个小的共同体 S_1-S_4 为例，兴趣问题就是 Q(P/-P)，且 P 为真。在时刻 t_1 的情况下，几个行动者的信念度如下，那么根据某一行为 π 应用前后两个时刻的信念度变化，就可以对共同体的求真值变化做出分析，从而可以对这一行为对共同体的信念获得做出评价[①]：

	t_1	t_2
S_1	信念度＝0.40	信念度＝0.70
S_2	信念度＝0.70	信念度＝0.90
S_3	信念度＝0.90	信念度＝0.60
S_4	信念度＝0.20	信念度＝0.80

如何衡量这个共同体中求真值的平均水平，如何判断 t_1—t_2 的时间段内求真值的变化？简单的方式是求平均求真值。在时刻 t_1，该共同体对 Q(P/-P) 的平均信念值是 0.55，所以其平均求真值也为 0.55；在时刻 t_2，其平均求真值为 0.75，因此在应用行为 π 后，其平均求真值就增加了 0.20，也可以认为该行为 π 的应用有助于平均求真值的增加，因此行为 π 促进了该共同体对真信念的获得。

3. 贝叶斯定理的求真计算

戈德曼在进行求真社会认识论研究中，大量运用了贝叶斯定理进行改良计算与数理统计，因为他的研究是一种求真计算，所以无论是基本

---

① Alvin Goldman, *Knowledge in a Social World*, New York：Oxford University Press，1999，pp. 93-94.

信念求真分析，还是工具性求真分析，贝叶斯定理特别是贝叶斯推论就成为了主要的分析方法并被大量地运用于其后戈德曼在教育、法律以及经济的社会认识论应用研究领域中，因此我们在这里简要地对贝叶斯定理和推论进行论述。

（1）贝叶斯定理

贝叶斯定理（Bayes theorem）源于托马斯·贝叶斯，他是一位英国牧师和数学家。他的贝叶斯定理是决策逻辑学的一个分支，使用理论统计学研究概率推论，即根据已经发生的事件来预测将来可能发生的事件。1763 年，贝叶斯在他的著作中首次提出了贝叶斯理论。贝叶斯理论假设：如果过去试验中事件的出现率已知，那么根据数学方法可以计算出未来试验中事件出现的概率。贝叶斯理论指出：如果事件的结果不确定，那么量化它的唯一方法就是事件的发生概率。贝叶斯定理是概率论中的一个结果，它跟随机变量的条件概率以及边缘概率分布有关。在有些关于概率的解说中，贝叶斯定理（贝叶斯更新）能够告知我们如何利用新证据修改已有的看法。

通常，事件 A 在事件 B（发生）的条件下的概率，与事件 B 在事件 A 的条件下的概率是不一样的；然而，这两者是有确定的关系，贝叶斯定理就是这种关系的陈述。作为一个规范的原理，贝叶斯定理对于所有概率的解释是有效的；然而，频率主义者和贝叶斯主义者对于在应用中概率如何被赋值有着不同的看法：频率主义者根据随机事件发生的频率，或者总体样本里面的个数来赋值概率；贝叶斯主义者要根据未知的命题来赋值概率。贝叶斯统计中的两个基本概念是先验分布和后验分布：①先验分布。总体分布参数 θ 的一个概率分布。贝叶斯学派的根本观点，是认为在关于总体分布参数 θ 的任何统计推断问题中，除了使用样本所提供的信息外，还必须规定一个先验分布，它是在进行统计推断时不可缺少的一个要素。他们认为先验分布不必有客观的依据，可以部分地或完全地基于主观信念。②后验分布。根据样本分布和未知参数的先验分布，用概率论中求条件概率分布的方法，求出的在样本已知条件下，未知参数的条件分布。因为这个分布是在抽样以后才得到的，故称为后验分布。

我们可以使用维基百科全书中对贝叶斯定理的定义更加准确地加以理解：

贝叶斯定理是关于随机事件 A 和 B 的条件概率和边缘概率的一则定理。

$$P(A \mid B) = \frac{P(B/A)P(A)}{P(B)}$$

其中 $P(A \mid B)$ 是在 B 发生的情况下 A 发生的可能性。

在贝叶斯定理中，每个名词都有约定俗成的名称：

$P(A)$ 是 A 的先验概率或边缘概率。之所以称为"先验"是因为它不考虑任何 B 方面的因素。

$P(A \mid B)$ 是已知 B 发生后 A 的条件概率，也由于得自 B 的取值而被称作 A 的后验概率。

$P(B \mid A)$ 是已知 A 发生后 B 的条件概率，也由于得自 A 的取值而被称作 B 的后验概率。

$P(B)$ 是 B 的先验概率或边缘概率。

按这些术语，贝叶斯定理可表述为：后验概率＝（相似度×先验概率）/

标准化常量，也就是说，后验概率与先验概率和相似度的乘积成正比。

从条件概率推导贝叶斯定理，

根据条件概率的定义，在事件 B 发生的条件下事件 A 发生的概率是

$$P(A \mid B) = \frac{P(A \bigcap B)}{P(B)}$$

同样地，在事件 A 发生的条件下事件 B 发生的概率

$$P(B \mid A) = \frac{P(A \bigcap B)}{P(A)}$$

整理与合并这两个方程式，我们可以得到

$$P(A \mid B)P(B) = P(A \bigcap B) = P(B \mid A)P(A)$$

这个引理有时称作概率乘法规则，上式两边同除以 $P(B)$，若 $P(B)$ 是非零的，我们可以得到贝叶斯定理：

$$P(A \mid B) = \frac{P(B \mid A)P(A)}{P(B)}$$

(2)贝叶斯计算运用

戈德曼首先将贝叶斯定理和计算用于陈词应用上，他认为尽管贝叶斯计算只是一种计算理论并不能作为一种实践，但是它却可以被有效地应用到他人的陈词报告中，因此也可以视为一种社会实践。而且陈词的贝叶斯计算可以分为两种不同的形式，普通陈词计算和司法陈词计算。弗里德曼将贝叶斯计算引入了司法陈词计算中并取得了很大的成功，因此戈德曼将关注点放到了普通陈词的贝叶斯计算之上，给出了详细论述①：

———————

① Alvin Goldman, *Knowledge in a Social World*, New York: Oxford University Press, 1999, pp. 111-115.

案例一，纽约市某天早晨要么是阴天的，要么是晴朗的，而且下午要么是下雨的，要么是不下雨的。如果我们下午到达了纽约市，而且纽约下了雨，并且我们希望评估出早晨阴天的概率。因为下午下了雨，那么早晨是阴天的概率是多大呢？

按照上述贝叶斯定理，我们可以得出两个相等的计算式。

（i）
$$P(阴天/雨天) = \frac{P(雨天/阴天) \times P(阴天)}{P(雨天)}$$

（ii）
$$P(阴天/雨天) = \frac{P(雨天/阴天) \times P(阴天)}{P(雨天/阴天) \times P(阴天) + P(雨天/非阴天) \times P(非阴天)}$$

根据上述的计算式，在有雨的情况下阴天的概率就可以从四个值进行计算：

（a）阴天的先验概率；

（b）非阴天的先验概率，就等于 1－阴天的先验概率；

（c）阴天情况下下雨的条件概率；

（d）非阴天条件下下雨的条件概率。

案例二，汤姆在法庭上做出陈词：他看到杰克偷了别人的钱包。

这里的案例二在普通陈词的意义上，完全类似于案例一。在案例二中观察到的结果就是汤姆作证杰克偷钱包的事实 X 发生了，我们把它定义为陈词（X）。对于陪审团来说问题就是根据陈词（X）和其他证据来断定 X 真实发生的概率。因此，根据贝叶斯定理，在给定陈词（X）的情况下，X 发生的概率就是：

$$P(X/陈词(X)) = \frac{P(陈词(X)/X) \times P(X)}{P(陈词(X)/X) \times P(X) + P(陈词(X)/非负 X) \times P(非负 X)}$$

根据上述的计算式，在陈词（X）存在的情况下，X 的概率就可以从四个值进行计算：

（a）$P(X)$，X 发生的先验概率；

（b）P（非负 X），X 不发生的先验概率；

（c）汤姆做出对 X 的陈词的条件概率，X 确实发生了；

（d）汤姆做出对 X 的陈词的条件概率，X 没有发生。

很显然，贝叶斯定理可以被应用于普通陈词和司法陈词之中，因此对于我们进行求真判断来说，这就是一个合理的使用工具。当然，在这个过程中陈词不一定总是真的，比如陈词者可以做出虚假的陈词，或者陈词者受所处的环境和认识条件所限，他的陈词并不准确，但是通过类似的四种贝叶斯值的计算，特别是当它们联合在一起应用于贝叶斯计算中时，我们就可以对陈词的真实性做出较为准确的评估，而这正是贝叶斯计算的优势所在。

（3）贝叶斯计算的合理性

我们在对贝叶斯计算做出了详细解释后，可以认为贝叶斯计算具有认识上的合理性。具体来看，贝叶斯计算的合理性表现为[①]：

其一，它的认识合理性就在于突破了其他认识实践的具体有效性，而表现为只要满足了某些特定的条件，就可以应用于任何环境中进行求真计算。也就是说，它有能力提高使用者的知识度，只要特定的条件得以满足。众所周知，真理的获得并非容易的事情，仅有良好的推论程序并不能获得保证能够获得求真的良好结果。我们还需要更好的事实性输

---

① Alvin Goldman，*Knowledge in a Social World*，New York：Oxford University Press，1999，p. 115.

入。因此在求真过程中，不仅需要保证求真的计算过程是正确的，而且我们还需要在计算源头就确保引入的证据是可靠的，因此贝叶斯计算甚至可以在这个步骤上就得到使用，同样也可以在求真过程中与其他诸如演绎法一同使用，只有这样才能保证最后的结论是真实的。

其二，贝叶斯计算可以有效地增加真信念的信念度，从而加强了社会认识论的理论基础。"我要表达的是，当一个行动者以一个准确的可能性作为开始的时候，贝叶斯计算就会增加他的目标命题的信念度。更为准确地说，在使用贝叶斯计算之后，所获得的真信念度就大于没有使用贝叶斯计算的真信念度。"①因为戈德曼的社会认识论是一种求真社会认识论，因此信念度的变化对于求真值计算来说就是至关重要的，通过求真值的变化我们可以计算出基本信念状态和工具求真信念状态的信念度变化，从而更好地判断出单一行动者以及行动者共同体在面对一个实践或不同实践情况下，所发生的求真值变化，而这正是贝叶斯计算发挥作用的场合。

综上所述，戈德曼的求真社会认识论不仅可以明晰人们和共同体目前使用的行为，而且可以确定是否可以存在更好的行为来代替目前的行为，而这就意味着它既可以评价现有行为，还可以评价尚未出现的行为。虽然求真分析（Veritistic Analysis）不容易确定，信念状态和实践的求真值也不容易确定，且在戈德曼看来他的方法更多的是提供出一种概念上的澄清，来决定哪一种实践值得诉诸，但是他认为概念上的澄清就

---

① Alvin Goldman，*Knowledge in a Social World*，New York：Oxford University Press，1999，pp. 115-116.

是一件非常有益的工作，它将指导认识论的发展，乃至指导人们更明确合理地追求真理与知识，或许这就是他的工作的价值所在。

第二节 最小化社会认识论

美国学者基彻尔也是一位将研究定位在真理上的社会认识论者，不过，他从真理出发，发展了另一套社会认识论体系，即他的主要关注点是科学的进步以及认知工作的分配。因为基彻尔认为事实上个体理性与集体理性的需求之间存在着不协调之处，高度遵从个体理性原则往往并不利于共同体的认识目标的实现，因此需要保持认知的多样性，需要关注认知工作的分配，而处理好个体理性与集体理性之间的关系，在基彻尔看来是社会认识论的一个主要任务。同时，由于基彻尔将个体视为认识论的基本研究单位，因此他的社会认识论不同于其他社会认识论，表现为一种最小化的社会认识论。

一、科学变化的解释

基彻尔认为整个科学史是由一些伟大的年份以及一段段的时期所构成的，后者构成了科学史的主体。首先，在每一个时期的开始，都会存在一个科学家共同体因在特定问题上的看法及卓有成效的解决方案而被其他科学家视为权威，因此在集体取得共识之后，每一个人都会按照共识意见行事并且众多科学家都会去遵守该共同体在这个问题上的解决方案。这个共同体事实上由经验丰富的学者及学徒构成。所有经验丰富的学者都认同共同体的共识实践（consensus practice），因为对每个人来说共识实践都是其个体实践（individual practice）的一部分，同时他们也都试图超越那些共识性意见。当然，这些学者的地位并不相同，一些人的地位要高于其他人，因此在有争议的问题上，这些人的意见更有可能会被其他人采纳作为解释，而不是用共识意见作为解释。学徒们由学者来训练，每一个学徒都会形成一个最初的个体实践，但是这个个体实践包含在共识实践中并成为其一部分，同时学徒们会部分依赖于特定的共识实践细节，部分也依赖于训练过程中的认知状态，扩展其个体实践。而且其个体实践依据受训人、训练过程不同而有所差异，在离开训练走向工作的过程中学徒们的个体实践也会发生变化，此外由于所接受训练的导师的地位不同，因此在学徒加入科学共同体开始工作后，他们受到的信任度也是不同的，部分人因为导师在共同体中的地位高或者是权威人物，他们所培养的学徒就会具有更高的信任度，但是部分人则不被人们所认同，或者没有什么信任度。

其次，在这个时期的中段，个体实践通过与同行的对话和合作等科学行为，个体实践就发生了变化或得到修改。来自他人的信息将被接受、修改、扩展，随着共同体的理论不断修改、扩展，其个体实践遭受不断的更改或拒斥，因此其可信度在持续发生着变化。那些信任度下降的科学家就逐渐退出了该共同体，而另一些共同体外的人因其信任度的提高得以进入并获得共同体成员的信任。最后，到了这个时期的末段，由于形成该共同体的社会系统的规则发生了变化，个体实践的修改导致了共识实践的变化，那些赞同这种变化的人就留在共同体中并作为下一个时期的经验丰富的学者，那些反对变化的人被彻底排除出去不再发挥任何作用，而这种循环又会从一些新的学者与学徒重新开始。任一时期的演变都由这三个阶段构成，三者循环构成了科学史的衍化与发展。

为了准确提供出这种科学变化的解释，基彻尔列出了构成这种循环的状态和过程："其一，认知状态。即任何层面下科学变化所涉及的受限系统的认知状态，它们的认知特点、认知限制，以及所具有的目标和兴趣。其二，实践。即在这个循环的某个时期中保持相对稳定的科学承诺，将这些承诺传递给他人的行为就是实践。这些承诺的表达都是依靠科学家的行为：对某种陈述的断定、对某些问题的追求、对某些工具和技术的使用、对某些具有特定结构的文本的制造、对一些信息而不是其他信息的依赖的倾向。其三，个体实践。即个体认知状态，每一个个体科学家都具有独特的个体实践。而且这些个体实践很大程度上差异极为明显。大多数科学家不仅依赖工具和其他外在帮助，而且他们还具有独特的工具和样本，因此个体实践本质上是不同的，特别是在那些最为重要的理论方面。其四，共识实践。即所有科学家共有的实践，依据个体实践的更改，共识实践也会产生相应的变化。"[1]因为个体实践的变化影响到共识实践，因此我们有必要探讨个体实践变化的原因。有的时候，一些科学家修改他们的个体实践出于非社会互动的原因，而有的时候他们又是因为社会性的交换而改变他们的想法。比如，前者有可能出现在

---

① Philips Kitcher, *The Advancement of Science*, New York: Oxford University Press, 1993, pp. 59-60.

孤独的实验工作者那里，他在独立地观察和实验过程中发现了新的结果
进而形成了新的个体实践，同样在这个例子中也有可能他在观察到结果
之后，开始与同事或合作者进行交流、探讨，进而形成了新的个体实
践。事实上同事或竞争者之间的会话范式，往往形成了新的个体实践。
在这种情况下一个科学家可以告诉他人，也可以被他人所告知，因此以
上的两种情况都可以作为个体实践变化的原因。"我们需要指出在这一
过程中出现的两个问题：首先，很多情况下认知状态都会根据社会交换
和非社会互动发生变化。其次，在两种情况下科学家都可以发现某些科
学现象的本质。"①我们的认识很大程度上导致科学的进步，而为了理解
个体如何行动以及他们的社会联系如何方便了这些目标的达成，为了给
出科学变化的解释并从中推演出构成科学进步的理论，基彻尔重点分析
了个体实践和共识实践。

二、个体实践与共识实践

基彻尔认为个体实践构成了一个科学家的认知状态，而个体实践的
变化又描述解释了每一时刻其认知状态的改变。他将个体实践归结为下
述七个组成部分为特征的多维实体："其一，科学家在其职业工作中使
用的语言。其二，他确认的有意义的该领域的一组问题。其三，他接受

---

① Philips Kitcher，*The Advancement of Science*，New York：Oxford University
Press，1993，pp. 60-61.

的该领域中的一组陈述。其四，科学家认同的一组解释性文本。其五，个体认为可信赖的一组信息源。其六，实验、观察的范式以及科学家认为可靠的工具和实验观察的标准。其七，科学推理的方法以及用来证实陈述的标准。"①正是以个体实践为基础，基彻尔构建了共识实践的概念。

同一个科学共同体的个体成员的实践是不同的，当科学共同体中存在的问题得以解决之后，当个体实践中的某些部分消解之后，共识实践也会发生改变。因此如果我们想要理解科学的进步，我们需要论述共识实践之间的关系。"那么什么是共识实践呢？首先，它是一种实践，其组成部分就类似于个体实践的部分。但是二者之间也存在区别。例如，对共识实践来说问题意义的确定就是非个人的，对于个人研究和特定个体的兴趣来说共识实践并不关注。其次，它的特点在于：它由一种语言构成；是一种有意义问题的确定；是一套具有辩护结构的可接受的陈述；是一套解释图式；是一套权威范式和鉴别权威性的标准；是一套实验、观察、工具以及辩护标准；是一套方法论标准和方法论原则。"②基彻尔认为他的共识实践概念与库恩的范式概念的区别在于，范式既能够提供一个时期科学状态的丰富描述，又可以将一门学科划分为不同的阶段并描述不同阶段的认识特点，而共识实践无法做到后一点。

基彻尔以进化生物学史为例，指出："在这个学科内部每一个时期

---

① Philips Kitcher，*The Advancement of Science*，New York：Oxford University Press，1993，p. 74.

② Philips Kitcher，*The Advancement of Science*，New York：Oxford University Press，1993，p. 87.

生物学家共同体都具有一个内在的结构。共同体内的所有成员都享有特定的主张和承诺，但是也有一些亚集体具有更为丰富的主张，因此可以称之为亚共同体。对某些特定的问题来说，亚共同体就被认为是具有权威性的，因此如果亚共同体中的每一个成员都同意一个特定的问题具有一个特定的回答的话，那么整个共同体的成员都同意这个回答是正确的，因此这个意见就成为亚共同体的共识实践。但是并不是每一个共同体中的生物学家都意识到爬行动物和哺乳动物过渡中所涉及的准确关系，也不是每一个共同体中的生物学家都具有观察野生动物特定组织所需要的技能。但是，每一个共同体成员都具有接受权威的能力，都愿意相信特定古生物学家的亚共同体在爬行动物到哺乳动物之间过渡问题上的权威性，这样如果所有的古生物学家在该问题上有一个特定的回答和解释的话，那么它就成为整个共同体的'理想状态'共识实践的一部分。"①当然，并不是所有的古生物学家都会认同某一个爬行动物到哺乳动物过渡的理论，但是只要存在着一个特殊的亚共同体，它被其他所有的生物学家共同体认为对特定的问题来说是专家的话，如果这些专家都认同爬行动物到哺乳动物过渡的理论，那么即使这样的权威性并不是完全意义上的，也可以认为是"理想状态"共识实践的一部分。这样的描述事实上是符合科学家的实际工作过程的，当科学家们需要信息的时候，他们会去求助于那些所涉及问题上具有权威性的人物，如果全部的或多数的权威都认同，那么他们也会接受这样的观点。即使权威人物之间没

---

① Philips Kitcher，*The Advancement of Science*，New York：Oxford University Press，1993，p. 88.

有完全的认同，科学家们也会把他们的意见作为一种解决方案作为备选，因此"理想状态"共识实践就包含了共同体成员对权威意见的遵从。

基彻尔对共识实践的描述有些复杂，简单来说，共识实践就是一种构建于个体实践之上的实践，而这种个体实践是由个体的信念、他认为可信的信息源、他所接受的科学推理方法论等所构成。基彻尔将共识实践划分为高低两个层次："核心"共识实践(Core Consensus Practice)以及"理想状态"共识实践(Virtual Consensus Practice)。"核心"共识实践是共识实践所具有的最基本特点，即所有的共同体成员都共同具有的个体实践的成分。"理想状态"共识实践是共识实践的标准情况，即通过考虑共同体成员由于遵从其他科学家为权威而间接接受的陈述、方法论等所产生的实践。基彻尔指出，认知状态发生变化就会导致实践改变，而实践的变化又是首先在个体实践层面产生变化，继而影响到共同体的共识实践。在共识实践的基础上，基彻尔构建了科学进步的概念，并根据共识实践在取得有意义的真理和取得解释性成功上的改善来度量科学的进步，无论这种进步表现为概念上的进步还是解释上的进步。

三、认知工作分配的研究

基彻尔对认知工作的分配(the Division of Cognitive Labor)特别感兴趣，并在不同时期不同场合撰写论文阐述这一问题。他认为如果能够把科学共同体中的研究工作合理乃至最优的分配，那么科学就能够进步。但是在这种分配中存在着几乎无人注意到的问题，这就是，如果每一个科学家都能对相竞争的理论做出一个合理判断的话，那么每一个科学家都会选择那个最能够受经验证据支持的理论，这种理想情况下所有的科学家都会选择相同的理论。然而，从共同体的观点来看，如果存在着相互竞争的理论，那么鼓励一些科学家以某种研究理论为指导，其他人以别的理论为指导，这要更有利于共同体的科学事业，"维持这种认知的多样性，即使所有人都认为两个理论中有一个不具有竞争力，然而我们依旧需要对坚持那个理论的顽固的少数派致以敬意"①。很显然，在个体理性和集体理性之间产生了冲突。如果遵循个体理性的话，是否个体还要去完成他所构成的集体认识论目标的工作呢？认知的多样性是否还要维持，又是如何维持呢？

从科学史的实际情况来看，上述的个体理性和集体理性之间的冲突案例比比皆是。同样具有理性的人们对于相互竞争的理论优势并不一致，因为他们对于不同问题的意义，对解决不同问题的适当标准来说，具有不同的思想。比如，拉瓦锡取得了决定性的证据表明空气中存在着氧气，使燃烧成为可能的并不是燃素而是氧气，这一理论的出现标志着燃素说的死亡，从此氧化说就成为标准的燃烧理论解释，在这一过程中似乎存在着库恩的范式解释，无论是个体理性还是集体理性，其目的都在于获得事实的真理，因此并不存在冲突。但是，拉瓦锡的理论提出之后，甚至氧化说的地位已经得以在化学家内部确立的时候，依然有部分化学家在进行着燃素说的试验，比如普里斯特列。从个体理性的角度来

---

① Philips Kitcher, The Division of Cognitive Labor, *The Journal of Philosophy*, 1990，p. 7.

看，普里斯特列的行为是非理性的，因为氧化说已经证明了在燃烧理论中的充分的解释性，因此他没有必要继续花费时间、精力来进行一项被证明是错误的理论。但是从集体理性的角度来看，普里斯特列的工作是必要的事情，是一种理性的事情，因为他的工作给予了燃素说以最后的机会来证明自己的正确性。因此从集体理性和个体理性的各自角度来看，普里斯特列既是理性的，同时也是非理性的，这样在二者之间就产生了理性的冲突。

又如，20 世纪之初关于大陆漂移理论的科学史也充分地表明了这一点，但是这一次少数科学家取得了最后的胜利。大陆即地球表面上面积广大的陆地，它是人类和生物赖以生存繁衍的基地。今天我们认识到这个基地却是在永不停息地运动着、变化着的，今日的大陆可以分裂为明日的海洋，昔日的海洋也可以"焊接"为今日的陆地。这就是说，大陆和海洋都不是固定不变的。现在一般都接受大陆在几亿年内可以漂移几千千米的见解，因此，大陆彼此之间，以及大陆相对于大洋盆地之间都是漂移的。但是在此之前，大陆漂移的提出，人们的观点却是"地球僵硬"及"大陆和海洋固定不变"。而阿尔弗雷德·魏格纳（Alfred Wegener）则成为 20 世纪率先推动地球科学前进的第一人。魏格纳最初在观察世界地图时，发现大西洋两岸海岸线的相似性及对锯齿状吻合关系感到惊奇而引发思考的，这正像牛顿看到苹果落地而启发他思考引力问题一样。其后，魏格纳关于大陆漂移说的首篇论文《大陆的起源——关于地表巨型特征大陆与海洋的基于地球物理的新概念》发表于 1912 年，1915年魏格纳又公开出版了著名的《大陆和大洋的起源》。该书的出版，标志着完整的大陆漂移说的诞生。但是，魏格纳提出大陆漂移设想遭到了很多科学家的反对，理由很多，最主要的就是大陆漂移的动力是什么以及大陆是怎样漂移的。在 1920 年到 1930 年这段时间，大陆漂移说的理论遇到了似乎无法克服的困难，因为推动大陆运动所需要的动力实在是太大了，人们几乎找不到这样的动力。在魏格纳逝世后相当长的一段时间，"大陆漂移说"几乎被淡忘了。但是并不是所以人都抛弃了这一理论，比如亚历山大·杜图瓦（Alexander du Toit），杜图瓦继续着魏格纳的理论，并修改了魏格纳的两个假设，最终完成了大陆漂移说的理论。直到人类海底探测技术的发展，科学家发现海底在扩张，使得原始大陆"分裂"彼此远离而去，更为先进的海底扩张说才正式确立下来。这样的案例同样表达出个体理性与集体理性之间的冲突，而且它表达了维持认知多样性的优势，如果人们完全地抛弃了少数人的观点，那么就像这个案例表达的一样，人们就不可能发现最终的真相。因此从维持认知多样性的角度来看，共同体维持认知多样性就是更加有利的。但是如果从个体理性来看，杜图瓦的工作在当时就是一种非理性的选择，因此二者同样也发生了理性的冲突。

通过对科学史案例的分析，我们可以区分出科学家对于理论、假说、研究计划等的态度。特别是我们可以在一个理论中从研究的目的到研究的应用上面区分出科学家的不同信念。一旦我们认识到这样的差别，我们就可以明白这其中的原因。尽管对每一个科学家来说相信更好的受到更多证据支持的理论是理性的，但是对每一个科学家来说并不仅仅存在着认识论的考虑，因此追求更多证据支持的理论并不一定是理性的。

基彻尔指出，在两个共同体中，一个具有纯认识论的目的，另一个除认识论目的之外还有社会压力、竞争的目的，如果二者相比较，那么在认识论上受到"污染"(Sullied)的共同体一定会进展得更理想。受传统认识论指导、只具有纯认识论目的的孤独学者所组成的共同体,尽管能够表现出认识的一致性,但因为科学事业的进步更多地融入了非认识论的因素,那些往往被认为与科学进步格格不入的社会压力以及各种动机,最终证明总是有利的。为了解决个体理性和集体理性的矛盾,也为了证明具有各种动机且保持认知多样性的共同体更有优势,基彻尔假定科学家是认识论上受到"污染"的行动者,即他们不仅追求真理,还有优先权、社会承认等。而社会体系——奖励、鼓励、竞争压力——更能解释科学家在面对困难时坚持他的理论的原因。设想某位科学家现正从事一项研究计划,他最为担心的事莫过于其他人比他更早公布研究结果,以至于使他的研究失去意义。因此,如果一个研究计划在现有证据下即使不容易成功但它是正确的且无人研究,那么与其他科学家追求相同的研究计划相比,他更愿意从事前者,因为这会使他远离激烈的竞争,更容易成为首次发现者。这样来看,尽管科学共同体是由认识受污染的理性认识个体所构成,但与纯认识论目的的科学共同体相比,进步的概率要更大。因此可以认为在科学的实际运行中,在科学共同体中维持认知多样性很重要,且有必要对认知工作做出合理的分配。

四、个体主义方法论

认识论的历史长期以来就受到人类知识的个体主义观点的统治,认为知识的辩护是一个个体的认知心理过程,比如笛卡尔认为学者们应该孤独地观察着信念的可疑性。尽管个体主义认识论并不否定知识对外在因素的依赖，甚至是笛卡尔本人都并没有忽视这一明显的事实：我们全都从他人那里学习、得到他人的陈词等。但是个体主义者确实相信，这样的认识依赖性可以是先验的，辩护的理性或规范性过程建立在个人的认知基础上。个体主义假定存在着一套我们可以知道而不需要依赖于他人的命题，或者说是由一个信息集合和一个联结这些信息的推理结构组成，与外在因素无关。以这种个体主义为基础，我们就被假定能够评估潜在资源的可靠性，通过这些潜在资源的可靠性评估就可以对某个命题做出判断。但是，这种个体主义的观点是存在局限的，特别是在两个问题上的答案是具有缺陷的。"第一，个人认知基础过于单薄不足以支撑我们对它们的扩展性使用。第二，如果脱离了认识论上的对他人的依赖，可能就不存在着任何我们可以知道的命题。"[1]因此，社会认识论特别是可靠主义的社会认识论，在拒斥个体主义还原论的基础上进一步地提出了认识的辩护性主张。

依据传统的知识概念，知识主体是个体而知识是受辩护的真信念。X 知道 P，仅仅是 X 相信 P 且 X 对 P 的信念根据一个辩护的过程而形成。但是这样的形式在社会认识论中就发生了变化，认识论的主体是集体性的，认识过程也并不需要得到辩护，这样的社会认识论就开启了认识论的集体属性。我们可以将社会认识论的基本观点总结为："个人认知基础不能成为知识辩护的充分条件。然而，不同的社会认识论理论对

---

① Philip Kitcher, Constrasting Conceptions of Social Epistemology, in *Socializing Epistemology*: *The Social Dimension of Knowledge*, Frederick, Schmitt(ed), Lanham, Maryland: Rowman&Littlefield Publishers, 1994, p. 112.

于外在因素，尤其是社会因素在认知过程中如何起作用却有着完全不同的看法。最为激进的理论认为科学实践是社会和文化活动，它的方方面面，包括科学知识的产生和发展都可以也应该用社会动机和社会规范来解释。而较为温和的社会认识论者不愿接受激进一方的彻底相对主义后果，而坚持认知规范不应该完全还原到社会规范中。这就是说，在一个适当的社会认识论中，承认社会和其他外在因素对认知过程的影响并不应该否定传统认知规范的作用。对于温和派理论，一个适当的社会认识论要同时避免狭隘的个人主义认识论和激进的社会认识论所带来的彻底相对主义。"①

基彻尔就是一位温和派的社会认识论学者，他既不认同社会认识是由社会和文化活动形成的激进解释，同时也否定了传统的个体主义认识论主张，与此相反他提出自己的社会认识论观点，并称其为最小化的社会认识论，其基本理念是：知识辩护过程不可避免地被外在因素影响，但认知个体是认识论研究的出发点。这种社会认识论理论可以归纳为以下三条②：

（1）认知个体是认识论的基本研究单位。团体或社会所拥有的知识和理性可以理解为该团体或该社会各位成员所拥有的知识和理性的总和。

---

① 黄翔：《混合型认识论中的个人主义方法论》，载《自然辩证法通讯》，2008 年第 1 期。

② Philip Kitcher，Constrasting Conceptions of Social Epistemology，in *Socializing Epistemology：The Social Dimension of Knowledge*，Frederick，Schmitt(ed)，Lanham，Maryland：Rowman&Littlefield Publishers，1994，p. 113.

（2）一个认知个人 S 知道 p 当且仅当（a）S 拥有信念 p（b），p 为真（c），S 的信念 p 是通过一个可靠的过程产生的。

（3）信念 p 产生过程的可靠性可以部分地甚至完全地依赖于不同于 S 的其他认知主体所拥有的某些特质。

可以看出，与极端的社会认识论相比，这样的最小化社会认识论更加关注于个体的认识信念。极端的社会认识论可能会拒绝个体主义的假设（1），修改条件（2b）和（2c），同时在（3）做出相应的更改。而最小化的社会认识论首先就表现为条件（1）的主张，即要求将认知个人作为研究基本单位，在这个意义上最小化的社会认识论就接近于传统的个体认识论，因此传统认识论所需要的基本因素在条件（1）中都得到了有效的保留，这使得这个社会认识论相对于其他类型的社会认识论来说特别是某些极端的认识论，社会性质大为降低。条件（2）部分地采用了传统认识论对知识分析的表达形式，只不过把辩护条件改为可靠性条件，试图通过可靠论的方法对辩护问题加以解决或某种程度上回避。"这种知识理论的主要任务就是对不同种类的信念生产过程的可靠性理解。这个任务的部分在于认识特定语境下使用的可靠性的标准——法庭、实验室以及日常信息的传递——以及明确在社会认识论中涉及的标准的鉴别。但是，社会认识论研究的主要任务就是不同社会过程的可靠性调查。"①条件（3）表达出基彻尔的知识理论的社会性因素，或者说他的认识论是一种社会认识论，信念形成的可靠性不仅依赖于认知主体的内在认知能

---

① Philip Kitcher, Constrasting Conceptions of Social Epistemology, in *Socializing Epistemology：The Social Dimension of Knowledge*, Frederick, Schmitt(ed), Lanham, Maryland Rowman&Littlefield Publishers, 1994, p.114.

力，也部分地由外在因素所决定。"正如个体认识论关注于促进个体真信念达到的过程一样，社会认识论也关注于知识者共同体的组织，关注于发生在共同体内部知识者之间的既促进集体真信念获得又促进个体真信念获得的过程。……通过给出对有关个体的认知能力的假设，以及他们在社会中所处位置的假设，我们就可以对这个问题给出合适的解答。一定程度上我们可以做出有关人类认知能力的实在论预设，以及研究者所处共同体中的社会关系的实在论预设。因此原则上我们可以解释、评价以及改善我们的集体认识能力。"①因此，这三个条件分别描述了"最小化""认识论"和"社会的"三层意思。

某些社会认识论部分认同上述的三个条件，但是却对第一个条件中的认知个体是认识论的基本研究单位表示不满，他们认为集体认识中有部分属性不可以被还原为个体认知者的属性和关系。但是基彻尔认为条件(1)是完全可行的，特别是在理性决定论、微观经济学和其他致力于个体主义方法论的社会科学中。原则上人们可以将条件(1)与不可还原的集体属性相合并共同进行认识论研究。因此基彻尔对条件(1)的使用就避免了激进社会认识论的相对主义，从而摆脱了类似于社会建构论所面临的困境，重新将认知个体置于认识论的基本研究单位，进一步回避了社会因素对认识论的解释。某些学者更加倾向于条件(1)和(2)，而不愿将条件(3)即社会因素置于基础的个体认识论研究中。

他们认为心理学、微观经济学作为社会科学中关注于个体的学科需

①　Philip Kitcher, Constrasting Conceptions of Social Epistemology, in *Socializing Epistemology: The Social Dimension of Knowledge*, Frederick, Schmitt(ed), Lanham, Maryland: Rowman&Littlefield Publishers, 1994, p. 114.

要更多地加以关注，而不是那些关注于广泛集体性的社会学科。但是我们应该看到单纯地应用于心理学这样的学科根本无法对当代负责的认识论问题加以解决，必须广泛地将关注集体的社会科学引入认识论研究之中，因此对社会认识论发展最为重要的学科，或者说社会认识论的发展应更多地建立在社会学、政治理论、文化人类学等社会科学上，应该发展出更为社会化的社会认识论。

此外，我们经常听到"知识就是权力""知识就是制度化的信念"，这样的话语往往促使我们抛弃了传统的个体主义的认识论，主张知识需要在共同体范围内进行考察。"这种社会认识论往往认为个体知识只有在下列情况下才可以被视为知识：第一，被相信的命题是共同体成员们已经知道的命题，第二，这些信念形式下的过程是共同体内部知识产生所认同的过程。因此这种社会认识论就抛弃了条件（1），并远离了条件（2b）和（2c）。"①但是基彻尔认为即使需要将集体知识作为知识的主体，也不应该抛弃共同体中的个体知识，（2b）和（2c）分别是对认知个人心理状态及其与外在世界关系的描述，尽管介入了内在因素，但只是在描述层面上，规范层面由（2c）即传统认识论中的辩护条件来界定。在传统认识论中，理性扮演着规范性的角色，它使得真信念成为知识。但在基彻尔的社会认识论中，（2c）规定真信念转变为知识的过程是由信念产生的可靠性而不是由传统的理性来决定的。

---

① Philip Kitcher, Constrasting Conceptions of Social Epistemology, in *Socializing Epistemology: The Social Dimension of Knowledge*, Frederick, Schmitt(ed), Lanham, Maryland: Rowman&Littlefield Publishers, 1994, p. 117.

大致来看，基彻尔的最小化的社会认识论的思想可以归纳如下①：

(1)适当的社会认识论要求认知规范在认知过程中扮演不可或缺的角色。

(2)要使认知规范在认知过程中起到规范作用，必须使认知主体对其拥有心理控制。

(3)由于在最小化社会认识论中条件(2)(3)没有对认识规范的心理控制做出任何要求，因而介入条件(1)就成为必要。

(4)最小化社会认识论中的条件(1)意味着个人主义方法论。

结论：适当的社会认识论要求采用个人主义方法论。

但是如何才能在个人主义方法论和社会认识论之间寻求一种平衡呢？一方面，个人主义方法论在认识辩护以及认识来源上均具有不可回避的认识狭隘，因此我们需要引入社会认识论的思维方式，另一方面社会认识论如果条件过于宽泛，又容易走向认识论的相对主义，因此需要坚持对认知规范的心理控制，但是二者之间的联系并不是必然的和容易得到的。基彻尔在这个问题上使用了两个层面的解释，"在概念层次上，进化理论起到的是一个隐喻模型的作用。科学实践的进步可以被看作是科学家和科学机构的智力竞争活动的演进过程。竞争中的胜者是那些由科学机构所认可的对科学知识的追求有所贡献的人。在这个智力竞争的游戏中，一个理性的科学家会尽量与同事合作以使自己更具有竞争力，因为群体的认知能力要远大于个人的认知能力。所以，在科学实践中的

---

① 黄翔：《混合型认识论中的个人主义方法论》，载《自然辩证法通讯》，2008年第1期。

智力分工也就是很自然的结果。这个隐喻模型的一个后果就是，科学家的私人利益并不与科学群体的认知目标相冲突。一个科学家可以以金钱和名利作为私人追求的目标。在上述智力竞争规则支配下的科学实践中，这位科学家达成私人目标的最合理的手段，是成功地追求科学真知。只有成功地达成科学群体的认知目标，他才能最有效地达成对名利和金钱的私人追求。在这里，个人理性和集体理性就统一起来。在技术层次上，他借用经典微观经济学模型将这个建立在个人主义方法论基础上的科学实践理论明晰地表达出来。经典微观经济学理论以个人决策理论为基础来解释经济活动这个社会现象，从某种程度上说是个人主义方法论具体应用的样板。"①

综上所述，基彻尔把社会认识论的研究置于科学的进步之上，而进步是以真理获得为依据的，因此他的方法是一种经典的以真理定位的方法，只是重点关注于共识实践及认知工作的分配上。但是他的研究也存在值得商榷的地方，如果共同体的目标明确、判断进步的标准正确，即使认知工作短期分配不妥，长期来看共同体还是有进步的。但不可否认，基彻尔的工作有其独到之处，并探讨了一些以往注意不到的问题，因而有其合理性和研究价值。

①　黄翔：《混合型认识论中的个人主义方法论》，载《自然辩证法通讯》，2008 年第 1 期。

第三节　规范社会认识论

如果说戈德曼和基彻尔将研究定位在真理之上从而表现出一些共同之处，那么富勒的社会认识论则完全是另外一种路径了，即政治定位的（political-oriented）社会认识论。富勒比较早地使用了"社会认识论"这个词，早在 1987 年《综合》杂志中就以《论知识的控制：一种通向社会认识论的方法》为题，在哲学界引起人们对社会认识论的关注，其后又分别以社会认识论作为他的著作和一份学术杂志的名称。作为社会认识论研究领域的代表人物之一，富勒的研究方法及研究路径具有独特的意义。

一、规范认识论的解读

富勒的社会认识论的主要任务就是协调认识论的规范性研究与知识社会学的经验性研究。他将社会认识论者视为知识政策制定者，能够在认知劳动分配上对认识活动的改善提供必要的和富有意义的指导。富勒在众多的社会认识论研究者中是很突出的，既源于他的规范性研究，同时也因为他的研究的目的在于指导整个科学实践活动，比如对科学的管理，对大学、科研机构的重新定位。

1. 规范认识论的含义

富勒的工作完全不同于经典认识论中的理想知识条件的理论分析。我们甚至可以将他的认识论看作是两个意义上对传统的理想认识论的背离。其一，他拒斥了理想主义的知识以及知识生产的乌托邦式的分析，其二，他拒斥了知识是非物质性实体的理想主义知识理解。因此，当我们准确理解了上述两个意义之后，我们可以找到一种知识生产实践的解释，这种解释就将知识政策制定视为认识论者的规范性工作的核心。在富勒的《社会认识论》一书中，他将社会认识论领域的基本问题描述为："知识的追求应该如何被组织，鉴于规范的环境下知识被许多人所追求，每个人都具有差不多同样不完全的认知能力，尽管我们可以不同程度地接近他人的活动中。"①因此，对富勒来说，社会认识论主要关注于知识生产过程的组织，以及认知劳动的分配如何被建立以达到确定的目标，因此他将这个社会认识论的中心问题描述为关注于如何组织认知活动的问题。与大多数关注认识论的哲学家相类似，富勒并不认同科学知识社会学的主张，他认为知识通过社会实践得以生产以及什么可以被认定为知识这样的主张不仅应该是描述性的，而且应该超越这些经验调查对于我们如何组织我们的认知活动做出具体的规定。换句话说，社会认识论应该是一种规范性的研究，规范性的特征就使得社会认识论有别于其他研究。

经典认识论中认识论者的任务就是评估个体应该如何阐明特定信

---

① Steve Fuller，*Social Epistemology*，Bloomington IN：Indiana University Press，2002，p. 3.

念，与这种任务不同的是，富勒的社会认识论者承担了知识政策制定者的任务，主要关注的是当我们试图在社会情形下生产知识时共同体知识生产所需要的社会组织。如上述引用所示，富勒在论述他的认识问题时，使用"规范的环境"应用在我们追求知识的实践。因此他的关注点就在于我们应该如何实际地生产知识，而不是应该如何理想地生产知识，某种程度上这种基本问题的强调采用了自然主义的方法。比如，通过经验性研究我们就可以确定这些"规范环境"的细节，并将这些细节应用于如何组织我们认知劳动的中心问题上。当然，社会认识论并不因此来源于自然化的认识论，对富勒来说，社会是这些知识生产的"规范环境"的中心，"即使社会世界可能会表现为一个令人迷惑的地方，但是它是传递认识判断的地方……因此它是判断得以传递的规范（可能也是唯一的）的地方"①。

从上述拒斥知识是非物质性实体的理想主义知识理解来看，富勒的知识生产观当中最重要的部分就是他的知识生产的物质性模型，而这种模型就解释了他为什么会拒斥知识是非物质性实体的理想主义知识理解。富勒认为知识生产就类似于一种使用了物质资源（比如研究人员和技术设备）的活动，在用尽了物质资源之后（比如工具、材料、研究预算资金），创造出物质产品（比如知识文本）。因此他拒斥了这样一种形象：知识作为一种非物质性的命题，我们可以自由地获取而没有什么物质损失。他认为知识生产，就像其他物质商品生产一样，也会遇到损失，因

---

① Steve Fuller, *Social Epistemology*, Bloomington IN: Indiana University Press, 2002, p. 3.

此对特定认识实践的追求实际上就排除了追求其他知识生产的可能性。他的知识负载物质的认识并没有阻止对知识实践和生产的具体化，因为他在知识生产的条件中引入了经济学隐喻。

富勒将他的模型看作是一个知识生产的资本模型，他把认识领域看成是认知的经济，在认识领域中知识和认识进行了交易，一个人的认识判断就类似于股市趋势的辨别和预期，而将物质性观点引入认识论问题之后，"根据文本生产的经济知识问题就得到了重新定义"①。很明显，从经典的知识问题解释转移至这样的观点是一个很极端的变化，因为前者关注于个体信念是否能够得到辩护的问题，而后者对此并不关心。认知行为的经济隐喻的部分动机就在于个体并不能够控制或预测他们自己认知行为的结果。因此，单纯的个体心理学并不能够发现这样的认识过程。事实上，富勒认为知识可以成功地生产，并不需要个体认识论的认识思考，富勒描述了通过社会互动和推论实践的复杂性知识如何能够得到生产，尽管存在着各种非认识的推动认识行动者的利益。因此为了理解认识实践，我们必须注意个体、集体和各学科之间的交流和交换，也因此知识生产要比经典认识论所描述的更为复杂。

富勒的知识生产的经济模型拒绝将知识看作是累积性的命题仓库，知识生产发生在具体的世界中，当一些知识被生产出来时，另一些知识就遭到了抛弃。通过复杂的推论实践，知识就稳定地传递到一些新的东西中。按照这个观点，社会认识论的任务就是对被追求的知识种类进行

---

① Steve Fuller, *Social Epistemology*, Bloomington IN: Indiana University Press, 2002, p. 275.

规定以及对知识的分配进行思考。"将知识看作是一些被所有知识生产者所累积的东西，至少原则上是错误的。与此相反，知识生产是一个'经济的'过程，它意味着一些人拥有更多的知识而另一些人则更少。"①富勒将知识看作是一种经济过程，这里最重要的思想就是知识是一种稀缺性资源，我们必须摒弃那种认为知识可以无限制地累积或产生的观念，以及无损耗地分配给所有人的观念。很显然，一旦知识被看作是稀缺性资源，那么知识分配问题就必然涉及权力分配的问题，这种物质性模型的后果部分就是知识生产的政治化。知识生产的政治化引发了知识生产的社会性和物质性实践，政治维度以及知识生产的特定形式就成为知识政策制定者所必须关注的内容，也因此引发了富勒所论述的科学管理以及民主论坛等概念的产生。

2. 科学知识的合法化

自 20 世纪 80 年代以来，关于科学之认知权威问题，即科学知识的合法化，出现了新的解决方案，这就是"社会认识论的研究进路"。其关注的核心问题是：如果科学没有产生真理的方法，没有产生能够保证接近或进入真理的方法，那么又是什么使得科学知识主张变得合法化呢？又是什么使得科学知识主张拥有特殊的权威呢？对于传统理性认识论来说，科学知识的合法化就在于科学是一种理性的事业，它所生成的知识是不断引导我们通向真理的路碑。而社会认识论则放弃了这种传统认识论观念，将研究的元理论定位在社会因素、政治学等之上，从而提供了

---

① Steve Fuller, *Social Epistemology*, Bloomington IN: Indiana University Press, 2002, p. 29.

一套看待科学认知权威的全新视角和路径。

传统的认识论认为发现一方面是独立于科学，而另一方面又对科学家如何做事提供独立的保证，这样的认识论原则是不可能的。"尽管并不是所有的自然主义者都希望远离传统的认识论并用自然科学来代替认识论，然而他们还是提出了许多的自然化的认识论。但是这些自然化的认识论却遭遇到许许多多的困难，并陷入了两种窘境之中，自然主义者的第一种窘境在于：要么认识论研究将作为评价经验研究的方法和结果的一种努力，要么认识论研究是不可能的，因为一个人不可能从经验/科学研究中得出规范性的结论。第二种窘境在于任何自然化的认识论都必须援引规范分析的非自然化模式，所以对于自然主义的基本主张会大打折扣，或者最终不能给出规范性的解释，因此就失去了它的认识论地位。"①

自然化的科学理论在回答这些窘境时是有困难的。例如，蒯因的解决方法是使用科学的方法，而这些方法本身就是一种寻找真理的模型。许多人批评蒯因的自然主义既不能解释认识规范，并且也不能成为一种规范性的认识论，又无法使他的基本命题合理化，因此作为一种认识论是很不彻底的。富勒也是一个自然主义者，但他却通过对规定性规范的赞同使得科学家的行为合法化，从而避免了这种窘境。他的规范性的自然主义意味着规范是负载事实的。他认为自然化的认识论上是存在着事实/价值区分的。因此他认为在人们询问什么规范是可行的之前，人们

---

① F. Remedios, *Legitimizing Scientific Knowledge*, Lanham, MD: Lexington Books, 2003, p. 53.

应该研究知识体系是如何工作的。他并没有使用科学自身来使他们的元科学合法化。他使用的是政治规范，从而避开了大多数自然主义者所面对的合法化窘境。

(1)合法化问题

20世纪60年代，库恩划时代的著作《科学革命的结构》出版，以其特有的范式论一举扭转了过去的研究方向，开辟了科学哲学的新思路。库恩标志性的"范式"观念以及用伴随科学革命的范式转变，来解释科学的发展；但同时，范式的"不可通约性"也饱受争议。库恩认为，不同的范式具有互不相容的概念和术语，它们在逻辑上不可通约。也就是说，后出现的理论并不比先前的理论有任何进步，也不比前者能够更加靠近真理，或者说科学并没有合适的方法能够接近或进入真理。由此，就对业已形成的、并享受了崇高社会地位的科学及其知识主张产生了公众质疑，即如何来衡量科学拥有的特殊权威，又是什么使得科学知识主张变得合法化呢？正是在库恩范式理论的背景下，科学知识的合法化问题就凸显了出来，成为科学哲学研究中新的关注点。

通常讲，科学知识合法化主要涉及的问题为[①]：

其一，科学理性的问题。在什么意义上、以什么为基础，以及在多大程度上，可以把科学研究视为一项理性的事业呢？长久以来，科学都具有完全理性的权威，是一种合客观性和合逻辑性的活动。科学理论的合逻辑性往往由理论的数字化来保证，而合客观性常常通过理论的预言

---

① F. Remedios, *Legitimizing Scientific Knowledge*, Lanham, MD: Lexington Books, 2003, pp. 11-12.

能力得到评估。但是 20 世纪 60 年代之后，人们普遍认识到，科学并不只是包含客观性和逻辑性，除了理性之外，还有许多非理性的因素存在，而且这些非逻辑、非理性、社会的和宗教的因素，对于科学的发展甚至起着不可忽视的作用。而伴随着科学理性的相对主义化，社会认识论也就拥有了生长的空间。

其二，方法论的认知地位问题。方法论是否意味着一种对科学研究给出的说明性解释呢？许多科学家把科学方法论看作是"辩护的逻辑"，认为科学方法是一种合理程序，假说或理论的接受和拒斥，都建立在该种合理程序之上。方法论的认知地位由"对证据的承诺"来保证，而科学的合理性，由此就被视为是这种承诺的直接结果。

其三，合法化的对象问题。是什么需要得到合法化呢？是静态的科学本身还是科学的规范呢？科学知识的权威和自主性是需要辩护的，但是如何来进行，其确切目标是什么？这一核心问题备受争议。20 世纪 80 年代以来兴起的社会认识论另辟捷径，它作为一种"关于过程的研究，社会作为一个整体，通过这些过程寻求达到一种与全部环境——物理的、心理的和知识的——相关联的理解或认识"①，它把知识看成是社会的活动，并从跨学科的视角重建认识论体系。在此基础上，社会认识论批判了传统科学哲学所预设的理想化科学研究观，认为它无法得到科学实践的社会历史的支持。因此就需要在规范的意义上，对科学目的和手段进行详尽的阐述，使科学在更大的社会范围内成为理性的典范，

① ［美］J. M. 巴德：《杰西·谢拉，社会认识论和实践》，载《国外社会科学》，2003 年第 1 期。

从而对科学的实际作为是否值得备受赞誉的社会地位，以及从回答中能得出什么政治意涵，给出社会认识论自己的回答，无论其答案是肯定的还是否定的。

对于上述合法化问题，存在着如下两套不同的回答。

第一套回答采取的是否定论。比如自然主义者劳斯(J. Rouse)，他放弃并拒绝了合法化的研究。劳斯认为，合法化研究涉及了威廉姆斯(M. Williams)的"认识实在论"的概念。因为"认识实在论把知识描述为一种自然种类的知识，而自然种类的概念就是拥有潜在本质的客体的概念，并且存在一种方法能够将真正的知识案例结合为一种真正的理论"，由此，"认识实在论者"就使得诸如"外部世界的知识"和"过去的知识"之类的问题成为理论调查的客体。[①] 劳斯把这种"认识实在论"的理论运用到合法化研究上，形成他的意见进而认为科学知识不是一个理论调查的客体，"认识实在论"不能为科学知识的合法化进行辩护，而且任何企图对科学知识进行合法化的研究都站不住脚。也因此，劳斯拒绝承认"知识是具有表述性质的，科学知识处于科学合法性的中央，哲学解释与社会学解释共享的意义就是知识的解释与说明"。[②]

第二套回答为肯定论。这一方向上既有自然化认识论者又有科学哲学家。他们承认合法化研究，并力图解决科学知识合法化研究提出的问题。为此，他们提出两种解决方式：第一种解决方式出现得较早，它遵

---

① Michael Williams, *Unnatural Doubts: Epistemology Realism and The Basic of Scepticism*, New York: Oxford University Press, 1991, pp. 108-109.

② Joseph Rouse, *Engaging Science: How to Understand Its Practice Philosophically*, New York: Cornell University Press, 1996, p. 8.

循笛卡尔的发展线索并以科学理性作为第一哲学的基础，或者遵循康德的发展线索演绎出一套必要的经验条件。可以说，这种解决方式是传统认识论的基础，它使用理性作为解决合法化问题的一把钥匙。理性论哲学家抱有对人类理性很强的依赖，他们认为人类基于理性能够先验地、不依赖经验获得具有实质内容的各种知识，而且是具有"可靠的基础"的知识，这样的知识就必然具有了合法化的地位。

第二种较晚出现的解决方式来自自然化的认识论和科学哲学。在对科学知识合法化的研究中，一些科学哲学家和知识社会学家认识到，社会化的认识论可以强调合法化的研究，甚至可以加以解决。虽然他们的根本立场一致，但在关于"知识"这个术语包含什么、"社会"的界限是什么以及研究的目的是什么等方面，他们很少能够达成共识。正是在这一方向上，社会认识论对合法性研究的关注，形成了三种不同的类型，它们分别为：以利益定位（Interest-oriented）的社会认识论、以真理定位（Truth-oriented）的社会认识论、以政治定位（Political-oriented）的社会认识论。①

（2）三种社会认识论的解决策略

社会认识论的这三种合法化解决策略之间，在元理论方面具有较大差别。利益定位的社会认识论采用诸如"利益""目的"之类的社会因素作为解决策略；真理定位的社会认识论根据社会行为对真理的阻碍或促进来评价社会行为的合法化；而政治定位的社会认识论则把研究的元理论

---

① F. Remedios, *Legitimizing Scientific Knowledge*, Lanham, MD: Lexington Books, 2003, p. 3.

定位在政治规范以及科学宪法等政治因素上。三种研究进路在研究方法和看待问题视角上的差异，导致了不同的解决问题效力。

利益定位的社会认识论：

以利益定位的社会认识论由科学知识社会学中的强纲领提出。这种策略认为，通过对利益进行讨论，就可以获得科学知识的解释。也就是说，诸如不同利益和目标的社会因素，在科学信仰的解释中发挥了主要的作用。强纲领声称科学知识和数学知识不能从社会学分析中免除，即使是科学陈述和数学陈述也要依赖不同组织间的利益，因此，不仅社会因素可以解释社会科学，就是自然科学也可以用社会因素来解释。这样就把认识论社会化了，也打破了曼海姆（K. Mannheim）知识社会学的研究范围。

为此，他们分两步进行了论证。第一步主要借助了科学哲学中的几个理论，如"非充分决定论""观察负载理论"等。强纲领用这些理论试图说明，科学范式的产生和定型在许多决定性的环节上，都受到理论内外的各种社会因素的影响。第二步的论证主要利用了社会学、人类学和语言哲学的资料，以说明知识和信念是对社会压力而不是认识压力做出反应。通过这两步论证，强纲领就可以用社会因素来解释自然科学和数学，从而将自然科学与数学也纳入了社会科学的解释范围，完成了认识论的社会化。而通过对利益与目的的讨论，强纲领成员们对科学的内部与外部都做阐释，既有科学内容、方法论等科学内部的解释，又有科学争论、科学划界等科学外部的解释。

利益定位的社会认识论与传统的认识论相比，在科学知识的合理性解释上具有本质上的差异。其主要区别在于，利益定位的社会认识论选择了一种社会学的描述，而不是科学方法的认识论合理性模型。这种描述以社会条件为基础，并通过社会条件来解释科学方法。应该说，强纲领对社会中的"知识"进行的是描述而非评价，从而认为理论影响了现实而不是来源于现实，科学的合理性是建构出来的而不是先验就存在的。因此，它作为一种科学知识的经验社会理论，是一种描述性的社会认识论，它只是描述了科学知识的社会环境，并力图用"利益"与"目的"这样的社会因素来解释科学知识。很显然，单纯用这些社会因素来回答合法化的问题，是不充分的。因此它并不能够作为解决合法性问题的一种合适的和成功的理论。

真理定位的社会认识论：

以真理定位的社会认识论由基彻尔和戈德曼以及其他的分析社会认识论者提出。他们认为，可以通过真理或真理信仰来对科学知识进行解释。也就是说，科学知识诸如真理或真理信仰这样的理性因素，在科学信仰的解释中发挥了主要的作用。基彻尔提出了一种个体社会认识论的概念，它涉及关注个体的社会科学，诸如心理学和微观经济学。他认为，这些学科对于社会认识论者来说很重要，因为他的社会认识论是一种个体社会认识论的概念，个体是知识的主体。

戈德曼则提出了另一种完全不同的社会认识论思路。对于他来说，评价社会行为，要根据它对于认识论上有价值的真理或知识之类的事物，是起到促进还是阻碍的作用来进行。由此，戈德曼把人类的知识分为两种范畴：个体性的知识和社会性的知识。大部分的认识论者关注于导致个体性知识的基本心理过程的可靠评估，而社会认识论者则是根据社会制度化的行为，如何在一个组织内部影响正确或错误的信仰，进而对社会制度化的行为进行评估。在戈德曼看来，"社会制度化的行为就包括了言语、其他交流行为以及影响信息交换与传递的组织规则与行为"①。可以说，如果某种社会制度化的行为促进了真理，那么这种行为就是合法的。这样的研究思路必然导致一种可靠的认识合理性的社会理论，就是把真理作为它的目标。因为它是把真理作为检验社会行为的一种标准，因此它不能对真理进行质疑。由此，对于库恩的问题来说，它就仅仅只是直接强调了合法性研究。这样一来的话，在回答合法性问题上，以真理定位的社会认识论也不能算是一种成功的理论。

政治定位的社会认识论：

关于政治定位的社会认识论，西方学术界公认具有代表性的是富勒（S. Fuller）与劳斯的工作。富勒与劳斯都关注科学的认知权威，但是他们对于其在科学中发挥作用看法并不一致，"富勒认为，诸如知识政策以及一种规范科学界的宪法这样的政治因素，在科学知识合法性上发挥了主要作用，而劳斯则认为，政治只在合法化的行为层面，而不是在元科学层面上发挥作用"②。

如上所见，劳斯抛弃了合法化的研究以及对合法化研究的认识论回答。他认为科学知识不是一个理论调查的客体，"认识实在论"不能为科学知识的合法化进行辩护，而且任何企图对科学知识进行合法化的研究

---

① Alvin Goldman，Social Epistemics and Social Psychology，*Social Epistemology*，1991(5)，p. 121.

② F. Remedios，*Legitimizing Scientific Knowledge*，Lanham，MD：Lexington Books，2003，p. 47.

都站不住脚。而富勒则为合法化研究提供了一种政治的回答。富勒指出，应该从政治上而不是认识论上理解科学的合理性。科学知识的特殊地位，不是由科学哲学或认识论所赋予的，相反，诸如知识政策以及一种规范科学界的宪法这样的政治因素，在科学知识合法性上发挥了主要作用。他的元科学使得科学知识的合法性定位在政治哲学上。尽管富勒的自然化的元科学涉及科学知识作为调查客体的"认识实在论"的概念，然而富勒并没有用"认识实在论"来使科学知识合法化。从他的元科学的角度来看，富勒假定了科学知识是一种紧凑的理论类型，并通过民主化的规范使得元科学知识合法化。因为他的合法化是政治的和非认识论的，因此就避免了劳斯的指责。从这个意义上讲，富勒的科学知识的政治合法化的成功，就意味着劳斯失去了他拒绝合法化研究的理由。

（3）规范认识论的解释

富勒的解决策略就在于，首先他设想出两个研究层面的政治规范，并且指出元层面规范就是民主化规范，这样通过政治规范的使用，富勒就完成了科学知识的政治合法化。其次，对于规范本身，包括规范的实质以及规范的出现和维持等问题，富勒进一步给出了系统化的解读，进而完善了他的回答方案。最后，由于在科学的实际运行过程中，规范可以影响科学家并确保科学知识的民主化，富勒认为需要借助于法律手段对科学进行管理。通过以上三个步骤，富勒就完成了他的政治定位的社会认识论，从而成功回答了库恩的合法化问题。

富勒认为民主化的规范是可以应用在社会认识论中的，科学家与非科学家的社会互动与交流就是规范性原则适用的地方。改变科学家的外部环境，就可以调整科学知识的生产与分配。这样，通过赞同规定性的规范，就可以使得科学知识合法化，从而避免了大多数自然主义者所面对的合法化窘境。如下表所示①：

研究层面	目标	规范类型	实现方式	优先程度
元层面	民主化	规定性规范	大众科学	高
客体层面	效率	评价性规范	精英科学	低

富勒设想了两种类型的政治规范。第一种规范是研究的元层面。在研究的元层面上，通过开放和自由的辩论，就可以使得知识民主化。因此，这些规范具有规定性的特征。第二种规范是研究的客体层面。其目的在于效率，即这些规范具有评价性的意义。研究的元层面针对科学的民主化，通过富勒所称的大众科学来获得实现。大众科学需要公众参与知识生产，通过大众科学、通过公众参与到知识生产，科学的民主化、科学知识的普及就能够实现，而在这种研究的元层面上使用的规范，就是一种规定性的规范。而精英科学认为知识生产不需要公众参与，只需要少数精英的参与并且知识只需要在少数的专业人士之间流通，它关注的只是研究的效率。在这种研究的客体层面上使用的规范则是一种评价性规范。

由上表可见，二者的优先程度具有差别。当民主化与效率相冲突时，富勒认为应该牺牲的是效率。富勒的研究的核心就是科学知识的民主化，所以他认为，通过在元层面和客体层面上设计出这样的规范，就

---

① F. Remedios, *Legitimizing Scientific Knowledge*, Lanham, MD: Lexington Books, 2003, p. 76.

可以改变科学家的外部环境，从而更有利于调整知识的生产与分配方式。通过对两种假定的政治规范的设计，富勒完成了对科学知识的政治合法化的最重要的一步。因为他的研究就在于通过对科学知识民主化的强调，来回答库恩的问题。

为了更好地加以说明，富勒对此作了类比，元层面规定性的规范类比为司法体系的法律精神的概念，这方面的一个例子就是美国宪法的精神。而客体层面的评价性规范就是法律的文字。富勒的观点就是社会认识论既应该在规定性层面上运行，也应该在评价性层面上运行。富勒认为规定性的规范适用于研究元理论的科学家或者是知识政策分析者，而评价性的规范是由研究元理论的科学家或知识政策分析者制定的，它适用于科学家，而研究的客体层面就是要使科学更加具有效率。研究元理论的科学家或者是知识政策者既在研究的元层面上展开研究，又在客体层面上展开研究。

二、规范性研究

认识论有两个主要的任务，"第一个任务就是确证我们如何实际地达到我们的信仰，这是描述型的。第二个任务就是要确证我们该如何（理性的）达到我们的信仰，这是规范性的。对于自然化的认识论者来说，他们面对的问题就是如果科学要取代传统的认识论，那么他们必须认为要么认识论规范的问题是不值得追求的，要么科学能够告诉我们该如何理性地达到我们的信仰"①。

自然化的认识论者想要强调规范性的问题，即我们该如何理性地达到我们的信仰。他们对此有几种选择②：

第一种选择，它是建立在"休谟精神"的原则上，就是假定我们达到我们的信仰的方式就是我们应该达到它们的方式。在这种选择下，根本就没有任何逻辑。

第二种选择，它并不假定说我们应该维持我们实际的管理信仰的行为。相反，这些认识论者们可以试着认为我们拥有一种我们尝试达到的共同的认识目标。

第三种选择是富勒的选择，他用伦理学和政治学，而不是认识论来为他的社会认识论进行辩护。

通过政治规范对合法化问题做出回答就使得富勒的研究变得很独特，但是由此也产生了新的问题，即规范是什么？规范是如何出现并得到维持的呢？这就需要对规范做出系统的解释，而不是采用传统认识论的规范概念。为此，富勒进行了两方面的工作。

1. 对规范及其系谱学的分析

规范这个概念在富勒的研究中具有非常重要的地位，他提出了两种在不同研究层面运行的规范。并且，通过规范，就把他的社会认识论与政治学联系在一起，而无需借助认识论来为科学的合法化进行辩护，从

① Eduard Craig, *Routledge Encyclopedia of Philosophy*, London: Routledge, vol 6, p. 725.

② F. Remedios, *Legitimizing Scientific Knowledge*, Lanham, MD: Lexington Books, 2003, p. 64.

而使他的研究具有了独创性。

对于科学富勒有几种不同的看法，而这些看法就使得他要深入地研究科学运行的规范，并对规范做出系统化的解释。他认为科学并不是人们头脑意识中的那种独立的、自我封闭的事业。由此他形成了对科学的几种不同的看法与观点。第一，富勒认为科学与社会之间彼此渗透。它们是互相塑造的两种不同的力量。但它们并不是分离的实体。科学复制了社会，在这种意义上，许多科学的特点就是更大的社会的特点。但是社会力量可以更加深入地渗透进科学的过程中。第二，富勒认为科学作为一种制度，它自身就是一种政治。对此还有许多哲学家也持相同的看法。迈克尔·波兰尼也把科学论述为一种科学共同体。第三，富勒赞同卡尔·波普尔的科学大民主概念。这种概念认为科学是由科学家所统治的一种事业，而这是一种精英统治的科学。富勒认为科学应该允许公众的参与，并对科学事业做出决定，使科学知识进行普及和民主化。第四，富勒认为科学把自己说成是一种无所不能的事业并因此否定了对科学进行的管理。

在以上这些看法的基础上，富勒就开始了规范性的研究。富勒认为，"规范是一种行为规则，是一种取得不同目的的共同方法：为了追求一个特定目标，坚持规范的人就更有可能达到这个目标，尽管它不一定是最快捷的方法"①。对此，他做了一个形象的比喻。在一个马路的十字路口停满了要经过的车辆，尽管司机们都焦急地要通过，但他们依

---

① Steve Fuller，Social Epistemology and The Recovery of The Normative In The Post-Epistemic Era，*The Journal of Mind and Behavior*，1997(2)，p. 87.

然要按照红绿灯的指示来选择是开车还是停车。因为尽管所有的司机都想在第一时间通过路口，但他们更想活着到达他们的目的地，因此他们必须遵守这种交通规则。富勒认为科学上的认识论规范也是如此。在此基础上，他在规范如何出现和规范如何维持之间做出了区别。他认为，规范的维持就是使得目前的科学得以成功的地方，而规范的出现，则涉及允许科学开始形成的条件和环境。在规范是如何维持与出现的问题上，应该说学者们对前者比较清楚，而对后者，即规范确切的产生过程，却并不是很清楚。他们更多的是基于传统的认识论，即规范是通过先验的分析而产生的。因此要设想出不同的规范并把规范加以应用的话，很显然需要对规范的出现做出一种解释。

与传统的认识论者不同，富勒否认知识规范要比社会规范具有逻辑上的优先权。因此富勒认为对传统的认识论者来说，认识规范独立性与优先性就有必要在（理性的）规范统治的行为与（非理性的）仪式化行为之间做出一种明确的区分。为了把规范从它失落的历史中揭示出来，富勒对规范做出了完全不同于传统认识论的系谱学解释。

富勒认为规范最早出现于伊曼纽尔·康德身上，但是在启蒙时代第一次得到系统化的论述。大卫·休谟、亚当·斯密以及亚当·弗格森在18世纪80年代对规范做出了系统化的论述，而随后规范就在微观经济学和微观社会学中得到了发展。根据富勒对规范问题的系谱学解释，他追溯了认识论规范是如何出现以及是如何得以维持的[①]：

---

① F. Remedios, *Legitimizing Scientific Knowledge*, Lanham, MD: Lexington Books, 2003, p. 68.

首先，富勒认为，伴随着 1780 年到 1830 年的道德哲学革命的一个产物，就是规范。在这段时间内产生了两种现代伦理学的范式：康德的义务论以及边沁的功利主义。而这两种范式的争论，更多地可以看成是对当时法律体系的巩固与强化。因为在那个时代的大多数欧洲国家中，法律的执行已经被上升为司法判断，使得它被看成是与君主意志不一致的应用。

其次，富勒认为，康德与边沁争论的一个重要结果，就是产生了什么是合法的规范概念，并把这种规范概念应用在司法中。这种规范的概念对于司法辩论来说，就打开了一扇大门，由此法律就可以作为含有目的的法律而得到执行。

最后，富勒由此得出结论，认为正是在此基础上，作为知识之客体的规范得以构成了，以知识客体为基础规范就可以管理行为，而那种规范也可以被设想为科学知识的客体。

由以上系谱学的解释中看出，提供认识论规范如何产生和发展的社会历史的解释上，富勒的观点表明，规范是社会性地建构出来的，并且是偶然地得到了发展。他认为，"规范是一种无形的调节手段，它是建立在最底部的，并且它也不是一个先决条件，而是一个产品，是自发协调的社会行动的产物"①。这种认识论规范的出现，以及对它的发展进行的解释，毫无疑问破坏了传统的认识论解释。因为传统的认识论认为，规范是通过先验的或概念性的分析而产生出来的，先验的认识论规

①　Steve Fuller，Social Epistemology and The Recovery of The Normative In The Post-Epistemic Era，*The Journal of Mind and Behavior*，1997(2)，p. 87.

范是"被发现的"。

2. 对知识政策及知识政策分析者的说明

对于目前的科学组织与生产的状况，富勒并不满意。他认为，当代科学并没有以最有效率的方式进行组织，仍然具有提高和改善的空间。他指出一种好的自然化的科学理论应该给我们提出一种可信赖的知识，这种知识就是关于制度化的变化所引起的效率变化的知识。对于科学组织中的变化的可行性研究，称之为"知识政策研究"。而科学理论与知识政策研究之间的关系，就是"科学的社会理论提供出了规则，这些规则就允许知识政策分析者来预测不同的社会环境中个体科学家和科学家集团的总体行为"①。

从事知识政策分析的人就是知识政策分析者，这个概念在富勒的理论中具有重要的意义。因为就是知识政策分析者组织知识并且找出经验的方法以发展社会内部的知识目标。富勒认为，知识政策分析者并不决定知识目标可能会是什么，并按照康德的先验哲学的方式使规范合法化。相反，分析者的作用是批判现存的科学规范来发展出更好的规范。在富勒看来，知识政策分析者就是研究元问题、研究规范的科学家，他们使用科学方法来研究科学，并使科学共同体自我意识到科学家们遵守的标准是什么。

在这个问题上，富勒的知识政策分析者的概念与波普尔对科学的思考颇为相似。其一，他们都向往更进步的科学模式，并反对深深根植于

---

① Ronald Giere, Essay Review: Interpreting The Philosophy of Science, Studies In *The History and Philosophy of Science*, 1991(22), p. 521.

相对稳定的制度、行为、信仰中的极权体系，从而都认为在民主社会中进行批判的重要性。其二，富勒与波普尔都认为，当科学从一种模式走向另一种模式而获得进步时，科学表现出非常不稳定的状态。因此就需要一种机制确保这种稳定性可以被发现，并产生出想要的变化，或用富勒的话讲，是一种想要的知识政策。只不过波普尔的机制涉及了猜测与反驳，而富勒的机制则涉及知识政策，并包括了对科学管理的解释。

综上所述，对于科学知识合法化的问题来说，以利益定位的社会认识论是一种描述性的社会认识论，它只是描述了科学知识的社会环境，并不能够作为解决合法性问题的一种合适以及成功的理论。以真理定位的社会认识论把真理作为它的目标，把真理作为检验社会制度化行为的一种标准，并不能对真理进行质疑，只是直接强调了合法性研究的意义，因此，在回答合法性问题上，以真理定位的社会认识论也不能算是一种成功的理论。相对而言，富勒的政治定位的社会认识论既是描述性的，同时又是一种规范性的研究。首先，他通过设想出两种政治规范就在科学的元研究层面和客体层面做出区分，指出元层面的目的就是科学知识的民主化。其次，通过规范以及它的系谱学解释，富勒成功地引入了元层面与客体层面的规范概念以及研究规范的知识政策分析者的概念。最后，富勒希望用法律手段即通过确立一部宪法来管理科学家共同体，通过这样一部宪法，富勒的假设性规范就可以对科学家们产生力量，这样一部宪法就是一种社会契约，它意味着确立了一种社会秩序，从而可以把科学结构重新制度化来保证科学知识的大众参与和科学知识的民主化。

三、科学管理与看不见的手

虽然富勒设想出政治规范来回答合法化问题，并且成功地引入了规范概念以及研究规范的知识政策分析者概念，但是在科学的实际运行过程中如何确保规范能够影响科学家并引导科学运行呢？富勒认为要对科学进行管理，而且这种管理应该借助法律手段，只有这样才能保证科学知识的民主化，才能成功地用政治规范回答合法化问题。

科学管理与看不见的手是两种彼此相互对立的科学解释。对于科学的运行及如何运行，它们总是处于争论中。看不见的手的理论认为，个体科学家和研究组织对荣誉的追求和认识，是科学中的推动力。例如赫尔（David Hull）就认为，"科学家作为职业化的自我利益的追求者而生产知识，科学的社会组织会把科学家的'基本'动力作为尊贵与高尚的目标，所以科学家无须为了更伟大的目标而牺牲他们的个人利益，因为对个体科学家来说是好的东西，通常对科学来说也是好的"[①]。因此可以认为，个体科学家和研究组织对荣誉的追求和认识就是科学中的推动力。使用别的科学家的工作成果并做出经验检验就组成了这种推动力。最有荣誉的事情可以被认为是一位科学家在他的工作中引用了别的科学家的工作并作为一种标准，而相反他忽视一位科学家的工作就是最糟糕的事情。

持这种观点的理论家们就用看不见的手的原因机制来为目前的科学行为做出了辩护。但是富勒指出，对科学做出纯粹的描述性解释远远不

---

① Hull David, *Science as a Process*, Chicago：University of Chicago Press，1988，pp. 31-32.

够，因为这种解释似乎把目前科学家的行为看成理所应当，把目前的科学运行看成令人满意的。富勒的规范性概念和知识政策分析反对看不见的手的解释，他提出了科学管理的解释来指导科学。富勒非常看重科学管理，因为他的假设性的政策规范，就是通过科学的管理而得到了具体化。

富勒在论述科学管理时，推荐了法律手段，即通过确立一部宪法来管理科学家共同体。采用法律手段具有许多优势。科学是一种社会制度，科学也是一种覆盖各个学科的系统化的知识的追求，所以富勒认为对于民主化的国家来说科学应该是可解释的。首先，通过这样一部宪法，富勒的假设性规范就可以对科学家们产生力量，来约束他们、引导他们、监督他们。其次，宪法本质上就是一种社会契约，意味着确立了特定的社会秩序。① 只有在这种社会秩序中，民主化政治的科学理论才与"开放的"社会兼容。反过来，这样的社会才会产生规范性的科学类型。最后，因为科学是适用于每个人的普遍的知识形式，因此通过法律手段，就可以确保每个人都可以在科学管理中发挥作用。

富勒认为在一个欢迎批判的开放社会中，所有人都应该能够自由地表达他们的意见而无须害怕遭受处罚。而在目前的"大科学时代"，个人是不允许犯错的，是不允许发表批判性意见的。因为"大科学"时代的科学研究是要耗费越来越多的资金的。对于物质条件的转换与要求也越来越严格，因而权力与金钱就越来越集中到部分人员与研究团队之中。目

---

① Steve Fuller, *The Governance of Science*, Buckingham U. K: Open University Press, 2000, pp. 135-151.

前的科学研究的现实确实与开放性社会的规范类型是完全不符的，也因此，富勒建议要对此做出改变以使科学得到管理。

富勒对于科学的管理提供了建议，以便对科学结构重新制度化。他的提议的核心就是科学的分离。"即从制度上说，基础研究要与国家分离与公共领域分离。对于科学的重新组织来说这就导致了一种两阶段的模型。模型的第一阶段，即国家应该脱离基础性研究并且主要由私人赞助完成，这个阶段会导致合作的市场体系、利益组织等，使之发现知识。在这个模型的第二阶段，由国家赞助的大学将检验和分布这些私人赞助产生的知识。在实现富勒的具体政策手段上有三步重要的步骤，可以看成是使科学民主化的宪法的组成部分。第一，科学家应该在一个公开的论坛上为他们自己的主张进行辩护，从而为自己申请资金，这样就不会出现一种研究获得了太多的资金，而它的竞争对手却没有资金支持的情况。第二，应该有一种跨学科的研究主张的评估。第三，随着这种类似选举一样的科学资金申请的出现，公众的声音应该得到强化，这种'科学选举'会很好地导致研究资金的重新分配。"①

目前对富勒的科学管理概念还有许多批判的声音。例如，如果研究是由私人赞助的，那么国家该如何规范它们呢？如果研究是私人赞助的，那么科学家为什么要同意富勒的政策管理呢？但无论如何，尽管存在这样或那样的不足与缺陷，富勒却与一般的自然主义哲学家不同，富勒之于科学合法化问题的解决来说，其重要的见识体现在，他并没有承

---

① Steve Fuller, *The Governance of Science：Ideology and The Future of The Open Society*, Buckingham U. K：Open University Press, 2000, pp. 135-151.

认一般的常识性看法，他也不赞同科学实在论和逼真实在论对科学成功所做的看不见的手的解释。因为他认为这些解释把目前的科学家的行为看成了理所当然，把目前的科学运行看成了自治性的。作为替代，他给出了一种不同的回答，一种虽然遭到批评却是有意义的答案。也许正如富勒所说的一样，目前的科学运行的确有问题，的确需要能够指导监督和规范科学家的一套准则，或者说是依靠法律体系的一部宪法。科学应该如何运行，如何做才能保证科学的大众参与，以及怎样实现科学的民主化等，应该说，富勒对此做出了大胆而有益的探索，而且他的社会认识论研究对于回答这些问题、对于回答合法化的问题来说，很大程度上可以看成是一种成功的理论。

四、知识生产的修辞学研究

以富勒为代表的哲学家采用了语言学的研究成果，特别是使用了以修辞为主的方法来解决知识的话语问题。在当代哲学语境的研究中，知识的本质是什么以及如何在特定的历史背景下建构知识的基础，这样的争论无休无尽。但是富勒提出了他的社会认识论，则试图重构知识本质的思考，特别是以一种修辞学的方式作为这种重构思考的方法论基础。富勒反对传统的知识"会话"模式，并拒斥了长期以来把知识设想为"仓库"式的模型。在经典认识论中，把知识看成是累积的并能够在不同的语境中得到保持。与此相反，富勒认同一种知识"生产—分配"的模型，不仅把知识看成是能够为个人所拥有，而且它是在生产和分配的过程中产生出来的，这样，知识就是经济生产过程，而知识政策就是指导这种过程的"预算"。"正是处于这种'经济化'的过程中，知识生产就意味着一个人可以拥有更多的知识，而他人拥有的则更少。因此，在知识生产管理中，关键问题并不是如何积累更多知识，而是如何能够更为公平地重新分配。"①具体来看，富勒的修辞学研究主要表现为以下几点。

1. 与罗蒂思想的比较

在后现代主义语境中，将富勒的方法与其他哲学家的方法进行对比，对于我们准确理解富勒的思想是有帮助的，特别是与罗蒂的思想进行对比。"与富勒类似，罗蒂将知识话语重新设计为并不需要以哲学所认同的方法为基础的社会实践，从而引入了一种研究的会话范式。这种范式以获取知识的推论特征以及社会性为特点，同时它也拓宽了知识的会话，吸收了近年来大陆哲学家的思考以及英美哲学的传统，但我们也应注意到社会认识论同样也享有这样的特征，社会认识论以一些重要的方式关注着会话范式，比如说富勒的修辞学研究和他的观点应用。"②

首先，罗蒂与富勒在对语言的态度上是不同的。"罗蒂强调了不同研究模式所使用的不同的词汇，他的研究修辞学很大程度上类似于具有修辞意味的文学概念，叙事理论和其他美学模式就处于中心地位，因此与其说话语是相互竞争倒不如说是相互共存。但是，对词汇的关注强调了语义而不是交流或修辞的区别。因此这种对语义层面的分析可能就是一种罗蒂本人所抛弃的实在论的无意识残留。与罗蒂不同，富勒清楚地

---

① Steve Fuller, *Social Epistemology*, Indiana University Press, 2002, p. 29.

② John Lyne, Social Epistemology as a Rhetoric Inquiry, *Argumentation*, 1994, 8, p. 112.

在他的语言观和实在论之间做出了区分，认为语言流动和转移的本质就意味着语言并不能够满足科学实在论者要求的知识的存储、传递和修改的任务。他认为这最终将导致实在论的垮台。与罗蒂将'词汇'固定到不同学科和社会实践不同的是，富勒对于影响社会循环的物质过程更加感兴趣。因为罗蒂是从认识论逐步转向解释学，因此他更多地关注生活而不是知识，因为罗蒂是从理性逐步转向诗性，因此他更多地关注话语而不是认知和工具。而富勒则保持了对认知和价值和工具价值的关注，他的研究就是一种认识论研究，更多地关注认识的效应而不是认识的美学。"①

其次，罗蒂和富勒对知识的立场是不同的。"罗蒂的方式就是一种类似于静态的接受，接受了不同形式的谈论和实践。而富勒则愿意寻找更好的方式来明确任何实践的价值和方向。他的策略就是强调了知识和知识分配、使用的关系，并提出如何能够得到更好的分配问题。从哲学的角度来看，这个类似实用主义的问题是有意义的，因为它的判断依赖于切实的知识成果，而这反过来蕴含了这些成果最终必须是可以应用于知识政策的，因为在知识生产当中一个社会使用了如此多的资源，它应该要求明确的'会计学'实践。这样的知识'会计学'解释在微观层面遭到了学者的批判，认为它缺少指导性的原则或稳定的价值。正如知识社会学更多地将信任置于局部研究者那里，经典认识论将它的信任置于基础主义之上一样，富勒的认识观点就被认为缺少某种认识基础，比如它是

---

① John Lyne, Social Epistemology as a Rhetoric Inquiry. *Argumentation*, 1994, 8, pp. 112-113.

狭窄的无法解释共同体的关注和传统的需求等，而这就导致富勒逐步将他的解释置于宏观层面上运行，在这个层面上他的认识规范性就可以在不同的学科背景下得以清楚地表达。"①

最后，罗蒂和富勒在结构性说服上的认识是不同的。很明显，"在罗蒂和富勒之间的不同存在着深厚的哲学或意识形态的支持。一方面，富勒强调了知识的物质特性，而罗蒂认为知识具有物质性的性质只是偶然的，他将自己称为'极端行为主义者'来反对柏拉图式的唯心论。他并不关注于维持和分布知识的制度，而这在富勒的研究中占据了核心的地位。事实上从富勒的角度来看，罗蒂依然热衷于思想的自由交换，而不愿意关注后工业社会的知识生产和消费的文化。另一方面，罗蒂表达了自由个体主义的意愿，而富勒则更多的是从集体的角度看待认识论，与罗蒂喜欢思想的自由交换不同，富勒更愿意采纳一种经济学的思考，将一些特定的民主纳入视野之中，在这样的视野中人们并不是单纯的专家意见的消费者，还是文本的使用者和制造者。而罗蒂对知识话语的态度很明显是放任主义的，特别是他认为没有什么原因来干涉和尝试引入不同的实践来超越一些更好的标准。但与此相反，富勒则希望促进一些规范，并以此来批评或鼓励不同的实践。在他看来，在一个民主社会中确保想要目的的方法就是确信人们能选择出他们做什么是最好的，而追求这一点的最好方法就是让科学家和学者们适合社会秩序，此外研究资金的分配也可以引导研究人员从事想要的研究方向。因此这是一种'结构

---

① John Lyne，Social Epistemology as a Rhetoric Inquiry，*Argumentation*，1994，8，p. 113.

性说服'，而不是个体修辞行为的理性说服。"①

2. 三种知识生产形象

富勒对知识生产的历史进行了哲学和社会学的考察，他认为哲学史上对于知识生产的态度，大概分为几个观点，部分人认为知识是一种静态的累积性知识，新的知识产生后要么就完全取代了旧的知识，要么就将旧的知识置于一种边缘性的地位。而部分人认为知识在于解释，特别是用演绎推理来说明解释项和被解释项之间的关系，因此不同语言、不同范式以及不同语境之间的可解释性，在 20 世纪的分析哲学中成为一个中心论题。但是富勒则主张一种类似于经济学式的观点，认为知识某种程度上就像商品的生产和分配一样，需要用经济学的隐喻来加以对照说明。具体说来，这些观点采纳了如下模型：

其一，仓库式模型。在实证主义兴起之前，知识更多时候是以一种"仓库"式模型出现在哲学中，或者说知识生产某种程度上就被看成是一种仓库，它的内容会变大或变小。在经典认识论中，这样的形象就被认为是累积性的，可以在语境之间得以保持，人们可以"拥有"知识，就像他们可以拥有自己的财产一样。"仓库模型的知识生产形象往往假定知识已经得到储藏，知识就像仓库中的商品一样进进出出。因此科学革命的解释某种程度上对于仓库模型来说就是一种仓库的更替，因为在科学革命发生时，旧的仓库就被抛弃了，或者说科学革命就是抛弃旧的仓库，但是这就意味着需要建立新的仓库，而且旧仓库中商品又是什么，

---

① John Lyne，Social Epistemology as a Rhetoric Inquiry，*Argumentation*，1994，8，pp. 114-115.

新仓库中的商品又是什么。也许可以认为商品系统性地从旧仓库转移至新仓库，在这个过程中它们被重新打包重新保存，在这个过程中它们会清除掉过时的材料。仓库模型的说明很大程度上就解释了范式不可通约的观点，因为它就假定了在搬动到新仓库之后，旧的仓库连同它的商品就被抛弃不用了，当然完全的不可通约事实上是很难出现的，就像仓库抛弃之后部分商品还是要转移的。"①通过上述分析，我们可以看出这种修辞性解释事实上是对知识的一种实用主义的说明。

其二，网络模型。自实证主义兴起之后，网络模型在科学哲学中出现，这种模型也被称之为覆盖率模型。它具有三个相互关联的核心特征：第一，当我们进行解释时，通常是根据"成为解释的东西最终就是所期望的"这一原则来组织材料，并借助于解释项和被解释项间的演绎推理联结来达到。第二，这种联结是通过在成真的非偶然概括之下，包摄了被解释项，而得以获得。第三，解释论证和预测论证的结构同一。具体可以用以下五个命题来说明此模式："1. 科学解释是对'为什么'问题的回答，或者是对可转换为'为什么'问题的回答。2. 解释的对象是描述现象的语句，而不是现象本身。3. 解释的逻辑条件为被解释项必须是解释项的逻辑后承，解释项必须具有经验内容，必须包括普遍规律，此普遍规律必须是因为被解释项的推衍而被要求。4. 解释的经验条件是组成解释项的句子必须为真。5. 解释和预测在逻辑上同构，其

---

① John Lyne, Social Epistemology as a Rhetoric Inquiry, *Argumentation*, 1994, 8, p. 116.

不同仅仅是语用的。"①由此可知，这个模型是根据含义系统或解释系统来看待知识，通过一个人的陈述或信念的演绎推理，来理解知识。因此在不同语言、不同范式以及不同语境之间的可翻译性的重要性在 20 世纪的分析哲学中，成为一个中心论题。

其三，生产分配模型。与上述两种模型都不同，富勒提出了生产分配模型，"它并不将知识看作是某个人私人拥有的东西，而是通过一种生产和分配的经济过程得以产生的知识。它同样也关注解释，但是仅仅是在文本间应用功能意义上加以关注。这个模型某种程度上融合了欧洲的社会学理论、法国哲学和社会学、结构主义、马克思主义和系统理论，将知识生产看作是一种社会化的过程而且这个理论某种程度上类似于经济学。知识生产分配模型的经济性特定表现为几个方面：比如，生产与分配的术语就是明显的经济学式术语，表达出经济学的特点使用了经济学隐喻，再比如'拥有知识'就被看作是通过引用、进一步的研究、认知等而拥有必要的地位，因此在这个过程中可信性就成为关键，在知识生产过程中一个人可以从隐喻的角度将可信性看作是资本的累积，就像是在社会经济活动中金钱的累积一样"②。另外，"知识的生产分配模型某种程度上采纳了福柯和其他法国学者的话语理论。它认为不同的知识并不是仓库式的更替，更新的理论也并不必然地将旧理论的方方面面都要丢弃从而加以取代。比如牛顿力学虽然被相对论在宇观方面所取

---

① R. Cohen, *The Context of Explanation*, Dordrecht: Kluwer Academic Publishers, 1993, pp. 1-4.

② John Lyne, Social Epistemology as a Rhetoric Inquiry, *Argumentation*, 1994, 8, p. 115.

代，但是在宏观层面上特别是生活中的力学现象上，牛顿力学具有它的
解释力"①。尽管富勒的模型实际上也存在着一些问题，但是这个模型
的意义就在于用经济学的眼光来看待知识生产，从而在知识分配上达到
最大限度的合理性，当然这样的思路事实上已经不再仅仅是哲学的思考
而是一种知识社会学的理论了。

3. 预算性的知识

这个问题关注到知识分配系统的本质是什么？知识的分配在富勒看
来是一种类似于有限商品的分配，这就与通常的看法是相对立的。通常
人们认为知识是在人们之间传递的，这样的传递过程是一个数量不变的
传递，比如我告诉你一个理论，你再告诉他这个理论，在这两次知识传
递过程中，理论的内容并没有发生变化，其数量也没有发生变化，即使
发生无数次这样的传递结果都是一样的。但是富勒认为知识作为一种商
品，其分配状况就导致了知识传递中的内容和数量的变化，可能会使某
些人具有更多的知识，某些人具有更少的知识。"其原因在于知识循环
过程中纳入循环过程的知识数量大致上是不变的，或者说是相对稳定
的，因为人们在一个时期内只能关注到部分数量的知识而不是无限制的
知识数量，因此具有价值的新文本的出现，就会使得循环中的其他旧文
本荒废或脱离，这样整个知识分配过程是一个更加经济的形式。在这个
过程中传递的知识数量会发生变化，人们的书籍和杂志也会重新分配知

---

① John Lyne, Social Epistemology as a Rhetoric Inquiry, *Argumentation*, 1994, 8,
p. 117.

识的数量，而不是创造出更多的知识数量。"①这样就完成了富勒的观点，即知识就是经济生产过程，而知识政策就是指导这种过程的"预算"，"正是处于这种'经济化'的过程中，知识生产就意味着一个人可以拥有更多的知识，而他人拥有的则更少。因此，在知识生产管理中，关键问题并不是如何积累更多知识，而是如何能够更为公平地重新分配"②。

富勒的这个思想具有部分吸引力，而且其独特性就在于它远离了传统的哲学思考，放弃了传统观念中的"元认识"，结合他的知识生产分配模型，就促使我们思考知识的真实流动过程。富勒想要让知识生产成为一种规范性的事业，从而对于那些更好和更经济的结果来说能够实现自身的监控，为此他论述了一些独特的知识标准概念，并且做出了"知识政策"分析。这样，我们就可以用知识政策进行与知识相联系的活动的管理和控制。而且，富勒认为在不同领域和知识传统中，知识的解释等同于分配而不是交换，因此交流理论是分配理论而不是交换理论。分配就意味着传递过程中的分配内容的减少，甚至是传递过程中发生的扭曲与隐藏，而交换就意味着同等数量的知识内容的传递，传递过程中并不发生任何知识的损益，是一种等价的传递。但是我们也应该看到富勒的这种解释也存在某些不合理的地方，即使传递过程中会发生数量的减少，但是同样也会发生数量的增加，比如人类的进化史就是一个知识累

---

① John Lyne，Social Epistemology as a Rhetoric Inquiry，*Argumentation*，1994，8，p. 117.

② Steve Fuller，*Social Epistemology*，Bloomington IN：Indiana University Press，2002，p. 29.

积传递的过程，现代人比古代人具有更多的知识，而富勒更多地强调了知识的损益，而忽视了知识的增长。

综上所述，富勒的修辞学研究方法很大程度上使用了经济学的分配理论、对实在论的拒斥以及知识生产分配的规范性政策，在使用哲学话语和哲学方法的同时，诉诸社会学和经济学的范畴。富勒希望能够更好地进行知识分配，从而试图构建出能够影响真实的科学实践理论。当然，我们应该看到知识如何在不同学科进行解释以及它们如何被公众评价，现在都应该成为这种批判性理论的一部分。随着这种理论影响在社会学、哲学中日益增强，社会认识论所关注的这些问题的范围就不再局限于学科外围，而是深入到学科内部展开研究，比如认知劳动分配问题的研究。富勒重新思考了一些基础性的假设，比如知识是什么以及如何得到知识，进而对知识和它们的认识论主张进行了思考和批判，在认识论规范性的基础上重新定位知识生产实践活动。

第四节　建构主义社会认识论

在刚刚过去的 20 世纪（尤其是后五十年）西方学术界发展之迅速，让人们感受到了一股又一股的冲击，特别是库恩抛出"范式论"打破了传统的科学哲学研究领域之后，还没有哪一个派别、范式能够稳固地占据学术界中心的地位。默顿学派也不过只是兴盛了 15 年左右便被兴起于英国的科学知识社会学所取代。以 SSK（Sociology of Scientific Knowledge）为名义作为研究纲领的科学哲学家以其激进的科学建构论主张，迅速在国际学术界产生影响，除了拒斥本质主义、形式主义和基础主义之外，这些科学哲学家还坚持诸如利益与目的这些对一个社会来说是具体的社会因素，在科学信仰的解释上发挥着主要的作用。这些哲学家包括大卫·布鲁尔、巴里·巴恩思、史蒂夫·夏平等人。他们认为强纲领作为一种描述性的自然化的元科学能代替传统的科学哲学，并认为科学理性可以在科学家的社会背景中找到。

一、知识的社会建构

知识可以是社会建构的，但是究竟什么是建构的内容，对此的理解大致看来目前主要有以下三个方面[①]：

1. 知识内容是社会建构的

这个观点认为知识的内容是社会性的，需要对知识内容进行社会性的建构。约瑟夫·劳斯就是这个观点的代表人物。他认为科学理论的内容必须要根据特定的事实实验来得到理解，因此科学定律的严格应用在自然界中并不存在，而只存在于实验室中，在实验室里被创造出来。近代科学的研究主要是在实验室中进行的，在实验室这个高度人工化的场景中，科学家构建一个人工的简单化"世界"，使得原本异常复杂的自然现象更容易把握，容易控制，相关的信息更容易获得。这就是近代科学

[①]　Schmitt F., *Socializing Epistemology：The Social Dimension of Knowledge*，Lanham，Maryland：Rowman& Littlefield，1994，pp. 20-26.

之所以能在知识发展上突飞猛进的原因。"实验室是建构现象之微观世界的场所。对象系统在已知的情境中得以建构，并从其他影响中分离出来，以便进行操纵、追踪。科学家通过构建人工的简单化'世界'来规避那种极度地限制了现象之自然显现的无序的复杂性。"①科学知识并不是外在于我们的世界的表象，而是我们与世界打交道的实践产物。它必须通过具体的实践活动才能获得，也只有在特定的场景中才能得到证明。例如，自由落体定律只有在抽真空的实验室条件下才会得到严格的证明。否则，在空气阻力等干扰下，自由落体定律根本不会被严格准确地表现出来。因此，科学知识的获得与证明，都是高度依赖于实验室的场景和实践方式的，是高度地方性的知识。尽管劳斯也并不否认这些定律可以被不太严格地应用于自然界，但他认为只有当这些定律在新的环境下以标准的方式进行类似于实验时才是可能的。劳斯的主张部分是正确的，即科学理论必须根据特定的实验进行理解，并且以社会术语进行理解，但是这个主张是有缺陷的。首先，科学理论的内容必须要根据特定的实验来得到理解这一主张缺少确定的基础。科学理论特别是科学定律，往往都是具有普遍性的，只要满足了相关条件，定理就可以得到应用，特定的实验只是对条件的简化，比如即使没有真空管在大气层外铁球与鹅毛也是同时落下的。其次，科学理论的内容必须要根据特定的实验来得到理解这一主张并不令人信服。科学定律是从科学试验抽象得出的，但是这并不表明科学定律只能应用于这些试验，而不是自然本身，

---

① [美]约瑟夫·劳斯:《知识与权力——走向科学的政治哲学》，北京大学出版社2004年版，第106页。

否则即便科学定律再精确再有说服力，对于自然本身的解释和应用也是没有帮助的。最后，即使科学定律的清晰表达不能指出所有的实验参数的可能效果，因为参数在自然界中会发生变化，这些公式、定律更多的是在实验室理想条件下得出的，但是这并不能说明科学理论不能解释应用于自然界的现象。因而没有任何情况能够说明这些定律只能严格地应用于人造现象，也因此知识内容是社会建构的这一说法是值得商榷的。

2. 知识条件是社会建构的

这个观点认为知识的标准受到了特定的理论和实验活动的决定。这样的观点同样受到了劳斯的支持，劳斯坚持认为科学是一个地方性行为或局部性行为。科学知识和其他知识一样也是地方性的，它是在特定的实验室或者知识生产场所，在特定的实践环境中产生的，其有效性及其评价标准都不能与生产场所相脱离。因为只有在科学知识所应用的世界中，满足了实验室所建构的"微观世界"的基本特征，才会呈现出同样的科学规律，实验室中所生产的科学知识才会有效，才会表现出所谓的"普遍性"。科学实验的结果之所以表现为普遍有效的，实际上是我们把科学知识应用的条件都按照实验室的条件进行标准化了。科学知识的标准化，本质上是将整个社会环境都按照实验室的模式标准化重构。除了物质资料、实验设备等需要标准化之外，参与科学应用的人们在某些方面也必须标准化，在一定程度上必须像实验研究人员，对于相关对象能够实施所需的隔离、操纵和严密追踪，在实验室行之有效的知识和技术才能在实验室外同样运转正常。由此可知，具有地方性特征的科学研究机会就被局部条件所决定，这些研究机会决定的不仅仅是科学理论如何产生和接受，哪一个科学发现可以被做出，而且决定了哪一个理论可以被看作是科学知识。而这最终将传导至科学知识的条件必须关注于社会因素。也正是在这个意义上，劳斯提出知识权力观，"权力恰恰是这种场景或塑造的特征，而不是其中的事物或关系。与权力相关的，是处于场景中的解释对场景本身的重构方式，对行动者及其可能行动的重构方式和限制方式"①。

3. 科学知识是社会建构的

这种观点认为科学知识是社会建构的，它的产生受到了社会的、经济的和政治利益的影响。这样的主张主要是由科学知识社会学中的"强纲领"提出，从而反对了理性论的观点：科学理论的选择是一种文本推理的理性过程。知识社会学家往往使用了非充分决定论和观察负载理论作为论据，表明理性思考并不能决定不同理论之间的优劣，决定理论优劣的是社会思考。同时，这些主张往往使用了大量的经验案例研究作为他们的论据，特定案例中的理论选择往往是建立在利益思考之上，而不是理性的思考。具体来看，科学知识社会学的发展经历了早期的曼海姆的理论之后，在20世纪80年代超越了曼海姆的观点，成为一种更加社会化的认识论主张，并在科学哲学界引发了一股社会建构论的风潮。

（1）曼海姆的知识社会学

曼海姆是知识社会学中最有影响力的鼻祖。按照社会学家的一般界定，知识社会学旨在考察观念与社会结构和社会过程的关系，或"知识"与社会实在之间的相互影响。与传统的认识论不同，知识社会学关注的

---

① ［美］约瑟夫·劳斯：《知识与权力——走向科学的政治哲学》，北京大学出版社2004年版，第225页。

是一个社会组织、文化及种族认为什么可以是知识。对于曼海姆而言，一个社会称为"知识"的社会与秩序的体系可以根据那个社会的历史与社会条件得到解释。大多数的逻辑经验主义者认为真理与合理性条件独立于社会中的文化差异，而曼海姆与他们的意见是相同的，他认为科学知识是不能进行社会性解释的。科学知识与数学知识不能用社会因素来解释，而只有文化科学才可以进行社会学的分析。也就是说曼海姆在"永久的、静态的和积累的自然科学和数学知识为一方，与以文化特殊的、随历史条件变化的和独一无二的文化知识为另一方之间，进行了二元区分"①。并因此可以看出，"尽管知识社会学一开始就声称要对精神生产进行社会学分析，但考察他们实际涉及的知识领域就会发现。科学和数学思想几乎完全被忽视。受实证主义知识论的影响，曼海姆时代的大多数知识社会学家都将科学视为一种特殊的社会学案例，因其特殊的认识论地位而被从原则上排除于可能的社会学研究之外"②。

（2）强纲领的知识社会学

与曼海姆不同，强纲领声称"科学内容与科学方法论可以按照其他社会现象得到解释的那种方式进行解释，即按照诸如利益这样的社会因素。强纲领并没有把科学知识和数学知识从社会学分析中免除出去。布鲁尔声称，曼海姆的错误就在于他认为知识是利益无涉的"③。布鲁尔认为即使是科学陈述与数学陈述也要依赖于不同的组织之间的利益。

---

① 赵万里：《科学的社会建构》，天津人民出版社 2002 年版，第 68—71 页。

② 同上书，第 68—71 页。

③ David Bloor，Wittgenstein and Mannheim On The Sociology of Mathematics，*Study In History and Philosophy of Science*（4），1973，No. 3，pp. 173-191.

为了论证科学知识社会学的可能性，布鲁尔与巴恩斯重新回到了曼海姆的论式，并试图通过"修正"，将其内容扩展到被后者忽略的自然科学知识领域。在对曼海姆的术语进行了适当的修正后，爱丁堡学派进行了新的两步论证[①]：

第一，尽管科学家和数学家可按照理论的内在逻辑行动，但他们的行动并非明确地受到"事物的本质"或"纯逻辑的可能性"。相反，科学范式的产生和定型在许多决定性的环节上都受到理论内外的各种社会因素的影响。

第二，社会因素对科学和数学知识的具体内容的影响，其重要性绝不是边缘性的，社会利益既与"科学外部"的诱因和归属相联系，也与"科学内部"一个科学领域中的这个或那个小派别的成员资格结合在一起。这些不同的利益促进了各种劝诱性策略、机会主义战略以及文化上得到流传的安排，而后者将影响科学知识的内容和发展。

对于第一步论证，强纲领的成员们主要借助于科学哲学当中的几个理论，如"非充分决定论""观察负载理论"以及在解释与被解释之间关系的怀疑论观点。"非充分决定论"的概念来自所谓"迪昂—蒯因命题"，其基本论点是：知识主张通常不为可得到的证据完全决定，替代性的主张按照同样的证据也是可辩护的。因此实在本身不能决定选择哪一种替代解释，而这正是社会因素起作用的地方。"观察负载理论"是由诺乌德·汉森提出来的。他指出经验观察不是中性的，它是受理论指导的，是充满理论的，而某项观察为何会负载这一理论而不是另一种理论，并没有

---

① 赵万里：《科学的社会建构》，天津人民出版社 2002 年版，第 117—118 页。

内在的充分理由，显然也不得不诉诸社会因素的解释。

对于第二步的论证，强纲领的成员们则利用了社会学人类学和语言哲学来源的各类资料。他们力图证明知识和信念是对社会压力而不是认识压力做出反应。科学所感受到的认识压力实际上是社会压力。爱丁堡学派提出的纲领之所以被称为强纲领（the strong program），"强"就在于它不仅坚持社会因素总是存在于科学之中，更关键的是他们认为这些社会因素并非是边缘性的，而是决定性的因素。

通过以上的两步论证，强纲领成员们就重新解读并修正了曼海姆的观点，他们不仅用社会因素去解释社会科学，而且做到了曼海姆所做不到的事情——用社会因素去解释自然科学与数学，从而将自然科学与数学也纳入社会科学的解释范围，从而完成了认识论的社会化。

二、科学知识的建构解释

建构论的成员们做了大量的工作来力图通过对利益与目的的讨论使科学知识得到解释，试图说明诸如不同利益与目的的社会因素在科学解释中扮演了主要作用。"为了证明这一主张，从 70 年代末起以布鲁尔与巴恩斯为首的爱丁堡学派开展了一系列历史事例研究，内容涉及 19 世纪末 20 世纪初英国统计学争论，19 世纪爱丁堡颅相学争论，18 世纪植物学争论，20 世纪量子力学实验检验的争论，以及高能物理学家之间的争论。这些经验研究的共同特征是使用'利益'作为解释资源，对科学知识的扩展和应用及其与行动者的目标之间的关系进行社会学的因果说明。"①我们知道在哲学中，对知识的性质、建构和评价问题的询问属于认识论的范畴。因此，通过利益来对科学知识合法化的说明就是强纲领成员们的利益定位的社会认识论。

"利益"是爱丁堡学派的一个重要概念。"这里所说的'利益'可以是经济政治或宗教利益，可以是认识利益或专业利益，也可以是职业利益，对科学争论的利益分析旨在表明，宏观利益能够转换成对影响个人或群体行动的动因的微观社会学说明，并且这种说明可以解释科学知识的增长。在这种因果说明的模式中，利益的角色是充当联系科学活动之认识和社会方面的中介，特定的科学事件或科学行动可以根据卷入各方的特殊利益得到较好的说明。"②强纲领的成员们的研究引入了自然主义的方法论，"自然主义"是指所有的人类活动都可以被理解为完全自然的现象。爱丁堡学派引入这个概念主要是为了倡导一种非评价性的视角，一种描述性的而不是规范性的进路。因此，利益定位的社会认识论是一种自然化的认识论，它是描述性的而不是规范性的，它描述了科学知识的社会环境。

1. 在科学内部的解释

强纲领在科学内容、方法论等科学内部做出了解释，在这里可以举出好几个例子，其中很好的一个例子就是布鲁尔检查了拉卡托斯在《证明与反驳——数学发现的逻辑》一书中的案例研究。布鲁尔使用了 19 世

---

① 赵万里：《科学的社会建构》，天津人民出版社 2002 年版，第 150 页。

② 同上书，第 152 页。

纪 40 年代在数学界发生的方法论革命的案例来表明这种革命其实是依赖利益的，是利益在其中发挥了主要的作用。在 19 世纪 40 年代之前，数学家们并不使用反例来检查他们的证明。拉卡托斯认为使用反例作为一种全新的辩证方法这一重大数学发现，应该归结于一位伟大的数学家——菲利浦·赛德尔。在拉卡托斯的《证明与反驳——数学发现的逻辑》一书中，我们可以看到"从 1821 年到 1847 年，起带头作用的数学家为什么没能找到哥西证明里那条简单的裂缝，没有改进证明分析和定理呢？最直接的回答是他们还不懂多证多驳法……他们还不知道，发现反例之后，应当细心分析自己的证明，设法找出其中的原因。他们对付全局反例还是借助于助探论上不结果的例外除外法"①。事实上，赛德尔是一举成功，既发现了证明生成的一致收敛概念，又发现了多证多驳法。而在发现多证多驳法之前，"严格证明了的定理还有络绎不绝的反例的问题，只能例外排除法来解决了"②。

那么是什么阻碍了赛德尔的前辈发现这种方法呢？拉卡托斯认为欧几里德方法论盛行是主要原因。欧几里德方法论发展出一种不可违抗的叙述体系或"演绎主义体系"。这种体系一开始就是不辞辛苦地把一大串公理和定义列出来，人们也无从得知这些复杂的东西是怎么回事，只知道这是一些措辞严谨的解释。公理之后就是定理，在定理之后就是证明。根据欧式几何学数学家都应严肃对待这种体系，而按照这种演绎体系，凡命题都为真，凡推论皆有效。这样数学就成了一个永恒不变的、

---

① ［英］拉卡托斯：《证明与反驳——数学发现的逻辑》，上海译文出版社 1987 年版，第 163—166 页。

② 同上书，第 163—166 页。

真理越来越多的集合，而反例、反驳和批评都不被允许进入，而一旦没有了反驳，这种公理就被奉为真的无可怀疑了。拉卡托斯认为正是由于赛德尔大胆地突破了欧式几何方法论，才将反例引入了数学方法论中，并发现了多证多驳法。

对此，布鲁尔持不同的看法，并且他批判了拉卡托斯的这种结论。他认为赛德尔本人发现并且运用反例作为新的证明与反驳的辩证方法是不合理的。布鲁尔的回答是：19 世纪 40 年代在欧洲大学和数学研究机构中，存在着一种竞争性的个人主义，这种个人主义创造了一种环境，一种对于证明与反例持鼓励态度的环境。正是这种环境使得反例得以应用在数学的证明与反驳中。由于政府官僚机构为了克服 18 世纪德国大学的那种行会式的特点，而直接进行管理监督，因此导致了这种竞争性环境的产生。在 18 世纪大部分的德国大学及欧洲大学中普遍存在着一种行会式的特点。这些大学为了维护"行会"的利益，为了维护对"行会"的忠诚，它们控制着各种职务的任命。由于缺少直接有效的管理监督，在大学和研究机构内部形成了一种"和平的""循规蹈矩"的研究环境。也因此在数学界数学家们始终跳不出欧几里德方法论的束缚，不敢也不能将反例引入数学证明中。而 19 世纪以后，政府为了打破"行会"的利益，打破这种由大学控制的职务任命，它们往往直接对各大学及研究机构进行管理监督，因而形成更富有竞争的研究环境，从而在数学界引发了这场数学方法论的革命。

布鲁尔采用了利益、环境这样的社会因素对拉卡托斯的案例进行了检查并重新加以解读，应该说是有其合理性的。因为正是在这一时期，也就是多证多驳法引入数学证明的时期，正好是牛顿光学垮台和非欧几里德几何发现的时期。

2. 在科学外部的解释

强纲领同样对科学争论、科学划界等科学外部做出了解释，其成员们对科学争论所做出的案例有十多个，目的是用"利益"作为解释因素，其"利益"既涉及来自其他社会体制的经济政治利益，也涉及认识利益或职业利益。

在这里我们将讨论一个实验及其引发的争论，并分析利益解释的社会学分析，这个实验就是著名的密立根油滴实验。美国物理学家诺贝尔奖得主 R. A. 密立根测量了电荷的基本单位，即电子本身的电荷。密立根的结果刚一发表，立即招致维也纳物理学家爱雷哈夫特的激烈反对，即密立根—爱雷哈夫特之争。①

密立根设法使一个油滴带上电，让它在两个充电金属小板之间下落，这样油滴首先会在重力作用下运动。但由于电场的作用，金属小板将吸引带电的油滴，这样向上的吸引力将抵消油滴的重量。因此，从理论上讲物理学家可以观察到两种运动并且计时：一个是上升的油滴，另一个是下降的运动，通过在重力与引力之间的等式建立，他就能够得到油滴所带的电量，并且它将是电子带电量的整数倍。当然密立根在他的实验中克服了各种各样的困难，如电压的波动、油滴的蒸发、气流的干扰及灰尘的污染。在重复做了 175 次实验后，密立根选取了 58 个测量结果，并计算了 e 的数值；电子上的电荷大约为 4.7×10^{-10} esu，这是

---

① 详见［英］巴里·巴恩斯等主编：《科学知识：一种社会学的分析》，南京大学出版社 2004 年版，第 22—48 页。

他探测到的最小电荷，是建造其他所有电荷的基本单位或建造单元。

事实上，在密立根寻求完善他的实验过程中，他发现的数值也是在不断变化中。1909 年数值是 4.69×10^{-10} esu，1910 年是 4.9016×10^{-10} esu，1911 年是 4.891×10^{-10} esu，1913 年是 4.774×10^{-10} esu。但是波尔所采纳的数据是 4.7×10^{-10} esu，并把这一数据运用到 1913 年其著名的著作《论原子与分子的组成》中，在这部著作中，他提出了原子是带有负电荷的电子围绕带有正电的原子核运动的微缩的太阳系的原子模型。

就在密立根推出他关于油滴实验的第一个版本前不久，爱雷哈夫特已经开始发表关于在金属的细小粒子和石蜡上发现电荷的论文。爱雷哈夫特的研究目的与密立根是一样的，即测量电荷的学位。爱雷哈夫特选择了固体粒子而不是液滴，他的仪器与密立根的仪器是不相同的，但是他们的物理学原理和研究规则是类似的。爱雷哈夫特在 1909 年得到的值是 4.6×10^{-10} esu，这个结果得到了卢瑟福的肯定，并很快引用了这个结果。然而随后爱雷哈夫特报告了另外的结果，他测量的电荷数变成了 e/3 和 e/5，甚至更小。

"很自然的意味着任何电荷单位，如果它存在，它就必须变得越来越小以适应新的发现。它显示出仪器必须挑选出亚原子，但爱雷哈夫特越是更进一步的探求，亚原子就变得越小，相应地他越是怀疑无论是电子还是亚原子可能都是一个错觉。他总结道，对于一个物理学家来说，正确的态度要制止自己的假设任何不可见的理论实体。关键的是那些可以经验检验的规律。与密立根一个热情而坚定的原子和电子的实在论者，形成鲜明的对比，爱雷哈夫特变成了一个想象论者和经验论者。"①

密立根与爱雷哈夫特之争在许多年间挑战并困扰着科学共同体，并且从没有一个实验室结果能够否认爱雷哈夫特的观点。然而密立根与爱雷哈夫特两个人的命运却有天壤之别。密立根因为其实验成果荣获了诺贝尔奖，并获得了极高的学术声望。而他的对手爱雷哈夫特的发现渐渐地处于孤立的反常地位上，不适合进入构造理论和发展现行理论框架的行列。它没有用或不再有用。它从一个问题演变为一个困惑，最终成为一个纯粹的刺激物。"爱雷哈夫特拒绝承认他所使用的方法的错误，结果使他退出了职业生涯。事实是人们甚至不准备听他讲些什么，例如，学术会议组织者拒绝给他一个讲台。"②

那么是什么造成两个人截然不同的命运呢？科学争论中又是什么让一方获得胜利，另一方失败以致退出研究领域呢？巴恩斯和布鲁尔是用社会利益、共同体利益来解释的。密立根的试验及发现使他成为一个坚定而热情的原子、电子的实在论者，而在原子、电子的实在性上与他共处一个共同体内的科学家既包括了像波尔、卢瑟福、狄拉克等著名的大科学家，甚至还包括了无数的不甚出名的普通科学家和科研工作者。这些人大都坚信原子与电子的存在，并且构造出各种理论去描述它，制造出各种仪器去测量它。因而密立根处于一个强大的科学共同体之中，他们拥有共同的共同体利益，这种利益是与他们的科学家职业利益非常紧密地联系在一起的。而爱雷哈夫特的实验及发现则挑战并严重破坏了这

---

① ［英］巴里·巴恩斯等主编：《科学知识：一种社会学的分析》，南京大学出版社2000年版，第40页。

② 同上书，第42页。

个强大的科学共同体的利益。他的实验结果根本不适合构造现行的理论框架和发现现行的理论框架，而是要推翻打破现行的理论框架。因此事情变得就像已经知道的那样，人们认为爱雷哈夫特是一个糟糕的实验者，因为一个普通的大学生在做这个实验时往往会得出爱雷哈夫特类似的结果。这就可以解释为什么没人去费力地驳斥他的观点，并且为什么争论会以这样一个方式无声无息地结束：因为无能是不值得花费时间去对付的。例如，著名的物理学家保罗·狄拉克就表示了对爱雷哈夫特能力的怀疑——"他确实不是一个好的物理学家"。

然而爱雷哈夫特真的是能力上有问题吗？应该说不是这样的。他不是一个普通的大学生，他是一个训练有素的专业科学家。他之前的工作受到了尊重，正如以前提到的那样，他第一次的测量结果被卢瑟福采纳并引用了。对于他的能力应该没有怀疑，只是当他发表了反常结果之后他的能力就突然变成了问题。所有的这一切表明并不是爱雷哈夫特变得粗心大意，也不是他陷入新手的笨拙，而是因为他的态度倾向于与现行理论框架格格不入的发现。这种发现是要推翻现行的理论框架的。因此曾经对他表示尊敬并认同的职业物理学家们不约而同地反对他，甚至最终抛弃了他，也就是说科学共同体的职业利益就解释了密立根—爱雷哈夫特之争，同时也解释了科学史上无数著名的争论。

三、建构论的认识意义

1. 促进认识论的理性反思

建构论与传统的认识论对于科学知识的合理性认识是有着性质上的差异的。与传统的认识论不同，强纲领声称提供了在科学推理之下的更为准确的过程解释，其主要区别在于建构论选择了一种社会学的描述，而不是科学方法的认识论的合理性模型。这种描述以社会条件为基础，并且通过社会条件来解释科学方法。正如上文所提到的，强纲领的拥护者们反对曼海姆的科学知识是不能进行社会性解释的观点，他们声称科学内容和科学方法论可以按照其他社会现象得到解释的那种方式进行解释，即按照诸如利益的社会因素进行社会学的描述。强纲领不但没有把科学知识和数学知识从社会学的描述中免除出去，相反他们认为这些社会学的描述并非是边缘性的，而是决定性的因素。

传统认识论知识概念包括了理性因素，是非建构的，它是为真理信仰辩护的并且是规范性的。与传统认识论的知识概念不同，建构论的知识概念包含了社会因素，是建构的，是被作为信仰而承认接受的，并且是描述性。这是二者最大的区别，也是许多学者批评强纲领的主要地方，而强纲领的拥护者在不停地为自己做出辩护。20 世纪 70 年代末 80 年代初，强纲领在欧美学术界引起了巨大争论，社会学者、历史学家以及哲学家纷纷发表批评性评论。

强纲领与其反对者的争论总的来说是围绕着"科学合理性"的问题展开的。一定意义上，这次争论是 20 世纪 60 年代发生在社会科学家中的"合理性争论"的延续。在新的一轮的争论中除了有之前的人类学家和社会学家，还有更多的科学哲学家投入到对强纲领的批判中去，拉里·劳丹无疑是最著名的代表人物。劳丹认为，"我们若要研究科学合理性的社会背景，必须先懂得什么是合理性"[①]。在他看来科学合理性只是意味着整体上遵循科学的方法，而不是说科学家们的行为都是合理性的。对于来自哲学家的批评，布鲁尔和巴恩斯先后进行了几次公开的回应，他们在《知识与社会意向》中的再版序言及后记中专门对这些批评进行了反击。

建构论的分析形式并不依赖于科学主张的真理性和谬误性，它认为理论影响现实而不是来源于现实，就是科学家在进行他们的理论化时所做出的那些承诺在解释科学说明的成果上是决定性的，而承诺是可以用社会术语加以理解的。通过存在的复杂的社会关系网，科学共同体就能够作为一种事业运行起来。而这种事业如果只依靠逻辑或纯观察是永远不可能完成的。建构论认为诸如社会影响、利益及特定学科内外为不同组织服务的政治说客，就决定了自然科学中"科学知识"的形式与内容。强纲领描述了社会中的"知识"而不是评价知识。作为一种科学知识的经验社会理论，强纲领是以利益定位的社会认识论，而且它是一种描述性的社会认识论。

2. 社会认识论的一种形而上学

社会建构论某种程度上可以看作是社会认识论的一种建构性的形而上学。伊安·哈金（Ian Hacking）在《什么是社会建构》（1999）中指出，在社会建构论之后的主要动机就是政治的和改革的（reformist），一个典型的社会建构论者通常会以某个 X（例如性别）是社会建构而不是在自然界发现的作为他的论述的开始，接着他会论述 X 仅仅是偶然的，最后他认为 X

①　[美]拉里·劳丹：《进步及其问题》，华夏出版社 1999 年版，第 230 页。

是错误的，需要从认识中加以批判和抛弃。因此，如果社会建构论者是正确的，那么就不存在客观的事实和真理，也没有什么事实独立于社会建构，而这对于客观性的社会认识论（比如戈德曼和基彻尔的社会认识论）就提出了巨大的困难，从而表现为一种建构性的社会认识论的形而上学。

当然，正如我们所述，在社会建构论中也存在着强弱之分。其差别就在于究竟什么被认为是建构的。弱的社会建构论认为表象（representation）是社会建构的，无论是语言表象还是精神表象。当我们提到性别是建构的时候，弱建构论的解释就是人们对于性别的表现或概念是社会建构的。当我们提到科学事实或实体是建构的时候，弱建构论的解释就是科学家的信念或理论是社会建构的。这种弱社会建构的观念现在已经得到了大多数哲学家的认同，它并没有对经典认识论有关事实和真理的客观主义提出挑战。而强建构论则认为不仅像包含夸克这样的表象是社会建构的，连夸克本身也是社会建构的。强社会建构论在提到社会事实是社会性建构时，它们究竟指的是什么呢？

安德鲁·库克拉区分出两种类型，因果性建构论（causal constructivism）和构成性建构论（constitutive constructivism）。"因果性建构论是这样一种观点：人类行为导致和维持了对世界的事实（包括科学事实），而构成性建构论是这样的一种观点：我们所说的世界的事实仅仅是人类活动的事实。"[①]因此，因果性建构论就是一种经验性的有关因果联系的论题。比如，人类活动产生出某些实体和事实，这些事实的存在、维持

---

① Andre Kukla, *Social Construction and the Philosophy of Science*, London: Routledge, 2000, p. 21.

和产生都是一种因果性的建构。而构成性建构论并不主张人类行为因果性地构成了事实和实体，而是人类的行为组成或构成了这些实体和事实，"实在的最终构成是诸如协商和一致的社会片段，其他的东西是由原始的社会物质所组成的"①。

我们在理解了社会建构论的核心思路之后，更多的是需要明确它们的理念。尽管社会建构论的方法特别是强建构论的方法过于激进，但是它们试图引入历史和文化的社会思想，从而在认识论中进行有别于传统认识论的思考，这些特殊的认识观念对于认识论来说，就提出了一种新的研究语境和研究思路，特别是在当代社会认识论的大的学术背景下。同时，我们需要明确一点，即当代社会认识论的研究构成是复杂的，既有从传统哲学内部出发的规范性研究，也包括了像社会建构论这样的强建构性主张，因此合理地将社会建构论理解为社会认识论的研究组成，正确地理解建构论之于社会认识论的研究意义和价值，就是本节的目的与意图之所在。

回顾本章，从研究方法和解决策略上看，社会认识论可分为两种方法：经典的方法和反经典的方法。戈德曼与基彻尔采用了经典的方法，将研究定位于真理，希望在知识探索的社会取向中保留知识探索的真理价值。戈德曼更多地考虑了社会因素在认识论中所起的作用，并试图保留传统认识论的真理性。基彻尔虽然也从真理定位的观点出发，但他主要关注认知劳动的分配。采用经典研究方法的哲学家大都认同这样的观

---

① Andre Kukla, *Social Construction and the Philosophy of Science*, London: Routledge, 2000, p. 28.

念：社会认识论既关注集体信念问题、知识分配问题，同时也关注非社会性的认识目标、真理的追求，以及个体或个体群的辩护信念如何被不同的社会过程和制度所促进或阻碍。

在采用经典的研究方法的同时，也有许多对知识的社会研究做出贡献的哲学家抛弃或忽视了经典认识论所关注的诸如真理、辩护以及理性之类，并且他们试图拒绝承认存在着普遍或"客观的"理性规范、真理标准的概念，而是采用了反经典的方法，即他们从社会学或人类学的调查研究中得出有意义的认识论结论。如爱丁堡学派所做的历史案例研究，表明了科学被许多外在因素影响；女性主义认识论从性别在知识生产中的作用以及性别压迫入手，揭示出传统的认识论忽视了价值与公平，进而将性别作为一种社会范畴纳入认识论体系，扩大了社会认识论的研究范围，增加了知识生产的社会性特征，凸显了当代知识的社会维度。此外，一些学者认为，科学事实并不是独立于人类社会互动的"外在"实体，而仅仅是来源于社会互动的"构造"，也采用了反经典的方法。

事实上，无论当代社会认识论研究表现为什么样的实际特征，采用什么样的研究视域和研究范式，可以肯定的是，它们都把社会认识论看成是人类知识探索过程中深入到社会实践时的诉求，看成是人类认识深化的实现机制。特别是随着 20 世纪 70 年代末后现代主义的兴起，对传统哲学真理观的批判和否定，对建立科学理论的必要性和可能性的强烈质疑，使得社会认识论更加以积极的姿态出现在哲学研究，特别是认识论的研究之中，积极地探索各种复杂的知识生产问题，有效解决和消除科学组织和知识分配中存在的不合理现象，从而加强了人文社会科学对科学研究的导向作用。

第五章 ┃ ## 社会认识论的实践考察

　　随着认识论社会化的趋势日益明确，以及当代社会认识论研究逐步成熟并应用于哲学研究当中，在 20 世纪 90 年代后期社会认识论的分析方法以及知识具有社会维度的认识思维，作为一种横断研究的方法论开始逐步渗透和扩张于社会科学各个领域中，显示出自身所独具的特征和意义。将社会认识论研究明确应用于实践问题和具体学科，扩大其研究领域，加强其实践诉求，是社会认识论的对问题求解实践效力的最好展示。同时将区别于传统个体思维的观念应用于实际问题和具体学科，无论是对于实际问题的求解还是具体学科的发展，都将迸发出新的思维火花，得出有别于传统的研究结论，启迪人们以新的研究思路和研究模式。

　　具体到本章的实践考察，主要包括四个主题：第一，女性主义认识论是一种对主流男性话语科学的认识批判，它指出知识是一个负载有价值判断和选择的社会过程，对知识创造中性别的作用给予了解释。本章对女性主义认识论的关注论题、批判核心以及发展趋势分别进行了分析，指出女性主义认识论能够从社会—历史的层面上对知识创造中性别作用给予合理解释，并表征出与当代社会认识论研究的融合，具有重要的认识意义和理论价值。第二，以维基百科为代表的网络合作创造了一种全新的知识生产方式，并从认识论上提出了新的问题和挑战：如何看待这种匿名合作生产的知识和信息，如何看待维基百科体系下的专家作用，如何看待维基百科信息和知识的可辩护性，本章将从社会认识论的视野关注这些问题并对集体合作的认识论研究展开深入的分析和思考。第三，认知偏见问题一直是心理学和认知科学的一大障碍，社会认识论的引入给出了新的解决方案，无论是对认知偏见的形成原因，还是对认知偏见的本质特征，社会认识论都将进行重新审视，同时将新的认知模式和认知机制赋予社会认识论的解决策略。第四，社会认识论与信息科学本身具有极强的内在关联，在当今互联网时代，如何更好地面对海量信息，如何在信息之间做出正确合理的选择，就成为使用者的一大困惑，在这一方面社会认识论的引入就有助于这些问题的解决，无论是从目标域、方法域还是价值域，同时社会认识论的目的在于重新构建信息时代迫切需要的信息科学。本章之目的正是要将社会认识论的思维方法与实际问题具体地联系起来，运用社会认识的思维对传统的实践问题做出新的求解，展示社会认识论的实践考察以及在相关问题中的价值与意义。

第一节　女性主义的社会认识论

形而上学与认识论向来都与价值和性别无涉，然而从 20 世纪后半叶开始，一种关注女性道德和政治地位的认识论出现在哲学中，这就是女性主义认识论（Feminist Epistemology）。当我们将"性别"作为一个社会范畴加以研究的时候，女性主义认识论就成为一种标准的社会认识论研究，与我们对权力进行研究一样，也因此我们可以将其称为女性主义社会认识论。女性主义认识论的产生跟社会领域中普遍进行的科学批判密切相关。这种批判之核心在于对传统认识论提出深刻质疑，既有从社会文化层面的外部批判，又有对科学本身所进行的内部批判。"自启蒙时代以来，社会领域中就一直存在着一种张力，一方面是客观的科学知识的公认模型，它所处理的是客观可度量的现象，揭示了由数学规律所统治的世界，并作为一种标准模式为科学道德、价值、规律所广泛采纳；另一方面信念在历史的和文化中的可变性，又坚持一种'立场（standpoint）'的观点，深信科学之外立场的存在，凸显了真理的相对性、知识的非中立性以及认知者偏好的存在性，用以规范科学的发展方向。"①

以这样的思维特征为背景，女性主义认识论一经产生就凸显和放大

---

① 殷杰：《当代西方的社会科学哲学研究现状、趋势和意义》，载《中国社会科学》，2006 年第 3 期。

了当代文化实践中的性别冲突，并将之扩展至科学中，使得科学由自足的理性体系转变成了基于社会历史所建构的文化人造物。而通过将"性别"作为一个社会范畴，女性主义认识论成为了一种独特的认识论。它设定了人在性别差异、劳动的社会分工等方面的普遍性，并将之与社会—文化过程结合，从而产生出认识论的多样性和特异性。尽管女性主义认识论与传统认识论一样，承认外部世界和科学认识的客观性，但它更把激发社会运行中各种斗争的政治的和道德的价值，视为促进知识增长的根本性因素。

一、女性主义认识论的关注论题

作为一种对科学进行的反思性实践活动，女性主义认识论本身的关注论题和理论定位一直处在不断变化中。实证主义的终结，尤其是与库恩的范式理论相关而发展起来的后经验主义，将历史、社会与文化的观念纳入当代认识论的研究领域内，这为以"性别"作为研究范畴的女性主义认识论开启了研究的大门。这种独特视角对科学实践的介入，批判了传统认识论抛弃价值判断、私人的或社会的身份跟科学无关等思想。总体来看，女性主义的目标就是要重建女性主义科学和认识论来替代传统的科学和认识论。在女性主义认识论指导下，可以揭示和解决科学研究中的男性中心主义，恢复和解放受压迫妇女的合理地位和主张。尽管不同时期女性主义认识论的关注重心有所差异，但总的来看，它始终关注性别与压迫同知识的关联，并就此提出了下述两个重要的相关论题。

1. 经验差异导致认识差异

如果对女性主义认识论的不同时期进行总结，可以发现有关"经验差异导致认识差异"的思想始终保留在其研究核心内容之中。这个观点可以表述为：人们的不同经验将导致认识差异并最终形成不同的认识结果，引发经验差异的因素显然就包括了性别这一范畴。可以认为，经验差异导致认识差异的观点具有重要的认识论意义。从经验论的视角来看，日常生活之中人们获取知识主要来自经验，不同的经验将导致不同的知识基础，但是女性主义认识论的独特之处在于，它着重强调的是认识者的性别身份决定了获取知识的形式和数量。

女性主义认识论一直致力于批判传统认识论的性别无涉，相应地重新建构了认识论主体，并主张正是获取知识的主体的身份和社会地位的差异，导致了其认识差异，并将其称之为获取知识的社会境况。而重构的认识主体就是具有不同社会境况的认识者。当然，女性主义对认识者差异的关注并不是随机的或特殊的，而是系统的和结构性的，也就是说这里的"性别"，实际上是一个对有关社会地位进行认识论分析的统称范畴。

另外，"经验差异导致认识差异"将得出一个独特的结论，即如果经验的差异导致社会境况的差异，并进而决定了人们对世界的不同观点，那么经验在塑造的同时也限定了特定社会境况下个体对知识的获取。按照这一方式，女性主义认识论就紧密地将社会境况与认识差异联系起来，其重要之处在于社会境况不仅仅是有差别且是发生变化的，其中一些社会境况明显要比另一些在认识论上更加可靠。比如妇女处于被压迫的地位，因此她们的认识境况显然要比男性更加可靠，也更能形成良好认识论的根基，而这就为女性主义认识论的理论优位打下了深厚的根基。

由此，横亘在认识论理论前的将会是两种不同的认知方式和两类知识，即男性的认识论和男性知识以及女性的认识论和女性知识。在将认识论和知识形式二元划分之后，一个更重要的问题就是：我们该如何选择有利于获取知识的认识形式呢？女性主义认识论可以推广并成为普遍的认识形式吗？尽管女性主义认识论对此持肯定的回答，但实际上，女性主义认识论本质上仍然在坚持一种认识论的两分法，即将知识过程还原为一种立场选择和价值判断，因而它仍只是一种立场论的新变体。"立场论的认识论要求认识历史的、社会学的和文化的相对主义，而不是判断的和知识上的相对论主义。她（他）们认为，凡是人类信念，均受社会环境的制约，但她们也要求能批判地评估何种社会环境才能产生最为客观的知识陈述。"①正因如此，科学研究中社会性别的介入以及用价值观来评判科学理论，就不可避免地落入了它所反对的"性别决定知识"的陷阱之中。实际上，透视女性主义认识论的核心就可发现，它更多的是用性别隐喻作为联结点，把科学和性别连在了一起，它认识到了性别隐喻的创造和发展是科学理论创造中所包含着的合理过程，而没有这些过程，就不会有知识主张的存在。

2. 知识是否具有客观性

在"知识是否具有客观性"这一重要论题上，女性主义认识论始终持否

---

① Sandra Harding, *Whose Science? Whose Knowledge? Thinking from Women's Lives*, Ithaca and London：Cornell University Press，1991，p. 142.

定意见。实证主义传统带来了知识的客观形象，客观的科学知识模型一直处于"优位"状态，它坚持科学知识和方法的客观性和普遍性，并形成了独特的科学认识论规范，包括：（1）科学概念跨时空的普遍有效性；（2）科学研究的客观性；（3）研究者的个性与知识主张的评价无关；（4）观察和实验是理论评价最普遍诉诸的标准。① 上述认识特征保证了知识的客观形象。但随着后经验主义的兴起，历史、社会和文化观念逐渐渗入并影响了传统认识论的这些规范，为女性主义认识论的出现提供了理论依据。

女性主义认为，传统的认识论不能反映出知识获取的真实途径和方法，甚至于在这一进程之中，从根本上歪曲和掩盖了知识和科学背后的实际影像。传统认识论的目标就是要追求知识的普遍性、客观性，进而获得知识的泛权威性，因此它必然排斥主观的、情景的、价值的、个体的因素，忽视语境下的知识主体的差异，宣称普遍有效的方法准则探究世界的真实面貌。按照这一理解，在传统知识论的二元框架下，与客观性对应的必然是男性，男性气质也与理性、客观性、中立性等同起来，女性和女性气质则被描绘为感性的、情绪化的，是与客观性相悖的。但是，女性主义认识论认为所有知识进程和认知者都是具体的和语境中的，我们关于世界的知识只是认知者依据自己的经验选择性地纳入真实世界的一部分。因此，根本就不存在价值无涉的普遍性和客观性，知识的客观性只是用来掩饰知识生成过程中与权力的结盟。

女性主义认识论集中探讨了知识客观性问题，并在批判中始终抓住

① Ted Benton, Ian Craib, *Philosophy of Social Science*, New York: Palgrave, 2001, p. 140.

知识与权力的关系。它宣称所谓客观性只是男性的客观性，是用来维护男性统治者利益的掩护工具。尽管围绕对客观性的批判出现了所谓的"强客观性"以及"弱客观性"的提法，但是需要意识到在认识论领域，女性主义是要"力图理解既有的社会秩序，同时力争发明有效的策略去改变它"①。它从性别立场出发揭开了知识生产中的真实面纱，促使人们意识到科学活动与知识生产中实际存在的男性中心主义，意识到不打破后者的统治地位，所得到的知识就无法做到真正的普遍和客观。

由此，女性主义认识论以及相关的对科学的社会解释，揭示出了其核心思想，那就是：知识的创造是一个彻底的社会过程。价值中立、普遍、非私人以及可检验等传统认识论的主张，忽视了性别等要素在知识创造中的积极作用。女性主义认识论坚持了知识的获取必然涉及具体的情境，知识的获取必然是以主体的价值选择为依据的，孤立地看待知识的客观性只能是一种理想化的情境。为此，女性主义认识论从社会—历史的层面上，对知识创造中性别的作用给予了解释。从这一意义上讲，女性主义认识论突出了知识获取过程中的平等话语权，对理解和改进知识的创造具有重要的意义。

二、女性主义认识论的批判核心

女性主义浪潮最初出现在伦理学和政治哲学中，"大部分被承认为

---

① Kathleen Lennon, *Knowing the Difference: Feminist Perspective in Epistemology*, London: Routledge, 1994, p. 1.

女性主义认识论的早期工作，实际上都是由女性主义社会科学家和政治理论家完成的，她们需要不同的知识和辩护的解释，以推翻其学科中阻碍必要变化的预设"①。但很快这一认识观念就蔓延至更广的社会科学中，女性主义者开始批判其所在相关学科内的特定内容，指出这些理论的接受和产生都蕴含了强烈的性别偏见。比如，生物学家鲁斯·哈伯德(Ruth Hubbard)在《只有男人得到进化吗?》一书中就认为女性事实上从进化角度被遗漏了。她认为长久以来的统治性观念认为男性进化是因为他们需要外出打猎，因此在打猎过程中他们的技巧和行动就帮助了他们的身体与头脑的进化，但是鲁斯认为实际情况并非如此，她从科学解释的案例入手，用社会学的方法证明了传统观念的错误。女性主义浪潮的快速发展显示出以各自学科的方法论为基础并不能够解释其主张，必须建立一种统一的认识论立场以表达其理论诉求。以特定学科及特定理论的女性主义批判，很快就发展为更为全面的批判理论，形成了特定的对"接受式知识观"的批判性解释，形成了对"与性别偏见相关联的学科规范"的批判性解释，而这就构成了女性主义认识论的批判核心。

在女性主义认识论研究方法的发展中，最早的明确作为女性主义认识论的文章是洛琳·柯德(Lorraine Code)的《学者的性别从认识论来看是有意义的吗?》，这篇文章在 1981 年发表于《元哲学》之上，宣告了女性主义认识论的崛起。但是，具体的和有组织的哲学工作则出现在桑德拉·哈丁(Harding)和海庭加(Hintikka)的《发现的实在：女性主义的认

---

① Helen Longino，Feminist Epistemology, in J. Greco and E. Sosa (eds)，*A Blackwell Guide to Epistemology*，Cambridge，Ma：Blackwell，1999，p. 330.

识论、形而上学和科学哲学的观点》(1983)一书中，这本书为未来十年的女性主义认识论的发展打下了深厚的基础，在此之后有关女性主义的书籍无论是出版速度还是数量都大为增加。当女性主义者开始重新构建一个新的认识论研究时，她们的一个重要任务就是解释女性主义运动和性别主义、男性主义之间的联系。而为了进行回答，"女性主义者一部分观点采用了解构的研究论述了男性观点和假设如何渗透进特定历史片断的哲学中，其他观点则聚焦在科学研究中，认为在具体的科学理论和当时的社会的政治的意识形态之间具有强烈的因果关系，后者决定了前者的内容和表述形式。还有其他的观点希望重新建构认识论研究，主张科学理论化当中必不可少的价值作用，或者认为理性调查需要形而上学假设的批判评估"[1]。

与对"权力"的研究相类似，女性主义的论题往往集中到了"性别"及其相关问题之上，比如：

(1)女性总是有意无意间被排除在科学研究活动之外；

(2)生物决定论的"科学"立场为依据，否定她们的科学能力并进而怀疑她们的认知权威；

(3)将女性刻画为一种附属于男性的能力不足的群体，并进而衍生出相关理论；

(4)现代西方社会那些享有合法地位的知识，实际上是在性别等级制度中被男性构建成的，它们几乎从来就与女性的生存感受和对世界的

---

① Heidi Grasswick，Feminist Social Epistemology，Stanford Encyclopedia of Philosophy，[2006-11-9]. http：//plato. stanford. edu/entries/feminist-social-epistemology/.

看法无关；

(5)女性及其相关属性处于受压迫的、边缘的和附庸的位置；

(6)制造出各种不利于妇女及其他弱势群体改变自己处境的知识。

以这些论题为基础，20 世纪的女性主义理论围绕科学生产以及知识生成的实际过程展开了对科学知识的多层次与多角度的批判。这样的批判理论本身，在女性主义认识论的发展过程中，随着认识的加深发生了更大的变化，特别是当其认识到知识作为科学和实践活动的产物本身就拥有着更大的社会维度之后。

1. 早期女性主义认识论的批判

20 世纪 70 年代起，女性主义认识论开始对整个科学领域中的性别不平等现象，尤其是男性中心主义的偏见进行了深刻揭示，试图恢复传统上被从欧洲中心主义的科学中排除出去的那些东西。同时，当女性主义者开始重新构建一个新的认识论研究时，她们的一个重要任务就是解释女性主义运动和性别主义、男性主义之间的联系，并对此试图给出女性自身的视角。为了对此进行回答，"女性主义者很明显需要发展出一种认识论，她们需要表达的不仅是女性主义的视野如何促进知识生产，而且是这样的工作如何能够提供得到改善的知识生产。女性主义认识论的代表人物哈丁(Sandra Harding)，为未来的女性主义讨论搭建了平台，并促使更多的女性主义认识论者进行了更大规模的讨论"①。

---

① 　Heidi Grasswick，Feminist Social Epistemology，Stanford Encyclopedia of Philosophy，［2006-11-9］. http：//plato. stanford. edu/entries/feminist-social-epistemology/.

具体来说，哈丁提出了三条主要的研究路径。① (1)女性主义经验论。把女性的经验作为出发点，只有女性才能具有关于女性的知识，女性进入社会的或自然的科学研究当中。(2)女性主义立场认识论。所有知识的探求都定位于社会环境中，知识总是跟社会力量和权力相关的，不同的政治力量会对知识的产生形成不同的影响，世界上的某些事情只有从某些立场或"主观地位"来看才能得到真正理解。(3)后现代女性主义。女性主义所强调的女性身份本身，因生活环境和文化传统而有很大不同，不存在统一的女性经验和立场。后现代女性主义拒绝认识论，甚至抛弃了做出知识主张的可能，以及独立实在的观念。由此，我们可以看出，哈丁对传统认识论和科学本身的批判，预设了一种未加论证的前提：男性中心主义的偏见，普遍存在于各种理论、观点的核心地带中。"哈丁将女性主义经验论总结为：这种方法试图表明以性别主义和男性主义为基础的科学是坏的科学，需要通过更为严格的对传统认识论规范的坚持来加以纠正。而女性主义观点理论则主张：女性主义的政治诉求和她们对女性生活的相应关注导致了一种对社会实在的认识论的特权观点。后现代女性主义，则主张在众多的女性主义研究中除了政治上诉求相同之外，在女性主义认识论研究中没有什么独立的认识基础。"②

2. 中后期的女性主义认识论批判

早期女性主义认识论的研究方法更多是批评了主流认识论，但自此

---

① Sandra Harding, *The Science Questionin Feminism*, New York: Cornell University Press, 1986, pp. 24-28.

② Heidi Grasswick, Feminist Social Epistemology, Stanford Encyclopedia of Philosophy, [2006-11-9]. http: //plato. stanford. edu/entries/feminist-social-epistemology/.

之后，女性主义意识到需要形成自己的认识方法。因此她们开始关注后库恩式科学哲学的历史研究方法以及自然化的认识论，并将其作为一种重要的方法论研究。"一方面，许多女性主义者意识到，尽管科学是社会中的统治性力量，但是科学可以很容易地进行社会性分析。尽管这样的社会分析在分析认识论中是不明显的，它更多的是关注于知识的一般条件而不是科学的具体方法论和行为，但是在历史研究方法中，知识的历史性的动态本质极大地方便了社会性的分析，从而为女性主义者提供了一种全新的研究方法和策略。另一方面，自然化认识论就被证明在获取知识的性别作用分析中是非常有用的，它更多地关注于经验的应该知道，而不是先验的如何知道。因此分析认识论往往会排除性别在知识生产中的经验作用，而自然化认识论则坚持这样的发现有助于我们更加准确地获取实际的知识生产过程。也因此，自然主义对经验证据的重视，那些被分析认识论排除的性别在获取知识作用的发现，就在自然主义那里被坚持下来。最后表现为女性主义认识论抛弃了自然化认识论的个体主义，而保留了自然主义的研究方法。"①

以这样的研究思路为指导，在整个 20 世纪八九十年代，女性主义认识论都得到了持续的发展，新的研究方法抛弃了哈丁的划分女性主义标准的三分法。例如，女性主义经验论不再将性别主义和男性主义视为简单的坏科学，也不再将科学的传统规范视为纠正依据，甚至是哈丁本人也发展出一种混合理论，将女性立场认识论和后现代女性主义相结

---

① Heidi Grasswick，Feminist Social Epistemology，Stanford Encyclopedia of Philosophy，[2006-11-9]，http：//plato．stanford．edu/entries/feminist-social-epistemology/．

合。而后现代女性主义的研究，既有像哈拉维(Donna Haraway)这样的英美学者的促进，同时也在法国女性主义以及像福柯这样的后现代主义理论家的影响下得到了发展。也因此，在 20 世纪 90 年代早期，有关女性主义认识论的讨论，在相关哲学杂志和出版社中变得更加流行和火热，大量的女性主义认识论文章，开始出现在主流的分析哲学杂志中。

20 世纪 90 年代后期，女性主义认识论研究逐渐衰弱，但是它的研究视角却变得更加宽广，更多的问题被纳入进来，这一情况也使得对女性主义认识论的研究变得更加复杂。比如，对性别的关注就逐渐扩大到了对肤色的关注，白人妇女是否足以从其自身的经历推断出性别的意义，并能够代表女性受到的性别歧视呢？其他的压迫范畴比如种族和阶级，是否能够影响到每一个妇女的实际受压迫情况呢？类似这样的问题开始逐渐渗透并深入到女性主义认识论的研究体系之中。在面对这些挑战时，女性主义认识论者的回答开始变得犹豫和混乱，表现出来的直接后果，就是研究视角和焦点开始变得模糊或者说研究的概念开始松散，以至于很难界定女性主义认识论是否依然主要关注"性别"这一批判核心。

很明显，后期的女性主义认识论已经不再单纯地将"性别"视为需要探讨的唯一标准，她们意识到人们可以同时是不同压迫阶级的成员，在一种情况下被压迫的人，可能在另一种情况下就成为压迫者，比如白人妇女尽管从性别上是被压迫的女性，但从种族来看又作为白人阶级的压迫者而存在。因此她们有意识地扩大了研究主题，开始将压迫的综合互动，作为研究主线进行反映和解释，而这种情况直接地反映出"女性主义的研究并不是单纯地为了女性，而是为了符合女性。在目前的女性主义的用法中，它试图使压迫的网络消失并重新编织一个生活的网络"①。
需要指出的是，当女性主义者将不同的范畴纳入女性主义认识论的研究
体系时，这一研究工作就开始具有了多个维度，而不再是单纯的性别压
迫研究。这种转变也意味着女性主义认识论致力于将性别理解为一个彻
底的社会范畴，等同于其他的社会范畴，而不再是将性别作为一个独特
的抽象存在加以抽离。"因为性别作为一个抽象的分析范畴，并且因为
研究揭示了知识生产工作中的多重压迫，女性主义认识论就作为具有多
维度的研究纲领而出现。女性主义认识论并不应该被看作是将性别作为
主要的压迫，这里的'主要'是指性别是一个有别于其他压迫范畴的理论
变量并且应该使用独特的分析。"②

综上，女性主义认识论抨击了传统认识论的性别无涉，指出了当代
科学活动与知识生产中预设的男性中心主义，阐述了价值负载的客观性
仅仅是一种虚无的理想化的情景，女性追求和生产知识的合理诉求，必
须建立在克服男性生活和经验的过分依赖以及正确运用女性独特的气质
以及经验、立场作为知识建构的来源和基础。尽管将女性认识立场和男
性认识立场严格地区分和隔离开来，带来了形而上学的绝对区分，甚至
恰恰陷入了女性主义所批判的二分法陷阱，但是不可否认，女性主义认
识论以"性别"为突破视角，打破了传统的哲学思维观念，特别是引入文
化实践中的冲突并扩展至科学之中，将科学理解为社会和历史所建构的

---

① Alcoff L., Potter E., *Feminist Epistemologies*, New York: Routledge, 1993, p. 4.

② Alcoff L., Potter E., *Feminist Epistemologies*, New York: Routledge, 1993, pp. 3-4.

文化人造物，并在这一过程中，合理表达了主体的不同活动能力与主观诉求差异，积极探讨科学哲学内部所经历的认识论转变及其后果，重新定位本质和关系的要求，这一点无疑具有积极的意义。

三、女性主义认识论的发展趋势

当代女性主义认识论发展的新趋势，表现为女性主义认识论与社会认识论研究的融合。"女性主义认识论在许多方面分享了社会认识论的观点和意见。就像社会认识论一样，女性主义认识论的领域表现出宽泛的问题与方法的集合，既有彻底的对传统个体认识论方法的批判，也有新颖的认识论中心问题的概念化工作，以及认识新领域的应用。无论是社会认识论还是女性主义认识论，这两个领域中的多样性导致了我们对这些领域概括起来非常困难，常常导致模糊的表述或过于简单化的归纳。"①社会认识论（Social Epistemology）是 20 世纪 80 年代末开始出现在主流认识论研究之中的。与传统认识论相比，社会认识论是一种规范的研究领域，是一套关注知识产生及传递的研究方法，是一种针对认知主义的社会学批判。它试图重新理解人类知识的本质特征，重新建构认识论的哲学问题，重新解读真理及知识辩护的生成意义。因此，当主流的认识论学者开始对知识问题重新审视的时候，便意识到了女性主义认识

---

①　Heidie Grasswick，Mark Webb，Feminist Epistemology as Social Epistemology，*Social Epistemology*，2002，vol 16，No 3，p. 185.

论与社会认识论之间的融合趋势。"社会认识论与女性主义认识论都反对传统认识论的个体主义以及超规范性的分析，它们的研究都试图表明有更多的认识论研究方法，表明它们在哲学学科内或者更为准确地说在认识论学科内部，都能具有自己的独特地位……社会认识论与女性主义认识论具有相似的认识论境况，特别是二者都遭遇到几乎相同的挑战与问题，因此有理由认为，女性主义认识论可以被看作是社会认识论的一个子集。"①具体来看，这种融合趋势表现在下述方面：

其一，女性主义认识论的工作集中于重新界定性别的认识性质，并探讨获取知识上造成差异的原因，她们将性别视为一种社会范畴，由此必然使其成为一种知识的社会分析。一方面，女性主义认识论将社会认识论中的观点视为一种有用的资源，并试图发展出丰富的理解，即诸多社会范畴如何在知识追求领域当中发挥作用。另一方面，女性主义认识论者的理论特征包括研究方法对社会认识论来说也被证明是非常有用的。当然，将所有的女性主义认识论都纳入社会认识论研究领域的观念可能过于强烈，不仅在于二者之间的研究方法尚不完全相同，还在于部分获取知识的方法也许只属于女性，而不是社会性的分析。但总体来看，"女性主义认识论之所以对社会认识论具有更多的贡献就在于，它们致力于发展出一种规范的认识论解释。社会认识论将其自身区别于知识社会学，是因为它的目的在于提供一种规范的知识分析，不仅描述出我们目前的知识生产的社会实践，更多的是要理解我们如何获取知识，

---

① Heidie Grasswick，Mark Webb，Feminist Epistemology as Social Epistemology，*Social Epistemology*，2002，vol 16，No 3，p. 186.

我们如何改善我们的知识实践。尽管在社会认识论者当中，对于这样的规范性的形式和范围众说纷纭，缺乏统一的意见，但是在女性主义社会认识论这里却得到了很好的共识"①。

其二，女性主义认识论的诉求始终致力于女性主义目标的坚定承诺，始终关注于性别压迫和知识追求二者之间的关系。作为女性主义认识论者，她们的目标就是要理解这样两种追求之间的关联。女性主义认识论在获取知识方法上进行了严格的性别区分，并试图使女性的获取知识的方法独特而生效。通过将知识获取与改善女性生活的社会和政治目标相联系，就在社会认识论研究当中确立了其地位。尽管女性主义这个词包含了宽泛的方法、理论和实践，然而女性主义认识论者始终具有理解知识追求、改善知识追求的认识论兴趣，具有理解性别压迫和消除性别压迫的政治与社会兴趣。与之类似，社会认识论的研究视域同样地聚焦于知识获取过程的社会实践及其与之相关的社会因素，所表现出来的实践取向就扩大了认识论的研究范围，特别是引入了历史—文化视野中的社会因素，来看待知识的生产、创造、发明和传递。也因此，可以认为，"女性主义认识论的诉求就在于探究性别的社会建构的概念和规范，以及与性别相关的知识生产中的利益和经验，而这样的女性主义认识论就是社会认识论的一个分支"②。

其三，女性主义认识论目标在于拓展知识追求的分析，这样的知识

①　Heidi Grasswick，Feminist Social Epistemology，Stanford Encyclopedia of Philosophy，［2006-11-9］．http：//plato. stanford. edu/entries/feminist-social-epistemology/.

②　Elizabeth Anderson，Feminist Epistemology：An Interpretation and a Defense，*Hypatia：A Journal of Feminist Philosophy*，vol 10，issue3，1995，p. 54.

追求分析能够规范准确地描述人类实际进行知识追求的实践，进而在这个过程中展示出性别的作用。"女性主义认识论将规范性结合进她们的社会分析中：消除压迫的女性主义政治诉求在道德意义上是规范的，并从认识论上也依赖于辩护的规范性主张。因此它们有能力在好的知识主张和坏的知识主张之间做出区分，它们所给予的不仅仅是简单的描述方法，更以强烈的理由从知识生产的权力性理解中，发展出丰富的知识实践和认识规范的解释。"[1]社会认识论将自身从知识社会学中区分出来，其原因就在于它的目的是要提供一种规范性的知识分析，所要做的不仅仅是描述我们目前的知识生产的社会实践，或对共同体进行社会结构的经验调查，更为重要的是理解我们如何知道乃至我们如何改善我们的知识实践。这样来看，在认识论的规范性维度上，很显然二者拥有相同的立场和基础，并进而表征出相互融合的趋势。"女性主义认识论有助于我们理解为什么女性主义特别关注于结合规范性目标和描述性目标。它们试图批判地论述我们如何更好地获取知识，因此它们的理论具有规范性的要旨。它们拒斥理想化的知识解释，部分原因在于，它们认为这样的理想化解释，其目的是隐藏实际获取知识过程中的性别偏见，而这样的性别偏见，正是女性主义试图解释出来的。"[2]

由此，女性主义认识论的理论特征表征出与社会认识论研究的融合，而这一趋势在拓宽女性主义认识论研究视域的同时，也赋予它更大

---

① Heidi Grasswick，Feminist Social Epistemology，Stanford Encyclopedia of Philosophy，[2006-11-9]. http：//plato. stanford. edu/entries/feminist-social-epistemology/.

② Heidie Grasswick and Mark Webb，Feminist Epistemology as Social Epistemology，*Social Epistemology*，2002，vol 16，No 3，p. 187.

的理论背景和研究借鉴。当代社会科学哲学呈现出的历史、社会与文化的观念，为以"性别"作为研究范畴的女性主义认识论开启了研究大门。而与社会认识论的融合借鉴，则更进一步地将女性主义认识论纳入主流的认识论领域之中。应该看到，在这一过程中，女性主义认识论者的工作，在认识论的发展上标示出了自己的理解方式和研究价值，形成了独特的研究问题而不是简单的反驳与批判。她们试图理解的不仅仅是性别关系如何塑造知识实践，而且包括这些关系如何能够更好地在获取知识的过程中发挥作用。从这一视角来看，女性主义认识论所表征的，不仅仅是社会认识论的一个小的子集，还为理解知识的社会维度提供了一种新的理论资源。

　　当然，这里必须指出，女性主义认识论的发展也无可避免地内含了一些缺陷，伴随着女性主义的发展，这些缺陷集中地表现为下述几个方面：其一，在将研究视域集中于女性视角的同时，忽视了认识主体具有的共同特征和认识模式，而这就使得其研究视域过分集中和收敛，表征为彰显女性生命个体认知体验的同时，无形中去蔽了男性的认识话语，这种分解的认识模式其本质也脱离不了"立场论"的变体嫌疑。其二，过分地强调知识负载价值、认识选择性别这样的观点将无可避免地走向文化的相对主义。尽管通过使用性别、种族这样的人类学范畴有助于哲学家审视知识的地方性特征，进而挖掘出隐藏于人们观念之下的知识的社会维度，显现出隐藏于传统认识论背后的认识特征，但是很显然，女性主义认识论的工作希冀达到的并不止于此，一定程度上她们试图发展出更好的认识论替代论题，而这终将发展为一种文化相对论。其三，过度地对经典科学范式的性别批判，特别是始终强调性别与权力的关系解读，引发了人们对当代科学合理性的深层次忧虑，一定程度上动摇了自启蒙时代以来的科学正统观念，加剧了后现代知识观的张力批判，而新的知识两分法的性别隐喻也将无可避免地传递至人们的认识观念之中。

综上所述，通过对当代女性主义认识论的关注论题、批判核心以及发展趋势的考察，可以发现隐藏在女性主义认识论背后的，是对主流男性话语科学的批判，是对实证主义科学及其标准科学模式和规范的不满。女性主义认识论凸显出性别本身标示着的历史—文化特征，它们深刻影响到了几乎所有的科学知识的创造和发展，由此也就形成了反映特定"立场"和体验的女性主义的科学观念。与此同时，女性主义认识论以及相关的对科学的社会解释，所表达的核心思想就在于，知识的创造是一个负载价值判断和选择的社会过程。女性主义认识论的这样一种理论和解释，对于理解和改进知识创造来说具有重要的意义。

第二节　社会认识论视域下的维基百科

长久以来，主流认识论的研究对象始终是作为认识活动主体的个体存在，然而最近有关集体合作（Mass Collaboration）的认识论关注开始频繁出现在哲学之中，特别表现在集体合作对知识生产与分配的认识论研究领域中。集体合作的认识论产生跟社会领域中普遍进行的科学合作活动相关。这种活动，无论是人文科学所进行的社会文化层面的外部批判，还是自然科学本身各个方面进行的内部研究，其核心都对传统的个体认识论提出了新的问题和挑战。导致认识论领域这种变化的原因是复杂的，一方面，人类的认识活动越来越依赖于复杂的社会调查系统和知识分配体系，以集体为活动主体的认识调查不仅可能，而且成为必要，合作研究就成为当代科学活动的主流方式；另一方面，新的信息技术的出现和普及就为人们大规模的合作提供了技术平台和合作可能，信息技术的革命不仅引发了当代社会的知识大爆炸，更为人类的认识活动带来了全新的思维特征和启迪。

作为一种新的信息来源提供方，以维基百科（Wikipedia）为代表的网络合作创造了一种全新的知识生产方式。与传统获取知识的方式相比，前者无疑具有更多的新的认识特性，并从认识论上向人们予以发问：鉴于维基百科的形成建立在普通人而非专家的努力之上，那么如何看待这种大规模合作生产和分配的信息与知识？如何理解这类知识的可辩护性？是否人们可以像传统知识那样可信赖地接受它们？所有这些问题向人们提出了新的拷问，并需要从认识论的角度予以理性解读。即，人们需要意识到传统的知识获取方式来源于局部或小范围的知识传递，其辩护方式集中于对专家或权威的信赖，而新的获取方式则将局部科学实践层面下的合作扩展至整个科学之中，对其的辩护也因而具有了更多的复杂特征，而这些特征对于当代认识论研究来说具有重要的启示意义。

一、维基百科的认识特征

2001 年正式上线的维基百科，是一个多语言、内容开放的网络百科计划。其英文名字是由 Wiki(可供协作的网站类型)与 Encyclopedia(百科全书)所构成,意为互联网中装载人类基础知识的百科全书。目前,维基百科已经发展成为全球最大的信息网站,在为人们带来极大便利的同时也挑战了人们的认识思维观念。与以往任何一种知识来源不同的是,维基百科中信息不是由专家或者具有认识权威的人所提供的,而是由成千上万的志愿者以匿名的方式进行编撰。任何人都可以对他感兴趣的知识条目进行编撰,既不需要作者具有专业的知识背景,也不需要接受专业训练,而且条目从编撰完成到发布上线只需几分钟即可。很显然,维基百科所具有独特的认识特征是此前所有获取知识的方式所不具备的。

其一,开放性。访客不需要具有特殊的资格就能做出贡献,他们只需要书写关于既有知识的条目文章,这就意味着无论任何年龄、来自何种文化或社会背景的人都可以撰写。其二,迅捷性。维基百科条目的创建和更新速度远超任何传统意义上的百科全书,有时在几分钟之内就会被创建或更新,而传统的百科全书可能需要等待数月或数年来更新这些信息。其三,匿名性。任何人都可以对维基百科中的条目进行编撰,而无须留下自己的真实姓名。

目前,维基百科已经拥有了超过 250 万的英文注解以及超过 1000 万的总计 200 种语言的文章注解。根据互联网信息公司 Alexa 排名,在最流行的网址排名中,维基排在第 8 名,在网站流量排名中,维基排在第 6 名。在大学与各类学院的调查中,超过 6 成以上的学生承认,他们常常使用维基网站进行资料的查询和搜集。维基百科因其广泛的参与性与互动性激发了无数人的热情并获得了巨大的成功,每天有数十万的访客做出数十万次的编辑，并建立数千篇新条目以让维基百科的内容变得更完整。

二、维基百科与科学的认识文化差异

很显然无论是否接受或喜欢它，维基百科已经获得了事实上的巨大成功，成为了重要的信息来源地和提供者，并从认识论上对传统的知识生成和辩护方式提出了挑战。维基百科的成功离不开其自身的独特认识文化，这其中最重要的就是有关知识生产的集体合作。合作是维基百科的根本特性，正是在无数匿名志愿者的合作下，维基百科得以诞生并发展至今，正是无数人对维基网络中的词条进行了集体性的编纂才产生了众多的维基知识，因此对维基百科的认识论分析必须首先对它的认识文化进行分析，特别是与同样采取合作形式的科学相对比。毕竟，科学知识同样也来源于科学家的合作，科学知识同样是一种集体性的知识，而合作也已成为当代科学的通常表现方式。具体来看，二者至少在认识文化上存在着四种差异①：

其一，维基与科学具有不同的认识产物。当代科学获得成功的一个典型标志就在于它能够带给人们有关未知世界的知识，处理的是人们尚不能给出答案的未知领域，面对的是使人们感到困惑的世界的本质问

① Brad Wray，The epistemic Cultures of Science and Wikipedia，*Episteme*，2009（6），pp. 39-40.

题，也因此科学的进步往往推动了人们对世界的认识，带来了更多有关世界是什么的回答。从这一视域来看，科学家通常处于知识生产的前沿地带，他们处理的问题就是那些尚未得到回答和解决的问题，所得到的产物就是从无到有的认识。与科学相反，维基百科的认识产物是已有的旧知识而非新知识，它并不关注那些学科前沿和未知领域，特别是那些尚未得到普遍认同的学术问题。它关注的是那些已经得到普遍认同的和解决的问题和信息，并试图回避那些有争议的前沿性知识，因此新的发现和突破基本不可能出现在维基百科上加以宣布。

其二，维基与科学具有不同的参与者。科学活动的参与者通常是接受过严格训练的专家，他们需要符合严格的学术背景、拥有较大的学术声望、注重个人的职业声誉。当代科学研究的众多领域中，科学家团队往往是由类似这样的个体学者所构成，科学团队的研究报告往往需要经受同一领域的其他团队近乎苛刻的检查和认同，事实上能够判别他们工作价值的也只能是这样的科学家团体。与此相反，维基百科中的知识却完全由大众所创造，尽管无法排除专家们可能编纂了其中的若干词条，但是必须意识到在维基百科中编纂者是不需要任何职业名望的，因为匿名的特性决定了这里不存在决定知识生产的相应权威，更不会因为恶作剧或者疏忽大意而导致的名誉遗失或失去再次编纂的资格。

其三，维基与科学具有不同的知识生产过程。科学通常建立在对过去成就的公开记录，无数接受过严格训练的科学家通过相类似的方式，在他们所承认的学术刊物上公布他们的观点与发现。科学研究者乃至科学共同体都在自我规范，严格的训练就决定了只有少数人可以决定他人发现的学术价值。因此科学的知识生产过程是封闭的，其内在地嵌入了学术规范。与科学相反，维基百科则对每一个参与者保持了开放性，其词条可以被任何人所修改。参与者并不需要专业化的资质就可以对此做出贡献。这就意味着各个年龄、各个社会背景的人都可以撰写维基的文章。以这样一种独特的方式，维基百科实现了知识生产渴望达到的知识民主化，打破了科学家的技术统治，并在精英知识观与大众知识观的选择上实现了一种新的知识标准。

第四，维基与科学具有不同的知识公布方式。科学具有独特的精神气质，处于这种文化中的科学家的行为会受到特定规范的约束和指导，最终促成科学共同体目标的实现，因而它的知识公布方式是发表（publish）。在科学的认识文化中，崇尚最初发现和发表，这样的动力能够并且已经"转变为一种发表的渴望，并加重了这样的趋势，将纯粹的发表物的数量演化为科学成就或学术成就的一种仪式性衡量"[①]。同时科学学术的发表具有一整套规范的格式和体系，受到同行与编辑的严格审视，因此就保证了在具有发表优先性的同时保证了学术内容的真实性和严肃性。与之相对比，维基则崇尚发布（Post）的认识文化，尽管其词条编纂也存在着优先发布，但是基于维基的可修改性，特别是开放与匿名的特点，维基文章的发表具有较少的要求和限制，它的文章真实性更多地依靠使用者的监督。同时由于词条编纂者的专业能力差异，维基文章不可避免地具有缺陷，也因此专业期刊文章中并不适合

---

① Robert Merton，*The Sociology of Science*：*Theoretical and Empirical Investigations*，Chicago：University of Chicago Press，1973，p. 316.

出现维基百科的引用文献。

三、维基百科的认识论分析

　　维基百科的巨大成功不仅体现在它的信息范围涵盖了目前为止绝大多数的领域，也因为它的知识生产者区别于传统的具有名望与认识权威的专家，甚至可能只是一些新手或者非专业人士。正是在这样的基点上，如何理解维基百科的认识论意义？如何看待这样一种知识生产和传播的形式与机制？很显然，维基百科给传统的认识论带来了新的挑战和难题，人们需要透过技术视角对维基百科在认识论层面上加以考察，审视维基百科所引发的认识观念的变革以及由此引发的知识权力的深度思考。

　　事实上，人们借助维基百科编撰的条目可以被视为一种认识论研究中的集体陈词（Group Testimony）。此前的陈词研究更多地局限在个体陈词的层面上，将个体陈词视为一种告知性的行为，比如"陈词就是一般的讲述，既不需要对主体事物加以限制，也不需要在说话者的认识联系上加以限制"①，比如"S通过一种交流行为a做出了陈词p，当且仅当a的交流内容(1)S有理由地试图传递p的信息，(2)a可以合理地被认为

---

　　①　Fricker Elizabeth，Telling and Trusting：Reductionism and Anti-Reductionism in the Epistemology of Testimony，*Mind*，1995(104)，pp. 396-397.

是一种 p 信息的传递"①。这里的认识主体全都是作为认识个体的行动者 S，也因此陈词往往被局限于单一的听者或说者中。但是，就维基百科的认识特性来说，它实际上展示的是一种集体性的告知行为，也因此当前突出的问题并非维基百科陈述是否可以被理解为陈词，而是这些陈述是谁的陈词，是什么样的陈词。

事实上，维基百科信息不仅应该被理解为陈词，而且应该被理解为一种合作性的陈词、一种集体性的陈词。实际情况也确实如此，维基百科中的信息基本上都是一种合作性的产物，它们经过了不同编撰者的修改和争论最终呈现在读者眼前，因此与传统的个体陈词相比，它的可靠性同样可以得到辩护，至少是一定程度上的辩护，至少是对那些成熟的历时长久的维基百科信息的辩护。当然，维基百科信息的可靠性更多地来源于机制和技术。前者更多地由一种无形之手来调控，即任何错误的信息都可以被后来者所纠正，后者则借助了更方便快捷的编纂程序实现了维基百科信息的可信赖性。尽管并非所有的信息都是正确的，但同样并非所有的个体陈词都是可靠和可辩护的。具体来看，维基百科作为一种陈词它的辩护性体现在：其一，与集体信念的非累积性解释相类似，集体陈词不仅是存在的而且是独立于个体陈词之外的。当然，这种辩护成立的前提就在于维基百科可以作为一个认识集体存在并具有相同的认识目标。我们知道，维基百科包括了文章的撰写人、修改者以及数千名检查文章是否遵从维基百科规则的管理员。因此，当一个人在维基百科

① Jennifer Lacky，The Nature of Testimony，*Pacific Philosophical Quarterly*，2006(87)，p. 193.

上发表了文章之后，很明显他知道这些规则并打算遵守，这表明作为一个集体维基百科所有参与者都具有相同的认识规范，因而它具有相同的认识目标这一点是明确的。这样维基百科事实上是一个有结构的集体，它的成员具有意向性的联系，具有相同的认识目标和信念。其二，从陈词研究的反还原论的角度来看，维基百科中那些成熟的文章事实上是可辩护的。反还原论主张如果一个听者没有明显的理由来怀疑说者的可信赖或真诚，那么这种陈词信念就是可辩护的。事实上，日常话语中大量的会话语境下的应用都是这种反还原论的体现，比如"我看了看表说现在是下午三点，通常你会相信我的陈词，只要你没有特别的怀疑"。同样在没有特别怀疑的情况下，维基百科的使用者往往会认同那些成熟的、历时长久的成熟文章，并对此给予信念上的可辩护。当然有必要指出的是，并非所有的维基百科文章都是可辩护的，一方面维基百科的开放性决定了它的信息发布并非绝对的严谨和可信，另一方面合理的文章也可能被人恶意地篡改。但是尽管如此，我们依然可以将维基百科视为一个巨大的知识或信息的来源地，将大部分的成熟文章视为可靠的和可辩护的，这样维基百科在认识论上被视为一种集体性陈词就是确定无疑的，而这样的陈词就是一种集体合作的认识论研究的产物。

维基百科的成功产生出一个新的问题："既然维基百科的成功建立在无数的普通贡献者的基础上，而不是建立在专家的特殊作用之上，那么是否在维基之后我们就不需要专家意见或专家知识呢？是否我们不再需要赋予专家以特殊的认识论地位呢？"答案当然是否定的。首先，以维基为代表的网络免费资源与日俱增的可靠性并不意味着专家失去了他的地位或作用。维基信息确实挑战了专家意见，使它们在一定意义上变得无关紧要。但是，专家或专家意见的作用不仅体现在职业作用上，很多时候它们体现出了认识的领导作用。其次，必须认识到维基信息只是客观上方便了人们的自我教育、自我诊断甚至自我建议，而不是真正地摆脱或抛弃了专家或专家意见。最后，专家以及专家的意见对于经验生活的重要性，并不能为维基所代替。例如，记者并不会去咨询维基而是去采访并引证某位专家，学者需要引证学术出版物而不是维基。但是决不能由此忽视或否认维基百科的认识论意义，这一点尤其需要哲学家特别是认识论者深入思考。以维基百科为代表的互联网知识库引发和出现了一种前所未有的认识平均主义模型，这种模型借助新的获取知识的途径和手段获得了巨大的成功，一定程度上弱化了传统的专家作用，体现的是较少的精英主义和更多的知识平均主义。维基以及类似网站确实建立了一个完全不同的知识世界，在这样的世界中专家的作用确实降低到了最小的程度，与之前所有认识传统所不同的是，认识平均主义成为了这一领域的指导思想，在这个全新的世界中真正地构建了知识民主化，从而打破了知识特权，实现了知识权力的转移和流动。由此，有关开放性、匿名性与平均主义的关系就成为一种更为复杂和值得探讨的话题，但无论如何，当代网络与通信技术的应用导致的技术突破和变革已经在很大程度上改变了知识获取的模式，新时代的认识论研究也需要更多地关注技术突破所产生的变化与意义，而这就是维基百科赋予认识论研究的最大价值所在。

第三节 社会认识论视域下的认知偏见

长期以来，人类就已经认识到，在知识的生产与传播过程中，虽然理性认知在决策过程中起着关键性作用，但由于社会的、心理的、个人的等诸多背景因素的介入，形成了各种各样的认知偏见。本节之目的，正是要在系统考察认知偏见的形成原因和特征的基础上，结合当代认知心理学的发展，从社会认识论的视野，对认知偏见给出新的解读。

一、认知偏见的形成原因

当代认知心理学的研究表明，所有的人类行为者在推理能力上都存在着局限。任何人不论其专业熟练程度、所处地位与职务高低，都会存在着某种认知偏见。也就是说，人类在判断问题的时候会犯习惯性的错误，会受到认知偏见的干扰从而对决策造成负面影响。由此，认知偏见问题指的就是：当人们遇到一个他们喜欢的假设时，他们会去寻找对这个假设有利的证据，而忽视那些对这个假设不利的证据。[①] 可以看出，认知偏见在科学探索、社会决策以及个体判断等方面，都产生着无法避

---

① F. Remedios, *Legitimizing Scientific Knowledge*, Lanham, MD: Lexington Books, 2003, p. 64.

免的影响。

正因为认知偏见与认知思维之间存在着密切的关系，所以它对认识进程会起到某种消极作用，一定程度上影响了人们对客体的正确认识。究其根源，造成认知偏见形成的原因主要有：

其一，对旧有概念的依赖导致了认知偏见的形成。人们的认识是一个复杂的过程，认识的本质就是把握对象信息。由于人们在生活中反复地接触到周围的客体，在这一无形的过程中就不断地在脑海中形成了这些客体的信息，并通过自己的判断把这些信息固定下来，也就形成了通常的概念。以概念为基础核心的文化体系，在具有相对稳定性的同时，还带有较强的开放性。这种文化体系一方面要对已经形成的概念做出一定程度的保护，保证它的使用合理性；而另一方面，又要把人们在认识过程中形成的新思路和新概念包容进来，由此就会形成新旧概念、稳定性与开放性之间的矛盾。处于这些矛盾中的人们，很多时候都会选择用旧的概念去套新的概念，用旧的文化去验证新的文化，用旧的认识合理性来审视新的认识合理性。这种对旧有认识合理性的固执和依恋，导致了人们更多地沉浸在原有文化体系中，而不大愿意认同和接受新的概念体系，这样就产生了认知偏见。

其二，认识工具与方法的不足导致了认知偏见的形成。由于对事物的认识不是一蹴而就的，概念总是要不断地丰富和充实自己的。但在现实情况中，人们的认识会受到认识工具、认识方法的发展水平的限制，因而很多时候会被眼前的假象所迷惑。特别是认识手段的不足以及事实材料的缺乏，会不可避免地用一些理想或幻想的联系来取代现实的联系，并在对客体的认识过程中加入自己的猜测和臆想，由此形成了错误的概念。如果恰好会有一些经验材料能够支持这种错误认识的话，那么人们就会对这些错误认识更加深信不疑，这样也形成了认知偏见。

其三，"先入为主"的映像导致了认知偏见的形成。人们在认识活动中总是希望能够明确事物内部的各种关系与属性，以达到对认识对象的"终极认识"。但是，所谓的终极认识是不可能做到的。这种认识更多时候是建立在外部信息与原有文化体系中某些相似信息的基础之上。在这些相似信息的影响下，人们在对这些外部信息做出判断时，经常在自己的判断中掺杂了原有的"先入式"偏见，他们对认识对象做出判断时，会依据旧有的映像，因而这种判断很明显就带有了倾向性。尤其是当原有信息有利于某些事物时，人们就会做出有利于某事物的判断，反之亦然。这样也会形成认知偏见。

综上可见，在认知偏见的分类上，存在着多种情况。根据偏见对象的不同，可以把偏见分为个人认知偏见和社会认知偏见。从个人偏见来看，由于不同的政治、哲学、法律、宗教和道德的影响，会存在着意识性偏见；认识活动中存在着各种认知习惯会影响真理性判断，产生了习惯性偏见；个人情感也会对认识客体产生偏好，形成了情感性偏见。从社会偏见的角度看，社会因素的影响，会造成民族性偏见、阶层性偏见、宗教性偏见等。①

社会心理学家卡那曼（D. Kahneman）和塔沃斯基（A. Tversky）则提供了对认知偏见的另一种看法。在他们看来，可以把认知偏见分为两

---

① 蔡浩：《社会认知偏见及其对策研究》，载《新疆师范大学学报》，2001年第2期。

种：热偏见（hot bias）和冷偏见（cold bias）。① 热偏见来源于情感、愿望以及特殊的兴趣和利益，当一个人被热偏见驱使时，他会因为热偏见的影响而在推理和判断的过程中，得出错误的结论。但是当他冷静下来开始重新评估所做的事情时，他就可能意识到之前的结论是带有强烈的感情成分，并且会开始重新进行评估和推理。与此相对比，冷偏见则来源于人类认知功能中的内建机制。当一个人试图去调查一些现象时，这种内建的冷偏见就有可能使他得出错误的答案。因为冷偏见内建于人类的理性结构中，内建于纯粹的认知智力过程中，所以，任何人不论其学历、职务和专业程度高低，冷偏见都会或多或少影响到他的判断和思维。一般来说，从科学视角出发来讨论偏见问题的，诸如心理科学和认知科学，大多关注冷偏见的威胁；而其他倾向于人文态度的，如后现代主义者，则更多强调热偏见对真理和精确性的潜在威胁。②

　　人类的推理既容易受到自身因素和外在环境因素的干扰，又由于在认知过程和认知结构中存在着先天性的缺陷，所以，认知偏见会对认知结果造成消极作用，使得自然推理过程不可避免地被打上了"错觉""非理性"等这样一些标签，影响到对真理的掌握和运用。由此，有必要从认知机制上，揭示认知偏见的本质，从而寻求理解和解决认知偏见的合理途径。

---

① Francis Remedios，*Legitimizing Scientific Knowledge*，Lanham，MD：Lexington Books，2003，p. 64.

② Alvin Goldman，*Knowledge in a Social World*，New York：Oxford University Press，1999，p. 230.

二、认知偏见的本质特征

认知偏见的形成，在内部机制方面具有复杂性的特征，同时，它又基于特定的社会状况和文化条件，体现出历史性的特点。这些因素的存在，使得对认知偏见的理解也产生了各异的立场。人们从对认知偏见的本质认识出发，形成了如下几种看待认知偏见的态度：

其一，对认知偏见采取拒斥的态度。该种观点否认偏见是个问题，并声称人们实际做的事情就是事实上正确的事情。拒斥的目的，是要忽视那些相反的证据，从而否认认知偏见的存在。这条进路预设了一些无需经验研究推理、从而也无需用经验进行辩护的认识论规范。以这样的先验规范作保证，人们就可以摆脱认知偏见的束缚。① 因为认识的客观标准并不以人的主观意志为转移。认识的客观性来自心灵对外部对象本质的把握，因而，认识的任务就是在客观标准和先验的认识论规范的指导下，精确地把握到认识客体的实质。但是，要产生一种优先的、不经过经验的认识规范确实相当困难，单纯地否定认知偏见，是无法对它进行完满解释的，这只是一种理想化的认知态度。

其二，对认知偏见采取悲观的态度。该种观点承认人们事实上容易受到偏见的影响，而这对于人们来说，无法得到根本解决，这就是卡那曼和塔沃斯基的立场。卡那曼和塔沃斯基对人们的认知活动进行了长期的研究，并在大量的试验统计的结果上指出了人们认知活动中存在的好

---

① William Donohne, Richard Kitcher, *Philosophy of Psychology*, London: London Sage, 1996, pp. 22-23.

几种认知偏见，如过度自信的偏见、连接谬误偏见、基础率偏见等。①正是以这些试验数据为基础，卡那曼和塔沃斯基认为在人类的推理和判断中总是不可避免地存在着偏见，而且这些偏见不可能从根本上得到克服，尤其是那些内建于理性结构本质中的冷偏见。

其三，对认知偏见采取了认同的态度。该种观点更多强调了偏见的合法地位，接受了偏见作为人的认识不可缺少的一部分的认识观点。可以看出，这应当是理解认知偏见本质方面主流的一种态度。无论是英美哲学还是欧洲大陆哲学，尽管在其他认识论问题上，他们所持的观点相差甚远，但是在涉及对偏见的认识上，他们却有着共同的主张：偏见并非是认识的屏障，而是认识获得的前提。

比如，在波普尔的批判理性主义思想中，对偏见的基本定位和认识，构成了其证伪主义、反归纳法的重要前提。首先，波普尔认为偏见是科学知识出现的起点。他指出："今天的科学建立在昨天的科学之上，而昨天的科学又以前天的科学为基础。最古老的科学理论建立在前科学的神话之上，而这些神话本身又建立在更古老的预期之上。"②在波普尔看来，偏见就是科学的起点，他甚至认为，"我们可以尝试地说，科学以理论、以偏见、迷信和神话开始"③。其次，他认为科学理论不可避免地含有偏见。由于科学理论陈述往往具有普遍意义，然而建立在归纳

① Alvin Goldman, *Knowledge in a Social World*, New York: Oxford University Press, 1999, p. 231.

② ［英］卡尔·波普尔：《客观知识——一个进化论的研究》，舒炜光译，上海译文出版社 1987 年版，第 357 页。

③ ［英］卡尔·波普尔：《走向知识的进化论》，李本正等译，中国美术学院出版社 2001 年版，第 66 页。

基础上的科学理论关于未来说得越多，关于对象的直接把握就越少，也就意味着包含着越多的偏见与错误，因此需要对科学理论持怀疑态度。最后，认识主体具有偏见。波普尔认为在科学的认识过程中，是不可能将主观的人排除在外的，没有无偏见的观察，人们总是带着一定的观念去进行认识的，因此人的认识总是有局限性，总伴随着错误、偏见，只有通过证伪消除错误，才能不断逼近真理。总之，在波普尔看来科学认知不可能摆脱偏见，偏见是科学知识增长的不可或缺的出发点。

另外，海德格尔和伽达默尔的观点也在一定程度上体现了欧洲大陆哲学在认知偏见上的态度。海德格尔认为理解是人的存在方式，是此在的本体论条件，而理解必须是在它的前提下展开的，也就是说理解离不开它的前结构：前有、前见和前设。前见就是在理解之前涉及的见解，即成见或偏见。某物虽然具有多种多样的可能性，但具体把它解释为哪一种是由前见（偏见）参与决定的。对前见（偏见）的承认，就意味着否定了传统哲学的理性主义偏见观，从而就否定了人可以在认识、理解之前不带有任何的主体偏见。伽达默尔继承了海德格尔的这一看法。他也指出传统的理性认知观是错误的，是源于文艺复兴以来对理性崇拜的结果。在伽达默尔看来，理解具有历史性，理解就是过去与现在的视界的不断融合，因此理解所固有的历史性就构成了偏见，这些偏见就构成了理解现在的地平线。伽达默尔指出："一个根本没有地平线的人是一个不能充分登高望远的人，与之相反，具有一个地平线就意味着不被局限于近在咫尺的东西，而是能够超出它去观看。"①也就是说，理解是以偏见作为它的出发点的，每个人的理解都不可避免地受到其"前见"或"偏见"的影响，这种影响无论如何是消除不了的。由此可以看出，伽达默尔对认知偏见的基本态度就是，偏见不是理解的障碍，而是理解的一个必要条件。

总体来说，以上三种解读无论是对偏见持肯定或否定的态度，其共同特点就是只在偏见的性质上做出了界定，而没有深入到偏见的内部结构，或者说只是在偏见的外围而不是去尝试解决认知偏见问题。拒斥的解读其特征就是以否定认知偏见为前提，并假定一些先验的认识论规范，进而达到精确地把握认识客体的本质。在其看来，偏见本质上并不存在，它已经被认识的客观性所剔出。而悲观的解读其特征就是依靠大量的实验统计推理出人无法克服偏见的结论，从而冷偏见的存在是人们通向认知真理的绝对障碍，是内建于理性结构中的一种认知缺陷。认同的解读虽然否认偏见是认识的屏障，而主张是认识的前提，是知识的"起点"或"地平线"，但这种解读更多的是把偏见从本质上视为知识的积极要素，视为为认识开辟道路的合理成分。无论它们对偏见的本质做出何种界定，其共同之处就是只是分析而不解决。

造成这样的原因，很重要的方面是因为它们都是建立在旧的认知机制的角度上来看待认知偏见的。考察社会认知心理学的发展可以看到，20世纪90年代之前，对于认知机制的特点和能力，先后形成了两种主

---

① ［德］汉斯·伽达默尔：《真理与方法》，洪汉鼎译，上海译文出版社1999年版，第388页。

要观点：

一是在 20 世纪 70 年代之前，形成了"朴素的科学家"的认知机制。由于更多受到了行为主义的影响，心理学认为只有可以直接观察到的东西，才能成为科学研究的对象。因此，心理学不仅应该而且可能用客观方法来研究内部的心理过程。行为主义坚持心理学只能研究行为而非意识，强调以绝对客观的而绝非内省的方法研究心理学。其理论特征为：(1)强调心理学是一门科学，因此在方法上重实验、观察；在研究题材上只重视可观察记录的外显行为。(2)解释构成行为的基础是个体表现于外的反应，而反应的形成与改变是经由制约作用的历程。此后这种机制虽然又受到了逻辑实证主义和操作主义的影响发展为新行为主义，发展出托尔曼(E. Tolman)的目的行为主义，赫尔(C. Hull)的假设—演绎行为主义，斯金纳(B. Skinner)的操作行为主义，但是其核心的思想并没有发生变化，始终认为人在社会认知的过程中像科学家一样寻找、确定事件产生的原因，以达到预测和控制的目的。这种特性更多地类似于科学家的科学认知，因为被称为"朴素的科学家"。

另一是 20 世纪 70 年代之后的"吝啬的认知者"的认知机制。随着心理学研究的深入和系统地展开，之前的研究越来越不能令人满意了。大量的研究表明，人在社会认知的过程中并不完全地、精确地运用所获得的信息，其认识也具有相当的偏差。在这一时期，信息加工心理学更多地占据了心理学的中心位置。其基本观点包括：人的心理活动是一种主动寻求信息、接收信息、进行信息编码，在一定的信息结构中进行加工的过程；强调认知中的结构优势效应，即原有的认知结构对当前认知活动的影响；人的心理不只是在认知系统中的信息加工，而是在人格结构中的信息加工；等等。在这样的认知机制的指导下，人的认知特点就呈现为，人们在社会认知的过程中面临的信息是不确定的、不完全的以及复杂的，在对它们进行加工的过程中，达到最满意的合理性是困难的，因而人们更多的是用最小限度的观察去产生社会判断的策略加工。本质上看，这种认知机制忽视了情感动机在认知中的作用，"冷"（cold）认知的研究占据主导地位。并把人当作一个孤立的信息加工器而忽视了社会背景的作用。[①]

由此可见，过去对认识偏见的看法正是建立在上述旧的认知机制的基础上，这使得对于如何解决偏见、如何达到认识真理来说，都存在着局限与不足。而伴随着认知心理学的认知机制在 20 世纪 90 年代的转变，在新出现的认知机制及其特点的基础上，对认知偏见的认识也发生了变化，而且更为重要的是在新的认知机制的指导下，社会因素、社会背景就更加凸显出来，成为研究的一个新的切入点。在这样的背景下，社会认识论就应运而生并成为一个独特的研究路径。

三、社会认识论的解决策略

20 世纪 90 年代之后，认知心理学在与哲学（认识论）、人类学、脑神经科学、语言学和计算机科学（人工智能）融合的基础上，形成了"目标明确的策略家"的认知机制，认为人具有多种信息加工的策略，在目

---

① 朱新秤：《社会认知心理学研究的新进展》，载《心理学动态》，2000 年第 2 期。

标、动机、需要和环境力量的基础上，对策略进行选择。这样的认知隐喻对 20 世纪 90 年代的社会心理学研究产生了重大的影响，突出体现在："首先是个体的行为受环境特别是社会环境、社会因素的强烈影响。人并不是在真空中，而是在影响思维、情感和行动的社会背景中起作用。其次是个体积极地解释社会情境。我们并不是对环境本身做出反应，而是根据我们对它的解释做出反应。"①在 20 世纪 90 年代之前，心理学家更多的是注重研究心理状态，而忽视了对环境特别是社会环境的研究，往往认为这是社会学家的工作领域，而在 90 年代之后，通过各学科的跨文化、跨学科的融合，心理学家意识到了环境对认识的重要作用，因而开始广泛地研究情境、社会对于认知的影响。这方面，从社会认识论的角度来理解认知偏见，是一条全新的路径，其中最主要的代表人物就是富勒和戈德曼，他们在社会认识论的框架内，分别提出了不同的解决认知偏见的方法。

1. 富勒对认知偏见的解决方法

富勒在认知偏见上的基本看法就是"弥补要比彻底消除更加具有效率"②。他承认，在人们的认知活动中确实存在着偏见，这是人类认知的普遍特点，也是个体的认知局限。但他并不认为这种偏见行为不可避免，而是可以通过产生更好的看待问题的"规范"，来克服偏见。因为虽

---

① Taylor S E., The Social Being in Social Psychology, D. Gilbert, S. Fiske, G. Lindzey(eds.), *Handbook of social psychology*, New York: McGraw-Hill, 1998, pp. 58-98.

② Steve Fuller, Epistemology Radically Natured: Recovery the Normative the Experimental and the Social, R. N. Giere(ed.), *Cognitive Models of Science*, Minneapolis: University of Minnesota Press, 1992, p. 444.

然在认知过程中，行为个体不能改变，但是行为者的环境却可以发生变化，通过改变行动者所处的环境，就可以最大限度地保证行为者的推理和判断的正确性，从而最好避免偏见的干扰。

作为一种政治定位（political-oriented）的社会认识论，富勒研究的基本出发点是政治因素。因此，他从政治定位的立场出发，将行为者的外部环境与规范联系起来，试图利用规范这样的政治因素，在管理科学家共同体的宪法的基础上，来调整行动者的推理与判断，从而达到消除认知偏见的影响。其基本策略如下：

首先，富勒提出并界定了规范的概念。他认为，"规范是一种行为规则，是一种取得不同目的的共同方法：为了追求一个特定的目标，坚持规范的人就更有可能达到这个目标，尽管它不一定是最快捷的方法"①。在富勒看来，规范就是一种约束行动者的原则，能够对人们的行动、思维做出自发的校正，使他们按照正确的模式进行推理，从而更好地进行认知活动。正如十字路口的红绿灯，它向周围的司机传递出信号，指导他们下一步的行动，这样就确保了他们的安全。与此相类似的规范也都走入了社会生活中，并会强制性地惩罚那些不遵守这些规范的人。

在富勒那里，规范是一个核心概念，它最早来自康德，在 18 世纪80 年代，亚当·斯密以及休谟对规范做出系统化的论述，随后规范在微观经济学和微观社会学中得到了发展。富勒从规范的系谱学解释出

---

①　Steve Fuller, Social Epistemology and the Recovery of the Normative in the Post-Epistemic Era, *The Journal of Mind and Behavior*，1997(2)，p. 87.

发，指出规范是社会性地建构出来的，规范是一种无形的调解手段，它是建立在最底部的，并且它也不是一个先决条件，而是一个产品，是自发协调的社会行动的产物。通过对这种自发协调的规范的约束和调整，行为者的推理和判断就能够更有效率地朝着正确的方向前进，而这在富勒看来就是解决认知偏见的最好的办法。

其次，富勒建议有必要对科学运行进行管理，来克服认知偏见对科学家的影响。为此，他推荐法律手段，即通过确立一部宪法来管理科学家共同体。因为科学是一种社会制度，是一种覆盖各个学科的系统化的知识的追求，所以有必要引入这样的一种法律体系。在这样的一部宪法之下，富勒的规范原则就可以对科学家们产生力量，去约束他们、引导他们、监督他们。这样的一部宪法就是一种社会契约，它意味着确立了一种社会秩序。因此在富勒看来，当科学家行为者拥有了自然化的规范概念以及一部管理科学家共同体的宪法之后，行为者的环境就发生了变化，就可以最大限度地避免认知偏见的干扰。

2. 戈德曼对认知偏见的解决方法

戈德曼的社会认识论则是一种真理定位（Truth-oriented）的社会认识论。他强调了科学的目的是要通向真理，在这个过程中各种各样的偏见确实存在于科学的运行之中，除了已经提到过的冷偏见和热偏见，价值与文化观点的研究有时也会指导假说的构成以及证据的收集。但是，在他看来，所有的这一切都不能表明科学不能发现真理。在认知偏见的问题上，他认为价值或目标，诸如部分建立在认识规范之上的真理信仰，可以不用人类推理的经验研究进行辩护。认知偏见有可能影响认识论规范，但真理信仰是处于优先地位的，并且它不会受到认知偏见的影响。因此，卡那曼和塔沃斯基的经验发现有可能会制约认识规范，但它们却不会影响认识评价的目标，即真理信仰，因此，"即使我们承认存在着认知偏见，我们也没有看到认知偏见对科学行为是如何有害的，因此我们还不能放心地说，认知偏见尤其是冷偏见对科学活动来说是致命的"①。具体来讲，戈德曼的解决策略为：

首先，戈德曼承认卡那曼和塔沃斯基的经验发现，但是却拒绝了他们发现的含义。也就是说，戈德曼认为，卡那曼和塔沃斯基的研究结果并不能够表明人类的推理是非理性的。因为人们有可能意识不到他们的认知偏见，所以当对可能性判断做出错误推论时，并没有从认识角度上认为这种推断是合理的，也就是说，人们并不是完全按照卡那曼和塔沃斯基的研究表明的那样进行推理活动。② 在这个问题上，戈德曼赞同另一位心理学家齐格任泽(G. Gigerenzer)的观点。齐格任泽用他自己的试验挑战了卡那曼和塔沃斯基的发现。他根据频率判断而不是单独事件的可能性，重新论述了卡那曼和塔沃斯基的实验。第一，他认为卡那曼和塔沃斯基的方法假想了一种独特而又正确的规范理论，但是事实上并不存在着一致的规范解释。第二，齐格任泽提出实验证据表明当主体被给予相似的任务时，他们往往在以后的任务中做得要好于最初的任务。③这样就表明在多次重复相同的事情时，人们就更有可能做出正确的推

①　Alvin Goldman，*Knowledge in a Social World*，New York：Oxford University Press，1999，p. 234.

②　Alvin Goldman，*Liaisons：Philosophy Meets the Cognitive and Social Sciences*，Cambridge，MA：MIT Press，1992，p. 174.

③　Alvin Goldman，*Knowledge in a Social World*，New York：Oxford University Press，1999，p. 232.

理，从而校正自己的认知偏见。因此，卡那曼和塔沃斯基的实验结果只能是作为人类推理时的一种判断标准。

其次，戈德曼认为科学家在使用了一套正式的程序之后，就可以帮助指导他们远离愿望偏见和喜好偏见。在心理学这个领域，越来越多的人认识到信仰的动机影响来源于对证据的寻找和处理方式。心理学家基洛维奇（T. Gilovich）指出，当我们更喜欢相信某事时，我们就会接近相关的证据并向自己提问："什么样的证据可以支持这种信仰呢?"但是这样的问题明显带有偏见成分，它使我们将注意力集中到支持性的证据上，而远离了有可能与之相反的证据。因为我们总是有可能找到支持性的证据，所以这种提问题的不对称方式，就会使我们更有可能相信我们所期望的东西是正确的东西。① 但基洛维奇也强调，科学家可以使用正规的程序与步骤来克服愿望偏见。例如，运用随机举例，就可以帮助他们避免不具有说服力和不具有代表性的数据。因此，完全可以认为，人类的认知能够达到真理或精确性，尽管存在着动机驱使的推理，但是它所反映出来的认识危害应该说是有限的。

最后，戈德曼认为一定程度上，认知偏见未必是一种有害的科学行为，有时这些偏见会产生好的科学结果。在大陆漂移的历史案例中，诸如主观轻视和坚持信仰这样的认知偏见的使用，实际上在研究过程中起到了积极的作用。主观轻视就是一种趋势，它会给生动的证据以不成比例的份量，而坚持信仰则是一种在面对相反证据时坚持旧有信仰的趋

---

① Thomas Gilovich, *How We Know What Isn't So*, New York: Free Press, 1991, p. 81.

势。在大陆漂移假说中，立场不同的科学家，对于积累的证据反应各不相同。他们会把自己最重要的发现给予更大的分量和关注，会更加重视使他们的研究更为突出的新证据。由于科学共同体使用了更加多样化的研究证据，因此就能够得出网状化的结论，并且这种多样化的研究最终更好地服务了共同体。① 当然，这些案例研究只是科学记录中的部分独特片段，但由此可见，认知偏见是科学行为的构成要素，绝对不是完全有害的要素。

综上所述，对认知偏见的研究正在成为西方哲学家、社会心理学家甚至是科学家的关注点。他们从各自的角度和专业背景出发，针对认知偏见的形成原因及解决方案提出了形形色色的观点和主张，其中也不乏一些新颖的亮点，但是在涉及认知偏见的解决方面，却始终没有一个更好的方法。而伴随着近些年来社会认识论在西方学术界的兴起，其对认知偏见的理解和解决方案，受到了广泛关注。富勒肯定认知偏见的存在，试图通过设定一些规范来改变行为者的环境，来减少认知偏见带来的影响，保证推理的准确性。戈德曼则更多的是论证了人们的认知推理活动具有较强的理性，并肯定了认知偏见是不能够影响到真理信仰的。可以说，社会认识论对认知偏见研究的意义就在于通过用政治的、社会的因素来回答传统认识论所回避的问题。这种进路丰富和开启了对相关问题的解决思路和途径。

---

① Miriam Solomon，Scientific Rationality and Human Reasoning，*Philosophy of Science*，1992(59)，pp. 439-455.

第四节 社会认识论视域下的信息与知识

20 世纪 80 年代之后，随着当代社会认识论在思维和认识领域的普遍发展，其视角逐渐地介入到了以信息的组织与表征为基本要务的信息科学中。一方面，强调对知识的社会维度进行研究的社会认识论，为信息科学提供了必要的认识论基础，即知识是社会活动的产物。这样的社会过程之目的，就在于将交流和查询本身引入知识的道路，从而知识在社会语境中实现其可能性。另一方面，信息科学为社会认识论提供了坚实的研究平台和深远的发展空间。社会认识论必须在发挥理论指导与功能评价的同时，具备对知识特性、知识角色和知识本质的理解，而信息科学正是实现其目标的实践应用领域。换言之，二者能够在一个共同的基底上——即信息的交流与知识的增长——相互促进，从而表现出一种内在的关联性。具体来说，这种关联性体现在：

其一，信息的收集。尽管普通方法可以获取有益的信息，然而对于当代学术研究的复杂性来说，这远远不够。特别是对那些完全不同的甚至是相反的信息来说，如何在深层次的基础上理解和判断就成为一个难题。正是在这样的层面上，引入更为清晰的求真认识论就成为收集任务的必然选择。

其二，信息的运用。这里所说的信息运用是指信息使用者能够"批判地评估信息及其资源"并且将"选择的信息结合进他的或她的知识基础和价值系统"中。① 这就产生出"需要什么来批判地评价"的问题。这样的要求在社会认识论的框架中得到了采纳。随着陈词、专家意见、证据以及确证事实的引入,信息运用就成为必要的考察。

其三,信息的服务。信息科学的中心问题就是信息的服务和查询,在此基础上实现知识的增长。这一目的实际上蕴含了一种信息互动的过程,即图书馆员与查询者的互动是一种批判的选择和语境的重叠,其实质就是以信息为基础、以知识为目标的决定过程。社会认识论的引入合理地促进了这一过程,从而直接关联到信息科学的最终目的:知识的增长。

其四,信息的管理。对信息的管理可以有效传递社会认识的目标进而正确地评估研究方法,其意义不仅在于为信息科学家创造出正确的方法来探索和分享信息与知识管理的经验模式,更为重要的是,这种管理以及它的合理运用有助于在实践层面上深化知识的社会互动思想,合理地将其与政策和实践相结合,从而更快更有效地实现信息的交流与知识的共享。

由此可见,社会认识论与信息科学之间的内在关联,不仅表现为一种重要的理论研究,更为重要的是从实践角度凸显出信息与知识的关系问题,即如何更好地看待信息选择与知识生成,如何更好地促进查询互动和知识理解。在这一方面,从社会认识论视域来考察信息科学,能够给予我们以启示和帮助。本节之目的,正是要在二者的理论与实践的关

---

① Association of College and Research Libraries,Objectives for Information Literacy Instruction:A Model Statement for Academic Librarians[OL],[2004-1-22] http://www.ala.org/ala/acrl/acrlstandards/objectivesinformation.htm.

联语境下，对社会认识论的研究域进行解读，进而考察信息与知识的转化生成，揭示当代社会认识论研究之于信息科学研究的目标、方法以及价值，在此基础上探讨社会认识论与信息科学之间的实践联系。

一、社会认识论的目标域

信息时代的到来带来了大量的图文记录，尤其是伴随着数字信息的网络化，信息获取成为人们当前最为迫切的问题。但这一工作正变得日益困难，以至于某种程度上"认识论知识的匮乏对于图书馆学和信息科学的改善和提高来说，是一个巨大的不可跨越的鸿沟"[①]。正是在这样的背景下社会认识论的视角介入到信息科学的实践研究中。有鉴于此，我们首先对社会认识论的目标域做出解读，揭示出社会认识论可以有效促进信息科学的理论研究，进而深化其研究的基本内容。

1. 信息的交流

最先使用"社会认识论"这一词语的是图书馆学家杰西·谢拉（Jesse Shera）和玛格丽特·艾甘（Margaret Egan）。1952 年，美国学者艾甘和谢拉在《文献学理论基础》一书中讨论了"图文交流"（graphic communication）这个术语并作为交流理论的一部分，该论文初步指出社会认识论的研究对象和研究范围。在这篇文章中，他们将社会认识论定位为"关于

[①] Edward Montgomery，*The Foundations of Access to Knowledge*，Syracuse University Press，1968，p. 35.

过程的研究，社会作为一个整体，通过这些过程寻求达到一种与全部环境——物理的心理的和知识的——相关联的理解和认识"①。不过，"社会认识论"这个概念正式出现，则是在艾甘逝世之后谢拉所写的《图书馆学的社会学基础》（1970）一文中。谢拉指出："社会认识论是社会中知识的研究……这门学科的焦点关注于全部社会构造中的各种交流思想的生产、流动、结合与消费。"②从谢拉开始，社会认识论的研究正式形成并具有了特定的研究意义和范围，成为建制性的学科并具有自己的核心主体，拥有自己的理论知识和实践知识。

社会认识论的核心在于交流。传统认识论以个体为基础，而社会中的知识则依赖于正式的交流机制。交流机制提供了最广泛的信息互动，实现了最宽松的信息选择。因此社会认识论并不排斥任何个人的知识，即它不限于专家的认识论，还包括整个文化的信念。从这一意义上说，社会认识论融合了信息查询者的知识和专业人员的知识，以达到一种规范化的评价结果。此外，社会认识论还有助于考察异议，研究不同意见产生的根源及其认识论基础。正如谢拉所说，"我们要以其他文化、其他价值、其他关于对错的模式……和其他伦理系统的角度，来看待我们的文化"③。

由此可见，在谢拉看来，信息和知识的关系需要应用最为合理的社

---

① ［美］J. 巴德：《杰西·谢拉，社会认识论和实践》，载《国外社会科学》，2003 年第 1 期。

② Jesse Shera, *Sociological Foundations of Librarianship*，New York：Asia Publishing House，1970，p. 86.

③ ［美］J. 巴德：《杰西·谢拉，社会认识论和实践》，载《国外社会科学》，2003 年第 1 期。

会认识论描述。正如个体作为一个生物组织需要知识和信息一样，社会作为一个集体组织，其成员间以及组成它的结构中也需要一个持续的知识流动。这种知识流动既可以作为全体成员接受并持有累积性的集体信念，也可以作为超越个体信念之上的非累积性集体信念而存在。这样的研究更多时候是一种知识社会学式的解读，当然在某些方面超出了知识社会学的研究范围。尽管谢拉并没有构建出一种具有明确的哲学或社会科学轮廓的社会认识论概念，或者说"在一个复杂的社会组织中，一种有序的和广泛的有关智力区分以及知识结合的知识主体"①，但谢拉的贡献在于他指出一种将社会与个体结合的思想，一种关注于信息交流的思想。借助于这样的思想，我们可以更加彻底地理解什么是知识以及人类如何追求知识。

2. 制度的组织

社会认识论的另一个目标就是完善和构建制度，并以此扩大信息的交流以便更好地服务于知识的追求。这种目标出现于 20 世纪 80 年代，最早由富勒提出，事实上这种方法一定程度上依然带有谢拉所主张的社会学式倾向。在《社会认识论》一书中，富勒提出这样的问题："人们在规范的环境下探求知识，每个人又都具有差不多同样不完全的认知能力，在这样的情况下，虽然我们可以不同程度地接近他人的活动，但究竟该如何来组织探求知识的活动呢?"②可以看出，富勒注意到了他所描

---

① Edward Montgomery, *The Foundations of Access to Knowledge*, New York: Syracuse University Press, 1968, p. 8.

② Steve Fuller, *Social Epistemology*, Bloomington: Indiana University Press, 2002, p. 3.

述的探求知识的活动的制度组织性，特别是如何在更好的制度组织下去理解人们的交流方式以及如何能够得到更多的知识创造和管理。因此，在富勒那里，社会认识论本身就是知识生产、分配、接受的系统，是一种集体性的体系，具有集体的目的和意图。

当然，这里所述的组织，是指一种知识系统的生成，是一种动态的过程。通过此过程，知识体彼此联系并得到分类和结合，并且这个过程可以引入新的信息系统得到再论述。因此系统的组织是信息向知识转化生成的必经途径，同时也为信息分析提供了一种系统化的基础。可以说，社会认识论将制度的组织视为社会知识系统的一部分，这种看法本身就提供了一种更为包容的框架，在这个框架中，甚至信息的再语境化都可以得到分析和解读。

由此可见，制度组织的目标将知识生产活动视为一种社会性生产活动，与社会生产活动一样需要组织、协调和规划。而知识生产活动所获得的产品就是知识商品，这样的商品同样需要传递和分配。如何更好地在成员间进行知识传递，以及如何更大程度上达到知识的共享，就成为其关注的核心。也因此有理由认为，知识生产活动参与者认识能力、知识背景和社会环境的不同，带来了人们在共时与历时下对知识理解的不同，进而导致知识生产、传递与分配的差异，因此重新看待知识生产方式和组织方式就成为社会认识论的一种必然要求。这样一来，从事知识生产的主体不再是传统的认知个体，而是由许多个体组成。因此，社会认识论就表现为"有着广泛跨学科来源的一种思想运动，它试图重建认识论问题，一旦知识被看作内在社会性的。它通常被看作哲学的科学政策或科学研究的规范派别，肇始于对学术生产的研究，社会认识论已经涵括多元文化和公共背景下的知识，以及转变为信息技术的知识"①。可见，制度组织研究作为社会认识论的目标域，不仅有助于提供信息困惑时代下信息研究所面对的社会语境与学科背景，表明知识的社会研究的可能性，而且对于价值、伦理等系统中信息的过滤与扩大都是必要的。

3. 知识的增长

社会认识论明确以知识增长作为自己的研究目标，在此基础上，广泛借助信息科学的理论根基与发展空间，在发挥其信息负载和传递功能的同时，对知识的增长做出了必要的理论选择。社会认识论需要研究信息的传播机制，需要明晰交流系统的工作方式以及信息研究的工具结构。换句话说，信息的组织、查询以及利用都是社会认识论的研究内容。需要指出的是，文献和信息系统反映出的并不是简单的、静态的社会对世界的固定不变的认识，而是以一种动态系统在运行。文献系统必须经常为每一代重新创造且为不同的文化进行重新解释，从而知识在这样复杂的动态过程中得以增长。作为知识研究的社会认识论也因此表现出以下三个特点。

首先，反对传统形态学的描述分类法。现行的图书馆分类机制大都沿袭林奈式的学科分类体系，其弊端极为明显：缺少知识基础的分析，缺乏知识内容的界定，只能满足最基本的信息查询服务。因此有必要引入社会认识论机制对文献内容和知识基础做出全面规范，而非只是简单

---

① A. Bullock & S. Trombley, *Norton dictionary of modern thought*, New York: Norton, 1999, pp. 801-802.

分类和描述。其次，重视信息查询行为本身。社会认识论关注信息查询并将之看成是信息转变为知识的重要步骤，这样的查询过程不仅是查询者和专业人员的个人交流，更是在知识的社会背景层面上，以知识为基础、以交流为手段的意见的沟通和融合。最后，批评地看待认知权威的作用。信息不同于知识，其交流和传递无须额外的必要解释。但是如果要成为知识，信息就必须在包括伦理、智力等多个系统中被过滤，这其中，专家的看法和专家评价是信息能否被采纳的一项重要标准。但是，即使是专家的看法也并非绝对的，需要加以批判地看待和采纳。正如戈德曼（Alvin Goldman）所说，"相对于信息的判断，社会认识论并不排斥任何个体的知识，也就是说，并不仅限于专家意见的认识论，而是包括所有文化的概念"①。

尽管当代信息数量较之以往任何时代更为庞大，我们依然认为社会认识论对于知识的增长是必要的帮助。信息时代的数字信息爆炸式增长，大量的记录化信息的出现，都使得适当信息的获取变得极为困难，特别是在信息的收集管理、组织分类，以及信息质量评估上，更需要把社会认识论作为信息科学的理论基础。在此，社会认识论能够对信息交流及数字信息管理提供最直接的推动，满足当今信息科学的实践要求。

综上所述，对知识本质和获取知识的方法研究，是社会认识论的中心任务。通过在大的社会背景中对知识与信息的转化生成展开研究，社会认识论可以明确信息传播机制，界定知识生成标准，从而形成信息与

---

①　Alvin Goldman，Foundation of Social Epistemics，*Synthesis*，1987，vol. 73（1），p. 114.

知识的沟通桥梁和联系纽带，构建出专家信息到大众信息的扩展路径。这一过程既实现了信息交流的扩大，更为重要的是实现了知识的增长，扩大了知识生成路径，更好地满足了学术共同体的实践要求。

二、社会认识论的方法域

当今社会知识呈现爆炸式增长，传统的分类学方法已无法满足这一知识现状，特别是"随着人类知识的内容和复杂性的增加，知识的分裂和分离成为一种趋势，但是大量知识的出现，向人们检索和利用知识提出了严峻挑战，因此有必要有一种有力工具来对抗这样的趋势"[①]。这就要求对交流形式和文献进行控制。当然，这种控制不是狭隘的，或者说用简单的规章制度限制信息的记录和使用。相反，人们需要用最广泛的视野以交流作为沟通的中介和手段，来看待文献的引用，用人类智力的发展来审视作为记录的文献和信息资源，而这正是社会认识论的核心理念和出发点。面对这样的时代背景和实践诉求，社会认识论特别是求真社会认识论给出以下不同的方法和原则，形成了对信息科学研究的社会认识论方法域。

1. 指示词研究

网络时代的到来使人们可以大量借助网络信息，互联网一方面可以

---

① Jesse Shera, *Libraries and the organization of Knowledge*, Connecticut: Archon Books, 1965, p. 5.

给人们带来丰富的信息以供使用，但另一方面，面对海量信息，从中挑选出合适的信息并不容易。因此，社会认识论特别是求真社会认识论，试图通过指示词研究来改善信息检索。从目前的研究来看，至少三个重要因素决定了指示词对知识获得的影响。[①]

首先，知识获得数量依赖于指示词的可靠程度。通过可靠的指示词可以找到更多具有准确性的信息，进而得到更多真信念。其次，知识获得的数量依赖于网络使用者对指示词可靠性的评估。也就是说，如果使用者不太相信指示词，即便指示词可靠也无助于获得知识。最后，知识获得的数量依赖于检查的费效比。检查是具有成本的，如果检查的成本高于获得知识的代价，那么正确的指示词也无助于使用者获得知识。具体来说，知识获得理论由以下四个主要的部分构成[②]：

第一，指示词的可靠度衡量。h 是网页上被断定的命题，e 是展示特定指示词准确性的命题，当 h 为真时，OP(e/h)成为网页上这个指示词的客观概率(objective probability)，当 h 为假时，OP(e/-h)成为网页上这个指示词的客观概率。那么，可靠度比率就等于 OP(e/h)除 OP(e/-h)。这个比率越大，e 的区分度就越可靠。

第二，个体知识的拥有度衡量。戈德曼认为在真命题中个体的信念度越高，个体拥有的知识就越多，即根据真命题中个体拥有的信念度来衡量知识数量。如果 SP(h)是个体在 h 中的信念度且 h 为真的话，那么

---

① Don Fallis，Veritistic Social Epistemology and information Science，*Social Episte-mology*，2000，vol 14，No. 4，p. 307.

② Don Fallis，Veritistic Social Epistemology and information Science，*Social Episte-mology*，2000，vol. 14，No. 4，pp. 307-309.

个体的知识拥有度就等于 SP(h)。与之相对应，如果个体在一个真命题上增加了他的信念度，个体也就获得了知识。

第三，知识拥有度变化的衡量。让 SPe(h)成为一个互联网使用者在 h 上的新的信念度，如果使用者能够发现特定的指示词且 h 为真，那么使用者的知识拥有度变化就是 SPe(h)－SP(h)。通过知识拥有度上的变化，我们就得到互联网使用者对指示词可靠性的评估。

第四，个体知识拥有度的变化计算。由于指示词并非绝对可靠，它们有时会出现在包含不准确信息的网页上，有时在包含准确信息的网页上它们又没有出现，这样单独某次的指示词准确性的测定就变得不可能。因此我们需要使用概率计算检查指示词，以计算知识拥有度的变化。通过概率发生变化的计算，我们得以确定知识拥有度的变化数量。

2. 获取知识与风险回避

获取知识的同时，我们也需要考虑另外一个重要的问题，那就是回避风险。因为获取知识的行动会导致两个不同的方向：进一步朝着真理运动的认识方向和朝着错误的运动方向，而这两个方向所引发的认识代价决然不同。因此，对于认识世界获取真理来说，就需要我们同时加以考虑指示词可靠性的评估原则与风险回避原则。

目前人们获取外部世界信息的主要途径是通过网络和媒体，因此网络信息的准确性对于理解世界、掌握事件的真实情况来说至关重要。但鉴于社会现实的复杂性，如意识形态、利益需求以及政治要求等，网络媒体上的信息常常具有非客观以及人为的报道偏差，甚至会出现虚假、捏造的信息和严重违背事实的报道。例如，伊拉克战争前西方媒体对于伊拉克拥有大规模杀伤性武器的不实报道等。因此，对于人们特别是普通公众来说，在利用和了解网络信息的同时，需要对此做出最大程度的判断，一方面需要满足人们获取知识的要求，另一方面需要考虑风险回避的原则，对网络信息的风险评估做出评价，对信息的真实性做出鉴别。

3. 费效比研究

在考虑风险回避因素之后，对指示词的可靠性评估就具有了很强的认识基础。但是，检查是否具有费效比即成本效益的问题就凸显出来。通常，如果使用者认为检查所带来的认识益处超过了代价，检查工作才得以继续，因为对于检查不同准确性的指示词来说，这样的工作需要耗费相当多的时间和精力。

但如何将费效比的因素加入认识问题中进行考虑呢？通过研究，人们将之同"信心程度"联系起来。"如果个体相信一个实验更可靠，那么他就越期待这个实验具有更多的价值。与此相反，个体越不相信一个实验，对这个实验的价值就越发低估。"[1]据此，我们可以得出信息科学家进行评估的一般步骤：首先，他会给出自己对指示词的信心程度，在此基础上决定是否进行下一步的繁琐的检查工作。其次，依据信心程度并按照检查工作的费效比，有选择地挑选容易检查的指示词，并最大限度地进行风险回避，选择他认可的指示词。最后，根据知识获得理论进行贝叶斯计算，从而决定指示词对知识获得的影响。通过以上步骤，信息科学家就能够使用特定的指示词进行搜索，进而为使用者提供信息的便利及指示词的可靠性评估，以方便知识的获得。

---

[1]　D. V. Lindley, *Making Decisions*, London：Wiley，1971，p. 134.

4. 索引和信息确证

鉴于目前信息的大量增加，人们开始广泛使用信息索引来快速获得他们想要的结果，方便了知识的获得。如信息科学家发展出许多数据库，将某一信息与其他信息连接起来，这样就有助于人们确证原始信息的准确性。例如，在美国这样的案例法国家中，律师常常使用数据库。当在法庭上做出一个论证时，律师会诉诸较早的审判意见。而为了保证辩护的合法性，他们必须确保没有随后的案例能够推翻他们的论证。换句话说，他们必须确保这个特定的审判意见是目前案例法的一个准确陈述。与之类似，新的科学结果的产生往往会根据较早的科学结果。但是，科学家不能也并不想诉诸那些已经被证明无效的结果。即便如此，在那些前沿的学科研究中，重新追溯错误学术论文的情况也时有发生，因此需要使用更好的追溯索引。此外，为了决定特定论文中结果的有效性，引用其他论文作为这篇论文的佐证，也是一种有效合理的方法。综合来看，相似信息索引的发展，有助于互联网使用者处理网络信息准确性的问题。

5. 信息的约束

对于是否需要无约束的信息，或信息的认识途径是否需要约束，人们对此的看法并不一致。有人就认为，"图书馆应该尝试尽可能地包括各种不同类型的真理，以期望某些重要领域中，一些真理可以被有识别能力的读者找到"①。但是基于以下两方面考虑，戈德曼认为需要进行

---

① E. Lee, *Libraries in the Age of Mediocrity*, North Carolina: McFarland & Company, 1998, p. 24.

信息约束并论述了在某些情况下严格约束信息途径的认识价值。一方面，不能保证信息的准确性。他认为，"如果听众被安排相信特定的陈述范畴，即使当他们身后的证据或权威性令人怀疑，他们也会去信奉，因此不去传播这些陈述是有必要的"[①]。也就是说，某些信息的传播有可能导致更多错误而不是真信念，因此有必要约束传播路径。另一方面，人们并不会必然看到问题的各个方面。"大量的数据遮蔽了真理，我们对于什么是重要的常常视而不见。"[②]他认为一个问题的各个方面很容易就消失在纯粹的海量信息中。

综上所述，社会认识论"不是创造了一个完全新颖的事业，而是在人们已经认为是重要的社会生活的许多领域，将之系统化，做出明晰判断，提供理论基础"[③]，同时借助于贝叶斯定理等数学公式，将我们所认同的定性化评估进行定量化的计算。因此，在理论层面，可把社会认识论视为图书馆学和信息科学的合适的理论基础和框架，从而有助于完善信息科学的理论构造；在实践层面，借助于社会认识论对知识政策的分析，特别是与制度组织相联系的研究目标，知识互动交流以及社会知识语境就广泛地被引入至信息科学的实践研究中，这一趋势不仅有助于加深信息本质及其知识负载的理解与认识，而且能够有效表明社会认识论的价值基础，在进一步扩大其研究内容的

---

① Alvin Goldman，*Knowledge In a Social World*，New York：Oxford University Press，1999，p. 212.

② E. Lee，*Libraries in the Age of Mediocrity*，North Carolina：McFarland & Company，1998，p. 25.

③ Don Fallis，Veritistic Social Epistemology and information Science，*Social Epistemology*，2000，vol. 14，No. 4，p. 314.

同时丰富其实践诉求。

三、社会认识论的价值域

应当说，随着社会认识论的兴起和发展，社会认识论的发展不仅是一门内生性学科的自身成长，而且它的构建和补充有助于许多与知识相联系的领域完善。知识与社会的紧密联系和相互影响一直是社会学家和哲学家的研究内容。如果说知识社会学处理的是社会对于知识的影响，那么社会认识论处理的则是知识对社会的影响。而这种影响甚至渗透在每一条构成社会的信息当中，透过诸如价值、伦理等具有社会性特征的系统的过滤，影响到知识的建构和信息的组织、使用。概言之，社会认识论所标示出的认识论发展的新路径，在信息科学的应用实践中，具有非常显著的意义和价值。这主要表现在以下几个方面：

其一，社会认识论的发展，有助于全面理解信息与知识的转化生成路径，避免单纯的技术决定论。现代社会是一个信息社会或知识社会，伴随着互联网的推广普及，人们获取信息的手段越发地广泛而容易，知识交流与传递的便捷性超越了人类历史上的任何一个时期，这也使得信息与知识的差别正在变得越来越模糊。当然这并不是说社会认识论应绝对取代传统认识论成为哲学焦点，而是说我们可以得到更为成熟和全面的分析。但是，如果仅仅将目光投向交流的路径和方法，而忽视了它们所承载的内容、思想或概念；如果片面追求信息的传递形式而忽略了社会交流中的物质和非物质之间的张力研究，那么我们就会陷入单纯的技术决定论，失去了找到思想影响社会事务的具体方式。

其二，社会认识论的发展，有助于全球视域下认识语境的趋同，摆脱局部知识的束缚。随着电子交流在全球范围内成为发达国家和不发达国家间的一种主要的沟通活动，文献和信息工具的全球化时代也随之到来，但是由于文化、认识方式的差异，以及理解世界角度的不同，相同的认识概念会产生出不同的认识结果。因此，当不发达国家的研究人员使用某些概念的时候，他们并不能准确地理解发达国家社会生活语境下的认识概念，或者说他们局限在一个局部知识的"词典"（lexicon）当中。有鉴于此，社会认识论需要提供一种全球性的视域，在这个视域中，整个人类社会成为知识的交流、生产、组织、分配和使用的领域。这样一种知识研究，不仅有助于全球化背景下发达国家和不发达国家之间的交流和理解，同时在局部环境中也有助于社会个体构筑自己的知识体系，协调知识分配的种类，方便个体获取他们需要的知识。

其三，社会认识论的发展，有助于信息科学对诸学科的推动，展现出一种横向视野。近年来关注信息事务的社会学、政治学和经济学方面的学者都注意到了这样一种学术动态，那就是社会认识论对多学科的推力。例如它可以帮助信息科学建立其技术基础、分析信息与交流技术的关系，检查新的学科框架，在这种框架中进行知识结构探讨，以及制定发展信息基础设施所要的相关协议等。这种现象的出现并非偶然，当代科学发展的大趋势是相互借鉴和部分融合，因此在这样的学术背景下，任何一门学科都无法独善其身，从而体现出一种"你中有我，我中有你"的特点。当然这并非指所有学科都必须以相同的方法和范式研究，然而它确实凸显出社会认识论在这种大科学时代背景下的意义和价值，特别是随着信息技术的广泛应用以及相似索引技术的确立，社会认识论可以在信息收集、组织、存储、解释、传递以及利用方面有效地推动各学科的发展，可以在一个基础平台上对各门学科的发展施加内向性的影响，体现出社会认识论之于各学科的价值。

综上可见，面对当今海量信息和学科趋势的状况，社会认识论介入信息科学成为了迫切而又必要的问题。一方面，海量信息的出现促使人们必须抛弃旧的看待和归纳信息的分类法，重新审视信息与知识的关系，找出更合适的研究方法，从而组织合理的制度以便扩大信息的交流促进知识的增长；另一方面，新技术的出现以及信息科学的发展趋势，要求信息科学家必须适应这一时代发展的新状况，广泛采纳以互联网为代表的新技术，转变技术与知识无涉的传统观念。在这个意义上，也许正如海德格尔所说，"技术是人类的产物和过程，它被人类所创造，为人类所创造，人类建构事物的方法影响了人类理解事物的方式"①。当代社会认识论研究正是从以上两方面满足了信息科学在当代的实践要求，其看待问题的独特视角和求解问题的普遍方法，对于信息科学来说，确实具有重要价值。而且社会认识论对信息科学的介入，并非是一种居高临下的指导，而是一种合理渗透和有益促进，其目的在于重新构建信息时代迫切需要的信息科学，这正是社会认识论之于信息科学的最大意义。

---

① Martin Heideggar, *The Question Concerning Technology and Other Essays*, New York: Harper & Row, 1977, pp. 4-7.

第六章 | 语境分析的社会认识论

在众多的对知识社会维度进行的研究当中，有一种研究将语境问题纳入了社会认识论思考之中，同时对知识的社会性与语境问题进行了关联研究，这就是海伦·朗基诺的批判语境经验论。朗基诺注意到了认识论领域出现的社会化趋势，在认识论问题上保持一种知识社会化的观点和立场，其思想和理论有较为独特的认识和理解。但整体来看，其研究内容仍较为粗糙，缺乏深入的对语境包括结构、特征、解释过程等一系列问题的分析，对语境与客观性的解释不够合理。本章侧重于对知识的生成包括社会因素的引入过程进行语境分析的全面解释。

作为一种横断性的研究方法，语境分析的视角介入社会认识论研究当中应该说是当下该研究领域的一种创新。语境分析的优势就在于能够更加全面地理解知识的生成过程和组织过程，可以更加清晰地考察知识生成以及知识辩护。特别是，随着自然化的科学哲学强调了知识产生的客观性之后，使用语境分析的研究方法能够更加系统地将知识包括科学知识纳入整体观察的视角中。这一思维对于当下的认识论研究来说，无疑具有纠正性的作用，而且也有利于改变过于破碎化的研究现状，从而更好地在方法论层面上形成一种新的解释立场。

本章首先对语境经验论的研究内容进行介绍，指出知识观的批判与语境的解释方式，在此基础上进一步地对知识产生过程中不同阶段的语境解释的结构进行了分析，并指出语境具有非相对主义、主张理论对世界的映射、提倡多层次的理论结构、反对认识思维的固定四个特征。接下来围绕知识生成的客观性以及语境产生的相对性之间的张力进行必要的分析，指出认识语境论并不等同于认识相对主义，认识语境论的使用可以带来知识的客观性。最后，重点对语境解释之于知识论的意义进行了分析，认为语境解释的优势就在于有助于准确把握知识的本质，有助于知识的生成和辩护，特别是有助于对当代社会认识论的理解提供一种方法论上的意义和启迪。基于山西大学科学技术哲学研究中心长期以来在"语境论"研究上积累的研究成果和认识，本书将社会认识论与语境研究结合起来，试图在这里形成一种论证规范的并且符合科学实际运行的社会认识论思想。当然，作为一种理论的创新，这一思想还存在许多不足，也希望这里提出的语境分析的社会认识论研究能够引发学界更多的关注和讨论。

第一节 语境经验论的解释

当代知识论的一个显著特点就是寻求对真信念的辩护，但"盖蒂尔问题"的存在，对知识的辩护投下了巨大的阴影，由此知识的辩护成为一种偶然。无论是基础主义又或是融贯主义对此都失去了功用，形而上学范围内辩护变得不再有效，认识论者转而寻求经验方式予以解读。与此同时，一种新的认识策略"语境论"得以在认识论研究中产生并迅速扩大至整个科学哲学研究领域，"它将语词与文本所反映的外部世界的特征，跟世界的本质，尤其是知识和真理问题关联起来"①，这样认识论者就开始尝试用语境来解释有关知识的辩护和生成，解释信念到知识的转换，语境对知识论的介入也成为一种研究趋势。

海伦·朗基诺发展了一种批判语境经验论的理论，根据这个理论发生在科学研究中的认知过程最终也是社会性的。朗基诺的出发点是一种非充分决定论的观点：描述数据的陈述和表达假说的陈述之间存在着鸿沟，或者说在证据与假说之间存在着鸿沟，这个鸿沟不可能被形式化地说明，证据并不能够支持一个理论或假说，而排除其他的理论和假说。相反，假说与证据之间的关系就受到了背景假设的协调，语境中的背景假设就决定了科学家使用或相信哪一个证据决定了理论，相互竞争中的两个理论哪一个是可信赖的。当然，这样的分析后果就是带来一种相对

---

① 郭贵春：《语境研究纲领与科学哲学的发展》，载《中国社会科学》，2006 年第 5 期。

主义，即如果存在着语境，如果语境中证据关系是构成性的，那么如何保证假说的接受符合客观性，如何保证科学知识的客观性。根据朗基诺的理论，在这些情况下唯一能够用来克服主体主观性以及随意性的就是科学共同体成员之间或不同共同体成员之间的批判互动，这是一个批判的过程，随着研究的不断进行批判也得以始终保持下去，而这就最终确保了科学知识的客观性。朗基诺认为知识内在地具有社会性和社会维度这个事实并没有破坏哲学的规范性事业，但是科学知识的生产过程必须包括社会互动，包括社会集体。也就是说什么可以被看作是知识是由集体决定的，是由这样的互动决定的。

一、知识观的批判与重建

语境经验论认为发生在科学研究中的认知过程最终是社会性的。其出发点是一种非充分决定论观点，即描述数据的陈述和表达假说的陈述之间存在着鸿沟，或者说在证据与假说之间存在着鸿沟，证据并不能够支持一个理论或假说，而排除其他的理论和假说。相反，假说与证据之间的关系就受到了背景假设的协调，语境中的背景假设就决定了科学家使用或相信哪一个证据决定了理论。朗基诺认为知识自身就具有社会性和社会维度，而这并没有破坏认识论的规范性，相反科学知识的生产过程应当也必须包括社会互动，知识由集体做出并由互动决定。

1. 对实证主义与整体主义知识观的批判

朗基诺在 1990 年出版了《作为社会知识的科学》一书，在该书中朗基诺对逻辑实证主义和整体主义的知识观进行了重新审视和批判解读，并在此基础上初步形成了她的语境经验论的思想。逻辑经验主义是极端的经验主义知识观，在其看来拥有意义的命题和语句是可以观察到的或者可以进行实验检验的，因此知识就是内容为真且可检验的经验陈述。首先，根据逻辑经验主义，观察陈述就为我们的理论提供了基础，同时观察陈述的语言是中性的语言。其次，在逻辑经验主义看来，证据与假说之间的关系是依照句法的，"对假说来说，决定是否是它的证据，关键是看假说句子和证据句子的形式，而不是它们的内容"①。与逻辑经验主义相反，其后兴起的历史主义学派采纳了整体主义的知识观，其代表人物就包括汉森、库恩和费耶阿本德。

整体主义知识观抛弃了实证主义的观察独立于理论的观点，他们主张观察负载理论的观点。"观察负载理论的结果是不可通约的：两个相反的理论解释了相同的现象，这样两个理论彼此之间是不可以比较的，因此就不能使我们决定哪一个理论是正确的，哪一个是错误的。因为观察和意义是负载有理论的，（1）没有什么中性的或独立的数据可以在两个理论之间做出判断，（2）被表达的两个理论相互之间并不能够互译。理论是不可通约的。……根据库恩和费耶阿本德的解释，科学中的理论选择就不再是关于理性和客观性的独特的纯粹表达，而是被描述为非理性的，当然也不是由证据决定的。"②综合来看，整体主义的知识观的核

---

① Helen Longino，*Science as Social Knowledge*，Princeton University Press，1990，p. 48.

② Helen Longino，*Science as Social Knowledge*，Princeton University Press，1990，p. 27.

心理论在于相互竞争的理论不具有相同的判断标准，一个科学家的价值可以用来决定他该接受哪一个相竞争的科学理论。

朗基诺对逻辑实证主义和整体主义的知识观都不认同，并分别进行了批判。针对逻辑实证主义的知识观，朗基诺提出了以下三条批评意见①：首先，她声称实证主义相信存在着中立的观察陈述语言是错误的。实证主义观点中证据关系的模糊本质不可能与科学变化的事实相协调，而且有的时候相互竞争的理论会使用相同的证据或数据，而这也支持了观察负载理论。其次，朗基诺相信实证主义者以一种句法分析的方法来处理证据和假说之间的关系是错误的。"数据……不是自己显示它们可以作为证据的。而假说……是由陈述构成的，其内容往往超出了描述观测数据的陈述。因此，在数据和假说之间存在着逻辑的鸿沟。"②而这个鸿沟就是语境发挥作用的地方。最后，朗基诺反对实证主义者对于价值在科学研究中作用的解释。她认为如果实证主义者是对的，那么科学就应该依据实证主义者的规定进行下去。但是，整体主义者的工作已经明确地驳斥了实证主义者的观念，他们的研究表明科学家的决策更多地会受到价值影响，科学家的决策是价值负载的。

与此同时，朗基诺对整体主义的知识观并不满意，并提出了批评意见③：首先，她认为，"整体主义者创造了证据和假说之间的联系，并

---

① K. Brad Wray，Defending Longino'Social Epistemology，http：//www. bu. edu/wcp/Papers/TKno/TKnoWray. htm.

② Helen Longino，*Science as Social Knowledge*，Princeton University Press，1990，p. 58.

③ K. Brad Wray，Defending Longino'Social Epistemology，http：//www. bu. edu/wcp/Papers/TKno/TKnoWray. htm.

不可能打破和摧毁用来辩护假说的证据概念"①，因此如果整体主义者是对的，一个理论的证据就不能强迫一个已经接受了某个竞争理论的某人去改变他的思想。如果某人已经接受了这个理论，数据只能支持这个理论。其次，朗基诺相信历史主义者夸大了不可通约性的意义。她认为，"在历史主义观点中不可通约性观点并不能决定哪些发生在致力于不同理论的科学家之间的生动的多产的辩论"②。最后，朗基诺认为，虽然整体主义反对逻辑实证主义对证据和假说关系的观点，但在论述方法上他们依然接受了经验主义的语言分析方法，而朗基诺认为，这种对证据关系的解释方式是不可接受的。

2. 语境经验论的知识观建构

朗基诺对逻辑实证主义和整体主义的知识观都不认同，并且分别进行了批判，在此基础上发展出一种独特的科学知识的解释，即"语境经验论"——她将其称为第三条道路，用来指称并区别于理性与社会的二分法。具体来看，其理论的核心特征如下：

首先，假说和证据之间的语境介入。由于科学家进行研究时使用了猜想，因此假说和证据之间是有联系的，语境中的背景假设就在假说和证据之间架起了沟通的桥梁。"假说与证据之间的关系就由运行于语境中的背景假设所决定，而数据的评估发生在语境之中。……背景假设或背景信念在所需的陈述中得到表达，以便论述一套数据对一个假说的证

---

① Helen Longino, *Science as Social Knowledge*, Princeton: Princeton University Press, 1990, p. 57.

② Helen Longino, *Science as Social Knowledge*, Princeton: Princeton University Press, 1990, p. 81.

据重要性。因此背景假设的重要性一方面表现为放弃依靠句法标准的方式来试图说明证据和假说之间的关系，另一方面又将这种关系看作是作为代替的真实假设。证据关系并不是自治的或外部的真理，而是在证据得以判断的语境之中必要地构成的。"①由此可见语境事实上在相当程度上介入了假说和证据之间的推理过程，并在协调证据与假设之间的鸿沟上发挥了一种必需的作用。

其次，科学事业的集体因素。她认为，"必须返回科学就是实践的这一观念，科学方法主要是社会群体而非个人来实践"②。科学学科的存在是作为"社会事业"，科学学科中的个体成员在他们的实践中都依赖于彼此。科学也不再是单个人的个人习惯，而衍化为一种集体活动，并促使科学上升为一种语境中的语言和对话的理解。"20 世纪的科学研究方法越来越多地透射出科学是一种实践，与其他实践并没有什么差别。因此当我们重新聚焦科学时，当我们将科学作为一种实践时，我们就会发现科学方法并非是个体的实践方法而是集体的。"③科学是一种集体活动，这不仅表现为学科中的个体成员在他们的实践中都依赖于彼此，还在于科学的实践者全都构成了一个内嵌于社会中的共同体网络，由此科学需要依赖于社会对其赋予的社会和政治价值得以生存，因此对科学活动和主体关注的视角的转换就成为一种必然。

---

① Helen Longino, *Science as Social Knowledge*, Princeton: Princeton University Press, 1990, pp. 58-59.

② Helen Longino, *Science as Social Knowledge*, Princeton: Princeton University Press, 1990, pp. 66-67.

③ Helen Longino, *Science as Social Knowledge*, Princeton: Princeton University Press, 1990, pp. 66-67.

　　最后，科学研究的客观性并不因背景假设的存在而消失。尽管背景假设是价值负载的，但这并不会威胁科学知识的客观性。其一，科学是一种实践，科学研究的客观性更多地表现为一种集体客观性，其实践的社会本质已经为人们所认识和解释，其客观性就是这种社会性的研究结果。其二，承认或接受假说的社会特征就强调了科学的公开性，这种公开性既具有社会维度也具有逻辑维度，而这就确保了科学研究的客观性，"科学的逻辑上的公开性就使得对科学假说和理论的批判成为可能，例如，对神秘实验的描述和对感觉和情感的表达"①。其三，诸多批判假说方法的共存就确保了客观性，毕竟假说的采纳并非随意而是需要受控的。由此，客观性就是一个共同体的科学实践特征，而不是个体的实践特征，与大多数科学方法所表达的逻辑讨论相对比，科学的实践就在更为宽泛的意义上得到理解。

　　综上，朗基诺发展出一种非常有影响的包括客观性概念的语境经验论理论。根据朗基诺的理论，如果一个理论能够经受住批判检验的社会过程，我们才可以认为其是客观的。同时公开的批判检验就揭示出支持特定理论的背景假设，清除出特定的句法形式假说。为了确保这种公开批判的系统富有实践成果，朗基诺制定了认识共同体的四种互动规范。通过这些社会互动的规范，批判的检验过程就能在认识共同体中实现，它们所思考的理论就能够得到适当的公众批判检查，因而它们的结果就是客观的。正因如此，在共同体中保持不同的观点极其重要，因为"观

---

　　①　Helen Longino，*Science as Social Knowledge*，Princeton：Princeton University Press，1990，p. 70.

点的多样性对于有力的和认识论上有效的批判话语来说是必要的"①。
共同体中的多样性越大，揭示共同体成员所共享的背景假设的机会就越
大，而一旦一个背景假设得到揭示，那么批判检查的过程就决定了这个
背景假设是可接受的还是有问题的需要被抛弃的。最后，我们可以看出
朗基诺的落脚点是任何知识都无法摆脱背景假设，正是背景假设解释了
证据与假设之间的鸿沟，而背景假设不是个体的而是集体的共享特征，
这样集体认识以及社会知识的观点就成功地得以表达，进而展现出更加
合理的科学知识的认识目标。

二、语境的解释方式

朗基诺将语境经验论定位于科学知识的实践考察之上，这样科学知
识只有回到实践当中才构成批判和考察的对象和目标，并使科学的语境
分析成为可能。按照这样的理解，信念选择和背景假设就构成了理论选
择的语境标准，而证据推理和背景假设之间存在着的特殊媒介就是语
境。语境决定了事物状态与证据推理之间的关系，而这种决定性既存在
于个体活动中，也体现在集体活动中。

1. 对个体活动的语境解释

首先，语境被用来解释个体活动。个体的背景假设和假定为证据选

---

① Helen Longino, *The Fate of Knowledge*, Princeton: Princeton University Press, 2002, p. 131.

择提供了标准，它将证据和假设结合在一起，弥补了二者之间的鸿沟。因此，证据和假设之间的关系并非直接和充分，而是通过特定的语境作用方式关联起来。在这里，语境作用就类似于背景条件在因果互动中的作用。因为语境是在特定事物状态和其他事物状态之间联系的假设和信念，"更注重于动态活动中真实发生的事件和过程，即在特定时空框架中不断变化着的历史事实，而且可变的事件本身赋有主体的目的和意图，主体参与到事件和语境的构造当中"①。很显然，语境就解释了证据推理，而特定的证据联系可以被一个背景假设所决定，或者被一套假设所决定，而这就显现为语境对个体活动和事件的解释方式。

（1）相同事物状态对不同假说的证据解释

相同的事物状态可以被用来作为不同假说的证据支持，因为人们的信念中包含有背景假设的语境作用。比如，一个孩子患有麻疹，他的胃部出现了红色斑点。我相信他患有麻疹的原因就在于我具有一个信念：胃部出现红色斑点与麻疹有联系，根据这个信念我就把他的红色斑点的胃部作为这个孩子患有麻疹的证据。但是如果我相信小孩子患有麻疹的原因是因为一个占星师告诉我，那么情况就有所不同。虽然上述两个情况下，被作为证据的东西是同一个东西：孩子胃部的红点。但是证据解释的方式是完全不同的：第一种情况下，红色斑点是麻疹的一个症状表现；而第二个情况下，占星师是一个可靠的信息来源，我的信念来源于她。因此，可以看出相同的事物状态可以被看作是不同假说的证据支持。因此，相同的事物状态也可以按照这个方式成为不同假说的证据支

---

① 殷杰：《语境主义世界观的特征》，载《哲学研究》，2006 年第 5 期。

持，而这主要依赖于什么样的信念被引入支持假说，很显然相同的事物状态可以被作为相冲突的假说的证据。

（2）相同事物状态的不同方面对假设的证据解释

相同的事物状态是否可以得到相同的解释呢？相同的事物状态对于假设来说是否提供了相同的证据解释呢？很显然，答案是否定的。相同事物状态并不能提供相同的假说证据支持，甚至可能会被作为不同假设的解释。举例来看，两个人走进屋子，看见栏杆上有一顶灰色的帽子并由此做出推断："尼克在屋里。"显然，两人都将"栏杆上有一顶灰色的帽子"作为尼克在屋里的证据。但他们的证据其实是不同的，对第一个人来说尼克是他认识的人中唯一一个戴灰色帽子的人，对第二个人来说尼克总是像这样把帽子放在栏杆上。因此，两个人针对同一个现象"栏杆上有一顶灰色的帽子"得出了相同的结论"尼克在屋里"，但两个人的证据来源并不相同。由此，我们可以看到不同的信念导致了每一个人选择了相同事物状态的不同方面作为证据支持。进一步来看，相同的证据甚至得到不同的假设，比如，两个人走进屋子，一个人看见栏杆上有一顶灰色的帽子并由此做出推断："尼克在屋里。"另一个人看到栏杆上有一顶灰色的帽子并由此做出推断"詹姆斯在屋里。"因为第一个人认为尼克是他认识的人中唯一一个戴灰色帽子的人，第二个人认为詹姆斯总是像这样把帽子放在栏杆上。

综上，这些例子就表达出人们决定证据相关性，以及人们将事物状态作为一种假说而不是其他假说的证据，其根据是建立在人们的其他信念之上，我们将这些信念称为背景假设或背景信念。因此根据不同的背景假设，一个特定的事物状态可以被作为相同假设的证据，也可以被看成是完全不同的甚至相冲突的假说的证据。当然与之相类似，根据不同的背景假设，一个事物状态的不同方面也可以作为相同假设的证据，它们也可以作为不同的甚至相冲突的假设的证据。在这里，背景信念的作用就类似于背景条件在因果互动中的作用。背景信念是可以变化的，背景信念就解释了证据推理，而特定的证据联系可以被一个背景假设所决定，或者被一套假设所决定。

2. 对集体活动的语境解释

语境除了可以解释个体活动，还可以解释集体活动。科学知识通过科学方法得到辩护，但这种科学方法并非是单个个体所履行和实现的，它受共同体制约需要在共同体中得到检验，也因此"只有从包括社会、政治、心理、历史等因素在内的广义语境上，来理解科学思想和观念的形成和演变，才能真正理解科学本质"①。在这个意义上，语境就决定了共同体的研究方法、对证据的解释和对认识客体的看法。语境对于科学共同体的理论选择和信念塑造具有确定的作用，语境影响和塑造了集体实践，语境解释和规定了集体活动。

语境对科学知识生产发挥影响的方式主要体现在科学共同体内部。科学知识通过科学方法得到辩护，但这种科学方法并非是单个个体所履行和实现的，个体科学家通过自己的实践（包括观察、实验、推理、解释在内）所完成的仅仅是知识产生的第一步。因为个体行动者总是处于一定科学共同体的范式和语境之下，个人理性的应用和对数据的解释仅仅依赖于背景假定的语境。个体实践本身受到共同体的制约，同时个体

———————————

① 郭贵春：《语境研究纲领与科学哲学的发展》，载《中国社会科学》，2006 年第 5 期。

得出的结论也需要共同体的检验。因此，共同体对于知识的产生负有重要责任。共同体在某一时期总会受到一定背景信念的影响。这种背景信念主要指某一学科或领域中共同认定或遵守的理论假定或方法论原则，这种背景信念决定着一个共同体在一个时期内的研究方法、对证据的解释、对认识客体的看法。

语境对于科学共同体的理论选择和信念塑造具有确定的作用，这种影响在当代许多科学研究领域都有明显的体现，语境影响到了数据的描述，即负载价值的术语被应用到了实验或观察数据的描述中，被应用到影响数据选择或需要进行调查的现象种类的价值中，语境价值表达或促进了背景假设，而在特定研究领域中背景假设就促进了推论。对数据的证据相关性根据背景假设得到确定，而这就意味着为了理解研究报告，就需要以语境的方式进行分析以使数据和假说相区分。由此可知，语境在数据观察、建立假说、推理假设三个方面都影响到共同体的科学研究，解释了科学知识的生产过程。

举例来看，在进化生物学中，科学家普遍认为在进化的某一时期，灵长类动物的某种行为对人类进化起到了关键的作用，对此在人类演化解释上存在着两类不同的模型，即男性—狩猎进化模型和女性—采集进化模型。两种方法都试图将解剖学理论和行为理论结合起来回答人类进化理论问题。

以男性为主的"男性—狩猎"观点将主要的作用集中到男性发生变化的行为上，而以女性为主的"女性—采集"观点将主要的作用集中到女性发生变化的行为上，这两个观点都假定某一个性别的发生变化的行为导致了种族的进化。两种假定从化石记录的证据来看都不明显，并没有受到相当程度的化石记录的支持，而是从语境意义上借助于背景假设方便了从证据到假说的推论。

在男性解释中，工具使用的发展被理解为男性狩猎发展的结果，被看成是牙齿发生变化的主要原因，即犬齿的尺寸发生变化，变得更小。石质工具的使用建立在原始人男性犬齿的缩小的基础之上，表明了男性的工具使用促进了进化发展。原始人男性通过投掷石块，就可以完成自身的防御和发起进攻，而不需要再去诉诸犬齿的撕咬。一旦较小的犬齿不再成为一个可靠的、保持压力的武器的话，它就可以进化成更为有效的饮食工具，可以更好地进行咀嚼和磨碎食物。因此，这种解释就将行为的改变与男性的行为联系起来，这种解释被认为是男性解释。

与男性—狩猎模型相对立，女性—采集模型解释了工具的使用是一种女性活动的功能，把它看成是一种女性面临的更大的营养压力的反应。因为原始人的生活逐渐从果实丰富的森林转移到更加具有挑战性的草地上，她们需要使用工具来采集、切割植物根茎，另一方面种族繁殖的条件发生了变化，女性要比男性面临更多更大的压力，这个新的食物获取模式就对原始人的行为提出了新的要求，因此女性行为的变化不仅是可能的而且是必需的。这个活动的结果必然促进了女性大脑容量的增加，因此女性行为模式发生了更大的进化，进而促进了整个种族的进化。

两种进化模型的具体解释都是建立在特定的性别基础之上，或者说解释的内容都依赖于性别的背景假设。事实上没有任何一个数据能够提供任何具有决定性的证据来判断这两种模型解释，因为数据的理解依赖于是否理解人是处于男性—狩猎模型理论阵营还是赞同女性—采集理论。因此，在理论选择和模型建立的背后，实际进行选择的是背景假设，"正如弗里曼所说，史前史学家所研究的模式事件都来源于语境，这些语境将人类的行为与它们的存在相联系"①。事实上，不存在什么中性的归纳，根据这个归纳我们可以赋予它们意义，它也不是一个寻找更多数据的问题。它是一个选择或使用一个解释框架的问题——男性为中心或女性为中心——并以框架假设为基础将证据相关性赋予数据。看待数据的方式和框架赋予了不同的实在度和价值到男性和女性的活动上。如果女性—采集行为被看作是最重要的行为适应，那么石器就是女性开始发展石制工具来收集和准备可食用植物的证据。如果男性—狩猎行为被看作是最重要的行为适应，那么石器就是男性发明并用于狩猎和准备可食用动物的证据。

因此可以看出，一定时期内科学共同体所采纳的背景假设事实上决定了科学家会选择什么样的数据作为他们研究的证据，以及对证据进行哪一种相关解释。如果科学家站在男性—狩猎模型上，那么他必然会将石器工具作为原始人男性狩猎使用的狩猎工具，如果科学家更认可女性—狩猎模型，那么她就会把石器工具看作是女性采集植物果实、切割根茎、磨碎种子所使用的采集工具。这样结果就是，两种不同的解释模型所代表的是两种不同的以性别为基础的研究路线，而非建立在特定化石证据基础上的进化模型，对化石的解释暗示了背后隐藏的假定，对数据的解答依靠背景假定，而化石的作用不过是对背景假定的

① Helen Longino, *Science as Social Knowledge*, Princeton: Princeton University Press, 1990, p. 109.

事后支持。

综上所述，语境经验论强调了语境对证据和假说之间鸿沟的决定，突出了语境在证据解释和实践中的重要作用。实际上它指出了科学研究中语境决定了什么样的证据可以被采纳，什么样的数据可以被作为证据，什么样的问题成为关注的焦点，什么样的问题会被忽略。语境价值决定了证据和假说之间的鸿沟，因此需要对背景假设进行关注和研究。语境决定了科学共同体对数据的描述和证据的解释，决定了科学共同体从事研究所采纳的方法和假设。换句话说，语境决定了科学共同体对数据的描述和证据的解释，决定了对科学共同体采纳的方法和假设进行评判的标准，语境渗透到了科学研究的每一个细节上。

第二节　知识生成的语境分析

语境经验论主张科学知识的实践性，希冀借助科学实践过程中的语境探究准确描述科学发生的实际过程，并诉诸科学实践中的语境来还原科学知识的本质，这一点无疑具有积极的成分，但在某种程度上其也存在着缺陷和不足。[①] 比如，朗基诺仅仅将背景假设与语境相等同，将语境简单地表达为背景假设和背景信念；缺乏深入地解释和表述语境在建构理论和选择证据时的结构和特征。因此，这一解释尚需进一步的完

---

① 在海伦·朗基诺 2009 年来山西大学进行学术访问期间，笔者也同朗基诺对此进行了深入的交谈，探讨了其中存在的不足。

善，特别是需要在知识论层面上对语境分析的结构和特征做出较为深入的分析，并由此来揭示当代知识论中的语境观。

朗基诺认为知识理论的建构、知识证据的选择以及对知识内容的批判，很大程度上取决于知识主体当下所处的语境，取决于认识行动者的背景假设，对此笔者表示认同，但是纵观朗基诺的两本著作，她都只是将背景假设与语境相等同，将语境简单地表达为背景假设和背景信念，而没有更加深入地解释语境的深层次内容，以及在建构理论、选择证据和批判内容的时候，语境怎样发挥作用，如何解释以及是否需要诉诸其他概念范畴，因此她的解释仍然过于简单，或者说只是触及语境问题的表层，需要对这样的解释机制做出更加全面和深刻的分析。有鉴于此，我们做出以下的解读。

一、语境分析的结构

语境分析事实上是一个复杂的过程，并不像朗基诺所描述的那样，仅仅依靠背景假设就可以做出，而且即便是背景假设充当了语境的部分内容，这样的背景假设也可以分为主观语境、社会语境、实验语境以及历史语境等，因此，要想完整地解释朗基诺所说的证据与假说之间的鸿沟，分析语境在其中发挥的作用，我们就必须对语境的作用机制做出理解，特别是对不同知识产生环节的解释过程做出一个清晰的认识。因为"对于特定的语境来说，没有结构就没有意义，没有对结构的理解就没有对意义的可能接受。语境的实在性就体现在这种结构的现存性及其规定性之中，并通过这种结构的现实规定性展示它的一切历史的、具体的动态功能"①。根据语境解释的实际过程，我们可以将解释对象的确立到科学知识的形成这一过程，分为以下几个不同的步骤，并形成相关的示意图。

1. 证据的选择、确立和应用阶段

当需要解释的研究对象确立下来之后，科学家需要做的就是解释证据的选择、确立和应用。在这一过程中就表现为一个逐步语境化的递进，事实上从证据的选择这一阶段开始，我们就可以认为认识主体的历史语境、知识背景以及心理状态、学派目标等渗透进证据内部。我们知道在科学史上，许多案例都表达了相同的证据解释了不同的理论，或者说科学家在面对两个同样有说服力的证据时，他的选择是依赖语境的。比如，在氧气说的发现上，拉瓦锡和普里斯特列在面对相同的燃烧现象时作出了不同证据选择，前者用燃烧证明了新的物质和理论的出现，而后者继续用于证明旧理论的合理性。再比如，关于光的本质问题上，波动说和微粒说同样可以解释光的不同现象，同样是有说服力的假设，在面对两个同样有说服力的证据时，如光的衍射、光的双缝干涉时，科学家采纳哪一个证据作为自己理论的支持，事实上背后的原因是复杂的，有可能是主观更倾向某一个理论，有可能是学派目标要求采纳哪一个理论，有可能是心理暗示的活动结果。总之，在证据的选择问题上主观语境和集体语境发挥了作用。在证据选择结束之后，也就是证据得以确立之后，科学家就可以将选择的证据应用到被解释的对象上，进而根据他

①　郭贵春：《论语境》，载《哲学研究》，1997 年第 4 期。

的学科知识进行一个从证据到推理的过程，用图一表示为：

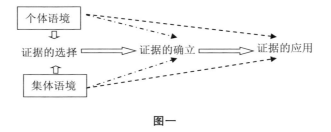

图一

2. 推理、假说和检验阶段

当证据被应用于推理之后，科学家需要做的就是完成证据到推理的过程，具体来看，他们需要建立一个假说，并对这个假说进行检验。在这一阶段，假说的建立一方面取决于假说证据的方向性和完善性，当然在这个过程中需要诉诸逻辑进行证据的合理应用，以及使用包括归纳和演绎等多种分析工具，我们可以把这些称为显性推理过程，另一方面我们必须看到事实上存在着隐性的推理过程，除去前面的逻辑、归纳、演绎等推理工具之外，在假说的建立问题上存在着相当程度的语境干涉。同样我们可以从哲学史上看到这样的语境发挥作用的案例。例如，在凯库勒苯环结构发现之前，化学家始终困于苯分子的结构问题，一方面需要用相关的已有证据来推理苯分子结构，另一方面又要用推理所得的结构进行不同实验的比较和确证。但是很遗憾，当时所有可知的结构都无法保证二者能够相吻合，特别是苯分子的性质无法建立在当时已知的结构上。一时之间，这个问题难倒了所有的化学家，当然也包括凯库勒本人。凯库勒其后在回忆时指出，有一天他在睡觉时，梦到了一条蛇首尾相连的样子，惊醒之后恍然大悟，创造性地提出了苯分子的环状结构，从而形成了著名的凯库勒苯环。这样来看，在假说的建立阶段，事实上不仅有着可以说明的归纳、演绎和逻辑的工具得到使用，而且还有着许多无法言说的相关背景假设、心理活动和主观语境的存在，二者共同构成了假说的建立和证据的应用，我们可以用图二表示：

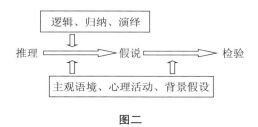

图二

3. 科学知识形成阶段

当假说被正式建立之后，科学家需要做的就是对假说进行彻底的检验，以形成最后的科学知识。具体来看，从检验类型上区分，检验就分为两种不同的方式：其一，科学家自己对假说进行详细的检验。其二，其他科学家对假说进行详细的检验。前者涉及科学家自己的知识结构、偏好的仪器选择以及检验的信心程度等，后者涉及共同体的知识标准、学派的研究方法以及利益、兴趣等因素，而这些都是语境的作用范围。

而从检验方法来看，既可以表现为理论计算、推理思考等非实验性检验方法，也可以表现为观察和实验为主的实验性检验方法。而后者往往就涉及数据的偏好选择、实验结果的描述、假说与实验的关联度研究等，也正是从这个意义上科学哲学中的历史主义学派往往强调了在这一过程中存在着的非充分决定论、观察渗透理论等解释，试图说明理论先于观察、心理信念影响和决定了科学知识的形成。从检验类型上看，检验问题涉及个体语境和社会语境，科学家自己对假设的检验涉及他的知识背景、偏好的仪器选择以及检验的信心程度等个体语境，其他科学家对假设的检验涉及共同体的知识标准、学派的研究方法以及利益、兴趣等社会语境，或者我们可以把这种社会语境检验看作是朗基诺所说的批判检验过程，也就是通过集体和社会的批判互动从而对知识的客观性进行确立的必要手段和必经过程。也正是从这个意义上，历史主义者和社会学家往往使用了非充分决定论、观察负载理论等说明实验语境的存在和作用的发挥。科学家运用理论计算、推理思考对假说进行检验的过程涉及计算方法方法选择、计算模型建立、计算结果认定的计算语境，在许多实验无法进行或者不适宜实验的科学研究中，比如黑洞理论、宇宙形成理论，科学家究竟选择什么样的理论模型、如何认定模型结果对假说的支持，事实上都受到了语境的影响，或者根本就是科学家所处语境的直接结果。我们可以用图三来表示：

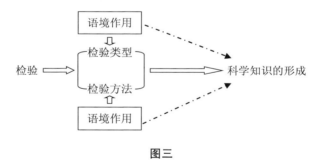

图三

综合以上图一、图二和图三，我们就可以得出科学知识解释的语境结构，当科学知识形成之后，反过来又将促进新的被解释对象的确立，这一过程如图四所示：

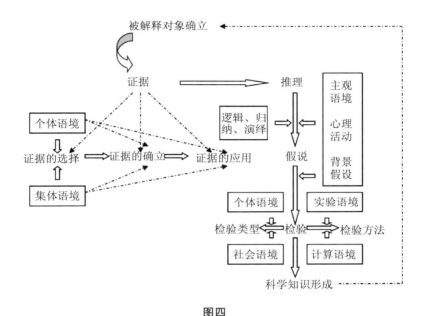

图四

综上来看，由被解释对象的确立到最后科学知识的形成，要经历证据、推理、假说、检验几个阶段，在其中的不同阶段，不同的语境内容发挥了不同的作用。比如，在证据选择阶段，个体语境和集体语境决定了哪一类证据可以作为推理的前提条件；在假说建立阶段，认知主体的心理活动、背景假设决定了可以转变为科学理论的假说类型；而在假说检验阶段，语境分别作用在检验的类型和检验的方法上，最终形成一个合理的科学知识，新的科学知识又形成了新的解释的出发点，确立了新的解释对象，从而开始一轮新的过程。可见，语境在科学知识的解释上是有结构的，不同的阶段语境作用方式和范围并不相同，证据与假说之间的鸿沟的确需要诉诸语境，但是并不是朗基诺所述的简单的背景假设和背景信念，而是一种更为复杂的综合作用。因此，正是在这个意义上，我认为朗基诺的语境经验论需要进行修改，不仅需要突破理性与社会的二分法，而且需要诉诸更为合理的语境解释，只有这样才能将知识的社会性与知识的规范性相融合，进而形成更为合理的社会认识论。

二、语境分析的特征

语境分析并不是简单的任意解释，也绝非没有边界地任意使用，它的解释需要符合自身特征。事实上，就像任何解释一样，语境解释在科学实践的解释问题上具有自己的独特之处。"与传统的归纳—推理和假设—演绎方法相比，以多层次、多视角理解概念、观念和理论的内在意义和言外之意为目的的语境分析法，具有其独特的方法论优势。这些优势通过运用语境分析法所坚持的基本原则表现出来，而这些原则又是由科学解释语境的功能所决定的。"①因此在这一问题上，有必要将语境解释的特征与解释客体有机结合，从而达到方法与对象的融合，以突出语境解释的合理性。具体来看，语境解释至少有以下四个特征：

第一，语境解释具有非相对主义的特征。语境解释的最大特点就是需要将解释内容与特定的解释主体、解释条件相结合，因此伴随语境论的往往是相对主义的责难，将语境解释看作是一种相对主义的解释。但是，实际情况并非如此。"即使需要对解释主体和解释条件做出限定，

---

① 成素梅、郭贵春：《论科学解释语境与语境分析法》，载《自然辩证法通讯》，2002 年第 2 期。

也只能说明语境解释强调了条件性和过程性，而强调了解释的条件性并不等同于走向相对主义。相对主义的典型特征就是突出理论、方法和标准的相对性，突出了解释的特殊性和不可复制性，而条件性的强调突出的是解释的具体条件、解释主体的具体知识背景、心理活动、解释能力，因此从这个意义上看二者并不一致。"①

这样，基于语境解释的特点，至少可以从下述三个角度来定位语境解释的非相对性，从而做到和相对主义的严格切割。其一，即时性，即承认语境解释的当下的条件合理性。其二，条件性，即解释需要限定在特定的条件内，而不是空洞的无条件解释或泛条件解释。其三，内向性，即语境解释需要从内向外进行解读，具体条件的固定和解释首先应该在解释内容的边界之内进行解读，而不是从解释条件的边界之外处理和进行。

第二，语境解释主张一种理论对世界的映射。语境解释具有一种映射特征，表现为理论对世界的映射，表现为理论对解释对象的说服力度。因此，映射度的差异，如完全不同到完全相同，说服力度的差异，如部分说服到完全说服，这个解释过程是一个渐进的过程，依赖解释条件的逐步确立。映射度越高，说服力度越强，理论就越能解释世界从而越接近真理。因此语境解释并不强调所谓的终极解释，也不认为存在着终极认识。这样来看，在这个意义上，语境解释秉承的观点就是语境解释既不是所谓的发现的解释，也不是辩护的解释，而是动态的条件解释。

———————

① 尤洋：《认识语境与知识的客观性》，载《科学技术哲学研究》，2011 年第 1 期。

第三，语境解释提倡多层次的理论结构。语境解释的特殊性决定了解释的层次性。这种层次性表现为：一方面，解释过程是一个由简单到复杂、由低到高的过程。无论是自然科学解释还是社会科学解释，首先解决的都是学科内的简单问题，进而逐步上升至复杂问题，因而在每一个阶段都具有特定的解释对象和解释机制，只有有效突破前一个平台上的解释对象，才能上升至更高的平台接近更为复杂的问题。另一方面，语境解释是一个基本语境到延伸语境的过程，科学理论常常表现出一个基本特点：即后出现的知识能够涵盖和满足之前的知识要求，通过还原知识条件后出现的知识就可以解释原先的知识。比如通过还原物体的运动状态，牛顿三定律可以解释伽利略的运动方程，可以解释开普勒行星三定律。因此语境解释首先表现为基本解释语境，进而扩大至延伸语境。

第四，语境解释反对认识思维的固定。语境解释的一个优势就在于它的解释并不是一个固定的终极的解释，而是一个不断去语境化和再语境化的过程。一方面，去语境化就可以对过去的解释内容重新建立语境边界，将不合时宜的解释条件与解释内容相分离，从而保证解释的合理性；另一方面，再语境化就将新的解释内容、解释对象、解释条件纳入语境解释的边界之中，始终保持了解释的实效性、合理性和前沿性。在科学实践中，语境解释的这一特征保证了语境解释对科学知识两个不同方向的深入：既保证了科学知识的解释深度逐步由表层解释向深层解释递进，又保证了科学知识的解释广度逐步由单一学科、单一领域向交叉学科、交叉领域扩展。

综上所述，语境解释具有自己独特的结构和鲜明的特征，它的存在表明对语境的解释和应用不是任意的，更不是宽泛和无条件的。事实上，语境解释对知识论提供了一种方法论启示、一种世界观扩展。它表明以往既有的知识论说明无一不是一种孤立地看待，既缺乏特定的时间和空间为其条件，也缺乏对作为最重要的研究者自身的审视。而一旦忽略了这些现实中的语境联系和说明，就根本无法理解知识的具体含义，所得到的知识也只能是空洞的和抽象的。因此，要想深刻地理解真实的知识，就必须借助语境解释以及语境分析方法，只有在具体的和现实的语境中，在真实的语言环境中才能透视和理解知识的实际生成，才有可能对科学知识的产生给出更为深刻和准确的说明，并在主体间性的基础上，对科学理论进行新的意义重建。

第三节　认识语境与知识的客观性

语境分析方法在知识产生的各环节作用是明确的，对于知识整体理解来说是一种有效的研究方法，朗基诺注意到了社会认识论领域的语境趋向，但是她的研究过于简单，没有深入地解释和表述语境在建构理论和选择证据时的结构和特征。事实上，语境本质上是一种横断性的科学哲学方法论的研究平台，在认识论层面上能够对知识生产过程中的语境发生及语境解释的关联机制做出清晰的论证与揭示，因此作为一种合理的方法论研究可以被纳入社会认识论的研究范围内，但是使用语境分析仍然会带来和产生一些问题，特别是语境本身就涉及多视角和层次的分析，因此容易引发主体判断标准的界定难题特别是相对主义诘难。对此，在使用语境分析应用于知识产生环节的同时，为避免语境分析带来的边界盲目扩展，从而引发研究混乱，我们在这一节中围绕着知识生成的客观性进行认识语境的研究和解读，回答相对主义与语境论的关系，指出语境论的使用可以带来知识的客观性。

一、知识与怀疑论

伴随着 20 世纪认识论发展逐步向知识论过渡，特别是当基础论因其预设基础以及融贯论所产生的论证循环困境逐步失去其影响力的同时，"语境论"的认识策略得以在认识论研究中产生并迅速扩大至整个科学哲学研究领域。语境论的出现，一方面源于对知识论的怀疑主义的提出与解决，另一方面则源于语境论研究方法可以作为一种研究纲领来思考与解决当代科学哲学中的诸多难题。当代社会科学哲学与自然科学哲学等诸多研究领域的研究表明，"科学理论是一定语境条件下的产物，语境论是科学哲学发展的必然趋势，只有在语境的基底上才能走出辩护主义的科学哲学与非理性主义与相对主义的科学哲学的二难困境"①，很显然语境论已经成为当代知识问题研究中的热点问题，"知识理论的语境论运动已经成为当代知识论中最重要的运动之一"②。

怀疑论与知识论相伴生，不仅在于哲学的目的在于怀疑，而且它质

---

① 郭贵春：《语境研究纲领与科学哲学的发展》，载《中国社会科学》，2006 年第 5 期。
② Michael Brady & Duncan Pritchard, "Epistemological Contextualist: Problems and Prospects", *The Philosophical Quarterly*, 2005 (55), p. 161.

疑了我们引以为真的知识是否为真。迄今为止，知识论范围内的怀疑论存在着三个重要的论断，即闭合论断(argument from closure)、谬误论断(argument from error)以及有限经验论断(argument from finite experience)。① 闭合论证，是在闭合论断的基础上发展出来的一种论证方式。我们需要对其进行较为清晰的论述来阐明怀疑论的这一主要形式。

闭合原则认为：对认识主体 S 来说，如果主体 S 知道 p，并且知道 p 蕴含 q，那么 S 也知道 q。用自然语言表示就是：

S 知道 p；

S 知道 p 蕴涵 q；因此

S 知道 q。

闭合论证由于在日常生活领域以及经验领域中的直觉性应用，已经被广泛性地默认接受并用来扩展我们的知识领域，例如：

你知道太阳已经落山了；

你知道"如果太阳落山，那么就可以回家"；

你一定知道现在可以回家了。

借助于闭合原则我们就可以进行日常推理和直觉判断，但是怀疑论恰恰是在这里向知识论发起了猛烈的攻击，并打破了人们的常识性观点。这里需要以缸中之脑的怀疑假设进行对比分析，因为对当代知识论怀疑主义的闭合论证的解答几乎都是围绕这个假设展开的，因此使用缸中之脑的例子可以更好地看出闭合论证的实际情况。尽管缸中之脑的故

---

① 王庆节：《知识与怀疑——当代英美哲学关于知识本性的讨论探析》，载《中国社会科学》，2002 年第 4 期。

事并不会发生在现实中，但是用哲学的怀疑论来看却具有极为重要的研究价值，因为它能揭示一个问题，即"我"能否知道关于我的生活真相 P 的知识？常识来看，这当然是不可能的，因为"我"所拥有的各种常识知识 P 实际上是一些刺激的结果，更换了刺激也就更换了常识知识 P。使用哲学特别是怀疑论的语言来看，情况就可以表述为：

S1：我知道我有两只手。

S2：我不知道我有手，如果我不知道我不是一个缸中之脑。

S3：我不知道我不是一个缸中之脑（因此我就可能是一个缸中之脑）。

很显然，该论证的两个前提都是正确的，但推出的结论是荒谬的，而这正是怀疑论者所希望达到的。正如我们的分析所指出的那样，怀疑论者借助于这个例子可以达到两个目的：其一，我无法知道我是否是"缸中之脑"。其二，由于我无法知道我是否是"缸中之脑"，按照理解我就无法获得有关于他的知识。

上述三条命题彼此都是独立可行的，但是组合在一起相互之间就不协调了。命题(1)是一个一般性陈述。命题(3)也是合理的，非缸中之脑的确定建立在排除缸中之脑的基础上。但是缸中之脑和我具有相类似的拥有双手的感觉经验，因此感觉经验并不能排除我是缸中之脑的可能性，命题(3)也是合理的。对命题(2)来说，可以将其变形为：如果我能排除我是缸中之脑那我就能知道我有手。很显然，无论从直觉上还是从推理上都可以看出，命题(2)是合理的。这样就产生了一个困局：它们每一条都是合理的，但是组合起来却是冲突的。由此产生的问题就是我们究竟以什么样的理由放弃其中的哪一条？

语境论者对此的回答就是动词"知道"（know）类似或者就是一个索引词（indexical），动词（know）的语义内容的表达依赖于它使用的语境，不同的语境将影响动词（know）的语义内容。"知识归因和知识否定句的真值条件根据它们所使用的语境发生变化。而所发生的这些变化就是 S 必须满足的认识标准以便能够使这样的陈述为真。"①通过将动词（know）与语境相联系并将语境划分等级的方式，语境论者就可以将命题（1）（2）（3）相结合而使之不发生冲突。具体地讲，语境的认识标准可以进行高低划分，高标准的语境下知识具有较为严格的定义和组成。这些高标准的语境通常是怀疑主义者所假设的特定哲学语境，比如缸中之脑的假设。在这样的假设中，因为无法借助感觉经验来排除怀疑主义，所以我就无法知道我有手。这样在高标准的语境下命题（1）就需要摒弃而命题（3）是正确的。与此不同的是，大多数日常生活中我们面临的都是诸如"小王知道明天单位加班"这样的普通命题。在这样的语境下，我们完全可以根据我们的常识来获取我们周围世界的知识。因此在低标准语境下命题（3）是错误的而命题（1）是正确的，我们需要摒弃命题（3）。很明显使用语境论最大的优势就在于它能够为我们保留日常知识，而不破坏怀疑主义的闭合论断假设。当然，有必要指出的是，语境论并非是指 S 在一个语境中知道 P，在另一个语境中不知道 P，而是说"S 知道 P"在一种语境下为真，而在另一种语境下为假；或者更为准确地说，语境论是有关知识归因句或知识否定句的真值条件的理论。

---

① Keith DeRose, Solving the Skeptical Problem, in K. DeRose and T. Warfield(eds), *Skepticism: A Contemporary Reader*, Oxford: Oxford University Press, 1999, p. 187.

二、认识语境论研究

在以知识分析为研究内容的认识论中，认识语境论（Epistemic Contextualism）是最富有影响力的反怀疑主义理论。在一般意义上，认识语境论者认为是否一个人知道就与语境相联系，特定种类的语境就形成了信念化为知识的标准，"S 知道 P"的真值就依赖于说话人与被归因语句的语境，即知识归因的真值依赖于语境。很显然，按照这样的理解"S 知道 P"的真值在一种语境下为真，而在另一种语境下就可能为假，不同的语境下给定的语句在真值上就会不同。事实上，"认识（know）"具有"语境敏感性"（context-sentivity），信念是否可以被认定为知识部分情况下依赖于语境，同样的理由在不同语境下所具有的认知立场不同。因此，语境被看作知识辩护的重要因素，对知识的辩护只能在具体的语境中进行。但是基于对语境敏感性的不同定位，认识语境论也划分为几种不同的研究，如虚拟条件语境论（subjunctive conditionals contextualism）、相关替代语境论（relevant alternatives contextualism）、解释语境论（explanatory contextualism）、证据语境论（evidential contextualism）以及语境知识论。这些研究都将语境论作为其研究的核心，并针对怀疑主义做出了不同程度的阐述。限于篇幅，本节主要以虚拟条件语境论和相关替代语境论作为分析对象。

1. 虚拟条件语境论

在所有以知识为研究对象的语境论中，德罗斯（Keith DeRose）的虚拟条件语境论影响无疑是最大的，同时也是这一运动的最有力的支持者。德罗斯在《语境论：一种解释与辩护》一文中指出，"如我所使用，

以及多数人所使用的那样，语境论是指知识归因句和知识否定句（即'S
知道 P'的句子形式和'S 不知道 P'的句子形式以及与这些句子相关的变
化形式）的真值条件，在某种形式上随着谈话语境的变化而变化。不断
发生变化的是 S 必须满足（meet）（或者在一个知识否定的情况下不能满
足它们）的认识标准以便这样的一个陈述能够为真。在某些语境下'S 知
道 P'要求 S 具有 P 的真信念，并要求 S 处于一种对 P 来说非常强的认
识立场（epistemic position）中，然而在其他语境下'S 知道 P'可能只要
求它是真的，除了 S 要具有 P 的真信念外，只要 S 满足某些较低的认识
的标准。这样，语境主义者将允许一个说话者正确地说'S 知道 P'，与
此同时，也允许较高标准下的不同语境中的另一个说话者正确地说'S
不知道 P'，尽管两个说话者所谈论的是相同时间中的同一个 S 和同一
个 P"①。按照这个理论，德罗斯就宣称在那些知识标准特别高的语境
中，我们就应该抛弃"我知道我有手"的命题，而怀疑主义者完全有理由
认为在这样的语境中我就不知道我有手，但是在其他语境中，特别是那
些认识标准比较松散的语境中我们就可以抛弃"我不知道我不是一个缸
中之脑"的命题，并且完全可以认为我的确知道我有手。

　　因为德罗斯的语境论部分程度上借鉴了诺齐克（Robert Nozick）虚拟
条件解释（Subjunctive Conditionals Account），因而习惯性地被人们称
之为虚拟条件语境论。虚拟条件解释认为："当我们认为我们的信念 P
是一种我们应该持有即使是错误的信念时，我们通常会拥有一种很强的

---

　　①　Keith DeRose, Contextualism: an Explanation and Defense, in J. Greco and E.
Sosa(eds), *The Blackwell Guide to Epistemology*, Oxford: Blackwell Publisher, 1999,
pp. 187-188.

倾向认为我们不知道 P。"①德罗斯将这个信念 P 称为不敏感的（insensitive），并将其改造为：我们倾向于认为 S 不知道 P，如果我们认为 S 的有关 P 的信念是不敏感的。敏感原则（Rule of Sensitivity）是德罗斯发展出的一条重要原则，通过该原则的使用，人们就可以对命题进行判断。具体来看，该原则可以表述为："当人们断言 S 知道（或不知道）P 时，知识标准往往会被提高，如果有需要甚至可以提高为 S 的信念 P 必须是敏感的，如果它可以被看作是知识的话。"②照此如果信念 P 是不敏感的，那么它就不能被认为是知识。用敏感原则对缸中之脑进行解释，就可以得出以下两条判断依据：一方面，在怀疑主义的标准下如果我的信念可以被认为是知识那么它们必须是敏感的。这样当"我不是一个缸中之脑"的信念处于怀疑主义语境下时，按照上述标准我就不知道我不是一个缸中之脑，而且由于命题（2）"我不知道我有手，如果我不知道我不是一个缸中之脑"在各种语境下都是正确的，那么在怀疑主义语境下我就不知道我有手。另一方面，由于在日常语境下并不存在怀疑主义的知识标准，我们的信念也不需要敏感，这样我们就可以断言日常语境下我确实知道我有手。同样由于命题（2）在各种语境下都是正确的，那么在日常语境下我就知道我不是一个缸中之脑。根据敏感原则，德罗斯就很好地解释了在怀疑语境下保留命题（3）的合理性以及抛弃命题（1）的理

---

① Keith DeRose, Solving the Skeptical Problem, in K. DeRose and T. Warfield (eds), *Skepticism: A Contemporary Reader*, Oxford: Oxford University Press, 1999, p. 193.

② Keith DeRose, Solving the Skeptical Problem, in K. DeRose and T. Warfield (eds), *Skepticism: A Contemporary Reader*, Oxford: Oxford University Press, 1999, p. 206.

由，在日常语境下保留命题(1)的合理性以及抛弃命题(3)的理由。

2. 相关替代语境论

与上述虚拟条件语境论不同的是一种被称为"相关替代语境论"的研究方案，"可能这种相关替代知识论是目前认识语境论中的主要推动力"①。如上所述，闭合原则是一种具有解释力以及合理性的原则，它可以让我们通过推演获得蕴涵的知识。但是基于对闭合原则的不同处理方式，相关替代语境论也划分为两种类型：其一，拒斥闭合原则的相关替代语境论；其二，接受闭合原则的相关替代语境论。前者更多地以德雷斯克(Fred Dretske)以及马克·海勒(Mark Heller)的理论为代表，而后者更多地集中到了柯亨(Stewart Cohen)的观点之上。

(1)德雷斯克的相关替代语境论

相关替代语境论最早是由德雷斯克(Fred Dretske)提出的，他认为，"在一段时间内人们相信他们知道了一个真命题就需要他们在那个时间对那个命题能够排除相关替代选择"②。按照这样的原则，人们只有在排除掉其他可能的选择之后才能获得知识，也就是说在一个没有相关的替代语境下"S 知道 P"就是真的，或用德雷斯克的话说，"将知识视为一种证据状态，在其中所有的相关替代都被排除"③。为此，他使用了斑马与驴的例子来说明。这个案例可以简单地表达为：你知道动物园中的

---

① Tim Black. Contextualism in Epistemology，Internet Encyclopedia of Philosophy，2006，http：//www. iep. utm. edu/contextu/.

② Jason Stanley，*Knowledge and Practical Interests*，New York：Oxford University Press，2005，p. 17.

③ Fred Dretske，The Pragmatic Dimension of Knowledge，in *Perception，Knowledge and Belief：Selected Essays*，Cambridge：Cambridge University Press，2000，p. 52.

斑马是斑马，而不是伪装得很好的驴，是因为它身处于笼子中并且你知道动物园不会恶作剧地将驴与斑马混淆，因此你就可以排除掉驴的相关替代选择，而得到"你知道那是一头斑马"的知识。

通过使用排除相关替代的方法，或者说在排除掉相关替代的语境下，人们就可以获得一个"S 知道 P"的命题的真假。但是这同样产生出几个问题。首先，什么能够决定 q 是 p 的相关替代？对这个问题的回答是复杂的，部分学者包括德雷斯克认为这种替代性建立在 q 的客观性基础上，而其他学者则认为只有当人们将 q 视为一种可能性时 q 才是一种相关的替代，这样替代性就与主观性相联系。其次，什么是排除相关替代？按照最强的观点只有当 S 相信非 q 的证据足够强，足以使他知道非 q，这样 S 才可以排除相关替代 q；而温和的观点则认为 S 可以排除 q，如果他思考非 q 的证据要么可以使他知道非 q，要么可以使他具有很好的理由相信非 q。而最弱的观点则主张，S 可以排除相关替代 q，只要满足以下三个条件之一：(1)他的非 q 证据足够强到使他知道非 q；(2)他的非 q 证据足够强到使他具有很好的理由来相信非 q；(3)S 的非 q 信念是一种无证据性的理性，即 S 可以合理地相信非 q 而不需要拥有信念的证据。[①] 正是基于对这些问题的不同回答，在不同的研究者那里出现了分歧，德雷斯克认为我可以知道 p 无须排除 p 的无关替代，我知道 p 并没有蕴涵任何是否我知道 q 的事情，而这就意味着他否定了闭合原则。这样在缸中之脑的案例中，命题(1)(3)都没有错误，它们之间也没有任

---

① Tim Black, Contextualism in Epistemology, Internet Encyclopedia of Philosophy, http://www.iep.utm.edu/contextu/, 2006.

何的冲突，需要检查的只是命题(2)并且需要否定它。

(2)柯亨的相关替代语境论

柯亨提出了一种接受闭合原则的相关替代语境论思想并取得了巨大的影响，以至于他的思想被认为是这种流派的一个主要代表。柯亨的思想建立在对上述命题(2)的认同之上，而这就使得他的相关替代语境论是接受闭合原则的。他的早期思想使用了两类相关性标准，即外部标准(external criterion)与内部标准(internal criterion)。外部相关标准是指，"如果一个替代 h 对原因 r 以及对环境的某些特点的概率特别的高（这其中概率水平就受到语境的决定），那么这个替代 h 是相关的"①。按照这一标准，在斑马与驴的案例中，如果动物园中有精心伪装的驴，那么这是一头精心伪装的驴而不是斑马就具有一个决定度 d，而语境就决定了概率度 d*，如果 d 大于或等于 d*，那么这是一头精心伪装的驴的替代就在这个语境中是相关的。内部相关标准是指，"一个替代 h 是相关的，如果 S 缺少充分的证据来否定 h"②。这样充分证据的数量就受到了语境的决定。按照这一标准，S 拥有的"这不是精心伪装的驴"的信念的证据数量可能就低于"这是精心伪装的驴"的信念的证据数量。我们可以假定 S 具有一个"这不是精心伪装的驴"的证据决定数量 a，而语境就决定了证据数量 a*，如果 a 小于或等于 a*，那么在这个语境下"这是精心伪装的驴"的替代就是相关的。可以看到，无论是内部原则还是外

---

① Stewart Cohen，How to be a Fallibilist，Philosophical Perspective(2)，*Epistemology*：1988，p. 102.

② Stewart Cohen，How to be a Fallibilist，Philosophical Perspective(2)，*Epistemology*：1988，p. 103.

部原则它们对于语境都是敏感的，通过对闭合原则的接受并诉诸这样两个原则，柯亨就完成了早期他对怀疑主义的语境论解释。

柯亨的早期解释可以解决类似这样的怀疑主义难题，但是对于那些难以依靠证据数量与决定度的问题（如缸中之脑问题）就无能为力，为此柯亨后期发展出一种新的解释方法，即非证据合理性（non-evidentially rational）。这可以解释为：S具有p的信念是非证据合理的，如果从认识论上看S相信p是合理的，即使S对那个信念没有任何证据。用柯亨自己的话说，"S知道p当且仅当她的信念p对d来说是认识合理的，而认识合理性既拥有证据成分也拥有非证据成分，这样d就受到了语境的决定"①。这就意味着在日常语境下我可以知道我有手，而我有手就蕴涵着我不是缸中之脑，就可以抛弃命题（3）；而在怀疑语境下我有手的信念对于我知道我有手来说并不充分合理，也就是产生了一种非证据合理性，而我就没有任何基础获知我不是缸中之脑，这样就需要抛弃命题（1）。使用这一分类，柯亨就可以在保持闭合原则基础上解决类似缸中之脑这样的缺乏证据的悖论难题。

三、知识的客观性

认识语境论的解释优势就在于诉诸语境划分解决命题悖论，这种研

---

① Stewart Cohen, Contextualism, Skepticism, and the Structure of Reasons, Philosophical Perspectives（13）, *Epistemology*: 1999, pp. 76-77.

究方法不仅可以合理地保留我们的常识性知识，而且可以很好地回答怀疑主义的相关提问，因此语境论很快就成为认识论研究中的一个热点并得到学界的强烈关注。但是诉诸语境划分的研究方法往往容易招致相对主义的责难，而相对主义的批判很快就发展成为对语境论研究的诘难之一，也成为众多学者抨击语境论的问题所在。本节将阐明语境论与相对主义的关系，并指出使用语境论可以带来知识的客观性，当然有必要强调的是这种关系需要限定在认识论的研究范围内。

相对主义往往会出现在对伦理道德问题的探讨之上，基于不同的道德标准下人们可以对诸如"近亲通婚"之类的问题进行辩护，进而得出近亲结婚好或不好的结论。但是近亲通婚本身没有什么好与不好，在信奉近亲通婚的部落中这是一件正常的事情，而在反对近亲结婚的人群中这是错误的事情，因此所谓的好与不好只是人们对它的评价态度。这样事情本身是客观存在的，而相对的只是评价而已。很显然伦理道德是相对的，那么构成知识评价标准的认识语境也是相对主义的吗？答案是否定的，即认识语境并不是认识相对主义，一方面对知识标准进行划分并不等同于相对主义，另一方面动词（know）作为一种类似索引词的存在就决定了它的语境敏感性。具体来看：

首先，语境论并不等同于相对主义。认识语境论并没有指出认识主体 S 在一个认识语境下知道 P，而在另一个语境下不知道 P，而是指命题"S 知道 P"的真值在一个语境下为真，在另一个语境下为假。这样它关注的实际上是有关于命题真值条件的议题，是命题的真与假的问题，而不是对一个知道（know）的描述或对知识本身的议题。如上所述，"S 知道 P"或者"S 不知道 P"这样的真值条件句依赖于它们被表达时的语境，依赖于知道（know）所代表的认识标准的高低，并指向了知识归因者的心理特点或会话情形，由此产生了认识标准严格或松散程度不同的语境，命题在不同的语境下就会产生不同的真值。"你不知道你有手"与"摩尔说我知道我有手"使用了相同的知道（know）但是不同的语境，前者代表了最高程度最严格的怀疑语境，后者使用了最低程度最松散的日常语境，而知道（know）对于使用者的知识标准来说是敏感的，这就必然导致敏感度不同的语境下"S知道P"的真值条件句产生出不同的认识结果。正如笛卡尔所说的心灵恶魔一样，一个物体是否真实存在可以有不同的判定标准，一个命题是否可以被视为知识同样由相应的语境标准来决定，既然心灵恶魔的认识态度不会被人们视为一种认识论的相对主义，那么与之相类似的认识语境论也同样不应该被划分至相对主义的范围之内。

其次，语境论的使用并不意味着产生相对主义。语境解释的一个特点就是需要将解释内容P与特定的解释主体S、解释条件相结合，因此很多人往往将语境论看作是一种相对主义，将语境解释看作是一种相对主义的解释。但是实际情况并非如此，即使解释需要限定为解释主体、解释条件，也只能说明语境解释强调了条件性和过程性，而强调了解释的条件性并不等同于走向相对主义。相对主义的典型特征就是突出理论、方法和标准的相对性，突出了解释的特殊性和不可复制性，而条件性的强调突出的是解释的具体条件、解释主体的具体知识背景、心理活动、解释能力，因此二者并不一致。"语境论与相对主义的区别可以通过对命题的谈论得到阐明。语境论认为'S知道P'这样的知识句离开言说的语境就不能表达出这个彻底的命题，而相对主义则认为'S知道P'

这种形式的句子可以表达出完整的命题，但这种命题被断言为真与假取决于这个语境下所提供出的认识标准。"①基于语境解释的特点，可以从两个角度来定位语境解释的非相对性，第一，即时性，即承认语境解释的当下的条件合理性。第二，条件性，即解释需要限定在特定的条件内，而不是空泛的无条件解释。

最后，目前对语境论的使用混淆了同相对主义的区别。造成这一结果的原因大致来看有如下几点：其一，在日常用语中语境依赖与相对性混为一谈，使用以及区分它们的非准确性造成了在语境论与相对主义的问题上形成了一种二者相同的错误认识。其二，研究认识论的学者对于二者的严格界定上还缺乏一种术语的统一性，以至于在语境论的研究中相对主义常常就与语境问题相联系。比如迈克法兰（John MacFarlane）在论文中称他的认识相对主义为一种语境论，博格西安（Paul Boghossian）在对相对主义的批判中部分使用了语境论加以替代，这样由于在术语使用上的不准确，相对主义就与语境论糟糕地纠缠起来。其三，一些学术论文中的不当使用，造成认识语境论就是认识相对主义的这一错误思想。比如，"尽管很多不同的认识论理论被称为语境论，这里我要关注的就是一种对说者和听者语境的某些事实非常敏感的知识归因的真值理论。相应地，对一个特定的 S、命题 P，一个说话人可以说'S 知道 P'，而同时另一个人在不同的语境中可以说'S 不知道 P'"②。很明显柯

---

① Martin Montminy，Contextualism，Relativism and Orninary Speakers's Judgement，*Philosophy Study*，2009，vol. 143，p. 342.

② Stewart Cohen，Contextualist Solutions to Epistemological Problems：Skepticism，Gettier，and the Lottery，*Australasian Journal of Philosophy*，1998，76(2)，p. 289.

亨是要论述一类有关于句子真值的语境论，但后面的论述却极易促使读者将语境论与相对主义联系起来。所以这里需要强调指出的是，语境论尽管常常被描述为一个人是否知道与语境相关或依赖语境，但语境论实际上是一种有关知识归因句的真值条件的理论，而不是关于对知识本身描述的理论，即关注的是命题的真与假，而不是知道或不知道。

很显然，语境论并不等同于相对主义，使用语境论进行认识论研究并不会产生知识的相对性。一方面，认识语境论的适用领域更多地限定在具有高标准的哲学问题下，特别是对怀疑主义的驳斥和问题解决。语境论的使用可以在保留日常知识的基础上延伸人们对哲学命题的探讨，它是一种形而上学式的思维形式。从根本上来说，使用认识语境论并不触及乃至否定知识的客观性。另一方面，认识语境论的讨论部分集中在真值以及意义问题之上，不仅对命题的讨论需要结合语境进行分析，而且在语言学问题讨论上意义就与语境本质地联系起来，语境构成了语言哲学研究的基底，甚至发展出语境实在的观点，而这从另一个侧面印证了语境的使用并不会导致知识的相对性。因此，有鉴于这样两个方面，我们可以认为知识的客观性并没有因为认识语境论的使用而得到破坏或更改。同时我们需要意识到保持知识的客观性对于认识论研究是极为重要的，不仅仅在于知识需要具有客观性，而且在于它能够将以哲学为代表的形而上学研究与具体的科学知识研究相统一。

综上所述，我们可以合理地认为认识语境论并不等同于认识相对主义，进而得出认识语境的使用可以带来知识客观性的结论。认识语境论与认识相对主义本质上并不一致，前者更多的是一种认识方法论或者是解决问题的方法和工具，更多的是为了回答怀疑主义难题，而后者则体现为一种认识态度和看待问题的视角，因此从根本上来看二者是相异的两类研究。而在知识的客观性问题上，一方面，认识语境论通过诉诸语境对命题进行分析，借助于对命题真值的探讨在认识论研究中完成了对知识的一种确定性研究，这样认识语境论研究视域下的知识同样可以保持客观性而不是相对性。另一方面，通过对认识语境论与认识相对主义的区分，特别是进一步地明确认识语境论的特征以及对"认识语境论等同于认识相对主义"命题的否定，我们就可以认为认识语境论的使用可以带来知识的客观性。

认识语境论的出现相当程度上改变了人们的认识策略与思考方式，在这样一种语境化的思维指导下，人们对认识论的讨论不仅需要对命题本身进行语义包括语用的分析与说明，更重要的是需要意识到语境已经发展成为一种科学哲学研究纲领的核心与基础，因而有必要从语境的基底上去透视语言哲学与认识论发展的这一新趋势。同时通过对认识语境论本质的把握，我们可以合理地将语境研究方法扩张至语言哲学以及认识论研究之中，在充分回答怀疑主义问题的同时，进一步扩大语境研究方法的意义，丰富语境研究方法的应用。尽管在这一过程中语境论会遇到相对主义问题的挑战与责难，但正如文中所分析的那样，认识语境论并不等同于认识相对主义，认识语境论的使用可以带来知识的客观性。而对这一点的认同，无论对于语境论应用于认识论研究又或是扩张至具体的科学哲学研究而言，都具有极为重要而深刻的意义。

第四节 语境分析的思想意义

语境经验论指出了知识本身内在地具有社会化的因素，知识生产就是一种集体活动，借助语境和相互批判的方式，就可以认识科学知识的本质。按照这一理解，知识就是社会性的知识，是语境性的知识，知识的生产过程实质上是一种社会化的认知过程。以这样的认识原则为基础，语境经验论就实际地转化为一种知识论研究，并对知识生成中的语境作用方式、效力进行了思考。但我对朗基诺的语境经验论提出了批判，认为这个理论需要进行更为详细的修改和精细的构建。我的目的在于构建一个更为精致的语境经验论，作为社会认识论的一个具体形式，在知识的规范性和社会性之间保持一个平衡，一方面保留科学知识的规范性，另一方面扩大科学知识的社会性，指明科学知识的社会维度对于知识的解释是必要而迫切的。事实上，当代知识论研究的出路就在于它需要综合地看待知识的内在特征，即不仅需要保留传统认识论的规范特性，同时也需要积极地吸纳知识内在的社会特性。因此语境解释有助于对知识特别是科学知识的本质做出较为准确的界定。

首先，传统科学哲学对于知识论的看法必须得到修改和重新界定。以社会学家、女性主义者、社会认识论者、建构论者所发起的这场知识社会化浪潮已经席卷了哲学中的知识论领域，我们需要注意到这个趋势并不仅仅是一些知识建构的外在思想，从科学实践的内在视野来看，从科学组织、产生的实际过程，特别是知识的辩护方式等知识论传统的研究领域都发出了知识社会化的呼声和要求。正是在这样的背景下，当代知识论研究需要将语境的解读方式纳入进来，将其视为一种研究方法，这样一方面保留了科学实践的规范性，另一方面有助于将知识论的社会化和知识的社会性体现出来，因此在这样的研究方法论中就需要扩大语境的解释范围和指明语境的具体解释结构。

其次，需要将科学知识返回至科学实践的实际语境中加以考察。"对具体的主体而言，其语境是确定的，比如一个语词，它的语境就是它的上下文；一个事物，它的语境就是它与其周围事物的关联体。"①事实上，当代科学哲学中的许多争论正是由于对知识一词的不同认识。哲学家和社会学家对知识的不同用法带来和产生了知识的不同界定和相关论述，因此表现为当代科学研究的各行其是。同时，从另一个角度来看，当代科学哲学研究将知识视为在真空容器中进行考察的研究方法就容易导致对知识的"片面"解读，即哲学家总是在一种思辨意义上进行知识的抽象思考，而社会学家总是将知识理解为科学活动的产物和利益产物，这样的两类理解事实上都不准确，需要进行改变。知识理解既不能按照抽象的真空理解，同样也不能完全将各种利益强加于知识内容中，对知识的理解必须返回科学知识产生的实践之中。也正是在这个意义上，知识论中的语境观试图对知识的实际生成过程做出准确的界定。

最后，借助语境重新理解知识具有天然的优势。一方面当代知识论从其内在发展轨迹上对知识本质做出了哲学式的准确考察和定位，另一方面在知识的社会性上重新理解和思考知识本质，也是当代知识论的研

---

① 魏屹东：《语境论与马克思主义哲学》，载《理论探索》，2012 年第 5 期。

究路径之一。因此，对知识的理解不能简单地放在某种单一视角下，而应将之视为融合不同认识和观念的一种新的对话平台。为此既需要看到，传统的知识论已不能满足人们对外部世界的认识功能，它在呼唤新的研究路径的出现，也需要看到后现代文化思潮对科学哲学的固有阵地的不停冲击，看到大量解构和不可通约的思想弥漫在知识论的研究之中。因此，面对这种复杂现状，语境的介入既是一种很好的应对，同时也成为一种必然，它有助于解决知识社会性与知识规范性的问题，无论是对传统认识论规范性、客观性的保留还是对经验性、社会性的扬弃，语境观视野下的知识论都具有其内容合理性和经验成功性。当然，需要指出的是，单一地看待知识本质，无论是规范性还是社会性，无论是个体性还是集体性，都不能完全地把握知识的本质，因此只有在包括个体知识和社会知识、认识个体和认识集体的分析整合中，才能真正做到对知识本质的准确把握和真正求解。因此，作为一种发展的趋向，语境所显示出的思维方式和认识观念的变革和方法论的更新，以及理论演变的未来走向，对当代知识论带来的深刻启迪和认识价值，却是不容置疑的。

结束语 | # 走向社会维度的知识观与认识论

　　认识论，这一古老的哲学研究命题，始终关联到人类对外部世界的认识和内心思维的启迪，作为人类把握外部世界和内在活动的最早也是最有效的工具，帮助人类不断地实现思维能力的提高和理智层次的进步。人类在从茹毛饮血的洪荒年代走向知识爆炸的信息时代过程中，正是凭借着知识观的突破，实现了对外部世界的更深更广的认识。当代知识观的多元维度为本书的写作基础以及合理性提供了最大的辩护，一方面很幸运认识论的工作并非以促进人类的物质化生产为己任，更多的是满足人类对知识创造的需求。另一方面，当代哲学研究特别是认识论研究在 19 至 20世纪后开启了多次理论革新，从实证主义的知识观、解释主义的知识观发展至批判主义的知识观、实验主义的知识观，这一进程相当程度上改变了人们对于知识的固有认识，这些思潮很大程度上释放了哲学家的思想，促使他们跳出了固定范式的桎梏，使得当代知识的思考更加多元化，同时当代科学知识生产的复杂性也促使人们重新思考知识的本质这一古老的认识论问题，知识社会维度的思想应运而生，呈现在当代科学哲学的研究领域之中。由此，社会认识论才会在 20 世纪 80 年代应运而生，并迅速地占领了认识论研究的中心舞台。某种程度上这既是一种必然，因为可以将它视为现代社会发展对知识视域的冲击与挑战，同时也可以将之视为一种偶然，毕竟社会认识论这一学科最初诞生于图书馆学和信息科学之中，其后才进入了哲学研究领域特别是认识论研究之中。新生的社会认识论研究拥有了自身快速发展的动力和区别于其他知识观的显著的理论核心，表现出一种快速生长的趋势，之所以能够在短短的三四十年内就拥有了深厚的研究内容、数量可观的研究成果，究其原因其主要来自核心知识观的变革，即其核心动力来自对"知识社会维度"的重视与关注，也因此在结束语中需要对此给出详尽的论述和细致的分析。

一、知识社会维度：认识论的发展趋势与演进方向

随着认识论研究的逐步规范化，特别是其中所含内容事实上得以确立下来，理论的细化和充实工作正在这一研究内部逐步展开。伴随着知识社会维度研究开始广泛地渗透进各门社会科学，特别是它的核心理念正变得越来越为人们所熟知的同时，这一研究如何发展以及向什么方向

发展的问题开始显现出来。这就要求研究者需要明确这一研究的方向选择，一方面在学术层面上继续丰富和完善其研究内容，另一方面需要充分认识到和把握住这一研究的未来趋势和发展走向，因此这个问题是重要的，同时对研究者来说也是必要的。这一问题在我们看来，走向社会维度的知识观就是它的一个合理的发展趋势和方向。

　　当然，这里所说的社会并非是指我们通常意义上所界定和感知的"社会"实体，更多地是指称一种知识的来源思想、应用思想的观念主体，而知识社会维度的社会认识论正是在这一意义上得以提出。事实上，西方哲学的形而上学和形而下学的张力促成了思辨哲学和实践哲学的区分。思辨哲学致力于追求终极原因、终极真理以及超感觉的终极存在，借助理性与逻辑试图对世界做出完整圆通的解释说明。从柏拉图到黑格尔，这种重思辨、重认识的思维理念一直存在并影响着当代哲学研究，但是哲学的目的并非单纯的反思和映射，更多地表现为面向事物本身，返回生活世界以及主张对人的现实关怀，因此走向社会走向生活是哲学发展的大趋势。也正是在这个意义和层面上，我们可以更加深入地理解伽达默尔所说的蕴涵实践的社会世界的含义。"人们必须清楚实践（Praxis）一词，这里不应予以狭隘的理解，例如，不能只是理解为科学理论的实践运用。当然，我们所熟悉的理论与实践的对立使'实践'与对理论的'实践性运用'相去弗远，而且可以肯定的是对理论的运用也属于我们的实践。但是，这并不就是一切。'实践'还有更多的意味。它是一个整体，其中包括了我们的实践事物，我们所有的行为和活动，我们人类全体在这一世界中的自我调整——因而就是说，它还包括我们的政治、政治协商，以及立法活动。我们的实践——它是我们的生活形式

(Lebensform)。"①很显然，当代哲学的一个重要的任务就是回归生活，从包括精神世界的各个方面给予更多的关怀和指导，将人类生活与哲学反思紧密地联系起来，用哲学世界的理论和认识来诠释和治疗当代人类生活，因此这样的社会回归并不是一类简单的单向理论运用，更多地体现在对具体的包括人类政治生活、知识追求以及知识生产过程的关注和求解，也正是在这个意义上，我们提出"生活即社会"，哲学要回归生活，就是要回归至蕴涵生活的社会中去；对社会生活的关注，就是要对蕴涵社会生活的知识进行关注，而在这个过程中以知识社会维度为核心的社会认识论研究无疑具有更为合理的域面和更为强烈的诉求，也因此我们可以认为走向社会维度就是认识论发展的一个重要趋势和走向。

通过之前几个章节的论述，我们可以清晰地把握到社会认识论的研究组成复杂多样，既有从传统哲学内部关注真理的研究方法，也有从传统哲学外部对知识社会性的考察，还有独立于认识论研究的知识政策分析，但是在这里我们需要指出的是，尽管这些研究所采纳的方法不同，但是事实上它们的共同特征都表现为对知识社会维度的关注和解答。具体来看，这个趋势的把握可以从以下几个基点上得以认识：其一，戈德曼的社会认识论广泛关注了真理概念的获得和促进，而求真认识论的目标实际上就转为真信念获得程度的研究，虽然某种意义上失去了认识论的一些特征，但同时也将新的哲学研究方法扩大至多个不同研究领域，如科学、法律、政治、教育当中，而这些正是戈德曼在《社会领域中的

---

① ［德］汉斯·伽达默尔、卡斯腾·杜特：《什么是实践哲学——伽达默尔访谈录》，金慧敏译，载《西北师大学报》，2005 年第 1 期。

知识》一书中所勾勒出的具体社会领域，对知识社会维度的研究就是求真研究之目的所在。① 其二，富勒将社会认识论视为一种知识论的元理论研究，视为一种知识政策分析研究，并在此基础上将知识视为一种社会生活的产品，一种人类的知识生产结构的产品，一种对科学进行有效管理的产品，因此社会认识论是一种政治定位的知识研究，是一种具备强烈的社会取向和社会关注的知识研究，是一种追求政治规范与社会维度的知识研究。其三，多份体现社会认识论研究最新方向和动态的相关刊物，不约而同地将社会认识论研究与具体的社会生活问题相结合，比如对知识生产的考察、对技术的批判方法等，尽管所有这些研究关注的角度不同，所采用的方法也不同，但是知识的社会维度是所有相关认识论研究的重要共同特征。事实上，这种情况的出现符合当代社会认识论的发展现状，当代科学技术的迅猛发展已经凸显出相当的矛盾和焦点，无论是科学知识生产，还是科学知识传播、运行，所有这些都涉及社会生活的根本意义和价值取向，因此将认识论的视野转向社会生活，将认识论的发展与社会生活、社会实践相关涉，运用知识社会维度的核心知识观找出新的求解方案和思路，就是未来很长时间内认识论的一个重要方向和发展趋势。应该说这个认识不仅从理论上来看是有价值的，而且从实践的角度看也正是未来认识论的发展结果，这一点正是我们在书籍后期撰写过程中的深刻体悟和未来之工作方向。

---

① 关于社会认识论的实践研究领域可详见 Alvin Goldman, *Knowledge in a Social World*, Oxford: Clarendon Press, 1999, pp. 221-400。

二、知识社会维度：认识论的价值取向与动因解析

社会认识论所表现出来的这种关注知识社会维度的重要取向，一方面扩大了认识论的研究范围，特别是引入了历史—文化视野中的社会因素，来看待知识的生产、创造、发明和传递；另一方面确定了自然科学和社会科学的认识研究界限，廓清了自然化认识论和社会认识论的承继关系和理论转变，引入了知识获取的还原主义和反还原主义的路径之争，在保持认识论规范性的特点基础上，采用和借鉴了来自其他经验科学的研究方法和语言学的研究成果。这样不仅在哲学层面上细化了认识论的研究本体，明确了认识论的研究领域，丰富了方法论的研究手段。尤其是在中国知识语境下，对于理解科学的社会实践，拓展马克思主义认识论内涵，促进社会科学哲学的学科建制化，具有非常显著的时代特征和实践意义，而这也是其近年来快速发展的背后动因。具体来看，关注知识社会维度的社会认识论的深入发展进一步阐释了重要的价值取向与动因解析，这一点主要体现在以下几方面：

其一，社会认识论的发展，促进了"社会"概念的界定和深化。

社会认识论的研究很大程度上取决于对社会概念的理解，不同的社会概念，必然会导致社会认识论的不同。依据对社会的理解程度以及理解方式，社会认识论领域出现了以下四种"社会"概念：

（1）早期知识社会学的"社会"界定。19世纪到20世纪初形成的马克思主义及以韦伯、曼海姆为代表的知识社会学，"社会"主要指代外部环境，社会因素更多时候与各种不同的利益联系在一起，如阶级利益、政治利益或与现存世界相关联的利益。在这样一种"社会"界定之下，毫无

疑问，理性的对立面就是社会，而科学是人们认识世界获得真理的最优途径，故这一时期科学是绝对自治的，科学知识不能用社会性来解释，科学也不可能渗透这种社会因素，科学的特殊认识论地位决定了它处于社会学的研究范围之外。

（2）引入科学家个人利益、职业利益的"社会"界定。随着知识社会学的发展，特别是强纲领的出现，许多人把科学家的个人利益，如追求更大的信誉度引入社会概念中，而不再是阶级利益。这种界定普遍认为，受个人利益影响的科学家并不会偏离对理性与真理的追求，这就超越了早期的科学和社会之间的严格对立。不少社会认识论者都论述了职业利益与真理追求之间并不存在必然的冲突。比如，基彻尔认为纯认识论的、利他主义的科学家并不能保证认知劳动的合理分配，只有认识上受污染的科学家才能做到。

（3）人际关系（inter-individual relationships）的"社会"界定。这种界定完全把社会超越于政治、阶级和利益之上，将社会看为宽泛的个体及其个体间的互动，而影响个体信誉状态的个体间互动就是一种社会—认识的关系。这样的界定完全脱离了早期的认识，科学不再处于社会性的研究之外，而是将静态的、积累的自然知识和变化的、独特的社会文化知识融为一体。因此，个体之间广泛的交流与互动成为社会认识论的主题。许多本质上具有合作性质的事业包括科学，成为社会认识论的研究对象，而社会认识论也成为一种科学知识、科学政策的元理论研究。

（4）集体状态和集体知识的"社会"界定。随着社会认识论的发展，社会的界定不仅仅局限为人际关系，而是各种具体的合作性集体。这些实体具有社会性的方式就在于它们是信念的承担者，从而使得集体成为社会认识论的研究目标，提出了集体信念的"总计"原则，即一个集体的多数成员或全部成员相信命题 P，那么这个集体就相信 P。从这一角度来看，集体成为知识或辩护信念这样的认识状态的承担者。这样的集体是信念知识的主体，社会认识论成为对具有集体状态、集体知识的实体研究。

综上所述，正是由于社会认识论者选择了开放的社会概念，使得不同的社会概念产生出独特的社会认识论，而随着对"社会"概念认识的细化，研究的角度逐渐由外及内，研究内容也就由非实体的关系转化为信念状态的承担实体。

其二，社会认识论的发展，明确了认识论研究的发展方向。

自古希腊时代起，认识论就是定位在"什么是知识，我们如何获得知识"之上。柏拉图将知识理解为："知觉就是知识，真的意见就是知识，真意见加逻各斯（logos）就是知识。"他不仅把人的感觉及真意见看成是知识，最重要的是知识需要理性的支持。对真理、对真知识的追求从此就在人类的社会活动中打下了深刻的烙印。

近代认识论，尤其是以笛卡尔为代表的理性论更多的是把孤立的个体作为知识的主体，而认识论就转为试图分析或指导孤独的认知者的努力，个体认知者通过感觉、记忆和推理从而获得真知识形成真理。以洛克为代表的经验论则把知识划分为直觉的知识、证明的知识以及感觉的知识，把知识视为表明两个观念之间是否一致的关系的知觉。这样，知识要么局限于个体范围，要么把一切知识源于经验，混淆了知识本身与知识标准的区别。

20 世纪 50 年代之后，认识论发生了重大的变化，一方面认识论脱离了规范性质走向了描述性质，认识论经历了心理学与认知科学的自然化转向，另一方面诸如社会建构论、后现代主义、实用主义以及文化研究等学术思潮的兴起，挑战了传统哲学观，弱化了传统认识论的规范性质，对以追求真理为目的的知识论持普遍的怀疑主义和批评态度。伴随着种种对现代性的批判，认识论逐渐失去了其在哲学中的地位，沦为一种简单的对知识的描述，以及从具体科学的认识活动中阐明认识合理性，而真理也被各种各样的建构和批评驳斥得体无完肤，甚至在罗蒂（Richard Rorty）那里完全被消解，真理不再是符合而仅仅是有用，是人们认识世界的一种工具，就像人们认识世界的其他工具一样。

　　20 世纪末期，社会认识论兴起，采用了新的研究方法和研究视角，不仅将研究领域定义为传统的认识领域，而且拓展为知识生产的政策制度研究。与此前的认识论研究相比，它突出地表现为两个特点。第一，扭转了之前自然化认识论重描述轻规范的性质，重新将真理定义为认识论的目标，这样知识就是得到辩护的真信念，是弱意义上的真信念。而社会认识论的关注点在于寻求哪一种实践会对知识产生相对有利的影响，真理不再是有用而是人们认识世界和改造世界的目标，从而重新诠释了"什么是知识"这一古老的问题。第二，突破了认识论长期以来局限于个体范围的认知状态，把知识的研究范围扩大至社会领域。首先，它突破了近代以来认知活动的主体为认知个体的陈制，关注不同认知能力、不同文化背景的个体所构成的领域，从而对认知主体之间的深度合作以及知识生产的互动本质做出了清晰定位。其次，它突破了古希腊开始只视陈词为人际间的社会资源而不是稳定知识来源、可靠知识来源的桎梏，在确立了陈词的地位和作用之后，陈词就与感觉、记忆、推理一样成为了知识的主要来源，从而使认识论脱离个体范畴而进入社会范畴。

综上所述，认识论的发展史实际上就是一部哲学的发展史，它折射出了不同时代的人们对哲学的思辨、理解和定位。如果说自然化的认识论是哲学家对认识论发展的一种进步及突破，那么社会化的认识论就是在此之上的一种更新和回归，是一种更高层次的递进，它坚持了认识论的规范内核的同时又突破了传统的束缚，在自然化的基础上不仅将认识论的发展与自然科学相结合，同时也与新兴的各门社会科学紧密相连，在新的哲学时代中显现出研究的合理性和研究意义。

其三，社会认识论的发展，促进了哲学方法论的丰富和多元化。

纵观当代哲学以及社会科学的发展，始终存在着对社会科学的不同理解，因而形成了"实证化"与"人文化"两种相距甚远的研究思路和发展取向，它们表达着对社会认识的不同理解，或者说是表达着不同的人文社会科学观。但是这并不等于说二者之间是不可调和与对立的，相反，社会认识论研究中，以概率学为主的数学研究方法以及以修辞学为主的语言学研究方法成为有效的研究手段。

一方面，在社会认识论中，以戈德曼为代表的受过分析哲学训练的哲学家，很多时候采用了数学和经济学研究成果，通过建立模型及统计概率得出结论，其中最常用的就是贝叶斯定理的使用。在戈德曼的《社会领域中的知识》一书中，他明确表示，通过依赖贝叶斯定理，我们确定陈词的实践可以得到改善和提高，或者更为准确地说，在应用了贝叶斯定理之后，推理者的求真价值（V-value）与未使用之前预期值相比要更高。很显然对于以真理为目标的求真认识论来说，这种概率学的方法非常富有成效，由此，对某种实践的考察就无须直接通过经验观察，而更多时候可以根据理论思考来决定。

另一方面，以富勒为代表的哲学家采用了语言学的研究成果，特别是使用了以修辞为主的方法来解决知识的话语问题。富勒反对传统的知识"会话"模式，并拒斥了长期以来把知识设想为"仓库"式的模型。在经典认识论中，把知识看成是累积的并能够在不同的语境中得到保持。与此相反，富勒认同一种知识"生产—分配"的模型，不仅把知识看成是能够为个人所拥有，而且它是在生产和分配的过程中产生出来的，这样，知识就是经济生产过程，而知识政策就是指导这种过程的"预算"。"正是处于这种'经济化'的过程中，知识生产就意味着一个人可以拥有更多的知识，而他人拥有的则更少。因此，在知识生产管理中，关键问题并不是如何积累更多知识，而是如何能够更为公平地重新分配。"①

其四，社会认识论的发展，补充和深化了马克思主义认识论。

社会认识论是关于知识社会维度的哲学研究，同时也是关注知识生产和知识分配的哲学研究，无论戈德曼对社会认识真理性及知识求真度的探讨，还是富勒把社会认识论看成一种知识的政策研究，他们都把知识生产，特别是科学技术知识的生产，看成是社会发展的动力因素，是提高社会生产的推动力。自然知识丰富和发展了社会科学理论，反过来社会科学理论的成熟又促进了自然科学知识的进步，指导了自然科学知识的研究，保证了生产力的发展。在这一点上，无疑与马克思主义认识

---

① Steve Fuller，*Social Epistemology*，Bloomington Indiana：Indiana University Press，2002，p. 29.

论的知识生产力观相一致。马克思主义创始人阐述了知识是生产力的本质要素，并高度重视作为知识范畴的科学技术在提高生产力中的重大作用，详细论述了科学与社会经济发展的关系，由科学知识在社会生产中的作用看到了一般社会知识在改造社会生产力中的重大作用。

对于当代中国的科学实践和社会实践而言，社会认识论同样是马克思主义认识论的有益补充。随着 20 世纪 40 年代以信息科学等为标志的高科技的迅猛发展及新科技革命的兴起，当代马克思主义者看到了新科技革命的发展给世界带来的巨大变化，提出了"科学技术是第一生产力"的科学论断，发展了马克思主义的知识生产力观。因此，在知识特别是科学知识的价值以及重要性上，社会认识论与马克思主义知识生产力观具有相同的价值取向。马克思主义认识论的最高层次是通过实践改造世界，在信息技术主导的知识经济中，这样的实践更多地表现为知识生产实践。

可以说，知识生产实践是现代社会认识世界改造世界的根本途径，是马克思主义创始人和经典作家的核心理念，也是新时期马克思主义研究者的终极认识，这既是马克思主义哲学的哲学内涵和理论价值，也是社会认识论研究的根本任务和最高目标。正是在这个意义上，社会认识论的研究及成果对于坚持和发展马克思主义，无疑具有非常积极的意义。

其五，社会认识论的发展，促进了社会科学哲学的学科建制化。

社会科学哲学（Philosophy of Social Science），即对社会科学之理论和实践进行的哲学反思。它的理论定位表现为：（1）社会科学哲学隶属于广义科学哲学，是后者的亚领域。（2）社会科学哲学是哲学的分支，跟传统科学哲学具有相等的学科地位。(3)社会科学哲学是对社会研究实践进行反思的元理论研究，它以社会科学的独立学科建制为基本定位，把社会科学哲学的研究视为社会科学本身的内容。①

　　社会认识论作为社会科学哲学的研究取向之一，标示了社会科学哲学发展的新路径，凸显了社会科学哲学研究的意义。因为它将自身视为一种对社会研究实践、特别是知识生产实践进行反思的元理论研究，同时它关注知识生产的组织情况进而回答传统认识论的"我们如何获得知识"的问题，这样，社会认识论就在社会科学哲学的理论框架中，以社会领域为研究视域并凸显出认识论的特点。可以说，社会认识论不仅是社会科学哲学的元理论，还是一种经验的研究纲领和知识政策。

　　首先，作为元理论，社会认识论的基本功能就在于，它可以做出一种设计，以重新解释哲学家和社会科学家到底在做什么。社会认识论建构元理论的动机在于使知识"自然化"，而知识的自然化包括的不是认识论的消失，而是使两种界限——认识论和关于知识的社会科学研究——的消失。其次，社会认识论也是一种经验研究纲领，在经验方面它有双重作用，一是根据科学史的实际发展来分析关于知识增长的哲学陈述，二是在认识上把比较突出的历史事件分解为各个部分，以决定一个认识规范的存在与否对事件的出现所产生的不同影响。在策略方面，社会认识论的目的是发展一种修辞，以便把它的元理论和经验研究转变为一种

---

① 殷杰：《当代西方的社会科学哲学研究现状、趋势和意义》，载《中国社会科学》，2006年第3期。

增加科学共识性的方法。①

社会认识论作为社会科学哲学的一个研究视域，关注知识的生产与评价，关注知识生产制度与认知劳动的分配，它充分地认识到，"知识是通过社会而构成的，这就意味着，通过社会，更为有效的知识也将成为可能。承认知识的社会基础，这跟客观性观念完全不矛盾。相反，通过认真反思过去的研究实践所受到的种种批判，并建立更为实在的多元、普遍的结构，完全能够增强社会科学重建的可能性"②。因此，社会认识论的发展有助于大众科学和精英科学之间彼此加深了解，在专家知识领域和大众知识领域架起融通的桥梁。现代社会，单纯地从科学层面上看待知识生产已经导致了知识生产的诸多问题，导致了科学与社会的层面断裂，适应时代而出现的社会认识论，通过沟通科学与社会的失和与误解，解决科学知识的合法化问题、认知偏见问题等诸多问题，促进理性在社会与科学的整合框架中的重构，重新梳理科学与社会的关系，增强对科学的反思与批判，具体而有效地促进了社会科学哲学的学科建制化，使得在一个全新的平台上看待知识生产、建构和评价的问题成为可能。

由此可见，在当代科学实践和知识创造的复杂特征的状况下，关注知识理解和知识产生的社会认识论，对它的研究和发展，至少在两个方面体现出直接的实践价值：其一，有助于促进公众对知识的兴趣，加深

---

① 刘军：《当代科学哲学中的自然主义流派论析》，载《自然辩证法通讯》，1997 年第 6 期。

② Gulbenkian Commission，*Open the Social Science*，*Palo Alto*，California：Stanford University Press，1996，p. 93.

公众对知识的理解，使得科学、社会与公众参与能够更好地结合，提高公众的知识素养和文化底蕴。其二，有助于建立起一套完整的知识生产路径，强化知识评审的客观化与民主化，加强对知识生产部门的引导与监督，建立适当的知识生产机构和制度，并完善知识生产的奖励与处罚的机制和规则。

从社会认识论的角度来看，培养公众对科学的兴趣，需要摆脱过去那种简单的"科普"和"公众理解科学"思维，因为这样的理解凸显出公众的无知，影射出科学家与公众的地位不平等，科学家居高临下、优越于公众。社会认识论则是要建立一种公众与科学的"对话"，这种对话强调的是，尽管科学家的专业知识丰富，但对其他因素的考虑未必能有公众全面，所以公众与科学家应该以对话的方式达到双向的交流和互动，而这样的对话应该是在一种平等的基础上展开的。当然在这个过程中，必须提高全民的文化素养，加强公众对重要科学术语和科学知识的理解、公众对科学原理和方法的理解、公众对科学的社会影响的意识和理解，但决不能因此让公众处于被动的接受者地位。对此，社会认识论的研究揭示出如下观念：

首先，在公众和科学之间形成一种"对话氛围"与"对话意识"。清楚地让公众意识到科学自身所具有的危险性，意识到公共科学政策上风险知情权与决策选择权的丧失，其后果是极为严重的；另一方面，当代科学的发展不仅其规模越来越大，其速度也是超越了以往任何时期，因此在快速的发展和变化之中，它与社会、伦理、信仰、价值观等众多潜在要素的联系日益紧密。在"大科学"时代，绝对不能单纯地认为科学仅仅是科学家、科研机构的研究内容，必须认识到它涉及社会公众，涉及社会的方方面面。

其次，除了形成对话氛围之外，还需要对决策过程加以改造。一方面，决策过程需要透明化，现代科学往往伴随着巨大投资，存在着极高的风险，因此对科学家与科研管理机构来说，有必要让公众尽早了解到这些投资的价值及其重要性，这既是政府与科学家的职责，同时也是科学决策过程民主化的最佳体现；另一方面，决策过程需要开放化，适当引入各种"协商评议进路"更是完善科学政策的有效保证以及促进公众与科学相互理解的必要手段，只有充分地考察政策决议中的各种因素和利益，合理地解决"科学精神自主"与"民主文化"之间的矛盾与冲突，才能形成科学的决策，才能更好地促进各项社会事务的发展。

概而言之，完善知识生产路径，建立富有成效的奖罚体制，构造从自然科学知识到社会科学知识，从基础研究知识到应用研究知识的生产、传播和分配制度，彰显公正民主的知识生产评审机制，对于当代中国的知识体系建设无疑显得尤为重要。目前中国科学事业发展迅速，取得了一系列令人瞩目的成就，但是在这个过程中也暴露出许多决策和审评的失误与问题，特别是在资金投入制度和成果鉴定制度上，出现了不少的学术官僚和弄虚作假现象，这些并不仅仅是个人素质的问题，"投入必须产出""名人效应"等根深蒂固的陈旧观念也是重要的成因。科学决策只有走向民主化，走向公开化，走向"公众参与"，才能够、也才有资格重新赢回公众的信任，才能最大限度地确保研究的真实而准确，在这方面，社会认识论的理念与实践，能够为研究科学与社会关系提供有力的帮助。

三、知识社会维度：思想的自由交换与平等交流

　　除了上文所说的社会认识论的探索之外，知识社会维度尚有一个重要的内容尚未提及，这个内容就是埃尔文·戈德曼在《社会领域中的知识》一书中提到的"自由的思想交流市场"（Free Marketplace of Idea）观念，借此进一步说明社会认识论研究的意义。这一观念的意义就在于推动我们进一步地理解为什么社会认识论会出现在社会学和哲学两个完全不同的研究域内并形成"认识论的社会化"潮流。从哲学的视域来看，人们认识活动的目的就在于获得真理，而保证真理获得的最佳方式莫过于在更大的范围和场所内通过批判性的检查，促使各种不同的观念彼此竞争和进步，而像这样的辩论的公开场所就是我们所说的"自由的思想交换市场"。尽管这个提法是一种隐喻，但是它却生动地展示了社会认识论的实践作用和价值。"思维市场"的提法最大程度上透射出思想交换的开放性和自由性，"正如亚当·斯密的'看不见的手'能够确保最佳生产出现在自由竞争中，当所有意见都被允许自由竞争时，'思维市场'也能确保最好的思想得以出现"①，或许当我们回过头来看待社会认识论的内容时，我们会惊讶地发现正是从这个角度，思想的自由交换与平等交流可以有效地体现出来。

　　当然，这一思想并不是近些年才出现的，事实上在哲学研究领域内，这个思想早就存在，比如我们可以联系到哈贝马斯的"理想语言情境"（ideal speech situation）。这个思想我们完全可以看成是自由平等的

---

　　① Frederick Schauer，*Free Speech：A Philosophical Enquiry*，New York：Cambridge University Press，1982，p. 16.

思想交换场所，在彻底的自由和平等的人类之间，绝对无强迫和无限制地进行讨论的假设情境。"理想语言情境的程序限制就在于每一个参与者都必须具有平等的权利来参与并进行交流；每一个人都必须具有平等的权利做出判断、推荐和解释；所有人都具有平等的机会表达他们的愿望、想法和感情……"①正是沿着这样的思考，社会认识论的终极认识突出地表现为一种思想的自由交换，表现为一种平等的认识途径，从而最终呈现为实践过程中人们思想的自由以及心灵的解放，而这也正是认识论社会化趋势的实践动力。

从社会学的视域来看，无论是科学知识社会学还是女性主义认识论，他们都致力于引入这样一个观念，即目前的科学知识生产过程和环境是不平等的，这种不平等既可以表现为知识生产过程中男性和女性的地位不平等，同样也表现为知识生产过程中大众和科学家的地位差异，人文学家和科学家的地位差异。当然我们可以将之归结为人文学家缺乏相关的知识背景，但是我们必须承认最核心的原因还在于缺少平等自由的交换场所，或者说缺乏必要的沟通机制。因此，社会认识论能够在社会学的研究范式中形成认识论的社会化趋势，显然有其内在的思想根源和形成条件，而这就是我们此刻需要表达的"思想的自由交换"。在这里我们可以大胆地引入这样的一种思想，即社会认识论的终极目标就在于引入一个思想自由交换的场所，或者说自由的思维市场，就在于提供一个平等的认识途径和认识机制。

---

① Seyla Benhabib, Models of Public Space：Hannah Arendt, the Liberal Tradion, and Jürgen Habermas, in C. Calhoun(ed.), *Habermas and the Public Sphere*, Cambridge, MA：MIT Press, 1992, p. 89.

当然，从知识生产的具体过程和生产机制来看，社会认识论关注知识的生产与评价，关注知识生产制度与认知劳动的分配，它充分地认识到，"知识是通过社会而构成的，这就意味着，通过社会，更为有效的知识也将成为可能。承认知识的社会基础，这跟客观性观念完全不矛盾。相反，通过认真反思过去的研究实践所受到的种种批判，并建立更为实在的多元、普遍的结构，完全能够增强社会科学重建的可能性"①。因此，社会认识论的发展有助于大众科学和精英科学之间彼此加深了解，在专家知识领域和大众知识领域架起融通的桥梁。现代社会，单纯地从科学层面看待知识生产已经导致了知识生产的诸多问题，导致了科学与社会的层面断裂，适应时代而出现的社会认识论，通过沟通科学与社会的失和与误解，解决科学知识的合法化问题、认知偏见问题等诸多问题，促进理性在社会与科学的整合框架中的重构，重新梳理科学与社会的关系，增强对科学的反思与批判，具体而有效地促进了社会科学哲学的学科建制化，使得在一个全新的平台上看待知识生产、建构和评价的问题成为可能，而这正是社会认识论之于当代科学哲学研究的最大意义和价值所在。

四、知识社会维度：认识论的相关勾勒与未尽论题

本书将主题定位为"知识社会维度与当代社会认识论研究"，出于研

---

① Gulbenkian Commission，*Open the Social Science*，*Palo Alto*，Stanford University Press，1996，p. 93.

究内容的规范性的考虑，并尝试从哲学的规范性上来分析知识的社会维度。从实际完成内容来看，完成了初始设定的一系列工作，取得了社会认识论研究的较为完整的研究成果，在本书文末适当将其勾勒出来对于理解相关思想将是有价值和富有意义的。

其一，以知识社会维度为线索，将纷繁的知识内容有机地结合起来，构建出当代社会认识论研究的基本框架，形成了完整合理的研究体系。目前国外社会认识论研究正处于热烈的讨论之中，众多的主流哲学认识论者、知识社会学家、女性主义认识论者分别从多个不同的角度开展了各具特色的研究，这一点从本书后面所罗列的众多的参考文献就可以看出。这些研究或注重从认识论内部采用规范的研究方法，扩大知识的来源拓展新的知识辩护方式，或从知识的建构性入手，主张知识的社会性源于知识主体所处的阶级差异、阶级压迫，源于知识主体所具有的个体利益、社会互动。因此，当代社会认识论研究的构成复杂多样，研究内容分散零乱，想要系统地展现和理解这一重要主题，除去必要的资料消化吸收，合理地安排与串联相关研究内容就是必须的事情。既需要对其表述清楚合理，同时又需要将各种不同的知识内容有序安排，建构出合理完整的研究体系和基本框架。正是在这种重要的思考之下，本书以知识社会维度为核心串联不同内容，并对社会认识论发展的历史、含义、划界、本质、核心议题、理论特征、实践考察等多方面进行研究，目前来看这一工作是成功的，对于当前国内外社会认识论研究工作来说具备较强的指引性意义。

其二，以知识社会维度为线索，准确地界定了社会认识论的本质，从元理论层面把握住了社会认识论的研究核心。当代社会认识论研究的最大特点就在于对知识社会维度的强调，以此为基础分别从各个不同的角度展开讨论，如延续性、替代性与平行性的理论定位；社会学式与哲学式的研究路径；以及陈词问题、专家意见、集体性知识三个核心议题。正是基于知识的社会维度这一主线索，本书准确地把握住了当代社会认识论研究的主基调，明确了其研究内容和研究方法，这些工作不仅展示了认识论发展的趋势和方向，而且进一步拓展了哲学反思的视野和界域，带给我们许多关于知识本质、哲学本质、认识本质等方面的启示，应该说其价值是不言而喻的。同时在资料方面，本书也是翔实并经得起考验的，相信有兴趣的研究者同样会从这些资料中得出相同的结论。

其三，以知识社会维度为线索，详尽阐明了社会认识论的理论特征，把握住了当代社会认识论的理论特征和实践考察，揭示出当代社会认识论之于科学实践、之于各门具体学科的作用与意义。这个工作对于充实社会认识论研究、完善这一领域的扫描具有重要的作用和价值。当代科学哲学缺失了特定的、共同的研究范式，哲学家和社会学家往往出于各自学科理解的需要，用不同的方式指称相同的知识概念，也因此在对知识的使用和理解上，呈现出不同的话语与表达，因此知识社会维度就成为彼此交流和相互认可的重要元素和成分。所以说对知识社会维度的共同定位和理解，包括从社会实践过程中理解、从各门社会具体学科的交流融合中理解、从完善知识的社会属性与生成中理解，就是改变这一现象的最合理方式，而这正是走向知识社会维度的研究优势或价值所在。

其四，以知识社会维度为线索，指出了语境分析在知识生产实践过程中的具体结构和作用，提倡在语境分析的视角下开展知识的理解，提倡在科学知识产生的社会实践之中开展知识的理解，提倡在知识的实际生成过程中开展知识的理解。我们始终认为强调知识社会维度的社会认识论与语境分析是有关联的，也因此本书不仅使用语境作为一种重要的核心概念，同时将语境作为知识解释的方法，采纳语境分析方法用于知识解释，并揭示出语境解释在知识实践生产过程中的具体作用和方式，甚至专门论述了认识语境论与认识相对主义本质上并不一致，这些研究在很大程度上丰富了社会认识论的研究内容，扩展了知识社会维度的理解模型，夯实了知识生成与社会的有机且丰富的联系。

最后，在全书即将结束之际，笔者试图提出一个问题，一个笔者多年来反复思考的重要问题，即，哲学家研究认识论的目的是什么？只是单纯地为了获取知识的辩护理由吗？又或者是为了完善和解答盖蒂尔问题吗？如果仅仅是这样的话，那么这种认识论的研究或者说知识论研究就显得过于狭窄。那么如何看待上面所提的问题？笔者试图大胆地猜想，哲学研究或者说认识论研究的终极目的应该是为了获取人类对内心关照以及外部世界的完整图景。

按照这一思路，单纯的传统内省式的认识论研究显然是无能为力的，它既不能对人类认识自身的行为做出合乎科学的回答，也无法对人类把握外部世界的方式给出合理的答案。它所能提供的不过是一种建立在形而上学的知识层面的辩护和分析而已。那么突破人类认识瓶颈的必然选择在哪里？除去对知识社会维度的认识论理解之外，我们认为还有一种可能，即在认知科学内部以一种经验的方式、以一种自然主义的方式对知识生成的机制、模型以及原因做出讨论和建构。

　　当代社会科学与自然科学之间的张力已经开始随着自然主义的兴起以及规范性的强调变得弱化起来，社会科学中的自然化实质上呈现为一种方法论上的态度，"强调哲学研究必须纳入经验科学的成果中，拒绝将经验现象的解释，诉诸任何先验的、超自然的宣称。随着进化生物学、认知科学和神经科学等具体学科的发展，科学哲学已难以为科学提供某种引导性的统一规范，因而，当代哲学家们不得不承认，经验科学对于自然、人类社会和心理现象的描述，已成为哲学理解实在、语言、知识的必要前提"①。基于这样的认识和思考，我们意识到从认识论研究到"脑认知"研究有可能是解决人类认识之谜的必由之路，而当代脑认知研究的蓬勃兴起也为这一研究思路提供了巨大的学科支持和学术推动。随着脑科学研究的兴起，作为"一种特殊的自然化纲领，神经科学试图将所有人的科学（the science of man）纳入自身的理论框架之下"②。

　　从哲学特别是认识论的角度来看，神经科学的出现很大程度上是一种探讨人类认识机制的必然过程，相较于传统的拷问内心的心灵反思，神经科学使得我们在人类历史上第一次能够直接看到大脑的认知活动，即大脑在进行各种认知加工时的功能定位和动态过程，而这显然就成为神经科学出现在哲学领域的直接推动力。这样，以心理加工的神经机制研究为基础、以思维和大脑结合的神经研究为目标、以心理和认知功能在大脑中实现为核心问题，神经科学的出现和繁盛就为当代哲学乃至认

---

　　① 　殷杰：《当代社会科学哲学：理论建构与多元维度》，北京师范大学出版社 2017 年版，第 406 页。

　　② 　Mario Bunge，*Matter and Mind：A Philosophical Inquiry*，Springer，2010，p.116.

识论的发展提供了一种直接的和强大的推动力量。

在这里，我们试图使用哲学史上一个有趣的话题来表明知识的获取不能仅仅通过心灵的简单加工和思想实验得到。这个话题就被洛克称为"默里诺问题（Molyneux' Problem）"。这个问题是洛克 1688 年在他的《人类理解论》中提出的，他在书中这样写道："为证实这一层起见，我们可插入默里诺先生数月前给我的信中叙述的一个问题。"①这个问题大致可以归纳为：一个天生是盲人的患者，此前对于球体和立方体的知识的获取是来自于触觉对心灵的投影，是一种心灵的加工和输出，但是当有一天患者的眼睛复明了，他能否凭借视觉来区分远方的球体和立方体，能否知道（Know）和辩护（Justify）他的知识呢？

针对这个问题，洛克的答案是否定的，患者的知识经验来自手的感觉，他没有感受过看任何物体的经验，因此他不能靠视觉准确地说出哪一个是球体，哪一个是立方体。与之相似，贝克莱认为只有在我们拥有了某些知识的长期经验后，我们才能加以断定知识。与洛克、贝克莱、里德等人持否定观点不同，莱布尼兹、弗朗西斯·哈奇森等人更多地对默里诺问题持肯定观点，比如莱布尼兹就认为"盲人几何学家与瘫痪的几何学家，应是相互遇合和彼此一致的，甚至归到同样的观念上，虽然他们并无任何共同的影像"②。十七十八世纪围绕默里诺问题的解释，也就是知识获取途径的解答并没有得到任何结论，究其原因就在于对知识来源和获取的理解，人们终究是通过哲学扶手椅式的猜想和臆测，缺

---

① ［英］约翰·洛克：《人类理解论》，商务印书馆 1997 年版，第 112 页。
② ［德］莱布尼兹：《人类理解新论》，商务印书馆 2002 年版，第 118 页。

乏科学的实证特别是来自生理学、神经科学以及认知科学的支持。哲学家更多的是把默里诺问题作为一种思想实验来看待，允许通过单独的推论解决问题，他们对于视觉和触觉之间的连接和关系的看法是随意的，既没有来自科学的支持，也没有来自经验的证据，究其原因就在于彼时的哲学家是无法想象到天生的盲人是可以复明和恢复视力的，也因此传统的哲学认识论对知识的获取往往希冀于心灵的投影得出，而非寻求实证的、经验的、自然化的方法。

然而，在 21 世纪的今天，单纯的思想实验已经被神经科学实验所取代和证明，简单的先天白内障手术的完成对于医学来说已经不是什么困难了，由默里诺问题展开的神经科学实验清晰地展示了盲人完全可以通过视觉来区分远处的球体和立方体，能够借助视觉为他的知道（know）和知识（knowledg）进行辩护。由此我们从默里诺问题中得到的结论就是，发生在 3 个世纪之前的认识论难题在今天轻松地被当代科学所解决，那么我们当下遇到的认识论难题，是否可以在今后几个世纪或者若干年后能够很容易地被科学解决呢，相信这一结论应该是肯定的。当然，我们在这里并非要抛弃掉传统的哲学认识论，我们更想要表达的观念就是：（1）传统的认识论研究并不能代替现代的"脑认知"研究，完全借助于"心灵的认识"来获取客观世界图景的认识方法变得不再完全有效。（2）神经科学哲学研究，对于理解脑认知的复杂性、揭示心灵与大脑的关系、探讨心理的神经加工机制提供了更为合理和充分的认知理由。最后，回到我们的工作中，目前来看还仅仅是一个初始，但是这个工作我们认为是重要而有意义的，相当程度上它不但夯实了认识论的研究基础，而且扩大了认识论的理论根据。

　　行文至此，本书也到了要结束的时候，相信读者通过阅读本书已然对社会认识论的研究内容有了充分的了解和认识，但是我们仍然需要提醒读者的就是当代社会认识论的研究可能并不能藉由书中内容完全呈现，特别是当前这一领域仍然处于快速的变动之中，对此直接的证明就是在斯坦福哲学百科全书中有关社会认识论的词条仍然在不断地更新中，甚至最新的一次修订更新发生在 2019 年 8 月。因此，保持对该领域的持续关注将是一项长期工作。另外，正如前文所提到的那样，有关认识论的研究内容还需进一步扩大，特别是研究思路与视域的拓展可能对于知道（know）和知识（knowledg）的研究来说将产生更为深刻的变化。蒯因提出的自然化的认识论企图用心理学来代替认识论，这一主张虽然遇到了难题并遭至失败，但在保留传统认识论的同时积极关注当代认知科学特别是神经科学的重要发现来补充和丰富认识论研究，这一思路我们认为依旧是可行的，而且当代认知科学的重要发现也为包括社会认识论在内的认识论研究提供了重要支撑，对以认识论与知识观为主题的研究给予了深度支持，对人们获取内心关照以及外部世界的完整图景提出了迫切要求，相信诸如此类的未尽论题就是下一步我们继续研究和探索的重点地带。

参考文献

I 英文著作部分

1. Adam Carter，Andy Clark，Jesper Kallestrup，Duncan Pritchard. Extended Epistemology［M］. Oxford：Oxford University Press，2018.

2. Adrian Haddock，Alan Millar，Duncan Pritchard. Social epistemology［M］. New York：Oxford University Press，2010.

3. Alvin Goldman，Dennis Whitcomb. Social epistemology：essential readings［M］. New York：Oxford University Press，2011.

4. Alvin Goldman. Knowledge in a Social World［M］. New York：Clarendon Press，1999.

5. Alvin Goldman. Pathways to Knowledge［M］. New York：Oxford University Press，2002.

6. Alvin Goldman. Epistemology and Cognitive［M］. Cambridge，Massachusetts：Harvard University Press，1986.

7. Alvin Goldman. Liansons：philosophy meets the cognitive and social science[M]. Cambridge，Massachusetts：MIT Press，1992.

8. A. Shimony，D. Nails. Naturalistic Epistemology[M]. Boston：Reidel Publishing Company，1987.

9. A. Bullock，S. Trombley，Norton dictionary of modem thought[M]. New York：Norton，1999.

10. Audi Robert. The Cambridge Dictionary of Philosophy[M]. Cambridge University Press，2001.

11. Audi Robert. Epistemology：A Contemporary Introduction to the Theory of Knowledge[M]. London：Routledge，1998.

12. Andre Kukla. Social Construction and the Philosophy of Science [M]，London：Routledge，2000.

13. Alcoff. L，Potter. E. Feminist Epistemologies [M]. New York：Routledge，1993.

14. Axel Gelfert. A Critical Introduction To Testimony [M]. New York：Bloomsbury Academic，2014.

15. Bruno Latour，Steve Woolgar. Laboratory Life：The Construction of Scientific Facts[M]. Princeton，NJ：Princeton University Press，1986.

16. B. McGuinness. The Philosophy of Michael Dummett [M]. Dordrecht：Kluwer，1994.

17. B. K. Matilal，A. Chakrabarti. Knowing From Words [M]. Dordrecht：Kluwer，1994.

18. C. A. J. Coady. Testimony: A Philosophy study[M]. Oxford: Clarendon Press, 1992.

19. Durkheinm. M. Rules of Sociological Method[M]. New York: The Free Press, 1974.

20. Durkheinm. M. On Morality and Society[M]. Chicago: University of Chicago Press, 1973.

21. David Hume. An Enquiry Concerning Human Understanding[M]. New York: Oxford University Press, 1975.

22. David Hume. A Treatise of Human Nature[M]. L. A. Selby-Bigge (ed). Oxford: Clarendon Press, 1967.

23. David Bloor. Knowledge and Social Imagery[M]. Chicago: University of Chicago Press, 1976.

24. D. Gilbert, S. Fiske, G. Lindzey, Handbook of social psychology [M]. New York: McGraw-Hill, 1998.

25. D. V. Lindley, Making Decisions[M]. London: Wiley, 1971.

26. David Hull. Science as a Process[M]. Chicago: University of Chicago Press, 1988.

27. Edward Montgomery. The Foundations of Access to Knowledge [M]. New York: Syracuse University Press, 1968.

28. E. Lee, Libraries in the Age of Mediocrity[M]. North Carolina: McFarland & Company, 1998.

29. Frederick Schmitt, Socializing Epistemology: The Social Dimensions of Knowledge [M]. Lanham: Rowman&Littlefield Publishers,

1994.

30. Frederick Schmitt. Socializing Metaphysics［M］. Lanham: Rowman&. Littlefield，2003.

31. Francis Remedios. Knowing Humanity in The Social World: The Path of Steve Fuller's Social Epistemology［M］. London: Palgrave Macmillan，2018.

32. Francis Remedios. Legitimizing Scientific Knowledge［M］. Lanham, MD: Lexington Books，2003.

33. Frank Scalambrino. Social epistemology and technology: toward public self-awareness regarding technological mediation［M］. New York: Rowman &. Littlefield International，2016.

34. Gulbenkian Commission. Open the Social Science［M］. Stanford University Press，1996.

35. Gilbert Margaret. On Social Facts［M］. London: Routledge，1989.

36. Gilbert Margaret. Sociality and Responsibility: New Essays in Plural Subject theory［M］. Lanham: Rowman&.Littlefield Publishers，2000.

37. Gordon Baker，Peter Haker. Wittgenstein，Rules，Grammar，and Necessity［M］. Oxford: Blackwell，1985.

38. Hans Bernhard，Schmid Daniel Sirtes，Marcel Weber. Collective Epistemology［M］. New Brunswick: Ontos，2011.

39. H. Kornblith. Naturalizing Epistemology［M］. Cambridge，Massachusetts: MIT Press，1985.

40. Helen Longino，Science as Social Knowledge[M]，Princeton：Princeton University Press，1990.

41. Helen Longino. The Fate of Knowledge[M]. Princeton：Princeton University Press，2002.

42. James H Collier. On Twenty-Five Years of Social Epistemology：A Way Forward[M]. New York：Routledge，2014.

43. Jesse Shera. Sociological Foundations of Librarianship[M]. New York：Asia Publishing House，1970.

44. Jennifer Lackey. Essays In Collective Epistemology[M]. Oxford：Oxford University Press，2014.

45. Jennifer Lackey. The Epistemology of Testimony[M]. Oxford：Clarendon Press，2006.

46. James H. Collier. The Future of Social Epistemology：A Collective Vision[M]. Lanham：Rowman&Littlefield International，2016.

47. James William. The Will to Believe and Other Essays in Popular Philosophy[M]. Cambridge，MA：Harvard University Press，1979.

48. John Locke. An Essay Concerning Human Understanding[M]. New York：Dover，1959.

49. John Searle. The Construction of Social Reality[M]. New York：Free Press，1995.

50. Jesse Shera. Libraries and the organization of Knowledge[M]. Connecticut：Archon Books，1965.

51. Joseph Rouse. Engaging Science: How to Understand Its Practice Philosophically[M]. New York: Cornell University Press, 1996.

52. J. Greco, E. Sosa. A Blackwell Guide to Epistemology[M]. Cambridge Ma: Blackwell, 1999.

53. Justin Cruickshank, Raphael Sassower. Democratic problem-solving: dialogues in social epistemology[M]. Lanham: Rowman & Littlefield International, 2017.

54. K. Hahlueg, C. Hooker. Issues in Evolutionary Epistemology[M]. New York: New York Press, 1989.

55. Karl Popper. Conjectures and Refutations[M]. London: Harper and Row, 1963.

56. Katherine Dormandy. Trust in Epistemology[M]. New York: Routledge, 2020.

57. Kitcher Philip, The Advancement of Science[M]. New York: Oxford University Press, 1993.

58. Laudan. L. Progress and Its Problems[M]. Berkeley: The University of California Press, 1977.

59. L. Cohen. An Essay on Belief and Acceptance[M]. New York: Oxford University Press, 1992.

60. Ludwig Wittgenstein. On Centainty[M]. G. E. M. Anscombe and G. H. von Wright(trans). New York: Harper, 1969.

61. Martin Heideggar. The Question Concerning Technology and Other Essays [M]. New York: Harper & Row, 1977.

62. Michael S. Brady, Miranda Fricker. The Epistemic Life of Groups: Essays In The Epistemology of Collectives[M]. Oxford: Oxford University Press, 2016.

63. Michel Foucault. Discipline and Punish[M]. A. Sheridan trans. New York: Vintage Books, 1979.

64. Michael Williams. Unnatural Doubts: Epistemology Realism and The Basic of Scepticism [M]. New York: Oxford University Press, 1991.

65. Miranda Fricker, Peter Graham, David Henderson. The Routledge handbook of social epistemology[M]. New York: Routledge, 2019.

66. Nelson Goodman. Of Mind and Other Matters[M]. Cambridge Mass: Harvard University Press, 1984.

67. Paul Faulkner, Thomas Simpson. The philosophy of trust[M]. New York: Oxford University Press, 2017.

68. Patrick Reide. Social Epistemology And Epistemic Agency: Decentralizing Epistemic Agency[M]. Lanham: Rowman & Littlefield International, 2016.

69. Charles Hartshorne and Paul Weiss. Collected Papers of Charles San ders Peirce[M]. Cambridge: Harvard University Press, 1933.

70. Richard Moran, The Exchange of Words: Speech, Testimony, and Intersubjectivity[M]. New York: Oxford University Press, 2018.

71. Rom Harre. Varieties of Realism: a Rationale for the Natural Sciences[M]. Oxford: Blackwell, 1986.

72. Robert Almeder. Harmless Naturalism: the limits of science and the nature of philosophy[M]. Chicago: Carus Publishing Company, 1998.

73. R. E. Grandy, R. Warner. Philosophical Grounds of Rationality [M]. New York: Oxford University Press, 1986.

74. R. Nozick. Philosophical Explanation[M]. Cambridge, MA: Harvard University Press, 1981.

75. Steve Fuller. Social Epistemology[M]. Bloomington: Indiana University Press, 2002.

76. Steve Fuller. Philosophy of Science and Its Discontents[M]. Boulder: Westview Press, 1989.

77. Steve Fuller. The Governance of Science: Ideology and The Future of The Open Society [M]. Buckingham U. K: Open University Press, 2000.

78. Sosa Ernest. Knowledge in Perspective: Selected Essays in Epistemology[M]. Cambridge: Cambridge University Press, 1991.

79. Susann Wagenknecht. A Social Epistemology of Research Groups: Collaboration In Scientific Practice[M]. London: Palgrave Macmillan, 2016.

80. Ted Benton, Iran Craib. Philosophy of Social Science[M]. New York: Palgrave, 2001.

81. Thomas Reid. Essays on the Intellectual Power of Man[M]. London: Macmillan and Co. Limited, 1941.

82. Thomas Reid. An Inquiry into Human Mind[M]. Timothy Duggan (eds), Chicago: University of Chicago Press, 1970.

83. Tuomela Raimo. The Importance of Us[M]. Stanford: Stanford University Press, 1995.

84. Tomas Kuhn. The Structure of Scientific Revolutions[M]. University of Chicago Press, 1962.

85. Thomas Gilovich. How We Know What Isn't So[M]. New York: Free Press, 1991.

86. W. V. Quine. Ontological Relativity and Other Essays[M]. New York: Columbia University Press, 1969.

87. W. V. Quine. Theories and Things[M]. Cambridge, Massachusetts: Harvard University Press, 1981.

88. W. Donohue, R. Kitchner. The Philosophy of Psychology[M]. London: Sage Publications, 1996.

89. W. Newton-Smith. A Companion to the Philosophy of Science[M]. Oxford: Blackwell Publishing, 2000.

90. William James. The Will to Believe and Other Essays in Popular Philosophy[M]. Cambridge, Massachusetts: Harvard University Press, 1979.

91. William Donohne, Richard Kitcher. Philosophy of Psychology[M]. London: Sage, 1996.

92. Ziman. J. Reliable Knowledge[M]. Cambridge: Cambridge University Press, 1978.

Ⅱ 英文论文部分

1. Alvin Goldman. Group Knowledge VS Group Rationality: Two Approaches to Social Epistemology[J]. Episteme: A Journal of Social Epistemology, 2004(1).

2. Alvin Goldman. Social Epistemology: Theory and Applications[J]. Royal Institute of Philosophy Supplement. 2009(64), p. 2,

3. Alvin Goldman. Social Epistemics and Social Psychology[J]. Social Epistemology, 1991(5).

4. Alvin Goldman. Foundations of Social Epistemology[J]. Synthese, 1987(73).

5. Alvin Goldman. What Is Justified Belief[J]//H. Kornblith(eds). Naturalizing Epistemology. Cambridge, MA: MIT Press, 1985.

6. Alvin Goldman. Social Epistemology[J]. Critica, Revista Hispano-americana de Filosofia, 1999(93).

7. Alvin Goldman. Replies to reviews of Knowledge in a Social World [J]. Social Epistemology. 2000, vol 14, issue 4.

8. Alvin Goldman. Foundations of Social Epistemics[J]. Synthese, 1987(73).

9. Alvin Goldman. Social epistemology. Stanford encyclopedia of philosophy [DB/OL]. [2001-2-26]. http://plato. stanforcl. edu/archives/spr2001/entries/epistemology _ social.

10. Alvin Goldman. Social epistemology. Stanford encyclopedia of phi-

losophy［DB/OL］．［2006-8-18］．https：//plato. stanford. edu/ar-
chives/fall2006/entries/epistemology-social/

11. Anglo Corlett. Analyzing Social Knowledge［J］. Social Epistemolo-
gy，2007，vol. 21，no3.

12. Anglo Corlett. Goldman and the Foundations of Social Epistemology
［J］. Argumentation，1994，vol 8.

13. Ashmore. M. Social Epistemology and Reflexivity：Two Versions of
How to be Really Useful［J］. Argumentation，1994，vol 8.

14. Association of College and Research Libraries. Objectives for Infor-
mation Literacy Instruction：A Model Statement for Academic Li-
brarians［DB/OL］.［2004］. http//www. ala. org/ala/acrl/acrlstan-
dards/objectivesinformation. htm

15. Audi Robert. The Place of Testimony in the Fabric of Knowledge
and Justification［J］. American Philosophy Quarterly，1997(34).

16. Audi. R. The Place of Testimony in the Fabric of Knowledge and
Justification［J］. American Philosophical Quarterly，1997(34).

17. Baigrie. B. Social Epistemology，Scientific Practice and the Elusive
Social［J］. Argumentation，1994，vol 8.

18. Burge Tyler. Content Preservation［J］. Philosophical Review，1993
(102).

19. David Resnik. Social Epistemology and the Ethics of Research［J］.
Studies in History and Philosophy of Science，1996，Vol. 27.

20. David Bloor. Wittgenstein and Mannheim On The Sociology of

Mathematics[J]. Study In History and Philosophy of Science, 1973 (4).

21. Davidson. D. The Social Aspect of Language[J]//B. McGuinness and Olivieri(eds). The Philosophy of Michael Dummett. Dordrecht: Kluwer, 1994.

22. Davidson. D. A Nice Derangement of Epitaphs[J]// R. E. Grandy and R. Warner (eds). Philosophical Grounds of Rationality. New York: Oxford University Press, 1986.

23. Don Fallis. Veritistic Social Epistemology and information Science [J]. Social Epistemology, 2000, 14(4).

24. Don Fallis. Collective Epistemic Goals[J]. Social Epistemology, 2007, vol21, No3.

25. E. Gettier. "Is Justified True Belief Knowledge?" [J]. Analysis, 1963(23).

26. Elizabeth Anderson. Feminist Epistemology: An Interpretation and a Defense[J]. Hypatia: A Journal of Feminist Philosophy, 1995, vol 10, issue3.

27. Fred Dretske. Cognitive Cul-de-Sac [J]. Mind, 1982, vol. 91, No. 361.

28. Fricker Elizabeth. Telling and Trusting: Reductionism and Anti-Reductionism in the Epistemilogy of Testimony[J]. Mind, 1995(104).

29. Fricker. E. Trusting Others in the Science: A Priori or Empirical Warrant? [J]. Studies in History and Philosophy of Science,

2002, vol. 33, Issue2, Part A.

30. Fricker. E. Against Fallibility[J]//B. K. Matilal, A. Chakrabarti (eds). Knowing From Words. Dordrecht: Kluwer, 1994.

31. Grasswick. H. The normative failure of Fuller's social epistemology [J]. Social Epistemology, 2002, vol 16, issue 2.

32. Graham. P. J. Transferring Knowledge[J]. NOUS, 2000, 34(1).

33. Helen Longino. Feminist Epistemology[J]//J. Greco and E. Sosa (eds). A Blackwell Guide to Epistemology, Cambridge Ma: Blackwell, 1999.

34. Heidie Grasswick and Mark Webb. Feminist Epistemology as Social Epistemology[J]. Social Epistemology, 2002, vol 16, No 3.

35. Heidi Grasswick. Feminist Social Epistemology, Stanford Encyclopedia of Philosophy[DB/OL]. [2006-11-9]. http://plato. stanford. edu/entries/feminist-social-epistemology/

36. Jonathan Adler. Epistemology Problems of Testimony, Stanford Encyclopedia of Philosophy [DB/OL]. [2006-2-2]. http://plato. stanford. edu/entries/testimony-episprob/

37. John Hardwig. Epistemology Dependence[J]. Journal of Philosophy, 1985(82).

38. John Lyne. Social Epistemology as a Rhetoric Inquiry[J]. Argumentation, 1994(8).

39. Kusch Martin. Testimony in Communication Epistemology[J]. Studies in History and Philosophy of Science, 2002, 33(2), part 23

A.

40. Kay Mathiesen. Introduction to Special Issue of Social Epistemology on "Collective Knowledge and Collective Knowers"[J]. Social Epistemology，2007，vol. 21，No. 3.

41. Lackey. J. Testimonial Knowledge and Transmission[J]. The Philosophcial Quarterly，1999，vol49，no197.

42. Martin Kusch. HPS Research Methods Guide：Social pistemology [EB/OL]. http：//www. hps. cam. ac. uk/research/se. html

43. M. Kusch. Testimony in Communitarian Epistemology[J]. Studies in History and Philosophy of Science，2002，vol 33，issue 2.

44. M. Kusch. A General Theory of Societal Knowledge? Aspirations and Shortcomings of Alvin Goldman's Social Epistemology [J]. Studies of History and Philosophy of Science，2001，vol 32，No 1.

45. Michael Roess. The Social Dimension of Epistemology[J]. Florida Philosophy Review，2005，Vol. 5.

46. M. Bratman. Practical Reasoning and Acceptance in a Context[J]. Mind，1992，102(1).

47. Meijers Anthonie. Why Accept Collective Belief? Reply to Gilbert [J]. Protosociology，2003，18.

48. Miriam Solomon. Scientific Rationality and Human Reasoning[J]. Philosophy of Science，1992(59).

49. M. Bradie. Evolutionary Epistemology as Naturalized Epistemology [J]// K. Hahlueg&C. Hooker(eds). Issues in Evolutionary Episte-

mology. New York：State University of New York Press，1989.

50. M Gilbert. Belief and Acceptance as Features of Groups[J]. Protosociology，2002，16(1).

51. Maffie. J. Alternative epistemologies and the value of truth[J]. Social Epistemology，2000，vol 14，issue 4.

52. May. T. Power，knowledge and organizational transformation：administration as depoliticization[J]. Social Epistemology，2001，vol 15，issue 3.

53. P. Engel. Believing，Holding Truth，Accepting[J]. Philosophy Exploration，1998(1).

54. Pettit Philip. Groups with Minds of Theirs Own[J]// Frederick Schmitt (ed). Socializing Metaphysics. Lanham：Rowman&Littlefield，2003.

55. Philips Kitcher. The Division of Cognitive Labor[J]. The Journal of Philosophy，1990. Vol. 87，Issue 1.

56. Pelletier. F. J. A Problem for Goldman on the Rationality[J]. Social Epistemology，2000，vol 14，issue 4.

57. Quinton Anthony. Social Objects[J]. Proceedings of the Aristolelian Society，1976，76.

58. Raul Hakli. On the Possibility of Group Knowledge without Belief [J]. Social Epistemology，2007，vol21，No3.

59. Remedios. F. Preview to Special Issue on Knowledge in a Social World[J]. Social Epistemology，2000，vol 14，issue 4.

60. Rehg. M. Goldman's veritistic rhetoric and the tasks of argumenta-

tion theory, Social Epistemology, 2000, vol 14, issue 4.

61. Ronald Giere. Essay Review: Interpreting The Philosophy of Science[J]. Studies In The History and Philosophy of Science, 1991 (22).

62. Roess. M. The Social Dimension of Epistemology[J]. Florida Philosophical Review, 2005, vol 5, issue1.

63. S. Downes. Socializing Naturalized Philosophy of Science[J]. Philosophy of Science, Vol. 60.

64. Schmitt. F. Veritistic value[J]. Social Epistemology, 2000, vol 14, issue 4.

65. Simon Evnine. Epistemic Unities[J]. Erkenninis, 2003, vol 59.

66. Smith. C. Social epistemology, contextualism and the division of labour[J]. Social Epistemology, 2002, vol 16, issue 1.

67. Steve Fuller. Social Epistemology and The Recovery of The Normative In The Post-Epistemic Era[J]. The Journal of Mind and Behavior, 1997(2).

68. Steve Fuller. Social Epistemology: A Philosophy for Sociology or a Sociology of Philosophy? [J]. Sociology, 2000, vol 34, no 3.

69. Steve Fuller. On Regulating What Is Known: A Way To Social Epistemology[J]. Synthese, 1987, vol 73.

70. Steven Fuller. The Social Epistemologist in Search of a Position from Which to Argue[J]. Argumentation, 1994, vol 8.

71. Solomon. M. Norms of Epistemic Diversity[J]. Episteme, 2006,

Vol. 3，Issue 1/2.

72. Tarcisio Zandonade. Social Epistemology from Jesse Shera to Steve Fuller[J]. Library Trends，2004，vol 52，iss 4.

73. Taylor S E. The Social Being in Social Psychology[J]//D. Gilbert，S. Fiske，G. Lindzey(eds.). Handbook of social psychology. New York：McGraw-Hill，1998.

74. Tollefsen Deboran. Organizations as True Believers[J]. Journal of Social Philosophy，2002，33(3).

75. Viale. R. Truth，Science，and Politics：an Analysis of Social Epistemology，Scipolicy：the Journal of Sciences and Health Policy，2001，vol 2.

76. Webb，Mark Owen. Why I Know About As Much As You：A Reply to Hardwig[J]. Journal of Philosophy，1993，vol 90，iss 5.

Ⅲ 中文著作部分

1. 彼得·温奇. 社会科学的观念及其与哲学的关系[M]. 张庆熊译. 上海：上海人民出版社，2004 年.

2. 巴里·巴恩斯，大卫·布鲁尔. 科学知识：一种社会学的分析[M]. 南京：南京大学出版社，2004 年.

3. 陈嘉明. 知识与确证：当代认识论引论[M]. 上海：上海人民出版社，2003.

4. 陈波. 蒯因哲学研究[M]. 北京：生活·读书·新知三联书店，1998 年.

5. 丛航青. 陈词证据研究[M]. 北京：人民出版社，2005 年.

6. 大卫·休谟. 人性论(上)[M]. 北京：商务印书馆，1997 年.

7. 冯俊. 后现代主义哲学演讲录[M]. 北京：商务印书馆，2003 年.

8. 福柯. 词与物[M]. 上海：三联书店，2001 年.

9. 福柯. 权力的眼睛——福柯访谈录[M]. 上海：上海人民出版社，1997 年.

10. 汉斯·伽达默尔. 真理与方法[M]. 洪汉鼎译. 上海：上海译文出版社，1999 年.

11. 蒯因. 从逻辑的观点看[M]. 江天骥等译. 上海：上海译文出版社，1987 年.

12. 卡尔·波普尔. 客观知识——一个进化论的研究[M]. 舒炜光译，上海：上海译文出版社，1987 年.

13. 卡尔·波普尔. 走向知识的进化论[M]. 李本正等译. 杭州：中国美术学院出版社，2001 年.

14. 拉卡托斯. 证明与反驳——数学发现的逻辑[M]. 上海：上海译文出版社，1987 年.

15. 拉里·劳丹. 进步及其问题[M]. 北京：华夏出版社，1999 年.

16. 理查德·罗蒂. 哲学和自然之镜[M]. 李幼蒸译. 北京：商务印书馆，2003 年.

17. 尼古拉斯·布宁，余纪元. 西方哲学英汉对照辞典[M]. 北京：人民出版社，2001 年.

18. 欧阳康. 当代英美哲学地图[M]. 北京：人民出版社，2005 年.

19. 欧阳康. 社会认识论：人类社会自我认识之谜的哲学探索[M]. 昆

明：云南人民出版社，2002 年.

20. 欧阳康. 社会认识方法论[M]. 武汉：武汉大学出版社，1998 年.

21. 罗伯特·威尔逊. MIT 认知科学百科全书[M]. 上海：上海外语教育出版社，2000 年.

22. 史蒂芬·特纳，马克·瑞斯乔德. 爱思唯尔科学哲学手册：人类学与社会学哲学[M]. 尤洋译. 北京：北京师范大学出版社，2015 年.

23. 殷杰. 哲学对话的新平台——科学语用学的元理论研究[M]. 太原：山西科学技术出版社，2003 年.

24. 殷杰. 当代社会科学哲学：理论建构与多元维度[M]. 北京：北京师范大学出版社，2017 年.

25. 约瑟夫·劳斯. 知识与权力——走向科学的政治哲学[M]. 北京：北京大学出版社，2004 年.

26. 赵万里. 科学的社会建构[M]. 天津：天津人民出版社，2002 年.

27. 郑祥福，洪伟. 认识论的自然化之后[M]. 上海：上海三联书店，2005 年.

28. 张庆熊. 社会科学的哲学：实证主义、诠释学和维特根斯坦的转型[M]. 上海：复旦大学出版社，2010 年.

Ⅳ 中文论文部分

1. W. V. Quine. 自然化的认识论[J]. 贾可春译，世界哲学，2004 年第 5 期.

2. J. 巴德·杰西·谢拉：社会认识论和实践[J]. 国外社会科学，2003

年第 1 期.

3. 蔡浩. 社会认知偏见及其对策研究[J]. 新疆师范大学学报，2001 年第 2 期.

4. 丛航青. 陈词与知识[J]. 科学学研究，2005 年第 1 期.

5. 丛航青. 科学社会研究的两种进路[J]. 自然辩证法通讯，2004 年第 2 期.

6. 丛航青. 什么是科学的社会研究[J]. 科学学研究，2003 年第 3 期.

7. 成素梅，郭贵春. 语境论的真理观[J]. 哲学研究，2007 年第 5 期.

8. 成素梅，郭贵春. 论科学解释语境与语境方法[J]. 自然辩证法通讯，2002 年第 2 期.

9. 丁五启. 科学与技术研究和修辞学[J]. 兰州学刊，2006 年第 1 期.

10. 斯蒂夫·富勒. 社会认识论：知识政策的理论与实践（上）[J]. 华中科技大学学报，2008 年第 1 期.

11. 斯蒂夫·富勒. 社会认识论：知识政策的理论与实践（下）[J]，华中科技大学学报，2008 年第 2 期.

12. 顾林正. 从个体知识论到社会知识论——当代认识论的另一个转向[J]. 科学技术与辩证法，2007 年第 6 期.

13. 郭贵春. 蒯因的自然主义与科学实在论[J]. 自然辩证法通讯，1997 年第 19 卷第 4 期.

14. 郭贵春. 语境论的科学哲学纲领研究[J]. 哲学动态，2008 年第 5 期.

15. 郭贵春. 论语境[J]. 哲学研究，1999 年第 4 期.

16. 郭贵春. 语境分析的方法论意义[J]. 山西大学学报，2000 年第

3 期.

17. 郭贵春. 语境研究纲领与科学哲学的发展[J]. 中国社会科学，2006年第 5 期.

18. 郭贵春. 语境研究的意义[J]. 科学技术与辩证法，2005 年第 4 期.

19. 何静，丛航青. 自然主义认识论的不同形式[J]. 自然辩证法通讯，2006 年第 3 期.

20. 黄翔. 混合型认识论中的个人主义方法论[J]. 自然辩证法通讯，2008 年第 1 期.

21. 徐献军，丛航青. 论知识传递[J]. 科学学研究，2005 年第 3 期.

22. 李侠. 简评自然化认识论的替代命题的理论旨趣与存在的问题[J]. 科学技术与辩证法，2006 年第 1 期.

23. 刘军. 当代科学哲学中的自然主义流派论析[J]. 自然辩证法通讯，1997 年第 6 期.

24. 林默彪. 认识论问题域的现代转向[J]. 哲学研究，2005 年第 8 期.

25. 刘晓力. 科学知识社会学的集体认识论和社会认识论[J]. 哲学研究，2004 年第 11 期.

26. 欧阳康. 当代哲学视野中的社会认识论[J]. 天津社会科学，2001 年第 5 期.

27. 潘斌. 当代西方社会认识论研究的拓展与深化[J]. 华中科技大学学报，2008 年第 1 期.

28. 田小飞. 科学哲学中的自然主义理论研究述评[J]. 哲学动态，2007 年第 2 期.

29. 吴畏. 科学理性的命运[J]. 自然辩证法研究，2003 年第 1 期.

30. 吴畏. 社会知识论还是社会认识论？[J]. 自然辩证法研究，2004
    年第 11 期.

31. 王娜. 海伦·朗基诺语境经验论思想评述[J]. 自然辩证法研究，
    2007 年第 9 期.

32. 魏屹东. 知识表征的社会认识论意义[J]. 理论探索，2016 年第
    1 期.

33. 殷杰. 当代西方的社会科学哲学研究现状、趋势和意义[J]. 中国社
    会科学，2006 年第 3 期.

34. 殷杰. 社会科学哲学的论域[J]. 科学技术与辩证法，2006 年第
    3 期.

35. 殷杰，尤洋. 科学知识合法化的新解释[J]. 自然辩证法研究，2006
    年第 4 期.

36. 殷杰，尤洋. 社会认识论视野中的认知偏见[J]. 自然辩证法通讯，
    2007 年第 4 期.

37. 殷杰，尤洋. 当代社会认识论研究及其意义（上）[J]. 科学技术与辩
    证法，2008 年第 4 期.

38. 殷杰，尤洋. 当代社会认识论研究及其意义（下）[J]. 科学技术与辩
    证法，2008 年第 5 期.

39. 殷杰，尤洋. 社会认识论视域中的信息与知识[J]. 山西大学学报，
    2009 年第 2 期.

40. 殷杰，尤洋. 社会认识论的理论定位、研究路径和主要问题[J]. 哲
    学研究，2009 年第 4 期.

41. 殷杰，尤洋. 集体性知识的本质[J]. 科学技术哲学研究，2009 年

第 4 期.

42. 殷杰，尤洋. 当代女性主义认识论问题研究[J]. 哲学研究，2012 年第 8 期.

43. 殷杰. 语境主义世界观的特征[J]. 哲学研究，2006 年第 5 期.

44. 尤洋，殷杰. 社会认识论的研究定位、含义与划界标准（上）[J]. 科学技术哲学研究，2010 年第 6 期.

45. 尤洋，殷杰. 社会认识论的研究定位、含义与划界标准（下）[J]. 科学技术哲学研究，2011 年第 3 期.

46. 尤洋. 如何理解知识的陈词问题[J]. 哲学动态，2010 年第 12 期.

47. 尤洋. 认识语境与知识的客观性[J]. 科学技术哲学研究，2011 年第 1 期.

48. 尤洋. 当代知识论中的语境观[J]. 山西大学学报（哲学社会科学版），2013 年第 5 期.

49. 尤洋. 社会认识论视域下的陈词问题[J]. 理论探索，2013 年第 5 期.

50. 尤洋. 论集体合作的认识论研究[J]. 科学技术哲学研究，2013 年第 6 期.

51. 尤洋. 辩护与确证：证据问题研究[J]. 自然辩证法研究，2016 年第 8 期.

52. 叶初升. 自然化认识论：在描述与规范之间[J]. 哲学动态，1997 年第 7 期.

53. 郑祥福. 当代西方"认识论的社会化"趋向评述[J]. 国外社会科学，2006 年第 4 期.

54. 郑祥福. 当代西方科学哲学的"认知转向"[J]. 福建论坛，2005 年第 8 期.

55. 张建华. 近年来西方社会认识论研究概况[J]. 哲学动态，2001 年第 4 期.

56. 朱晶. 认知劳动分工视角下的科学合作与集体知识[J]. 哲学动态，2020 年第 3 期.

57. 朱新秤. 社会认知心理学研究的新进展[J]. 心理学动态，2000 年第 2 期.

后 记

　　这部专著要出版了，它倾注了我从硕士博士到工作很长一段时间内的心血和智慧，我为它的面世而骄傲。还记得 2004 年初读硕士研究生确立选题时的忐忑不安，还记得 2005 年坐着绿皮火车赴北京在国家图书馆查找资料的喜出望外，还记得 2006 年第一次在《自然辩证法研究》发表科研论文后的意气风发，还记得 2009 年 4 月 16 日凌晨两点钟博士论文完成时的如释重负，还记得 2017 年末以该书稿为底获批教育部后期资助项目时的欣然自乐。

　　我并非"哲学科班"出身，但天性热爱阅读勤于思考，每每遇到一本佳作总是爱不释手格外享受。可能是天性使然，更可能是这门智慧之学于我偏爱有加，尽管彼时积累尚浅训练也短，但在哲学这条常人眼中晦涩艰深的道路上，我却走得颇为顺畅。回想起来部分缘由性格契合，毕竟生来爱自由的我在哲学的世界中能够尽情翱翔，但更多的还是需要发自内心的热爱与勤奋。学习哲学是件难事，难在需要积累丰富的知识以形成体系，难在需要学会规范的论证以"建章立制"，更难在思想的打磨从来就不容易，需要怀有兴趣，需要沉心静气，需要能真正"坐下来"发问与思考。庆幸的是，每每在感受到空虚和焦虑时，哲学无声的陪伴消除了弥散的彷徨与浮躁，有道是"始不垂翅，终能奋翼"，古人诚不我欺。

我一生最大之幸运就是能踏入哲学世界，更确切地说是入恩师殷杰先生门下研习哲学。先生对待学术兢兢业业、一丝不苟，对待学生关怀有加、爱护照顾，可以说我能有今日之成就完全在于先生的精心栽培。我是先生最早招收的一批学生之一，因为我的一点点哲学悟性和勤勉，得到了先生的青睐，不仅为我定下社会认识论这一宝贵的研究选题，更是手把手地加以指导和用心点拨。求学之道，首重于师，想来若无恩师大力施教，恐自己至今仍不过是入宝山空手而归，遇良学不得其门。先生睿智，才思敏捷，育人有道，润物无声，与先生相处，得先生教诲，何其幸也。

从先生为我定下研究选题开始，很长一段时间内我一直围绕"社会认识论"这一研究领域开展研究。从一开始的一头雾水查找各种资料获取信息，管中窥豹式地一点点扩大自己理解的域面，再到后面的内容悉知，十多年时间的不间断研习方敢著书立言。社会认识论，是一种以全新视角审视知识辩护以及真信念的知识论研究，它强调了知识在生成、传递与交流过程中内在具有的社会属性或者说社会维度。随着科学哲学中历史主义以及当代科学知识社会学的"建构"思想的盛行，知识本身所具有的辩护属性、求真属性逐渐消解，由此引发的个体知识的理论优位逐步让位于集体性知识，知识主体也从个人逐步扩展至群体，科学知识的合法化辩护问题变得更加突出。如何确保社会维度下的知识内容在产生、传递、交流上具备同样的规范性基础，就成为相关研究的难题所在。与此同时，大规模知识生产结构下人们获取知识的方式以及知识生产建制化与以往相比也发生了巨大的变化，知识就从一种真信念或获得辩护的真信念，转化为一种制度化的信念，转化为一种知识的社会研究，甚至是一种知识政策分析和科学管理。由此可见，想要理解社会认识论就需要凝练出一条主旨清晰的分析路线，以便准确翔实地把握该研究的纷繁内容。当然，上述工作难度甚高称得上是一种挑战，所幸"无知者无畏"、所幸"十年磨一剑"，过往不间断的思想打磨，终于能够将长久以来的心愿以本书的形式完整呈上，期盼该书能够对国内相关领域的研究有所裨益，方不负过往思想的积淀和碰撞。

此刻我要特别感谢北京师范大学出版集团祁传华先生，在他的大力支持下本书顺利出版。感谢本书在结项过程中诸位评审专家提出的宝贵建议，使得本书的主题和内容有了更进一步的精进。

感谢我梦想开始的教育部人文社科重点研究基地山西大学科学技术哲学研究中心，为我的成长提供了卓越的学术环境和良好的科研氛围，让我从一个懵懂无知的青年成长为自己最想要成为的样子。

感谢我的妻子在我人生的每一个重要时刻给予我毫无保留的支持。感谢那些在我成长路上帮助过我的所有人，你们的关怀让我走到今天，谢谢！

尤　洋

2022 年 10 月 26 日于山西大学

图书在版编目（CIP）数据

知识社会维度与当代社会认识论研究/尤洋著. —北京：北京师范
大学出版社，2022.11
　（走进哲学丛书）
　ISBN 978-7-303-28271-5

　Ⅰ.①知… Ⅱ.①尤… Ⅲ.①知识社会学－认识论－研究
Ⅳ.①C912.67 ②B017

中国版本图书馆 CIP 数据核字（2022）第 212347 号

营　销　中　心　电　话　010-58805385
北 京 师 范 大 学 出 版 社　　　　http://xueda.bnup.com
主题出版与重大项目策划部

ZHISHI SHEHUI WEIDU YU DANGDAI SHEHUI RENSHILUN
YANJIU

出版发行：北京师范大学出版社　www.bnup.com
　　　　　北京市西城区新街口外大街 12-3 号
　　　　　邮政编码：100088
印　　　刷：北京盛通印刷股份有限公司
经　　　销：全国新华书店
开　　　本：787 mm×1092 mm　1/16
印　　　张：32
字　　　数：365 千字
版　　　次：2022 年 11 月第 1 版
印　　　次：2022 年 11 月第 1 次印刷
定　　　价：138.00 元

策划编辑：祁传华　　　　　　　责任编辑：祁传华
美术编辑：王齐云　　　　　　　装帧设计：王齐云
责任校对：陈　民　　　　　　　责任印制：赵　龙